WOLFGANG BEINERT
Das Christentum

Elfenbeinkassette, südgallisch um 425 (Detail): Kreuzigung Christi. London, British Museum

Diese Darstellung gehört zu den ältesten erhaltenen Wiedergaben der Kreuzigung Jesu. Bis ins 4. Jahrhundert wurde diese Exekutionsmethode noch angewendet. Man sieht Judas, den Verräter, der sich erhängt hat, dann Maria, Johannes und rechts vom hingerichteten Jesus den römischen Centurio, der seinen Glauben bekennt.

WOLFGANG BEINERT

Das Christentum

Atem der Freiheit

Herder
Freiburg · Basel · Wien

Beinert, Wolfgang
Das Christentum: Atem der Freiheit /
Wolfgang Beinert. – Freiburg (Breisgau):
Herder, 2000
ISBN 3-451-26269-X

Verlag Herder, Freiburg im Breisgau 2000
Alle Rechte vorbehalten
Abbildungen: Herder-Archiv
Umschlaggestaltung: Finken & Bumiller, Stuttgart
Umschlagmotiv: Leonardo da Vinci, Abendmahl
Herstellung: Freiburger Graphische Betriebe
Gedruckt auf umweltfreundlichem,
chlorfrei gebleichtem Papier
Printed in Germany

ISBN 3-451-26269-X

INHALT

Lauf-Pass 7

A WEGMARKIERUNGEN:
DIE GESCHICHTE 13

1. Jesus von Nazaret 13
1.1 Die Quellen 14
1.2 Die Umwelt 17
1.3 Die Lebensdaten 21
1.4 Lehrverkündigung 23
1.5 Das Handeln Jesu 29
1.6 Ostern 33

**2. Kirche in Welt:
Das Christentum
in der Antike** 35
2.1 Kanonbildung 37
2.2 Das christliche
Traditionsprinzip 40
2.3 Erschließung des Glaubens
durch Theologie und
Glaubenssinn der Gläubigen . 44
2.4 Verbindliches Lehren
in der Kirche 46
2.5 Verfassungsstrukturen 53
2.6 Kircheneinheit –
Kirchenspaltung 58
2.7 Umwelt: Die antike Kultur 66
2.8 Das Mönchtum 72

**3. Kirchen-Welt:
Das abendländische
Mittelalter** 75
3.1 Welt-Ordo 76
3.2 Papst und Kaiser oder
Die Spitze der Pyramide 85
3.3 Zwei Christensorten
in der einen Kirche 92
3.4 Erkenntnis und Gestalt
des Ordo 101
3.5 Schönheit als Glanz
der Ordnung 110
3.6 Ordo Sanctorum – die
Gemeinschaft der Heiligen . . 118

**4. Welt-Kirche:
Die Entwicklung des
Christentums
in der Neuzeit** 127
4.1 Konfessionalisierung 131
4.2 Universalisierung 145
4.3 Aufklärung 154
4.4 Moderne 166

**5. Das Christentum auf dem Weg
durch die Zeit:
Eine Kurzbilanz** 174

B WAHRHEITSSUCHE:
GLAUBEN – HANDELN –
FEIERN 179

6. Glauben 179
6.1 Christus-Rede 181
6.2 Geist-Denken 188
6.3 Gottes Liebe: Dreifaltigkeit . . 192
6.4 Gottes Liebesgabe:
    Die Schöpfung 201
6.5 Die Freiheitsliebe Gottes:
    Der Mensch unter der Gnade . 207
6.6 Die Realisierung der
    göttlichen Freiheit:
    Kirche und Sakramente 224
6.7 Vollendete Freiheit:
    Die Eschatologie 241

7. Handeln 252
7.1 Normfindung 254
7.2 Gewissen 257
7.3 Verantwortung 262
7.4 Freiheit 264

8. Feiern 267
8.1 Frömmigkeit 268
8.2 Liturgie 270
8.3 Heilige Zeit 276

C LEBENS-WERT:
WAS BRINGT
DAS CHRISTENTUM? 283

9. Erfahrung und Glaube 283
10. Christentum und Religionen . 291
11. Vision Christentum 297

Nachwort 304

Abkürzungen 306
Anmerkungen 306
Auswahlbibliographie 310
Tafeln 312
Internet-Informationen 313
Register 314

LAUF – PASS

Am 14. Nisan des Jahres 30 unserer Zeitrechnung verröchelte unter den Augen der Soldaten des römischen Kaisers Tiberius auf dem Hinrichtungshügel der Stadt Jerusalem *Joschua von Nazaret,* ein für unsere Verhältnisse noch junger Mann, am Kreuz, dem wohl grausamsten, je von Menschen erfundenen Instrument, um Mitmenschen vom Leben zum Tode zu befördern[1]. Neben ihm starben zwei Straßenräuber auf die gleiche Weise. Er war von der römischen Besatzungsmacht namens des Kaisers verurteilt wegen des Delikts der Staatsaufwiegelung, aber die treibenden Kräfte waren die beiden großen Parteien seines eigenen Volkes, die Pharisäer und die Sadduzäer. In den Agitationen des jungen Mannes sahen sie eine lebensgefährliche Bedrohung der religiösen und politischen Prinzipien und damit der Einheit des Landes – von ihrer Sicht her gar nicht einmal ganz unbegründet. Sie meinten deshalb, mit seiner Exekution am Schandholz auch die umstürzlerischen Lehren umzubringen – was gleichfalls recht begründet war, glaubten sie doch, die schimpflichste aller Todesarten sei die Beglaubigung Gottes, dass der Delinquent sich von ihm losgesagt habe, also gottlos sei. Einen größeren und folgenschwereren Irrtum gab es nie in der seitherigen Geschichte.

Knapp drei Jahrhunderte später, am 19. Juni 325, proklamierte eine von Konstantin, dem fernen Nachfolger des Kaisers Tiberius, einberufene und präsidierte Versammlung von rund 300 Bischöfen in Nikaia, nahe der kaiserlichen Residenz Nikomedien, mit großer Feierlichkeit:

»Wir glauben … an den einen Herrn Jesus Christus, den Sohn Gottes,
gezeugt aus dem Vater als Einziggeborener,
das heißt aus dem Wesen des Vaters,
Gott aus Gott, Licht aus Licht, wahrer Gott aus wahrem Gott,
gezeugt, nicht geschaffen, gleichen Wesens mit dem Vater,
durch den alles geworden ist,
sowohl was im Himmel als auch was auf der Erde ist,
der wegen uns Menschen und wegen unseres Heiles herabgestiegen,

Fleisch und Mensch geworden ist,
gelitten hat und auferstanden ist am dritten Tag,
aufgefahren ist zum Himmel
und kommen wird zu richten die Lebenden und die Toten.« [2]

Auch diesmal ging es um die Einheit und Wohlfahrt des Gemeinwesens, die *salus publica*, die nur durch die Einmütigkeit der Gottesverehrung gewahrt werden kann. Da waren die durch die Jahrhunderte getrennten beiden Herrscher mit den seinerzeitigen jüdischen Autoritäten gleicher Ansicht. Der Unterschied bestand nur darin, dass das Ziel dieses Mal nicht durch die Erhöhung des Nazareners ans Kreuz, sondern *zum Himmel* angepeilt wurde. Eine einschneidendere Änderung der Verhältnisse ist seitdem nicht mehr geschehen. Das Schandmal war Siegeszeichen geworden, der Untermensch als Gottmensch erkannt, die Katastrophe gewandelt zum Beginn einer neuen erdumspannenden Religion von epochaler Bedeutung, zum Christentum. Eine höhere Spannung, eine gespanntere Polarität, eine schwierigere Dialektik kann sich keiner ausdenken.

Die Basis ist die Fundamentalaussage der Versammlung von Nikaia, dass ein und dieselbe historische Persönlichkeit zugleich (aber wie?) Gott *und* Mensch ist. Daraus ergibt sich eine Reihe anderer offenkundiger Gegensätzlichkeiten, die im Lauf der Christentumsgeschichte erkennbar wurden. Einige können schon an dieser Stelle namhaft gemacht werden. Wie kann Gott *einer* sein und doch eine Vielheit (Jesus ist *wahrer Gott aus wahrem Gott*, aber nicht mit ersterem identisch)? Ist Christentum vergangenheitsorientiert (Jesu Geschichte bestimmt das Heil) oder zukunftsgerichtet (Er wird wiederkommen zum Gericht)? Ist dementsprechend Treue zu Christus traditionalistische Orthodoxie oder entwicklungsbedingter Glaubenssinn? Ist der christliche Organisationsschwerpunkt die rigoristische Einheit in der Lehre oder die lebensweltliche Universalität der Glaubensgemeinschaft? Davon hängt die Beantwortung des Problems ab, ob letztere mehr jenseitsausgerichtet und weltenthoben oder eher missionarisch und (im weitesten Sinne) politisch orientiert sein soll. Dadurch wiederum wird entschieden: Soll Christentum seinen Akzent auf Erfahrung, Spiritualität und Mystik setzen (so bei der ersten Alternative) oder auf Vernunft, Denken, Wissenschaft (die Folge der zweiten Alternative)? Beeinflusst wird endlich davon die Verfassung jener Gemeinschaft, die sich seit den ersten Generationen *Kirche* genannt hat: Erfüllt sie ihre Aufgabe besser durch straffen Zentralismus oder besser im Geltenlassen der Meinungen ihrer Glieder? Auch wer sich nur flüchtig der Brisanz und Explosivität bewusst wird, die hinter all diesen Polaritäten steckt, wird es sehr verständlich finden, dass daraus in der Geschichte des Christentums Polarisierungen geworden sind, die es höchst komplex hat werden lassen. Das *ökumenische Problem*, wie deren Auswirkung in den verschiedenen Vergemeinschaftungen der Christusgläubigen heutzutage heißt, ist gewissermaßen ein Strukturproblem dieses Glaubens selbst. Grundlegend geschadet hat es ihm augenscheinlich aber nicht.

Im Jahr 1999 überschritt die Bevölkerung unseres Planeten die Zahl von 6 Milliarden Menschen. Rund 2 Milliarden oder ein Drittel bekennen sich zum Christentum[3] und in ihm ungeachtet aller oft tiefgehenden Meinungsverschiedenheiten ihren Glauben mit den im Wesentlichen gleichen Worten wie die Versammlung von Nikaia[4]. Keine andere Religion hat einen solchen Erfolg gehabt: An 2. Stelle kommt der Islam mit knapp 20% der Erdeinwohner. Keine andere hat einen vergleichbaren soziokulturellen Einfluss bekommen: Man denke an die Tatsache, dass die christliche Zeitrechnung globale Bedeutung besitzt. Keine andere aber ist auch in ihrem Stammgebiet so angefochten: Im sogenannten Abendland wird das Christentum zur Minderheitenposition, die ihre milieuprägende Kraft überall in den einst beherrschten Regionen verloren zu haben scheint. Das ist ihm freilich schon öfter so gegangen, so dass Zukunftsprognosen Spielernaturen überlassen werden sollten.

Dieses Christentum jedenfalls ist vielen Menschen fragwürdig geworden. Das bedeutet genau: Es verdient und verlangt Nachfrage. Es hat die Realität so stark geformt, dass man es nicht außer Betracht dieser Realität lassen kann. Man muss es in die Berechnungen und Planungen der Zukunft einbeziehen, will man die Humanität der Menschheit nicht leichtfertig aufs Spiel setzen. Aber was ist dieses Christentum? In seinen Reihen finden sich große Heilige und außerordentliche Verbrecher, seine Lehre ist verwirrend kompliziert, seine Ethik scheint lebensfern, seine Anhänger sind gespalten in rund 200 einander konkurrierende Gruppierungen (die auch untereinander manchmal zerstritten sind). Wo und wie immer man sich ihm nähert, wirkt es irritierend.

Oder ist das nur Augen-Schein? Wo lag genau der Rechenfehler der Gegner Jesu im Jahre 30, und was leitete die Versammlung von 325, ihn in übermenschlichem Maße zu korrigieren? Und warum haben Menschen seither die Korrektur akzeptiert, den Irrtum als solchen bestätigt? Was ist Christentum? Die folgenden Seiten bemühen sich, solche Fragen einer Antwort zuzuführen. Es wird nicht gesagt: sie beantworten. Dazu bedürfte es eines ungleich größeren materiellen wie denkerischen Einsatzes als er hier geleistet werden kann.

Seit alters vergleichen die christlichen Schriftsteller ihre Gemeinschaft mit einem Menschenleib. Wer den ungeheuer faszinierenden Ablauf der Lebensvorgänge im Körper erkennen und erfassen will, muss ein aufwendiges und langwieriges Studium verschiedener Disziplinen absolvieren, in dem er auch noch die letzten Verästelungen des Kreislaufs, noch die tiefsten neuronalen Verknüpfungen begreift. Das kann und muss nicht jeder tun. Aber zum Lebenswissen gehört sehr wohl eine Grundkenntnis des Leibes, die zum Leben, Überleben und Verstehen von Leben unerlässlich ist. Eine solche soll vom Leib der Kirche Jesu Christi vermittelt werden.

Das geschieht entsprechend der tatsächlichen Gestalt des Christentums in drei Abteilungen. In der ersten werden Wegmarkierungen veranschaulicht, die den Verlauf seiner Geschichte bestimmt haben – es geht also um die historische Ausprägung der Religion. Abteilung zwei hat im Visier deren Zwecksetzung, also die Suchbewegungen zur Erfassung der Wahrheit der Botschaft Jesu Christi – die Lehre des Christentums ist also darzulegen. Die letzte Abteilung schließlich befasst sich mit seinen Zielerfolgen: Was hat das Christentum der Menschheit gebracht, was kann es bringen, hat es, und wenn ja, wieso, eine Zukunft? Es geht um den Lebenswert der christlichen Religion.

Tafel 1: Das gemeinchristliche Glaubensbekenntnis des Zweiten Ökumenischen Konzils von Konstantinopel (381) – Symbol von Nikaia und Konstantinopel.

Wir glauben an den einen Gott,
den Vater, den Allmächtigen,
der alles geschaffen hat, Himmel und Erde,
die sichtbare und die unsichtbare Welt.

Und an den einen Herrn Jesus Christus, Gottes eingeborenen Sohn,
aus dem Vater geboren vor aller Zeit:
Gott von Gott, Licht vom Licht, wahrer Gott vom wahren Gott,

gezeugt, nicht geschaffen, eines Wesens mit dem Vater;
durch ihn ist alles geschaffen.
Für uns Menschen und zu unserem Heil ist er vom Himmel gekommen,
hat Fleisch angenommen durch den Heiligen Geist von der Jungfrau Maria
und ist Mensch geworden.
Er wurde für uns gekreuzigt unter Pontius Pilatus,
hat gelitten und ist begraben worden,
ist am dritten Tage auferstanden nach der Schrift
und aufgefahren in den Himmel.
Er sitzt zur Rechten des Vaters und wird wiederkommen in Herrlichkeit
zu richten die Lebenden und die Toten;
seiner Herrschaft wird kein Ende sein.

Wir glauben an den Heiligen Geist,
der Herr ist und lebendig macht,
der aus dem Vater *und dem Sohn* hervorgeht,
der mit dem Vater und dem Sohn angebetet und verherrlicht wird,
der gesprochen hat durch die Propheten,
und die eine, heilige, *katholische* und apostolische Kirche.
Wir bekennen die eine Taufe zur Vergebung der Sünden.
Wir erwarten die Auferstehung der Toten
und das Leben der kommenden Welt.

Auf der Grundlage der Formel des (Ersten Ökumenischen) Konzils von Nikaia im Jahr 325 sprechen die Bischöfe der folgenden Kirchenversammlung den christlichen Glauben in einer seit dem Vierten Ökumenischen Konzil von Chalkedon (451) endgültig anerkannten Gestalt aus. Diese ist heute das einzige von allen Christen als verbindlich anerkannte Glaubensbekenntnis und findet im Gottesdienst Verwendung. Die vorstehende Fassung ist dem römisch-katholischen *Messbuch für die Bistümer des deutschen Sprachgebietes* entnommen, entspricht aber der ökumenischen deutschen Übersetzung. Ausnahmen bestehen an zwei Stellen:

(a) Statt »katholische Kirche« liest die evangelisch-lutherische Fassung »allgemeine Kirche«. Das in der römisch-katholischen Version unübersetzte griechische Wort »katholisch« ist ursprünglich keine Konfessionsbezeichnung, sondern die quantitative und qualitative Universalität der Kirche Christi. Schon in vorreformatorischen Übersetzungen wurde sie mit dem deutschen Begriff »allgemein« wiedergegeben. Er wurde von den Reformatoren beibehalten.

(b) Die Aussage, dass der Heilige Geist »aus dem Vater *und dem Sohn* hervorgeht«, wurde dem Bekenntnis im 11. Jahrhundert in der Westkirche zugefügt; die Kirchen des Ostens erachten das als historisch wie sachlich ungerechtfertigt.

Mosaik über dem Eingang zur Cappella Arcivescovile, Ravenna (um 500): Christus Militans.

Christus steht als Sieger über den Symbolen von Sünde (Schlange) und Tod (Löwe). Im geöffneten Buch steht: »Ich bin der Weg, die Wahrheit und das Leben«.

A WEGMARKIERUNGEN: DIE GESCHICHTE

1. Jesus von Nazaret

»*In Antiochia nannte man die Anhänger (Jesu) zum erstenmal Christen*«, berichtet die aus dem 1. Jahrhundert stammende Apostelgeschichte (Apg 11,26). Sie verwenden einen Titel, den die jüdischen Zeitgenossen Jesus gegeben hatten: Sie bezeichneten ihn als *Messias,* was in der damaligen Weltsprache Griechisch mit *Christos* übersetzt wird und *Gesalbter* bedeutet. Auf dem damaligen religiösen Hintergrund weist der Begriff seinen Träger als den endgültigen und für alle Menschen bedeutsamen Mittler zur Gottesherrlichkeit aus. Die Jesusleute sind mithin überzeugt, in seiner Person die Antwort auf die religiöse Frage schlechthin gefunden zu haben: Wie finden wir den Sinn des Lebens? Indem wir »Christianer« werden!

Die entscheidende Situation hat das Johannesevangelium festgehalten. Kurz vor seinem Tod hält Jesus im Kreis der Jünger eine Abschiedsrede, in der er ankündigt, er werde zu Gott gehen – der Weg dahin sei ihnen wohlbekannt. Diese bestreiten es: »Thomas sagte zu ihm: Herr wir wissen nicht, wohin du gehst. Wie sollen wir dann den Weg kennen? Jesus sagte zu ihm: *Ich bin der Weg, die Wahrheit und das Leben*; niemand kommt zum Vater außer durch mich« (Joh 14,5 f.).

Damit ist eine wesentliche Kennmarke der christlichen gegenüber den anderen großen Religionen angegeben. Das Judentum beispielsweise gründet in der *Tora,* dem in den ersten fünf Büchern der Hebräischen Bibel (Gen 1,1 – Dtn 34,4) enthaltenen Gesetz, der Islam beruft sich auf den *Koran,* die Schrift der göttlichen Offenbarung, als höchste und absolute Autorität. Letzter erreichbarer Bezugspunkt ist mithin eine literarische Urkunde, aus der sich jeweils erheben lässt, was Judentum bzw. Islam ist. Erkundigt man sich dagegen nach dem »Wesen des Christentums«, muss die Antwort, nehmen wir den obigen Ausspruch ernst, lauten:
»Es gibt keine abstrakte Bestimmung dieses Wesens. Es gibt keine Lehre, kein Grundgefüge sittlicher Werte, keine religiöse Haltung und Lebensordnung, die von der Person Jesu abgelöst, und von denen dann gesagt werden könne, sie seien das Christliche. Das Christliche ist ER SELBST; das, was durch Ihn zum Menschen

gelangt und das Verhältnis, das der Mensch durch Ihn zu Gott haben kann. Ein Lehrgehalt ist christlich, sofern er aus Seinem Munde kommt. Das Dasein ist christlich, sofern seine Bewegung durch Ihn bestimmt ist. In allem, was christlich sein soll, muss Er mitgegeben sein. Die Person Jesu Christi in ihrer geschichtlichen Einmaligkeit und ewigen Herrlichkeit ist selbst die Kategorie, welche Sein, Tun und Lehre des Christlichen bestimmt«[5].

Leben, Denken und Wirken der Christen entscheidet sich demzufolge zu allen Zeiten an ihrem personalen Verhältnis zu Jesus. Am Beginn jeder Beschäftigung mit ihrer Religion steht also die Frage: Wer war »ER SELBST«? Von der Auskunft hängt alles andere ab.

1.1 Die Quellen

Die Auskunft ist aus mehreren Gründen schwierig. Der *erste* liegt bereits darin, dass wir keine Biographie Jesu im heutigen Verständnis besitzen, also keine rein auf historische Tatsachen gestützte Beschreibung seines Lebenslaufes.

Der *zweite* ist darin auszumachen, dass die vorhandenen Erzählungen zwar relativ zahlreich sind, aber samt und sonders von seinen Anhängern stammen, also unter dem Verdacht stehen, nicht neutral zu sein.

Zwar verfügen wir über bescheidene außerchristliche Hinweise auf die Existenz Jesu in den Schriften des jüdischen Historikers *Flavius Josephus* († nach 100), des stoischen Philosophen *Mara bar Sarapion* (abgefasst wohl bald nach 73) sowie bei den römischen Schriftstellern *Plinius d.J.* († um 120), *Tacitus* († ca. 120) und *Sueton* († um 130), möglicherweise auch Reflexe aus dem frühen 2. Jahrhundert in rabbinischen Texten. Doch sie alle sind eine Reaktion auf christliche Aussagen. Ihr Wert liegt darin, dass sie, ob jesusfreundlich oder jesusfeindlich, die ambivalente Haltung der Zeitgenossen der ersten Christen spiegeln; er liegt vor allem auch darin, dass sie zeigen: An seiner Existenz gibt es für sie keinen Zweifel.

Der *dritte* Grund der Quellenproblematik ist der Umstand, dass die erhaltenen Schriften über sein Leben in der heutigen Form relativ spät entstanden sind.

Sicher gibt es schon etwa zwei Jahrzehnte nach seiner Hinrichtung erste Aufzeichnungen seiner Worte, die sogenannte *Logienquelle*, doch die in den Kanon, das Verzeichnis der biblischen Bücher, aufgenommenen *vier Evangelien* dürften erst im letzten Viertel des 1. Jahrhunderts redigiert worden sein. Noch später anzusetzen sind die übrigen Jesuserzählungen, die als *apokryphe Evangelien* bezeichnet werden (z.B. das Thomasevangelium, das Hebräerevangelium, das Petrusevangelium): Wir stehen mit ihnen tief im 2. Jahrhundert.

Der *vierte* und vielleicht folgenreichste Grund, weshalb die Quellenlage Kopfschmerzen bereitet, liegt in der Tatsache, dass wir in keinem einzigen Text dem historischen Jesus unverstellt begegnen, sondern stets nur *Jesusbildern*, also interessengeleiteten Darstellungen. Sie enthalten gewiss Erinnerungen an die Fakten, stellen diese aber sofort in den Dienst theologischer, sozialer, kultureller Überlegungen der sie tragenden und verinnerlichenden Gruppierungen, die sich von Anfang an innerhalb der neuen Religion herausbilden. Das hat zwei wichtige Folgen: Einmal befehden sie sich; und die Sieger versuchen jeweils, die nun als irrgläubig (*heterodox*) erklärten Jesusbilder auszuschalten. Zum anderen bleibt auch innerhalb der rechtgläubigen (*orthodoxen*) Überlieferungsträger eine hohe Variabilität der Vorstellungen bestehen. So stellen beispielsweise die einander relativ ähnlichen ersten drei Evangelien, die daher *synoptisch* (griech. *der Zusammenschau fähig*) genannt werden, Jesus eher als endzeitlichen Prediger der nahen Gottesherrschaft dar, während der Evangelist Johannes ihn als Vermittler einer Geheimoffenbarung schildert.

Nach über hundert Jahren intensiver »Leben-Jesu-Forschung« müssen wir heute kapitulieren: An den »historischen Jesus« kommen wir nicht heran, wenn wir darunter die widerspruchsfreie und in sich stimmige Rekonstruktion seiner Persönlichkeit, seiner Biographie und seiner Verkündigung verstehen. Das hat zur Skepsis gegenüber den Quellen bis zu dem Punkt geführt, dass man zeitweise sogar zweifelte, ob Jesus tatsächlich gelebt hat. Das tut kein seriöser Fachmann mehr. Aber ist das wirklich alles, was wir mit Gewissheit sagen können? Für Biographien gilt noch ein weiterer Aspekt.

Vom ersten Kanzler der Bundesrepublik Deutschland existieren unzählige künstlerische Darstellungen, auch solche durch das Medium der Photographie. Sie sind einander oft gar nicht sehr ähnlich, sie zeigen Konrad Adenauer manchmal sehr abstrahierend, sie halten höchst unterschiedliche Momente fest. Der kundige Betrachter wird dennoch wenig Mühe haben, in ihnen den Porträtierten zu erkennen; er wird, wenn er sich für ihn biograpisch interessiert, auch auf keine verzichten wollen. Denn er weiß: Adenauer war ein außerordentlich bedeutsamer, charakterstarker und komplex strukturierter Staatsmann, so dass jede Abbildung wohl die eine oder andere Seite, keine aber das gesamte Spektrum wiedergeben kann, das seine Persönlichkeit ausmacht. Aus diesem Grund kann es auch von ihm niemals eine »endgültige« Lebensbeschreibung geben. Jede Generation, ja jede politische Grundschau wird sich von neuem mit dieser Arbeit befassen müssen, soll sich ihr das Bild des großen Politikers erschließen. Ungeachtet dessen aber werden alle diese Biographien ein bedeutendes Maß an Übereinstimmung aufweisen. Viele Daten sachlicher wie persönlicher Art stehen fest und ermöglichen eine zutreffende Sicht des Mannes. Wir treffen nicht auf ein Phantasieprodukt, wir treffen auf einen lebendigen, auf einen historischen Menschen, freilich nicht in einem sozusagen »chemisch reinen« Zustand, sondern im Spiegel anderer, die seine Bedeutung erkannt und sich darum mit ihm auseinandergesetzt haben, so wie wir es weiter tun werden und müssen, solange er Bedeutung besitzt.

Dem Bedeutenden kann man sich anders als durch Deutung nicht nähern. Man kann die Beschäftigung mit solchen Personen als *Dialog* bezeichnen, der von denen, die sie betreiben, kontinuierlich geführt wird. Es versteht sich, dass die nachgeborenen Partner notwendig sich selber und mit sich auch ihre Interessen, Sehnsüchte und Anschauungen, ihre Zeitverhaftung und Denkformen ins Gespräch einbringen. Auch sie selber befinden sich in keinem Augenblick in jenem sozusagen »chemisch reinen« Zustand.

Die Person Jesu kann sich diesem allgemeinen Gesetz nicht entziehen. Es muss sogar in nachdrücklicher Weise Geltung für sie haben, insofern sich schon früh herausgestellt hat, dass sie für eine sehr große Zahl von Menschen eine einzigartige und unverwechselbare, eine existentielle und, religiös formuliert, heilsentscheidende Rolle spielt: Das Zeugnis des Johannesevangeliums wie des Konzils von Nikaia lassen beide keinen Zweifel. Natürlich entstehen nun unvermeidliche Spannungen: »Das Christliche ist ER SELBST«, war zu sagen – aber wer ist ER SELBST? Die Quellen verweigern eine eindeutige Stellungnahme. So ist von Anfang an und bis heute die Geschichte der auf ihn zurückgehenden Religion einschließlich ihrer Spannungen und Defizite von dieser klar nicht einzulösenden Frage geleitet. Das ist gewiss ein Stachel in ihrem Fleisch, doch zöge man ihn heraus, wäre zu befürchten, dass dann sie selber über kurz oder lang stürbe. Damit aber erhebt sich auch die Grundfrage nachdrücklich: Woher kommt und wodurch rechtfertigt sich die Bedeutung, die so viele Menschen dem Mann aus Nazaret beimessen seit nunmehr rund zwei Jahrtausenden? Wir kommen um eine Annäherung an seine Persönlichkeit nicht herum.

1.2 Die Umwelt

Jesus von Nazaret wird in eine Lebenswelt hineingeboren, die fernab der damaligen politischen, kulturellen und ökonomischen Ströme liegt. Seine Heimat ist das vorderasiatische Palästina. Seit 63 vor unserer Zeitrechnung untersteht sie der römischen Oberherrschaft. Diese lastete hart auf den Einwohnern und provozierte sie ständig zu Befreiungsversuchen, die endgültig erst 70 nach unserer Zeitrechnung mit der Vernichtung Jerusalems ein Ende fanden. Doch in Wirklichkeit gestanden die Besatzer ihnen eine recht weitreichende Autonomie zu, vor allem in der Beobachtung ihrer Religion. Konkret bedeutete das die Duldung des jüdischen Tempelkultes und der Speisevorschriften. Palästina besaß eine bodenständige Herrscherfamilie, die Hasmonäer, aus der König Herodes, bekannt aus den Überlieferungen über Jesu Kindheit, stammte. Sie suchen aus dem Land eine hellenistische Monarchie zu gestalten. Auch die politisch-religiösen Parteien bleiben insgesamt ziemlich unbehelligt.

Man kann vier Gruppierungen ausmachen. Zur Zeit Jesu sind am einflussreichsten die *Sadduzäer*, die Partei der Aristokraten und der Priester, eine nach heutigem Schema weit rechts stehende konservative Partei. Politisch suchen sie die bestehende Ordnung unter allen Umständen zu bewahren; deren Symbol ist der Tempel als Zentrum des klassischen Judentums. Sie unterstützen selbstredend die Hasmonäer. Theologisch lassen sie allein die Tora gelten und verwerfen die spätere Väterüberlieferung. Das hat unter anderem zur Folge, dass sie, weil nicht Tora-Gut, ein jenseitiges Leben und eine jenseitige Vergeltung leugnen. Sie betonen die Freiheit des Menschen: Er allein ist die Ursache seines Geschicks. Jesus distanziert sich von ihnen.

Die *Pharisäer* rekrutieren sich aus der damaligen Mittelschicht (Händler, Bauern, Kaufleute), verstehen sich aber auch als Anwalt der einfachen Leute. Auch sie bestehen auf der Einhaltung des Gesetzes, konkretisiert im Kampf um die kultische Reinheit oder um eine strenge Auslegung des Sabbatgebotes. Anders als die Sadduzäer aber sind sie bereit, den Zeitveränderungen Rechnung zu tragen. Das sicherte ihr Überleben nach dem Jahr 70 und ließ sie zu wichtigen Exponenten der Neustrukturierung der Religion werden. Sie befinden sich in Opposition zum hasmonäischen Haus. Theologisch anerkennen sie die Überlieferungen der Nachtora-Zeit und damit die Unsterblichkeits- und Vergeltungslehre. Auch sie schätzen die Freiheit des Menschen, doch kommt sie ihnen zufolge nur zur Erfüllung, wenn sie in ständigem Zusammenwirken mit dem Willen Gottes gelebt wird. Es versteht sich, dass die Pharisäer Gegner der Sadduzäer sind. Jesus selber steht ihnen näher als den letzteren. Aus den Abgrenzungsversuchen der zweiten und dritten christlichen Generation vom Judentum erklärt sich jene Abwertung des Pharisäertums, die ihre Spuren im

Neuen Testament hinterlassen und seine Anhänger für uns zu sprichwörtlich charakterlosen Leuten (Heuchlern) gemacht hat.

Im damaligen Parteienspektrum vertreten die *Zeloten* (griech. »Eiferer«) den radikalen Flügel des Judentums. Sie rufen zum bewaffneten Kampf gegen die Römer auf, schrecken vor terroristischen Unternehmungen nicht zurück und pflegen die Guerillataktik. Ihr Ziel ist ebenfalls religiös: Die mosaische Religion soll im ganzen Land Alleingeltung haben. Eben deswegen musste der heidnische Kult der Besatzer ebenso wie der Einfluss der hellenistischen Kultur mit ihrem Polytheismus verschwinden. Im Volk finden sie viele Anhänger: Die politisch-religiöse Sphäre ist aufgeheizt; immer wieder droht die Situation außer Kontrolle zu geraten. Es leuchtet ein, dass auch die Jesusbewegung, die in manchem höchst extreme Ansichten hatte, bei der römischen Obrigkeit in den Verdacht des Zelotismus geraten musste.

Schließlich sind noch die *Essener* zu registrieren. Sie verkörpern die Fundamentalopposition, bestehend aus Priestern und frommen Charismatikern (so würde man heute wohl sagen), gegen die bei den anderen Parteien festzustellenden Tendenzen, sich in der einen oder anderen Weise mit den bestehenden politisch-religiösen Gegebenheiten abzufinden. Dementsprechend lehnen sie die Hasmonäer ab. Sie pflegen einen strengen Ritualismus und halten sich selber für die einzig legitime Vertretung des alten Israel, für die einzigen, die am Tage des göttlichen Gerichtes gerettet werden würden. Man kann sie nicht im eigentlichen Sinn als Parteiung bezeichnen; sie bilden eine Sondergemeinschaft mit geheimen Lehren in geheimen Büchern. Die meisten leben ehelos, alle in einer strengen Gütergemeinschaft. Sie glauben an die Unsterblichkeit der Seele, an die jenseitige Vergeltung und an einen rigorosen Determinismus: Das menschliche Schicksal ist göttlich vorherbestimmt. In den letzten Jahrzehnten hat sich den Essenern ein breites Interesse zugewendet: Man bringt ihre Lehren mit den in den Höhlen von Qumrân gefundenen Schriften in Verbindung und hat eine Zeitlang gemeint, Johannes der Täufer sei ein Mitglied, Jesus wenigstens ein Sympathisant dieser Gruppe gewesen. Das hat sich aber nicht klar bewahrheiten lassen.

Trotz seiner inneren Vielfalt wies das Judentum um die Zeitenwende wichtige Gemeinsamkeiten in Lehre und Kult auf, die auch Jesus teilte. Er verstand sich religiös als Jude, und als jüdische Sekte wurde auch anfangs die Jesusbewegung bewertet, von Anhängern ebenso wie von Gegnern. Zur Trennung ist es erst durch die Ereignisse des Jahres 70 gekommen. Die meist erst danach entstandenen frühchristlichen Schriften haben daher, durchaus verständlich, die schon erwähnte Neigung, die eigenen Abgrenzungskonflikte in die Anfangszeit zurückzuverlegen, aus den innerjüdischen Auseinandersetzungen Jesu Konflikte Jesu mit dem Judentum werden zu lassen. Wir wissen spätestens seit den Gräueln der nazistischen Konzentrationslager, welche furchtbare Folgen diese Geschichtsverschiebung durch Christen gezeitigt hat. Die Forschung hat inzwischen gelernt zu sehen, dass Jesus so ins Judentum hineingehört, dass ein Zugang zu ihm ohne das Judentum verwehrt bleibt, dass andererseits Jesus ein bleibender Zugang zum Judentum bis heute ist.

Die erste Grundaussage der mosaischen Religion ist der *exklusive und ethische Monotheismus*.

Noch jetzt spricht der gläubige Jude zweimal täglich das *Sch^{e}ma Jisrael* (»Höre, Israel«), das Glaubensbekenntnis: »Höre, Israel! Jahwe, unser Gott, ist einzig. Darum sollst du den Herrn, deinen Gott, lieben mit ganzem Herzen, mit ganzer Seele und mit ganzer Kraft« (Dtn 6,4 f.). Jahwe ist also nicht eine hinter anderen Gottheiten stehende synthetische Idee. Er hebt sich von allen anderen so genannten Göttern ab (Exklusivismus). Ihm eignet absolute Moralität, die den Jahwegläubigen zu Gehorsam und Liebe veranlassen muss (ethisches Moment).

Die zweite Grundaussage besteht darin, dass dieser Gott einen *Bund* mit Israel geschlossen hat. Aus freiem Entschluss hat er das kleine Volk aus der Zahl der Völker auserwählt und zu seinem Eigentum gemacht.

Die Tora ist das Grundgesetz dieser singulären gott-menschlichen Beziehung, wobei die Einzelgesetze die ethische Beziehung zu Gott wahren und fördern wollen. Das ganze Leben des Juden wird damit unter die absolute Autorität Gottes gestellt. Sie spricht sich aus in den moralischen Geboten, die kaum andere als bei den anderen Völkern sind (Verbot von Mord, Diebstahl, Ehebruch usw.), wie auch in den rituellen Vorschriften, die ein augenscheinliches Sondergut bilden (z.B. Sabbatheiligung, Beschneidung der Männer, Reinheitsregeln, Speisevorschriften) und damit auch einen Verteidigungsring gegenüber den Nichtjuden. Da diese für die Anhänger der mosaischen Religion zu allen Zeiten erdrückende Mehrheit waren, ist der Verteidigungsring notwendiges Mittel für die jüdische Identität, eine Art lebensrettender Schutzzaun. Die Auseinandersetzungen der Pharisäer mit Jesus um die Interpretation des Sabbatgebots sind unter dieser Perspektive alles andere als ein kleinliches ritualistisches Gezänk; in ihnen steht das jüdische Selbstverständnis auf dem Prüfstand.

Die Ausdrucksgestalten der Religion sind sprachlich die Heiligen Schriften, geographisch der Tempel, kultisch der Gottesdienst. Zur Zeit Jesu war der Kanon, das Verzeichnis der *Heiligen Schriften*, faktisch abgeschlossen.

Er bestand aus dem Gesetz (Tora), den Propheten und den »Schriften«; Ende des 1. Jahrhunderts werden das Hohelied und das BuchKohelet beigefügt. Daneben gab es apokryphe Texte und mündliche Überlieferungen. Der Kanon ist ein wesentliches Unterscheidungsmerkmal in der politisch-religiösen Landschaft. Die Christen haben den Kanon insgesamt als *Altes Testament* sich zu eigen gemacht, indem sie seinen Inhalt auf Jesus hin deuteten (interpretatio christiana), dadurch aber auch, wie der Name *Altes* Testament suggeriert, relativierten. Gegenwärtig sieht man neu dessen Eigenständigkeit und bleibende Bedeutung. Man spricht darum lieber vom *Ersten Testament* (vgl. Tafel 3).

Der Tempel in Jerusalem, es war zur Zeit Jesu der dritte Bau, ist der zentrale und zugleich einzige wirkliche Kultort des Judentums.

Im Gegensatz zu denen der Umweltreligionen ist er leer: Ein Götterbild fehlt. Jahwe, der Judengott, ist nur *einer*, weshalb man ihn nur an *einem* Ort ehren kann; er ist überweltlich, weshalb er durch irdische Mittel und Medien (z.B. Bilder) nicht repräsentiert werden kann. Natürlich versammelte sich die Gemeinde auch andernorts zu Gottesdiensten: Die *Synagogen* sind damals Räume, die ihr meist von Privatleuten zur Verfügung gestellt wurden. Während der Tempel Betätigungsfeld der Priester ist, kommen in den Synagogen die Laien zu Wort. Jesus ist Laie, und daher redet er vorwiegend in den Synagogen; als guter Jude aber zieht er zum Passah-Fest selbstverständlich zum Tempel hinauf. Zuletzt kommt es dort aber zum Streit mit der Institution und deren Repräsentanten: Er erweist sich als zentrale Auseinandersetzung um das rechte Religionsverständnis.

Der *Kult* gliedert sich in den Tempelkult und in den Synagogengottesdienst. Im Tempel bringen die Priester das Opfer dar zur Sühne für die Sünden des Volkes.

Damit unterscheiden sie sich nicht grundlegend von den anderen Religionen. In allen ist Kult vornehmlich Opfer. Das Judentum kennt daneben aber, in den Synagogen, den opferlosen Kult. Er besteht im wesentlichen aus der Verlesung der Heiligen Schriften und der Auslegung des vorgetragenen Textes. Die Folge war, dass die Juden zu einem Volk der »Schriftgelehrten« in doppelter Weise wurden: Sie waren stark zum Erlernen der (materiellen) Schrift (Schreiben und Lesen) motiviert und hatten großes Interesse am Verstehen der Inhalte der Heiligen Schriften (»Bibelstudium«); davon hing für sie das ethische Verhalten und damit die Beziehung zu Jahwe ab.

Das Judentum der Zeitenwende ist darüber hinaus durch zwei Motive geprägt, die in der Bewegung um Jesus eine tragende Rolle spielen. Das erste Motiv ist die *Erwartung des Messias*. Wir sahen schon, dass »Messias« in der griechischen Form »Christos« zu seinem stehenden Beinamen wurde, von dem sich auch der Name der Christus-Religion ableitet. In der notvollen Zeit der politischen Bedrängnis erwarteten die Juden unter Berufung auf prophetische Texte in den Heiligen Schriften das Kommen eines machtvollen Herrschers, eines friedlich-gerechten Königs, der dem Volk Wohlergehen bringen sollte. Unklar bleibt, ob es sich um eine irdische oder himmlische Gestalt handeln werde. Ebenfalls aus der politischen Lage ist das andere Motiv verständlich, die *Apokalyptik*. Die Rettung aus der heillosen, durch Sünde und Ungerechtigkeit gekennzeichneten Situation versprechen die Weissagungen urzeitlicher Autoren wie Adam oder Henoch, die in der Gegenwart auf geheimnisvolle Weise wieder ans Licht gekommen sind (griech. *apokalyptein* »offenbaren, aufdecken«): Was jetzt geschieht, muss nach Gottes Plan so geschehen; aber das Ende der Pläne Gottes ist das Gericht mit dem endgültigen Heil der Gerechten, die in eine neue Welt hinein auferstehen werden – und dieses alles wird sehr bald geschehen. Eine fiebrige Endzeiterwartung packt viele Menschen. Alles in allem ist Palästina um das Jahr 1 unserer Zeitrechnung ein brodelnder Kessel, ein unruhiges Land, ein Schmelztiegel steiler religiöser Vorstellungen. Die Zeit ist eine Wendezeit.

Kein Wunder, dass schillernde Gestalten auftauchen, die sich als Reformer verstehen, Rebellen, Wundermänner, Königsprätendenten, Religionsfanatiker und Charismatiker. Der ehemalige Sklave Simon setzt sich das Königsdiadem auf; der Hirte Androgenes nennt sich den auferstandenen David; Menahem tritt im Jüdischen Krieg in Herrscherkleidung auf; ein Judas Galilaios ruft die Theokratie aus. In diese Reihe gehört auch die Täuferbewegung des Johannes, eines Verwandten Jesu. Im Geist der alten Propheten Israels ruft er zu radikaler ethischer und religiöser Umkehr auf angesichts des nahen Weltenendes. Wer es ernst meint, muss die Taufe, einen Wasserritus, empfangen, um so Vergebung seiner Sünden und die Zusage des Endheils zu erlangen.

1.3 Die Lebensdaten

In dieser Umwelt steht die Gestalt Jesu, aus ihr heraus und ebenso im Gegensatz zu ihr entwickelt er seine Lehre, durch sie entscheidet sich sein Schicksal. Schauen wir die Quellen in ihrer heute gängigen Deutung an, so ergibt sich etwa dieses Bild, von dem zum anderen Male festzustellen ist: Beinahe jeder Zug ist mehr begründete Vermutung denn unbezweifelbare Tatsache. Bei jedem Satz müssen wir versuchen, um Halt zu finden, hinter die interessengeleiteten Vorstellungen der Schriften zurückzufragen, die über ihn berichten.

Unter der Regierung des römischen Kaisers Augustus (37 v. – 14 n. u. Zeitrechnung) wird Jesus (hebr. Jeschua oder Joschua »Gott ist Retter«, »Gotthilf«) geboren, wahrscheinlich nicht in Bethlehem, wie die Evangelien von Matthäus und Lukas (mit unterschiedlichen Gründen) behaupten, sondern in Nazaret. Als Geburtsjahr ist 6 oder 4 vor unserer Zeitrechnung anzusetzen. Diese geht zurück auf irrige Berechnungen des Mönches *Dionysius Exiguus* († nach 550) bei der Feststellung des Osterfest-Datums. Sie haben sich eingebürgert, so dass auch wir ab jetzt die übliche Zählung *vor* und *nach* Christi Geburt zur Datumsangabe verwenden. In Wahrheit aber war das 2000. Geburtsfest Jesu 1994 oder 1996.

Als seine Eltern gelten Josef, ein Bauhandwerker (griech. tekton), und Maria (hebr. Mirjam oder Marjam), ein bei der Geburt Jesu sehr junges Mädchen. Die Quellen kommen überein, dass die Familie sich von David, dem bedeutendsten König des alten Israel, herleitete, gehen aber auseinander in der Frage, wie die tatsächlichen Verwandtschaftsverhältnisse gewesen sind. Einmal wird eine ganz normale Mehrkinderfamilie vorausgesetzt mit mehreren Brüdern und Schwestern Jesu; in den Kindheitserzählungen der Evangelien nach Matthäus und Lukas aber ist er das einzige Kind Marias, nicht aber Josefs Sohn. Die spätere christliche Deutung hat sich dafür entschieden, eine jungfräuliche Zeugung und Geburt durch das Wirken des Gottesgeistes anzunehmen und die Familienangehörigen als nahe Verwandte, Josef als gesetzlichen Vater zu verstehen: So lesen wir es im Glaubensbekenntnis.

Wahrscheinlich hat Jesus den gleichen Beruf gelernt wie Josef. Zwischen 26 und 29 schließt er sich der Johannesbewegung an. Er lässt sich im Jordan taufen. Bald trennt er sich von dieser Gruppierung, sammelt eigene Anhänger um sich und beginnt eine Tätigkeit als Wanderprediger in Galiläa. Das Leitmotiv seiner Verkündigung ist die bald hereinbrechende *Herrschaft Gottes*. Nach anfänglichen großen Erfolgen (»Galiläischer Frühling«) bahnt sich ein immer schärfer werdender Konflikt mit der Priesterschaft an, den die radikale Tempelkritik des Mannes aus Nazaret heraufbeschworen hat.

Wie lange diese Entwicklung gedauert hat, ist offen: Die chronologischen Angaben der Quellen lassen die Dauer von einigen Monaten bis hin zu drei Jahren zu.

Jedenfalls endet sein Leben in Jerusalem. Das jesuanische Verständnis der Gottesherrschaft ließ offensichtlich keinen rechten Raum für die Tempelaristokratie, aber auch nicht für die römische Regierung. Die Herrschenden müssen in dem Nazarener eine vitale Bedrohung ihrer Macht sehen. Das erneute Aufflammen der immer latenten Aufmüpfigkeit des Volkes ist zu befürchten. Die jüdische und die römische Elite wirken zusammen, um die Ruhe aufrechtzuerhalten: Mit Jesus wird kurzer Prozess gemacht. An einem Freitag des Monats Nisan (entspricht dem April) wird er gekreuzigt, so viel steht fest. Fest steht auch, dass dieser innerhalb der Amtszeit des Pontius Pilatus, des kaiserlichen Vertreters in Palästina, liegt (26-36).

Strittig ist jedoch, ob dieser Freitag der »Rüsttag« des Passahfestes war (14.Nisan), wie das Johannesevangelium voraussetzt, oder dessen erster Tag, also der 15.Nisan (so die Synoptiker). Dementsprechend variiert das Todesjahr. Zwischen 26 und 36, ergeben astronomische Berechnungen, fällt auf einen Freitag der 15.Nisan in den Jahren 27, 31 (?) und 34, der 14. Nisan in den Jahren 30 und 33. Die Forscher neigen heute dazu, den 14. Nisan des Jahres 30 als Todesdatum Jesu anzunehmen. Er stirbt fast allein; seine Anhänger sind mit wenigen Ausnahmen geflohen, ganz und gar verzweifelt: Mit Jesus war ihr Lebensplan und ihre Lebenshoffnung gescheitert.

1.4 Lehrverkündigung

Die dichteste Zusammenfassung der Botschaft Jesu von Nazaret bietet der Anfang des Markusevangeliums: »Nachdem man Johannes ins Gefängnis geworfen hatte, ging Jesus wieder nach Galiläa; er verkündete das Evangelium Gottes und sprach: *Die Zeit ist erfüllt, das Reich Gottes* (griech. basileia thou Theou) *ist nahe. Kehrt um, und glaubt an das Evangelium*« (Mk 1,14 f.).

Drei zentrale Inhalte seiner Predigt werden namhaft gemacht: Die Hörerinnen und Hörer werden erstens aufgefordert zu einem radikalen Wechsel ihrer Lebensausrichtung. Sie sollen *metanoein*, d.h. »umdenken«, eine völlig neue Lebenssicht gewinnen. Das Umdenken ist, zweitens, eine unerwartet positive Sache: Die Jesusrede ist *eu-angelion*, fröhliche Botschaft, eine gute Nachricht. Denn, so drittens, die *basileia* Gottes ist ganz nahe da. Hier liegt der eigentliche Kern. Jesu Hörer, ganz in den religiösen Traditionen des

Judentums verankert, wussten sofort, um was es ging. *Königsherrschaft Jahwes* – das ist in ihrem Verständnis Gottes Be-Reich, also sowohl der Raum wie auch der Vollzug seines Weltverhältnisses. Gott ist als Schöpfer Herr des Universums, als Bundesstifter König über Israel, als endzeitlicher Richter absoluter Herrscher der Welt. Jesus greift die apokalyptischen Sehnsüchte der Zeitgenossen auf, wenn er die Nähe dieser letzten Dimension der Basileia betont.

Aber wenn er sein Kurzprogramm erläutert, zeigen sich tiefgehende Unterschiede zum traditionellen Gottesbild des Judentums. Der wichtigste liegt darin, dass die an sich futurische Größe »Gottesreich« in diese Weltzeit hineinragt. Anfanghaft und verborgen ist es bereits gekommen. Fast ebenso wichtig ist die Konsequenz, die er daraus zieht: So sehr Gott Herr ist und bleibt, so nachdrücklich bezieht er die Menschen in den Prozess der Reichs-Vollendung ein. Indem einer sich einbinden und sie damit in sich Gestalt annehmen lässt, befördert er die Gottesherrschaft in Geschichte und Universum. Der Mensch ist für die Basileia mitverantwortlich.

Damit wird diese eine ethische Größe mit explosiven Konsequenzen. Sie betreffen erst einmal das Judentum des 1. Jahrhunderts, gestalten aber in der Jesusbewegung nach seinem Tod, im Christentum also, die Welt nachhaltig um. Bleiben wir noch bei den Anfängen. Entscheidend für Wesen und Gestalt einer Herrschaft ist stets der Herrscher selbst. Wer also ist Jesu Gott? Er ist, natürlich, König; aber er ist ebenso auch Vater. Der eine Begriff ist so jüdisch wie der andere, nur betont Jesus die Väterlichkeit mehr als die Herrscherlichkeit oder besser: Er verdeutlicht, dass Gottes Königtum absolute und universale Vatergüte ist. Das hat zwei ausserordentlich brisante Folgerungen. Die eine ist die (nach herkömmlichem Verständnis) ganz »unjüdische« Liberalität: Während die meisten zeitgenössischen Erneuerungsbewegungen auf einen endzeitlichen Sieg Israels über die Heiden hoffen, wird eben diesen Heiden der Zugang zur Basileia Jesu bedingungslos ermöglicht. Während viele Reformströmungen einen aristokratischen Zug haben, wendet sich Jesus in herausfordernder Weise genau den Gruppen zu, die den traditionellen Normen nicht entsprechen – als da sind die Ehrlosen (öffentlichen Sünder), die Prostituierten, die blutsaugerischen Zöllner, die Mittellosen, die Verstoßenen (Aussätzige), die an Leib und Seele (Besessenheit) Kranken. Während die Protestbewegungen der Epoche zum Widerstand gegen alles Fremde, gegen das Römische vor allem, aufrufen und sich damit notwendig politisieren, sucht Jesus stets das Menschliche des Menschen, seinen guten Willen, die oft verschüttete Liebe; die politischen Bedingungen dieser Humanität sind ihm gleichgültig.

Die zweite brisante Folgerung besteht in der eigentümlichen Dialektik seiner Moralverkündigung. Die Tora ist für ihn ewig, also gründet sie darauf; zugleich überholt das Basileia-Evangelium jedoch die Tora. Lukas zufolge sagt Jesus:

»Bis zu Johannes hatte man nur das Gesetz und die Propheten. Seitdem wird das Evangelium vom Reich Gottes verkündet, und alle drängen sich danach, hineinzukommen. Aber eher werden Himmel und Erde vergehen, als dass auch nur der kleinste Buchstabe im Gesetz wegfällt« (Lk 16, 16 f.).

Daraus ergibt sich, nur scheinbar paradox, die Norm*ver*schärfung wie die Norm*ent*schärfung der Ethik Jesu. Erst einmal führt er die Tora bis zur Härtegrenze:

– Wie die Radikalenbewegung des Judas Galilaios fordert er eine kompromisslose Entscheidung zwischen Gottesverehrung und (politisch-ökonomischem) »Mammonsdienst« (Mt 6,24).
– Die Verbote des Tötens und des Ehebruchs werden vom Bereich der Tat in den des blossen Wollens hinein radikalisiert (Mt 5,22. 28).
– Das allgemeine Liebesgebot des mosaischen Gesetzes wird präzisiert als Liebe sogar zu Feind, Fremdling und Sünder (Mt 5,43-48; Lk 10,25-37); Lk 7,36-50).
– Das Wiederverheiratungsverbot wird gegen alle Aufweichungen kompromisslos verteidigt (Mk 10,11 f.)[6].

Die Kehrseite der gleichen Medaille aber ist die schon bekannte »Liberalität«:

– Das für die jüdische Identität so wesentliche Sabbatgebot tritt hinter das Gebot der Hilfe zurück (Mk 3,4).
– Die soziale Verpflichtung rangiert über der Steuergesetzgebung (Mt 23,23).
– Das kultische Reinheitsgebot kommt nach der Pflicht zur Menschenliebe (Mk 1, 2 ff.).
– Versöhnung mit dem Nächsten ist wichtiger als Gottesdienst (Mt 5,23 f.).

Besonders deutlich wird die Dialektik der jesuanischen Ethik in den Forderungen an seine engsten Anhänger. Jüngerschaft zu Jesus wird dargestellt als Nachfolge – das ist ursprünglich wörtlich gemeint als Wandern mit ihm, hinter ihm drein; aber gemeint ist sachlich die abstrichlose Aneignung der Normen, die er aufstellt. Und die sind hart: Man muss so ziemlich alles aufgeben, was zu einem einigermaßen menschenwürdigen Dasein gehört – Haus und Hof, Familie und Sexualität, Selbsterhaltungstrieb und Selbstverteidigung. Aber man tauscht dafür eine große Unbekümmertheit ein: Man ist frei von Sorgen, frei vom lastenden Ritualismus, von den kleinlichen Sabbatregeln, frei von den Tagespflichten: Gott werde sich, predigt Jesus, um alles Notwendige sorgen, nehme er doch selbst Spatzen und Wiesenblumen in seine Obhut (vgl. Mt 6,19-34).

Der scheinbare Widerspruch löst sich auf, wenn wir auf das Mark der Ethik Jesu stossen, auf das doppelt-eine Gebot der Gottes- und Nächstenliebe. Vor allem die Einforderung der Nächstenliebe gilt als sein schlechthin »neues Gebot« (Joh 13,34). Das trifft für den Wortlaut nicht zu: Wie ein breiter Traditionsstrom seit Dtn 6, 5 und Lev 19,18 manifestiert, gehört es einschließlich der Koppelung mit der Gottesliebe zum festen Bestand jüdischer Moral. Neu ist allerdings die Radikalisierung in der Predigt Jesu: Es gilt auch für die Fremden, sogar die Religionsfremden oder Häretiker (so das Gleichnis vom barmherzigen Samariter Lk 10,25-32), es gilt für die Feinde, die Sünder (der ergreifende Text der Parabel vom verlorenen Sohn Lk 15, 11-32), die gesellschaftlich (durchaus rechtens nach nicht nur damaligen Maßstäben) Deklassierten. Diese vollkommene Entgrenzung ist ohne Analogie in der religiösen Literatur. Sie ist aber nichts weiter als die logische Entfaltung der Gottesvorstellung Jesu. Wenn Gott Vater aller Menschen ist, dann sind alle Menschen zum ersten Geschwister; wenn er als Vater Herrscher ist, dann sind zum anderen die Geschwister gehalten, sich seinem Willen und Verhalten anzugleichen, mithin gütig zu sein wie Gott, der es über Gerechte und Ungerechte regnen lässt (Mt 5,45), und sich seine Barmherzigkeit zu eigen zu machen, die unendlich ist (Mt 5,48). In dieser Konsequenz treffen sich alle Linien: Wie Gott zu sein verlangt die abstrichlose Abkehr vom Eigenwillen – ein echtes Umdenken also; Gottes Güte zu leben, übersteigt alle starre Gesetzlichkeit – Entschärfungstendenz; Gott Herr sein zu lassen, ist rigorose Ausrichtung an seinem Gesetz, an der Tora – Verschärfung darum.

Die eigentliche und per Saldo einzige moralische Richtschnur für den Menschen ist also Jesus zufolge der Wille des Vaters, den er verkündet und mit Vollmacht deutet. Maßstab menschlichen Handelns ist weder das gute Alte noch das zukunftsträchtige Neue, sondern das Ursprüngliche – die Welt- und Menschengüte Gottes.

Am klarsten ist diesbezüglich die vielzitierte Stellungnahme zur Ehescheidung (Mt 19,3-12). In der Diskussion mit seinen pharisäischen Gegnern schärft Jesus das Scheidungsverbot als Schöpferwillen Gottes mit der Formel ein: »Was Gott verbunden hat, das darf der Mensch nicht trennen«. Seine Kontrahenten führen die gegenläufige Weisung des Mose an, »dass man der Frau die Scheidungsurkunde geben *muss*, wenn man sich trennen will«. Er repliziert: »Nur weil ihr so hartherzig seid, hat Mose euch erlaubt, eure Frauen aus der Ehe zu entlassen. *Am Anfang war das nicht so*«.

Die Umwelt Jesu reagiert höchst unterschiedlich: Für die Herrschenden ist seine Lehre systembedrohend revolutionär. In ihren Augen kann die jüdische Religion nur Bestand haben durch einen bis zum Verdacht des Fundamentalismus gehenden Traditionalismus: Mose ist dessen Exponent, auf den sich alle, auch Jesus berufen. Was er gesagt hat, also das Gesetz, ist fraglos gültig. Wenn dann aber der Nazarener in den berühmten Antithesen der Bergpredigt gegen dieses mosaische Gesetz seinen eigenen Anspruch auf ethische Weisung anmeldet – »Ihr habt gehört, dass gesagt worden ist ... Ich aber sage euch...« (Mt 5,21-48), scheint allen seinen gegenteiligen Beteuerungen zum Trotz das Ende der Gesetzesherrschaft angebrochen zu sein. Gerade dieses Ende aber ersehnen die Machtlosen, die unter dem Legalismus ihrer Machthaber zu Sklaven des Gesetzes wurden.

Bereits die ersten Christen haben diese eigentümliche Originalität der jesuanischen Verkündigung auf den Begriff der *Freiheit* gebracht. Gegenüber dem harschen Ritualismus und Legalismus der damaligen jüdischen Schriftauslegung wirkte sie unendlich erleichternd und ermutigend. Interessanterweise kennt das Hebräische nicht einmal ein sprachliches Äquivalent zum Begriff *eleutheria*, der in der damaligen griechischen Welt zentrale Bedeutung hat. In den griechisch geschriebenen Evangelien kommt er als solcher nur einmal vor, aber in wichtiger Funktion. Als Jesus im Johannesevangelium mit »den Juden« über die wahre Abrahamskindschaft diskutiert, gibt er als das entscheidende Moment seiner Verkündigung an:

»Wenn ihr in meinem Wort bleibt, seid ihr wirklich meine Jünger. Dann werdet ihr die Wahrheit erkennen, *und die Wahrheit wird euch befreien.* Sie erwiderten ihm: Wir sind Nachkommen Abrahams und sind noch nie Sklaven gewesen. Wie kannst du sagen: Ihr werdet frei werden? Jesus antwortete ihnen: Amen, amen, das sage ich euch: Wer die Sünde tut, ist Sklave der Sünde. Der Sklave aber bleibt nicht für immer im Haus, nur der Sohn bleibt für immer im Haus. *Wenn euch also der Sohn befreit, dann seid ihr wirklich frei«* (Joh 8,31-36).

Es ist der Apostel Paulus, der bedeutendste Theologe der nachjesuanischen Generation, der aufgrund seiner Verwurzelung in der griechischen Bildungstradition die Befreiung zur Freiheit als das eigentliche Werk Jesu, als die genuine Realisierung seiner Botschaft, aber auch als bleibenden Auftrag der Christen formuliert: »Zur Freiheit hat uns Christus befreit. Bleibt daher fest und lasst euch nicht wieder das Joch der Knechtschaft auflegen« (Gal 5,1). In seinen Schriften entwickelt er aufgrund dieser Einsicht eine hochdifferenzierte Freiheitslehre. Anthropologisch ergibt sich daraus die Gleichheit aller Menschen (Gal 3,28; 1 Kor 12,13), die Lösung von der Versklavung durchs Gesetz. Theologisch bedeutet die Christusbotschaft die Freiheit selbst von so unerbittlichen und radikalen Mächten wie es Sünde und Tod sind. Das ist für Paulus keine pathetische Deklamation, keine enthusiastische Rhetorik, sondern nüchternes Resultat des Wirkens Jesu: »Wo der Geist des Herrn wirkt, da ist Freiheit« (2 Kor 3,17). Damit ist aber die Gestalt der Freiheit exakt definiert. Sie ist nicht Libertinage, nicht schrankenloser Egoismus auf Kosten anderer, sondern Ausgestaltung der radikalen Gottes- und Nächstenliebe in den Dimensionen der jesuanischen Ethik (vgl. 7.4).

Am nachdrücklichsten zeigt sich das an der Lösung eines Falles aus dem Gemeindeleben in Korinth, den wir aus 1 Kor 8,1-13 erschließen. Die korinthischen Metzgereien bieten Fleisch von Tieren an, die ursprünglich den Göttern geopfert worden waren. Aber dazu brauchte man nur die Innereien, der Rest geht auf den Markt. Ängstliche Christen hatten Gewissensbisse, wenn sie solches Fleisch erwarben. Setzen sie sich nicht irgendwie doch dem Verdacht der Sympathie mit der heidnischen Religion aus? Der Apostel stellt klipp und klar fest: Es gibt keine Götzen; das Essen des »Götzenopferfleisches« kann also so wenig wie andere Speise »vor Gottes Gericht bringen«. Da sind die Christen frei. Doch dann folgt sogleich die Mahnung: »Gebt acht, dass diese eure Freiheit nicht den Schwachen zum Anstoß wird«.

Christentum kann also gemäß der Verkündigung Jesu definiert werden als Ermutigung zur Freiheit in und aus der Liebe. Wenn das so ist, dann ist Ermöglichung der Freiheit Maßstab und Prüfstein christlichen Verhaltens, was nach dem Gesagten heißt: Kennzeichen der Nachfolge und der Nachfolger Christi.

1.5 Das Handeln Jesu

Die Quellenanalyse lässt keine Charakterstudie Jesu zu. Keinesfalls ähnelt er den Darstellungen des 19.Jahrhunderts, die eine milde, asexuelle und aseptische Figur vor Augen stellen. Er ist eine absolut lautere Persönlichkeit, die ob der Untadeligkeit des Lebenswandels, der sich verströmenden liebenswürdigen Güte, der Festigkeit der Anschauungen, der Hoheit des Auftretens für die meisten Mitmenschen eine hinreissende Anziehung besaß. Aber er hat durchaus Kanten und Ecken: Er steht zeitlebens in Spannung zur Familie einschließlich der Mutter, er kann im Disput diamantene Härte zeigen, er schert sich wenig um diplomatische Rücksichten, wenn es um seine Sendung, wenn es um den *Willen des Vaters* geht. Er polarisiert – buchstäblich alles stehen und liegen lassen die einen, um ihm bedingungslos zu folgen, die anderen, um ihn schnellstens aus der Welt zu befördern. Es geht im einen wie im anderen Fall nicht allein und nicht einmal zuerst um seine Botschaft; da war man damals einiges gewohnt und im Grund ziemlich tolerant. Es geht um seine Person, um sein Tun und Lassen. Sie verschmilzt mit der Predigt, die Predigt ergänzt und erläutert sie. Das vermutlich auslösende Moment der »finalen Lösung« des Jesusproblems war für die jüdische Führung die Vertreibung der Händler aus dem Tempel, d.h. die Exekution der Tempelkritik Jesu. Da konnte die Antwort nur die Exekution Jesu sein.

Im Blick auf die Wirkungsgeschichte sollen drei Kennzeichen seines personalen Tuns hervorgehoben werden. Da sind zuerst die *Wunder*. Alle Evangelien bezeugen, dass er außerordentliche, von den Zeitgenossen nicht erklärbare Handlungen gewirkt hat. Im einzelnen sind es Heilungen von psychisch (Exorzismus an Besessenen) und physisch Kranken, Strafwunder (Verfluchung des Feigenbaumes Mk 11,12-14) und Geschenkwunder (Brot- und Weinvermehrungen), rettendes Eingreifen (Stillung der Naturgewalten) und offenbarende Erscheinungen (Verklärung). Der Mensch von heute fragt zuerst: War das auch so? Sind diese Erzählungen historisch? Die Forschung antwortet: Man kann kaum in Abrede stellen, dass Jesus ein Heiler gewesen ist. Man kann sehr wohl zweifeln, ob die Überlieferungen wörtlich zu verstehen sind. Der eigentlichen Absicht der Quellen wird man im einen wie im anderen Fall erst dadurch gerecht, dass man ihre Erklärungen ernst nimmt: Nach den Worten Jesu selber sind diese Taten immer nur Zeichen, Beglaubigungen seiner Lehre, Erweis seiner Legitimität, Umsetzung seiner Botschaft von der Güte Gottes, die sich in allen Wundern abzeichnet: Das Böse sind eben die Krankheiten, der Tod, die seelische Gestörtheit, der Hunger, das Ausgeliefertsein an die Naturgewalten, die Ungerechtigkeit der Mitmenschen. Gegen dieses Böse steht die Liebe Gottes, die sich in Jesus verkörpert und die den Menschen zur absoluten Zukunft führen will in der vollkommen realisierten Herrschaft Gottes, in der endgültigen Basileia. Sie bricht mit ihm an, und so leuchtet auch anfanghaft dieses Neue auf. Das aber ist wahrhaft wunderbar.

An zweiter Stelle sind die *Jüngerberufungen* zu besprechen. Für die Folgegeschichte sind sie insofern entscheidend, als sie zur Klärung der Frage helfen, ob und wie weit die kirchliche Gestalt des Christentums auf den Nazarener selber zurückgeht. In den Evangelien treffen wir auf eine ganze Reihe von Geschichten, in denen Männer und Frauen in Lebensgemeinschaft mit ihm treten, was erst einmal heisst, dass sie ihn auf seinen Wanderungen begleiten. Das ist nicht ungewöhnlich, auch die Propheten seinerzeit und die Rabbinen noch zu jener Zeit kennen solche Anhänger. Markante Unterschiede fallen bei der Lektüre der Evangelien allerdings sofort ins Auge: Im Gegensatz zu den Rabbinen können auch Frauen zur engsten Umgebung Jesu gehören. Jüngerschaft ist ferner eine Dauerbeziehung: Weder kann man von ihm zu einem anderen Lehrer wechseln, noch wird man je sein Lehrer-Kollege. Schließlich sticht ins Auge, dass die Schüler der Rabbinen die Lehre des Meisters auswendig lernen und sich so wortwörtlich aneignen (und weitergeben) mussten; in der Schule Jesu übernimmt man seine Worte sinngemäß und situationsbezogen. Was wirklich zählt, ist die Aneignung der Lebensausrichtung des Meisters bis hin zur Teilhabe an seinem Todesschicksal. Dafür wird ihnen auch Anteil gegeben an der Sendung und Vollmacht (sie können z.B. ebenfalls Wunder wirken) wie auch an der messianischen Herrschaft. Was von allen Jüngerinnen und Jüngern gilt, trifft besonders auf eine Gruppe von zwölf Männern zu, die er in souveräner Vollmacht (Mk 3,3 f.) beruft und die in ausgezeichneter Weise den Namen

Apostel (griech. »bevollmächtigte Gesandte«) bekommen[7]. Sie erscheinen als Repräsentanten Gottes und Jesu, setzen also mit deren Vollmacht deren Aufgabe fort. Ganz augenscheinlich bilden sie eine Art Körperschaft, ein »Kollegium« mit einer eigenen Strukturierung: Besonders herausgehoben ist Simon Bar Jona, der als Fundament angesehen und daher in »Felsenmann« (*Petrus* von griech. *petra* »Felsen«) umbenannt wird. Eine eigene Funktion kommt neben ihm auch Johannes und Jakobus zu, die später die »Säulen« heißen. Die Jüngersammlung allgemein, die Konstituierung des Zwölferkreises besonders deuten darauf hin, dass Jesus, so wie er beides ins Werk gesetzt hat, an eine Fortsetzung seiner Aufgabe über die eigene Lebensgrenze hinaus gedacht hat.

Auch in der Qumrân-Gemeinde erscheinen zwölf Männer. Hier wie bei Jesus erinnern sie an die zwölf Söhne des Erzvaters Jakob, die den zwölf Stämmen des alten Israel ihren Namen gegeben hatten. Deswegen übrigens wäre es sinnwidrig gewesen, in ein solches symbolträchtiges Gremium eine Frau zu berufen. Sie hätte den Symbolismus gründlich zerstört und konnte solange nicht »Apostolin« werden, wie dieser Symbolismus Gültigkeit haben, also die Zahl *zwölf* augenscheinlich gemacht werden musste. Als das später nicht mehr der Fall ist, nach der Konsolidierung der Gemeinde, hat Paulus kein Bedenken, eine Frau namens Junia als »Apostolin« zu qualifizieren (Röm 16,7).

Es erscheint offenkundig: Jesus möchte ein neues Israel, ein neues Gottesvolk ins Leben bringen. Man kann heute nicht unbefangen behaupten: Er hat die christliche Kirche gegründet, sofern man darunter einen mehr oder minder »juristischen« Akt versteht nach Art heutiger Vereinsgründungen. Man kann aber auch nicht mehr undifferenziert sagen, er habe das Reich Gottes und sonst nichts gepredigt; gewissermaßen aus Versehen sei dabei die Kirche entstanden. Er rechnete wohl mit Bestimmtheit mit der Fortsetzung seiner Predigt durch andere; seine Intentionen verlangen mit innerer Zielrichtung nach einer Gemeinschaft.

Näher sehen wir das in einer Untersuchung des Letzten Abendmahles. Auch diese letzte Mahlzeit mit den Seinen am Donnerstag vor seinem Tod gehört wie die Errichtung des Zwölferkreises zu den *Symbolhandlungen* Jesu.

Sie stellen ihn eindeutig in die Tradition der altisraelitischen Propheten. Mit einem oft sehr drastischen Zeichen oder einer Zeichentat machen sie die Leute auf einen religiösen Sachverhalt aufmerksam. Der Prophet Jesaja, ein Beispiel mag reichen, läuft ganze drei Jahre nackt herum, um die von Jahwe gewollte Demütigung Ägyptens und Äthiopiens durch die Assyrer anzukünden (Jes 20). Auch Jesus vermittelt seine Botschaft durch Zeichenhandlungen – man kann die Tempelreinigung nennen, den feierlichen Einzug in Jersualem oder die Mahlgemeinschaften mit den Randgruppen der Zöllner und Sünder, die den frommen Juden als unrein galten.

An sie knüpft er an, wenn er am Tag vor dem Passahfest des Jahres 30 im Bewusstsein des nahen Todes und in der Erwartung des Anbruchs der Gottesherrschaft mit den Anhängern – darunter gewiss auch Frauen – ein feierliches Abendessen veranstaltet. Neben den drei Synoptikern berichtet Paulus davon. Dieses älteste Zeugnis lautet:

»Denn ich habe vom Herrn empfangen, was ich euch dann überliefert habe: Jesus, der Herr, nahm in der Nacht, in der er ausgeliefert wurde, Brot, sprach das Dankgebet, brach das Brot und sagte: Das ist mein Leib für euch. Tut dies zu meinem Gedächtnis. Ebenso nahm er nach dem Mahl den Kelch und sprach: Dieser Kelch ist der Neue Bund in meinem Blut. Tut dies, so oft ihr daraus trinkt, zu meinem Gedächtnis« (1 Kor 11,23-25).

Trotz bezeichnender Unterschiede kommen alle vier so genannten »Einsetzungsberichte« überein, dass Jesus (vermutlich im Rahmen des rituellen Passahmahles) Brot und Wein austeilt als Zeichen eines neuen und endgültigen Bundes, der in seiner Person, vergegenwärtigt in den Mahlgaben, und durch seine Lebenshingabe geschlossen werde. Er versteht ganz offensichtlich dieses Mahl als ein rituelles Geschehen, das auf Dauer an die Stelle des Passah-Essens treten soll. Dann aber hat Jesus gerade im Angesicht des Hingangs eine Gemeinde im Blick, die noch lange nach dem Todesfreitag sein Gedächtnis begeht. So hat es die tatsächlich entstandene Gemeinde auch verstanden.

Die Feier des Letzten Abendmahles wird in der ganzen christlichen Kirche von Anfang an bis zur Stunde als Zentrum des Gottesdienstes begangen. Miteinander dieses eucharistische Mahl (griech. *eucharistia* »Danksagung« unter Bezug auf den Dankgestus Jesu) begehen, ist zum entscheidenden Zeichen der kirchlichen Gemeinschaft (lat. *communio*) geworden: Wo diese von einzelnen oder einer Gruppe nicht gewahrt wird, wird die aktive und volle Teilnahme verweigert (lat. *Exkommunikation* »Entfernung aus der Gemeinschaft«). Die Symbolhandlungen des Neuen Testamentes, vor allem der Ritus der Wassertaufe und des Mahlhaltens, haben weiterhin die Ausbildung der sakramentalen Dimension im Gefolge gehabt. Durch bestimmte Zeichen und Worte geschieht nach christlichem Verständnis Weitergabe des durch Jesus angekündigten Heiles (vgl. 6.6).

1.6 Ostern

Die Welt ist ein geschlossenes kausales System. Jeder Mensch übt durch sein Leben Wirkungen aus, die nie vergehen. Man kann sich einmal für einen Moment vergegenwärtigen, welche unübersehbare Ereignisfolge allein jene Zeugungskette gebildet hat, an deren vorerstigem Ende ein heutiger Mensch steht. Gewöhnlich ist sie ein oder allenfalls zwei Generationen einigermaßen zurückzuverfolgen, dann senkt sich der Nebel des Geschichtsvergessens über sie. Ab und an überragen ihn bedeutende Gestalten, deren Wirkungsgeschichte das übliche Maß sprengt. Man kann sagen: Ihre Sache geht weiter. Immer aber bleiben auch sie der Vergangenheit verhaftet. Im Grab werden alle gehalten; was immer sie bewirkt haben, ist nur mehr indirekt greifbar. Immer wieder müssen Jubiläen und Gedenktage helfen, ihre Leistung präsent zu halten.

Diese selbstverständlichen Feststellungen gelten in jedem Fall auch für den Mann aus Nazaret. Aber sie können niemals die historische Tatsache erklären, die die christliche Religion ausmacht, den Umstand näherhin, dass ihr einziger und genauer Bezugspunkt ER SELBST ist als einer, der als *unmittelbar zu jeder Generation und Person* erfahren und deswegen und darin als Grund der je eigenen Religiosität, des eigenen Christseins also, erlebt wird. Dazu bedarf es einer neuen und qualitativ anderen Kategorie. Die Chiffre der christlichen Sprache dafür ist *Ostern*. Deren Sachgehalt lautet in der frühesten Formulierung: »*Gott hat Jesus von den Toten auferweckt*« (Röm 10,9; 1 Kor 6,14; 15,15 als Aussage, Röm 4,24; 8,11; 2 Kor 4,14; Gal 1,1; Kol 2,12 als Partizipialprädikation). Ihre Sachbedeutung erläutert mit unveränderter Gültigkeit schon Paulus: »Wenn aber Christus nicht auferweckt worden ist, dann ist euer Glaube nutzlos, und ihr seid immer noch in euren Sünden; und auch die in Christus Entschlafenen sind dann verloren« (1 Kor 15,17 f.). Die Aussage ist unmissverständlich: Das Christentum steht und fällt mit Ostern. Damit ist der Frage nicht auszuweichen, welchen Realitätsbezug die unerhörte und analogielose Behauptung hat, jener charismatische Prediger aus dem Palästina des ersten Drittels des ersten Jahrhunderts unserer Zeitrechnung sei noch jetzt nicht in metaphorischer oder symbolischer Weise, sondern wirklich lebendig.

Die Jesusquellen kennen verschiedene Formen und Gattungen, mittels derer das Osterereignis ausgesagt wird:

(1) Aussagen über das Geschehen selbst nach dem obigen Muster: *Gott hat ihn auferweckt* oder *Jesus ist auferstanden* (1 Thess 4,14).

(2) Aussagen über den Zugang zum Geschehen: *Der Auferweckte erschien* bestimmten Personen (1 Kor 15,4-8).

(3) Erscheinungsberichte, gewöhnlich verbunden mit Aufträgen des Erscheinenden (z.B. Mt 28,16-20; Lk 24,13-53; Joh 20,11-23).

(4) Die Überlieferung vom leeren Grab Jesu (z.B. Mk 16, 1-8).

Folgende geschichtliche Daten zeichnen sich ab: Nach der Hinrichtung Jesu haben sich die Jünger nach Galiläa abgesetzt. Sie sind völlig demoralisiert. Ihre Lebensplanung hatte sich zerschlagen (Lk 24,3-21). Da machen einige von ihnen wenige Stunden nach dem Ende Jesu, als erste die ihm besonders nahestehende Maria von Magdala, Erfahrungen, die sie zur unwiderruflichen Überzeugung bringen: *Der Tote von Jerusalem lebt!* Diese Erfahrung verbindet sich mit der Entdeckung, dass das Grab, in dem er bestattet worden war, leer ist. Beides ist so mächtig, so grundstürzend, dass von da an ihr Leben einen ganz neuen Verlauf nimmt: Sie werden zu leidenschaftlichen Anhängern des Lebenden, dessen Geist sie als in ihren Herzen wirkend und sie mit ihm in existentieller Verbindung haltend spüren. Erst damit beginnt eigentlich das Christentum als Religion. Damit auch erst hatte sich die Berechnung der Jesus-Gegner als jener epochale Irrtum erwiesen, von dem schon die Rede war. Am Kreuz stirbt zwar der Nazarener, aber offenbar bleibt er nicht im Grab; und so geht auch seine ureigene Verkündigung weiter.

Nicht erst in der Moderne, aber natürlich in der Moderne besonders bohrend drängt sich die Frage auf: Ist Ostern wahr? Gibt es eine Auferstehung von den Toten, und ist sie an Jesus von Nazaret geschehen? Gläubige wie Ungläubige haben sich leidenschaftlich damit auseinandergesetzt und alle möglichen Lösungen erdacht, die einander munter widersprechen. Es lohnt sich nicht, sie im Rahmen dieses Buches auch nur ansatzweise zu rezensieren. Die Diskussion hat wohl nur eines mit Sicherheit erbracht: Das österliche Geschehen ist nicht mit den Mitteln empirischer Wissenschaften zu entscheiden – weder in positivem noch in negativem Sinn. Der Grund dafür ist im Umstand zu suchen, dass es im Falle jeder Deutung etwas mit dem Faktum und der Wirklichkeit des Todes zu tun hat: Es leugnet die scheinbar unbezweifelbare Erfahrung, dass der Tod allmächtig ist und keiner ihm entrinnen kann. Aber ist sie wirklich unumstößlich? Bis heute weiß niemand von den Lebenden mit absoluter Sicherheit, was der Tod dem innersten Wesen nach sei. Unsere Erfahrung auf dieser Erde reicht bis ganz nah an ihn heran, aber sie holt ihn niemals ein. Unsere Erfahrungswelt verfügt daher über keinerlei Echtmaterial, mittels dessen wir wenigstens Näherungsbestimmungen treffen könnten. Das ist eine Aussage, die für den Tod wie für dessen (in den Ostertexten behauptete) Überwindung gilt.

Auferstehung von den Toten ist also ein analogieloses Ereignis. Es ist nicht zu be*greifen*, es lässt sich nicht ver*gegenständ*lichen. Man kann sich nur auf die Erfahrung der Verfasser der Quellen einlassen, in sie einschwingen und sich die befreiende Botschaft von der prinzipiellen Überwindung des Todes zu eigen machen – oder das nicht tun. In der Sprache der christlichen Theologie gesprochen: Ostern ist zu erfassen nur im Glauben; ohne Glauben bleibt es eine mythische und damit für das Erdenleben belanglose Vision. Das Eigen- und Einzigartige des Christentums, das es von allen anderen Religionen nachhaltig Unterscheidende, sein spezifischer Glaube lautet also: ER SELBST LEBT. In dieser Feststellung sind alle anderen Glaubenssätze des Christentums enthalten. An ihr entscheidet sich die Christlichkeit der Christen, durch sie erweist die Religion der Christen sich als Ermutigung zur Freiheit. Denn was kann versklavender sein als der Tod, was befreiender als die Negierung dieser Erfahrung?

2. Kirche in Welt: Das Christentum in der Antike

Gut sieben Wochen nach der Hinrichtung Jesu »erschienen« den in Jerusalem versammelten engsten Jesusanhängern »Zungen wie von Feuer, die sich verteilten; auf jeden von ihnen ließ sich eine nieder. Alle wurden mit dem Heiligen Geist erfüllt und begannen in fremden Sprachen zu reden, wie es der Geist ihnen eingab«. Petrus, der Führer der Jesusleute, hält den aus der ganzen bekannten Welt zum Pfingstfest versammelten Juden eine glänzende Rede, in der er in ständiger Berufung auf die Heiligen Schriften nachweist: »Diesen Jesus, den ihr gekreuzigt habt, hat Gott zum Herrn und Messias gemacht«. Etwa 3 000 Menschen lassen sich taufen und werden dadurch der Jesusgemeinde »hinzugefügt. Sie hielten an der Lehre der Apostel fest und an der Gemeinschaft, am Brechen des Brotes und an den Gebeten«. So schildert es die dem Lukas zugeschriebene *Apostelgeschichte* (2,1-42).

Tafel 2. – Chronologische Übersicht über die Kirche in der Spätantike
* bezeichnet umstrittene oder nicht genau bekannte Daten

30*	Hinrichtung Jesu von Nazaret (14.Nisan = 07.04.); Osterereignis; Pfingsten
32*	Bekehrung des Paulus von Tarsus
49*	»Apostelkonvent« in Jerusalem
64	Kaiser Nero verfolgt in Rom die Christen: dabei auch Hinrichtung von Petrus und Paulus.
70	Zerstörung Jerusalems
110 ff*	Briefe des Ignatius von Antiochien
160*	Erste Bischofslisten (Hegesippus)
nach 150	Ausbildung des neutestamentlichen Kanons und des Apostolischen Glaubensbekenntnisses
nach 300	Enstehung des Mönchtums (Antonius)
313	Mailänder Toleranzedikt Kaiser Konstantins: Zulassung der christlichen Religion
325	(1. Ökumenisches) Konzil von Nikaia
354	Geburt des Augustinus († 430)
380	Kaiser Theodosius I. macht das Christentum zur Staatsreligion
381	(2. Ökumenisches) Konzil von Konstantinopel (I)
431	(3. Ökumenisches) Konzil von Ephesus
440/61	Papst Leo I. (d.Gr.)
451	(4. Ökumenisches) Konzil von Chalkedon
476	Ende des römischen Westreiches
498*	Taufe des Frankenkönigs Chlodwig
553	(5. Ökumenisches) Konzil von Konstantinopel (II)
590/604	Papst Gregor d.Gr.
nach 596	Missionierung der Angelsachsen durch Bischof Augustin (v. England)
635ff.	Nach dem Tod Mohammeds (632) Ausbreitung der Araber im Nahen Osten mit Verdrängung des Christentums

Seit alters gilt dieses Pfingstereignis als der *Geburtstag der Kirche*, der christlichen Vergemeinschaftungsform, die sich damit auf den Weg durch die Zeiten aufmacht. Man kann die christliche Religion nur verstehen, wenn man seine wesentlichen Markierungspunkte kennt. Wir präsentieren sie auf doppelte Weise. Am Beginn der einzelnen geschichtlichen Epochen steht eine tabellarische Übersicht über die markantesten Ereignisse, die die Einordnung erleichtert.Es folgen verschiedene Längsschnitte, in denen die je angestoßenen geistig-religiösen Entwicklungen benannt und durch die Geschichte hin verfolgt werden. Wir beginnen mit der ersten Phase der Kirche, die bis zum Beginn des 7. Jahrhunderts reicht und die profangeschichtliche Zeit der späten Antike umgreift.

2.1 Kanonbildung

Jesus von Nazaret hatte allenfalls in den Sand (Joh 8,6) geschrieben. Die Anhänger erkannten spätestens nach Ostern, dass ihm und seiner Verkündigung eine absolute Geltung zukommt, sofern er sich als göttlicher Offenbarer erwiesen hatte. Sicher geht es um die Nachfolge SEINER SELBST, aber dazu musste man genau wissen, wer er wirklich war. Gewiss war die Voraussetzung die Bereitschaft, sich gläubig auf das Christusgeschehen einzulassen, aber was war wirklich zu glauben und was nicht? Für die werdende Kirche war Voraussetzung ihres Bestehens die Versicherung ihrer Treue zu Jesus und seinem Wort. Welche Instanzen garantieren sie?

In der jüdischen Tradition gab es die Heiligen Schriften, die zur Zeit der christlichen Gemeindebildung gesammelt und in griechischer Übersetzung, der *Septuaginta* (LXX: lat.*septuaginta* »siebzig«: angeblich haben sie 70 Gelehrte in kürzester Zeit erstellt), vorlagen. Jesus selber hatte sie als Glaubensnorm anerkannt (Mt 5,17-19) und damit den Weg für die Kirche vorgezeichnet. Die jüdischen Heiligen Schriften bleiben Normvorgabe auch für die Christen.

Aber sie werden jetzt nochmals normiert durch die Interpretation, die sich aus dem Geschehen um Jesus ergab. Dieses musste also unter der Perspektive der Osterereignisse und der Pfingsterfahrung festgehalten werden. Damit ergab sich eine wichtige Perspektivenverschiebung. Jesus selber hatte seine Person kaum in die Mitte gestellt; es geht ihm um die Ankündigung der Gottesherrschaft. Genau diese Person aber lenkt seit Ostern alle Aufmerksamkeit auf sich. Der Verkünder wird zum Verkündigten, Jesus der Christus zur Mitte des Christlichen.

So werden wenige Jahre nach seinem Tod erste Aufzeichnungen über seine Predigt gemacht: Diese *Logienquelle* (griech. *logos* »Rede«) ist nurmehr aus den Evangelien nach Matthäus und Lukas erschließbar. Etwa zwischen 50 und 110 entstehen weitere

Schriften zu Leben, Lehre und Lehrinterpretation Jesu. In einem teilweise langen und streckenweise ziemlich dunklen Redaktionsprozess reifen sie zur heute vorliegenden Form heran. Aus diesen bildet sich in einem ebenfalls nicht völlig aufgeklärten Vorgang der *Kanon* des später *Neues Testament* genannten Sammelwerkes heraus, das Verzeichnis der für die Christen verbindlichen Schriften (griech. *kanōn* »Maßstab, Tabelle«). Als Kriterien für die Aufnahme gelten die Herkunft einer Schrift von einem Apostel oder Apostelschüler, die Entsprechung zum allgemeinen frühchristlichen Glauben und ihre existentielle, durch den gottesdienstlichen Gebrauch legitimierte Bedeutung. Der eine oder andere Punkt ist beim einen oder anderen Text kontrovers: Er wird in der Forschung als *deuterokanonisch* (griech. *deuteros* »zweiter«; Gegensatz: *protokanonisch* von griech. *prōtos* »erster, ursprünglicher«) bezeichnet. Die frühchristlichen Schriften, die den Anforderungen nicht genügen, werden *apokryph* oder (in der protestantischen Forschung) *pseudepigraphisch* genannt.

Erstmals begegnet uns das heute noch gültige Verzeichnis 367 (39. Osterfestbrief des Bischofs Athanasius). Es ist seitdem im allgemeinen unbestritten; für die römisch-katholische Kirche erfolgt freilich die endgültige und verbindliche Festlegung erst 1546 auf dem Konzil von Trient. In der Auseinandersetzung mit den Protestanten, die wesentlich um das rechte Bibelverständnis ging, war es fundamental wichtig festzustellen, was alles zur Bibel, zum christlichen Buch schlechthin (griech. *biblos* »Buch«) zu rechnen ist.

Die Ausbildung des neutestamentlichen und die Anerkennung des ersttestamentlichen Schriftenverzeichnisses und die Durchsetzung seiner verbindlichen Geltung ist eines der bedeutendsten Ereignisse aus der Zeit der frühen Kirche. Die Kanonentscheidung versichert die Folgegenerationen, dass hier und *nur* hier die seit Ostern als göttlich erkannte Autorität Christi, dass allein hier ER SELBST zu Wort kommt. Sie bildet daher die Norm für den christlichen Glauben aller Zeiten, die als solche nicht mehr überholt, sondern nur je eingeholt werden kann. Die geistlich-theologische Chiffre für diese Normativität ist die Lehre von der *Inspiration* (lat. *inspirare* »einhauchen«) und *Inerranz* (lat. *errare* »irren«: Irrtumslosigkeit) der Bibel. Sie besagt im Kern, dass hinter den menschlichen Autoren die Urheberschaft Gottes steht, der sich dafür einsetzt, dass das Wort seines Gesandten Christus dergestalt unverfälscht wieder- und weitergegeben wird, dass durch ihre Schriften tatsächlich und sicher der personale Zugang zu Gott durch Christus ermöglicht wird.

Noch eine weitere wichtige Folgerung ergibt sich aus der Kanonbildung.

Tafel 3. – Der Bibelkanon
* deuterokanonische Schrift; ** die griechischen Teile gelten als deuterokanonisch.
In Klammern das gebräuchliche Kürzel.
Wiedergegeben wird der Kanon in der römisch-katholischen Fassung. Die Geltung der alttestamentlich-deuterokanonischen Bücher ist im Protestantismus diskutiert.

Erstes oder Altes Testament *(45 Bücher)*

Die 5 Bücher des Mose	Genesis (Gen), Exodus (Ex), Levitikus (Lev), Numeri (Num), Deuteronomium (Dtn).
Die Bücher der Geschichte des Volkes Gottes	Josua (Jos), Richter (Ri), Rut, 2 Samuelbücher (1.2 Sam), 2 Bücher der Könige (1.2 Kön), 2 Bücher der Chronik (1.2 Chron), Esra, Nehemia (Neh), Tobit (Tob)*, Judit (Jdt)*, Ester (Est)**, 2 Makkabäerbücher (1.2 Makk)*.
Bücher der Lehrweisheit und Psalmen	Ijob, Psalmen (Ps), Sprichwörter (Spr), Kohelet (Koh), Hoheslied (Hld), Weisheit (Weish), Jesus Sirach (Sir).
Die Bücher der Propheten	Jesaja (Jes), Jeremia und Klagelieder (Jer, Klgl), Baruch (Bar), Ezechiel (Ez), Daniel (Dan)**, Zwölfprophetenbuch: Hosea (Hos), Joel, Amos (Am), Obadja, (Obd), Jona, Micha (Mi), Nahum (Nah), Habakuk (Hab), Zefanja (Zef), Haggai (Hag), Sacharja (Sach), Maleachi (Mal).

Neues Testament *(27 Bücher)*

Die Evangelien	Matthäus (Mt), Markus (Mk), Lukas (Lk) = Synoptiker Johannes (Joh).
Die Apostelgeschichte (Apg)	
Die Paulinischen Briefe	Römerbrief (Röm), 2 Korintherbriefe (1.2 Kor), Galaterbrief (Gal), Epheserbrief (Eph), Philipperbrief (Phil), Kolosserbrief (Kol), 2 Briefe an die Thessalonicher (1.2 Thess).
Die Pastoralbriefe	2 Briefe an Timotheus (1.2 Tim), Brief an Titus (Tit), Brief an Philemon (Phlm), Hebräerbrief (Hebr).
Die Katholischen Briefe	Jakobusbrief (Jak), 2 Petrusbriefe (1.2 Petr), 3 Johannesbriefe (1-3 Joh), Judasbrief (Jud).

Die Offenbarung (Offb) oder Apokalypse (Apok) des Johannes.

Weil Jesus selber keine Schriften hinterlassen hatte, waren die späteren Generationen einzig auf das Zeugnis der Jesusanhänger der ersten Generation ver- und angewiesen. Die Kurzformel dafür ist *die Apostolizität* der christlichen Verkündigung und der diese betreibenden Kirche. Historisch kommen wir nicht weiter zurück als bis zu diesen ersten Nachfolgern (und Nachfolgerinnen), chronologisch ausgedrückt, bis zur Generation der Männer und Frauen, die die Auferstehung Jesu erfahren hatten: Ihre Aussagen und Niederschriften im Licht der jüdischen Heiligen Schriften – kurz: die Bücher des Ersten und des Neuen Testamentes – sind folglich der einzige Zugang zu ihm.

2.2 Das christliche Traditionsprinzip

Die Enstehung und kanonische Sammlung der biblischen Schriften zeigt schon in sich an, dass das Christentum zwar eine Heilige Schrift wie Judentum und Islam besitzt, mitnichten aber wie diese eine Buchreligion ist. Bereits die Tatsache der Existenz von *vier* Evangelien über Jesus und mehr noch das gegen alle Versuche, sie zu einem einzigen zu redigieren (»Evangelienharmonie«), beharrliche Festhalten an dieser Vierzahl verdeutlicht: Diese Schriften *bezeugen* Gottes Wort, *sind es aber nicht* schon unbesehen selber. Wäre dem so, gingen die vielen Widersprüche, Ungereimtheiten und Berichtsvarianten auf sein Konto. Im übrigen machen wir innerhalb des Ersten wie des Neuen Testamentes Entwicklungsschritte aus, die eine Anpassung an die sich verändernden Verhältnisse sind. Besonders deutlich wird das an der schon erwähnten Ehescheidungsproblematik: Das kompromisslose Verbot Jesu wird in den unterschiedlichen Gemeindesituationen sehr wohl Kompromissen unterworfen[8]. Anderseits bedarf es eines Maßstabs, der die Zugehörigkeit zum Kanon entscheidet: Er wird in der Apostolizität gefunden.

Es stellt sich also heraus, dass der Kanon von Anfang an auf eine begleitende Instanz der Glaubensfeststellung angewiesen ist. Sie heißt *Überlieferung* oder *Tradition* (lat. *tradere* »weitergeben, übermitteln«). Darunter versteht man sachlich den Gesamtvorgang der Glaubensvermittlung, durch welchen die Selbigkeit und fruchtbare Entfaltung der Offenbarungsbotschaft innerhalb der Glaubensgemeinschaft ermöglicht wird. Die Berufung auf sie ist auch nach der Kanonausbildung unerlässlich. Die in ihrem Ursprung selbst angelegte Vieldeutigkeit der kanonischen Bücher wie die unterschiedlichen und nicht selten widersprüchlichen Interpretationen, die ihnen in der Geschichte die Christen angedeihen ließen, verlangten die ständige Vergewisserung: Was ist tatsächlich die Botschaft des Glaubens und was nicht?

Aus diesem Bestreben kam es in der Alten Kirche zur Feststellung der *Glaubensregel* (griech. *kanon tês pisteôs,* lat. *regula fidei*) als »Kanon des Kanons«: Damit ist ursprünglich nicht ein bestimmter Text gemeint, sondern das Glaubensbewusstsein der Gemeinschaft, wie es sich in Leben, Gottesdienst und Denken äußert. Anlässlich bestimmter historischer Situationen (Irrlehren, Auseinandersetzung mit dem profanen Denken, Taufunterricht) kristallisierte es sich in feste Formeln, unter denen zwei Arten besondere Erwähnung verdienen, die Glaubensbekenntnisse und die Dogmen.

Die *Glaubensbekenntnisse* oder *Symbola* (griech. *symballein* »vergleichen, wiedererkennen«) sind Bekenntnistexte, in denen der christliche Glaubensinhalt zwar nicht erschöpfend, aber wohl seinen Hauptpunkten nach formuliert wird. Bis heute finden manche Verwendung im Gottesdienst. Aufgrund der Verflechtung mit der Entstehungszeit verlangen die historischen Bekenntnisse nach der späteren Interpretation und Einordnung in den kirchlichen Gesamtglauben, wird es aber auch je neue Bekenntnisformeln geben entsprechend den Erfordernissen der Stunde.

Dogma ist eine verbindliche Lehraussage über einen bestimmten Inhalt des christlichen Glaubens im Horizont der zeitgeschichtlichen Formulierung. Während in den Bekenntnissen in Umrissen der Gesamtglaube ins Wort gesetzt wird, zielt das Dogma eine Einzelaussage innerhalb der Offenbarungsbotschaft interpretierend an, z.B. über das Verhältnis von Gottheit und Menschheit in Jesus oder über die Zahl der Sakramente. Sofern nichts anderes angestrebt wird als eine Verdeutlichung des biblisch bezeugten Glaubens, ist es seiner Natur nach verpflichtend für den Glaubenden. Gewöhnlich ist der Anlass für eine Dogmatisierung eine abweichende Theorie, die als falsch zurückgewiesen werden soll. So immer in der Alten Kirche. In der Neuzeit werden in der römisch-katholischen Kirche mit den Dogmen von der Unbefleckten Empfängnis Marias, der Mutter Jesu, (1854) und ihrer Verherrlichung im Himmel (1950) Sätze vorgelegt, die sich nicht direkt gegen eine Irrlehre wenden, sondern in denen eher das Streben nach Verherrlichung der Taten Gottes zum Augenschein kommt. Im einen wie im anderen Fall geht es dem Dogma nicht um die Begrenzung des Christenlebens, sondern wie dem Christentum als ganzem um die Ermöglichung der Freiheitsverwirklichung. So wie die Begrenzungspfähle an einer Straße die Verkehrssicherheit und damit die Erreichung des Fahrtzieles fördern und verstärken, verhelfen die Dogmen zu einer sachgerechten Anpeilung der Christusnachfolge.

Tafel 4. – Wichtige Glaubensformeln der christlichen Kirchen
(Name, Entstehung, Verfasser, Geltung)

Alte Kirche
Apostolisches Glaubensbekenntnis (Apostolicum): 12 Apostel (legendär), erste Formen Anfang 3.Jh., vor allem im Westen verwendet, im Osten anerkannt
Das Große Glaubensbekenntnis (Nicäno-Constantinopolitanum): Konzil von Chalkedon 451 nach den Symbola der Vorgängerkonzilien von Nikaia und Konstantinopel, in der ganzen Christenheit verwendet (Text: Tafel 1)
Symbolum Quicumque (Pseudo-Athanasianisches Bekenntnis): um 500, vornehmlich für die (gesamtchristliche) Theologie bedeutsam

Mittelalterliche Kirche des Westens
Der katholische Glaube gegen die Albigenser und Katharer: IV. Laterankonzil 1215, antihäretische Erweiterung des Großen Glaubensbekenntnisses

Konfessionelle Formeln der Neuzeit
Tridentinisches Glaubensbekenntnis: Pius IV. 1564, röm.-kath.
Credo des Gottesvolkes: Paul VI. 1968, röm.-kath.
Augsburgische Konfession[9]: Melanchthon 1530, evg.-luth.
Schmalkaldische Artikel: Luther 1537, evg.-luth.
39 Artikel im Book of Common Prayer: Thomas Cranmer 1549, anglikanisch
Heidelberger Katechismus: Zacharias Ursinus u.a. 1563, evg.-reformiert
Barmer Theologische Erklärung: Karl Barth u.a.1934, evg.-luth. und evg.-reformiert

Das Traditionsprinzip birgt aber auch erhebliche Gefahren in sich. Sie ergeben sich aus der Spannung, dass es bereits vom Begriff her nach rückwärts zeigt und zugleich gerade die Lebendigkeit des Glaubens ermöglichen will. *Über*-liefern kann man nur bereits Geliefertes, das Alte, Bestehende, Bewährte also, aber das eigentliche »Überlieferungsgut« ist Jesus Christus, genauer der Zugang zu ihm. Tradition ist also ein Dialoggeschehen zwischen zwei Lebenden, dem erhöhten Christus und dem Christen. Eine zweite Gefahr droht dadurch, dass dieser Überlieferungsgehalt unvermeidlich angereichert ist mit den Beimengungen der Formulierungssituation. Jesus, so wissen wir, spiegelt sich nur immer in Jesusbildern. Der Tradierungsvorgang muss mithin ständig kontrolliert werden: Wird bloß das Alte und nicht *der Lebendige, ER SELBST* weitergegeben; ist alles Tradierte wirklich verbindlich? Was ist, in der Fachsprache formuliert, apostolische und damit verbindliche Tradition (Traditio, groß geschrieben), was sind bloß zeitgeschichtliche und damit unverbindliche Traditionen (traditio, klein geschrieben)? Noch eine dritte Gefahr ist seit dem Abschluss des Kanons latent: Dieser steht in einer Spannung zur Tradition, die umkippen kann in eine Trennung und dann in den Gegensatz zwischen Schrift und Tradition. Dann hat man zwei unterschiedliche und Unterschiedliches enthaltende Bezeugungsinstanzen des Glaubens, die nebeneinander sprudeln wie zwei Quellen.

Diese Gefahren werden in der Kirchengeschichte akut. Sie machen einen Teil des Konfliktmaterials aus, das zwischen den christlichen Konfessionen aufgeschichtet ist. Für die Kirchen des Ostens besitzt die Tradition einen außerordentlich hohen Stellenwert für das Christliche; zu ihr gehört aber fast ausschließlich das Überlieferungsgut der ersten sieben Ökumenischen Konzilien und der Theologie der *Kirchenväter*, der Theologen der Alten Kirche. Sie ist also mehr oder minder wenigstens praktisch abgeschlossen.

Im Westen kommt es im Spätmittelalter zur Krise, aus der die Kirchen der Reformation entstanden sind. Das spätmittelalterliche Traditionsverständnis war recht unkritisch: Alles Überkommene ist verbindlich – Bibel, Kirchenväter, päpstliche Erlasse, fromme Bräuche – und weil sich dabei ein Überschuss über die Bibel ergab, musste Tradition eine eigene, zweite Glaubensquelle sein. Dagegen protestierten die Reformatoren, die im Kontrast die Alleinverbindlichkeit der Schrift als einziger Quelle rigoros durchzusetzen suchten. Das katholische Reformkonzil von Trient verschärfte die Krise, indem es den Inhalt des Glaubens »in geschriebenen Büchern und ungeschriebenen Überlieferungen« bewahrt sieht, die beide »mit gleicher frommer Bereitschaft und Ehrfurcht anerkannt und verehrt« werden müssen[10]. Seitdem bildet das Problem einen der Kernunterschiede zwischen Katholizismus und Protestantismus. Die Lage entkrampft sich erst in der 2. Hälfte des 20. Jahrhunderts durch die Lehre des 2. Vatikanischen Konzils, wonach Tradition und Schrift zwei historisch wie sachlich einander bedingende und einander stützende Weisen der Offenbarungsvermittlung sind.

Die Verkündigung Jesu setzt einen umfassenden und bis zur Stunde anhaltenden Überlieferungsvorgang frei, der mehrere Stationen hat: Die Predigt über das Christusgeschehen – die Aufzeichnung in einzelnen Schriften (z.B. »Logienquelle«) – deren Sicherung im Kanon – Auslegung der Bibel in den einzelnen kirchlichen Generationen – Glauben heute. Im Einzelfall ist in der jeweils heutigen Generation zu prüfen, ob das unmittelbar überkommene Traditionsgut sachgerecht, umfassend, generationsübergreifend gültig ist. Es versteht sich, dass damit der Kirche eine bleibende Spannung zwischen dem Alten und dem Neuen, dem nur Zeitgenössischen und dem Ewigen eingestiftet ist.

2.3 Erschließung des Glaubens durch Theologie und Glaubenssinn der Gläubigen

Weil die christliche Religion personale Begegnung mit Jesus Christus sein will und daher ihre Anhänger immer nur in der je eigenen personalen Reflexion ihren Glauben bekunden können, enthält jede ihrer Aussagen ein subjektives Moment. Gleichzeitig versteht sich aber das Christentum als Gemeinschaft von Menschen, die übereinstimmen im gleichen Glauben an Christus, der dann aber auch objektivierbar sein muss. Schrift und Tradition sind solche »Versachlichungen« subjektiver Kundgaben »nach Matthäus, Markus, Lukas und Johannes«. Beide aber sind Größen der Vergangenheit und so in einer gewissen Weise abgeschlossen. Das dialogisch-personale Moment des Christentums ebenso wie seine Kirchlichkeit gelten jedoch auch in der Gegenwart. Damit stellt sich die Frage, wie die Menschen jeweils heute Instanzen der Glaubensbezeugung begegnen können. Die Antwort lautet: Mittels der wissenschaftlichen Theologie und im Glaubenssinn der Gläubigen (*sensus fidelium*).

Von jeher waren die Christen überzeugt, dass sie sich Christus mit allen ihren Fähigkeiten und Möglichkeiten öffnen müssten – mit Herz und Willen, mit Vernunft und Verstand. Dann aber mussten sie auch, wenn sie ihren Glauben anderen bezeugten, alle Fähigkeiten und Möglichkeiten ihrer Adressaten ansprechen. In einer urchristlichen Anweisung zum rechten Verhalten gegenüber der Mitwelt mahnt der ins Gewand des Apostels Petrus geschlüpfte Verfasser seine Mitglaubenden zu Frömmigkeit, Bescheidenheit, Mut, Untadeligkeit, Leidensbereitschaft und erklärt: »Seid stets bereit, jedem Rede und Antwort zu stehen, der euch nach dem *Grund der Hoffnung* fragt, die euch erfüllt« (1 Petr 3,13-17; Zitat V. 15). Dem Christenglauben wohnt konstitutiv ein rationales Moment inne. Er hat die Dimension des Denkens. Diese denkerische Erschließung heißt *Theologie*. Sie fehlt dementsprechend niemals. Schon die Jesusbilder der Evangelien sind Ergebnisse komplexer theologischer Konzeptionen (vgl. Joh 1!). Tafel 5 stellt einige einflussreiche Theologengestalten von neutestamentlicher Zeit bis heute vor, die uns mehrfach begegnen werden. Damit mag ein wenig die Vielfarbigkeit christlichen Denkens angedeutet werden. Seit dem Mittelalter hat sich eine eigene wissenschaftliche Disziplin *Theologie* herausgebildet, die universitären Rang beansprucht und seither in viele Fachbereiche und Fächer aufgegliedert worden ist. Sie entsprechen den Hauptfragen und den Antwortgebieten des theologischen Geschäftes und geben schon dadurch einen Eindruck von der Weite der theologischen Weltsicht.

Die Einteilung der Fachgruppen und Fächer in einer heutigen römisch-katholischen Universitätsfakultät sieht etwa so aus:
(1) Die *Biblische Theologie* fragt nach dem geschichtlichen Grund des Glaubens durch Analyse der Bibel als Offenbarungsurkunde. Ihre Fächer sind Einleitungswissenschaft, Exegese des Alten und Exegese des Neuen Testaments.
(2) Die *Historische Theologie* (Kirchengeschichte) untersucht den geschichtlichen Weg des Glaubens anhand der geschichtlichen Offenbarungsinterpretationen. Sie gliedert sich entsprechend der Einteilung der allgemeinen Geschichte in die Kirchengeschichte des Altertums (mit dem Spezialgebiet Patristik = Geschichte der Kirchenvätertheologie), des Mittelalters und der Neuzeit sowie in die Dogmengeschichte.
(3) Die *Systematische Theologie* interessiert sich für die Bedeutung und innere Stimmigkeit des Offenbarungskomplexes. Die Einzelaussagen werden kohärent zu einem integralen Ganzen verbunden. Das geschieht im einzelnen durch Fundamentaltheologie, Dogmatik, Moraltheologie, Christliche Gesellschaftslehre und Kirchenrecht. Das ist aufgrund der geschichtlichen Entwicklung nur mit gewissen philosophischen Kenntnissen möglich, die im Fach philosophische Propädeutik angeeignet werden.
(4) Die *Praktische Theologie* stellt sich der Aufgabe, die Offenbarungsbotschaft in der Gegenwart wirkungsvoll zu verkünden. Sie nutzt die empirischen und soziologischen, pädagogischen und psychologischen Daten, um die Lebenssituation der Zeitgenossen zu erschliessen und für die christliche Botschaft aufzuschliessen. Die entsprechenden Fächer heißen Religionspädagogik, Katechetik, Homiletik, Liturgiewissenschaft, Pastoraltheologie.
Die evangelische Theologie ist ähnlich gegliedert.

Da das Objekt der Theologie anders als das aller anderen Wissenschaften ist, nämlich letztendlich der unendliche und unbegreifliche, alle unmittelbaren Erfahrungen normaler Art überschreitende Gott, sieht sie sich der steten Notwendigkeit ihrer wissenschaftlichen Selbstbegründung ausgesetzt. Für viele andere Wissenschaftler ist sie zu fromm, für viele Fromme zu rationalistisch.

Da sie den Glauben ganz konkret zu bedenken hat, also auch dessen Zeiteingebundenheit, der natürlich auch der Theologe selber nicht entrinnt, kann es keine eindimensionale Theologie geben: Sie ist ihrem Wesen nach vielgestaltig (plural) und kann nur in der Fülle der Denkformen, Denkhorizonte, Sprachgestalten ihre Sache anzielen. Ihre innere Einheit ist also nicht der Ausdruck, sondern die Sachentsprechung. Insofern zu dieser Sache auch die Gemeinschaftsgestalt des Glaubens gehört, muss der Theologe kirchenloyal sein. Insofern er aber nicht Glaubenspropagandist, sondern Glaubensanalyst ist, darf er wissenschaftliche Freiheit und Unabhängigkeit in der Kirche fordern.

Wie jede Wissenschaft ist auch die theologische eine Form der Wirklichkeitserkenntnis, die sich lediglich durch eine strenge Systematik und Methodik von der alltäglichen Erfassung der Realität abhebt. Glaubenserkenntnis kommt mithin allen Christinnen und Christen zu, die sich um die Begegnung mit Christus bemühen. Die Ausdrucksweisen dieser Einsicht sind nun aber nicht die Sätze der Theologie, sondern prinzipiell alle denkbaren menschlichen Äußerungen: Das schlichte Lebenszeugnis, die Frömmigkeit, die Zuwendung zum Mitmenschen gehören ebenso dazu wie Dichtung, Kunst, politisches Verhalten. Da es sich um höchst verschiedene Darstellungsformen handelt, ist es nicht einfach, diesen *Glaubenssinn der Gläubigen* namhaft werden zu lassen. Er äußert sich im *Konsens der Glaubenden*, d.h. im Gesamtzusammenhang der Lebenskundgaben der Christinnen und Christen.

2.4 Verbindliches Lehren in der Kirche

Eine der gefährlichsten Bedrohungen in den ersten Jahrhunderten der Kirchengeschichte war eine Bewegung, die als *Gnosis* bekannt ist. Für ihre Anschauungen, die der christlichen Überzeugung zuwiderliefen (vgl. 2.7), beriefen sie sich auf geheime Überlieferungen der Apostel, die nur ihnen zugänglich seien, nahmen also das Traditionsprinzip munter für sich in Anspruch. Das bringt die Großkirche erst einmal in arge Verlegenheit. Es wird klar, dass Bibel und Überlieferung allein die Ursprungstreue der Kirche nicht verbürgen können. Zusätzlich muss es eine Art letzter Instanz geben, die darüber entscheidet, was wirklich der Sinn der biblischen Texte ist, was zur apostolischen Tradition tatsächlich gehört. Diese Instanz kann aber nur dann eine verbindliche Entscheidung treffen, wenn sie ihrerseits legitimiert durch Schrift und Überlieferung ist.

Tafel 5. Dreißig bedeutende christliche Theologen in chronologischer Folge
(Name, Lebensdaten, Bedeutung)

Neues Testament
Paulus v. Tarsus (? -ca.64): Bedeutendster urchristlicher Theologe.In seinen Briefen betont er die zuvorkommende Liebe Gottes durch Jesus Christus, die das jüdische Gesetz als Heilsweg überflüssig gemacht hat und allen Menschen zugute kommen soll.

Patristik
Justinus (Anf.2.Jh.-165): Apologet; durch die von ihm vollzogene Synthese von Christentum und griech. Philosophie setzt er Maßstäbe für die Theologie.
Tertullian (um 150-220): Erster großer lateinischer Theologe, prägt das Vokabular der Trinitätstheologie und Christologie; moralischer Rigorismus treibt ihn gegen Lebensende aus der Kirche.
Origenes (um 185-253/54): Bedeutendster griech. Theologe der Alten Kirche, der vor allem durch seine Bibelkommentare und dogmatischen Überlegungen *(De principiis)* Einfluss ausübt. Wegen seiner Lehre von der Allerlösung (Apokatastasis) nach seinem Tod verurteilt.
Irenäus von Lyon (um 150-um 202): Erster systematischer Theologe, der Traditions- und Sukzessionsprinzip hervorhebt. Kampf gegen die Gnosis *(Adversus haereses)*. Erlösung ist Wiederherstellung der Schöpfung (Anakephalaiosis).
Athanasius von Alexandrien (um 295-373): Wegbereiter des trinitarischen Dogmas durch Verteidigung des nizänischen Glaubens.
Die drei Kappadokier (Basilius, Gregor v. Nazianz, Gregor v. Nyssa) (Wirkungszeit 2.Hälfte d.4.Jh.): Verhelfen dem nizänischen Glauben in der Endphase des arianischen Streits zum Sieg.
Ephräm der Syrer (306-373): Klassiker der syrischen theologischen Literatur, Hymnendichter. Schriften zu allen wichtigen Themen der Zeit; einflussreich wird seine Lehre über Maria.
Johannes Chrysostomus (ca.350-407): Durch zahlreiche Bibelkommentare richtet er die Theologie auf die Verchristlichung der Gesellschaft aus.
Augustinus (354-430): Sein gewaltiges literarisches Werk prägt wie das keines anderen nachbiblischen Theologen Philosophie, Theologie, Mystik, Pastoral der Folgezeit bis heute. In *De civitate Dei* (Gottesstaat) entwirft er eine umfassende Geschichtstheologie; in der Auseinandersetzung mit Pelagius wird er zum »Lehrer der Gnade«. Er lehrt u.a. die Heilsnotwendigkeit der Kirche und der Kindertaufe und entwickelt die Theorie der Erbsünde.

(Pseudo-) Dionysius Areopagita (schreibt um 500): Pseudonym eines mystischen Theologen, der die christlichen Dogmen mit neuplatonischen Thesen verknüpft und damit das mittelalterliche Denken bestimmt. Von Gott kann man nur im Dreischritt von Bejahung (positive Theologie), gleichzeitiger Verneinung (negative Theologie) und Überhöhung der Aussagen angemessen reden.

Mittelalter
Anselm von Canterbury (1033/34-1109): Er verbindet die patristische Theologie mit dialektischem Denken und wird damit zum »Vater der Scholastik« (an den städtischen Schulen beheimatete Theologie) mit dem Programm: Der Glaube sucht Vernunftgründe (fides quaerens intellectum). Ein folgenschweres Beispiel ist der »ontologische Gottesbeweis«, der rationale Argumente für die Existenz Gottes beibringen will.
Bernhard von Clairvaux (1090/91-1153): Hauptvertreter der monastischen (in den Mönchsklöstern betriebenen) Theologie, die die asketisch-kontemplativen Elemente der Patristik verarbeitet; zugleich einflussreicher Politiker.
Petrus Lombardus (ca.1095-1160): Entfaltet weniger durch eigene Gedanken Wirksamkeit als durch die vier Bücher der *Sentenzen*, eine Darlegung des Glaubens auf Grundlage der Kirchenväter und der zeitgenössischen Gelehrten: Sie werden zum unablässig kommentierten theologischen Schulbuch bis in die frühe Neuzeit.
Thomas von Aquin (1225/26-1274): Neben Augustinus größter westkirchlicher Theologe, »Fürst der Scholastiker«. Auf der Grundlage nicht mehr Platons, sondern des Aristoteles gibt er der Vernunft hohen Stellenwert in der theologischen Reflexion mit einem optimistischen Grundzug. Hauptwerk die *Summa theologiae* mit einem durchsichtig-strengen Aufbau (unvollendet): Vgl. Tafel 20.
Wilhelm von Occam (ca.1285-ca.1348): Hauptvertreter des Nominalismus, der den thomanischen Zusammenklang von Glaube und Verstand auflöst und damit das neuzeitliche Denken einläutet.

Neuzeit
Martin Luther (1483/84-1546): Grunderkenntnis ist die auf Paulus zurückgeführte Lehre vom allein (d.h. ohne menschliche Leistung) rechtfertigenden (d.h. aus der Abhängigkeit von der Sünde befreienden) Glauben. Entscheidend für das Heil ist nur diese Lehre der Bibel und nicht Papst, Lehramt, Tradition.
Johannes Calvin (1509-1564): Einflussreichster reformierter Theologe und größter Systematiker des 16.Jh. (*Institutio religionis christianae*, erstmals 1536 mit vielen Neubearbeitungen bis 1559). Vertritt Gedanken der Vorherbestimmung des menschlichen Heiles durch Gott (Prädestination).

Roberto Bellarmino (1542-1621): Kontroverstheologe mit den Schwerpunkten Ekklesiologie und Anthropologie. Sein sehr institutioneller Kirchenbegriff wirkt bis in die Mitte des 20.Jh.: Kirche ist gebildet durch das Band von Glaubensbekenntnis, Sakramentengemeinschaft und Papstanerkennung.

Friedrich Schleiermacher (1768-1834): »Kirchenvater« des neuzeitlichen protestantischen Christentums durch sein Hauptwerk *Der christl. Glaube nach den Grundsätzen der evangelischen Kirche im Zusammenhang dargestellt* (2 Bde. 1821 f., Neufassung 1830 f.) mit dem Akzent auf der »schlechthinnigen Abhängigkeit« des Menschen von Gott.

Johann Adam Möhler (1796-1838): Vertreter der »Tübinger kath.Schule«, die die Bedeutung der Geschichtlichkeit für das christliche Denken lehrt, und Begründer der neuzeitlichen ökumenischen Theologie (*Symbolik*).

Søren Kierkegaard (1813-1855): Gegen das verflachte (dänische) Staatskirchentum ruft er die existentielle Dimension christl. Glaubens ins Gedächtnis.

John Henry Newman (1801-1890): Vom Anglikanismus zum Katholizismus übergetretener Theologe, der die existentielle Seite des Glaubens betont und durch zahlreiche dogmen- und kirchengeschichtlichen Studien die Erneuerung der zeitgenössischen Kirche anstrebt. U.a. hebt er hervor den Primat des Gewissens, den Glaubenssinn der Gläubigen, die Lehrentwicklung. Seine Thesen wirken auf dem 2. Vatikanum nach.

Karl Barth (1886-1968): Reformierter Theologe, Begründer der Dialektischen Theologie« mit Hervorhebung der Souveränität Gottes. Hauptwerk (unvollendet): *Kirchliche Dogmatik* (1932-1967); sie prägt die zeitgenössische Theologie wie kaum ein anderes Werk.

Rudolf Bultmann (1884-1976): Lutherischer Exeget mit dem Anliegen, die ntl. Botschaft der Gegenwart verständlich zu machen durch das Programm der »Entmythologisierung« mit dem Ziel ihrer existentieller Aneignung.

Karl Rahner (1904-1984): Der größte deutsche katholische Theologe des 20.Jahrhunderts versteht Theologie als radikale Anthropologie, sofern die Offenbarung um des Menschenheils willen geschehen ist. Von diesem Grundprinzip behandelt er nahezu alle theologischen Themen der Zeit.

Hans Urs von Balthasar (1905-1988): Aus umgreifender Bildung eröffnet er den Zugang zur christl. Lehre über die Ästhetik (*Herrlichkeit*, 7 Bde., 1961-1969).

Yves Congar (1904-1995): Durch materialreiche ekklesiologische Studien gibt er Reformimpulse für kirchliche Praxis (Aufwertung der Laien) und Ökumene. Er hebt die Bedeutung des Hl. Geistes für das kirchliche Leben hervor.

Die Lösung der Theologen des 2. Jahrhunderts, vor allem des Bischofs Irenäus von Lyon und des Juristen Tertullian, lautet: Die Apostel waren die Kirchenleiter bestimmter Städte (Petrus in Rom, vorher in Antiochien und Alexandrien, Jakobus in Jerusalem); sie haben Nachfolger, die Bischöfe, denen sie die Hand aufgelegt und die sie damit in die Nachfolgereihe aufgenommen hatten (*apostolische Sukzession:* lat. *succedere* »nachfolgen«). Müssen nicht sie am besten wissen und bezeugen können, was die Apostel wirklich gelehrt haben und wie ihre Lehre gemeint ist? Sind nicht sie die Letztgaranten der Wahrheit des Glaubens? Wenn man nun die (erstmals von Hegesippus um 160 erstellten) Listen der Bischöfe bis heute durchschaut, macht man nicht einen aus, der die gnostischen Thesen sich angeeignet hatte; also sind diese Lehren nicht apostolisch. Irenäus schlägt dabei nochmals einen Abkürzungsweg vor:

»Weil es zu weit führen würde, in einem Buch wie diesem die Aufeinanderfolge (der Bischöfe) sämtlicher Kirchen aufzuzählen, gebe ich die von den Aposteln stammenden Traditionen und den für die Menschen gepredigten Glauben nur am Beispiel der besonders großen und besonders alten und aller Welt bekannten, von den beiden hochberühmten Aposteln Petrus und Paulus gegründeten und organisierten Kirche an, wie sie durch die Aufeinanderfolgen der Bischöfe auf uns gekommen ist«[11].

Gemeint ist die Kirche von Rom mit ihren Bischöfen, den (seit der 2. Hälfte des 4. Jahrhunderts so genannten) Päpsten. Was beim Lyoner Bischof als Marscherleichterung beim Erkunden der Wahrheit gemeint war, wird im Lauf der Zeit zur maßgebenden Marschzahl: Die Päpste beanspruchen das oberste und unter bestimmten Bedingungen irrtumsfreie (unfehlbare) Lehramt.

Das römisch-katholische 1. Vatikanische Konzil dogmatisiert diesen Anspruch (1870), der vor allem in den letzten Jahrzehnten des 20. Jahrhunderts durch Johannes Paul II. zielstrebig ausgebaut wird. Das Glaubensbekenntnis (*Professio fidei*) von 1989 verlangt von kirchlichen Amtsträgern, »mit religiösem Gehorsam des Willens und des Verstandes den Lehren« anzuhangen, »die entweder der Römische Pontifex (= *Papst*) oder das Bischofskollegium aussprechen, wenn sie ihr authentisches Lehramt ausüben, auch wenn sie nicht beabsichtigen, dieselben in einem definitiven Akt zu verkünden« (12).

Der Weg des Irenäus ist ein Weg zum Notausgang: Das letztverbindliche Lehrurteil der amtlichen Traditionszeugen ist für den Fall gedacht, dass die Kirche vor Ort oder auch insgesamt in ernste Interpretationsschwierigkeiten oder Zweifel gerät, die sie im Dialog der Glaubenden allein nicht mehr lösen kann. Soll ihre Einheit nicht verloren gehen, muss es eine verbindliche Instanz mit der Autorität geben, definitive Lehrentscheidungen zu treffen. Das kirchliche Lehramt ist aus den praktischen Erfordernissen geboren, die unverfälschte Jesusbotschaft zu (be)wahren, die aber nicht ihm allein, sondern der ganzen Kirche, allen Gläubigen anvertraut ist. Die einzelnen Bezeugungsinstanzen des Glaubens von der Bibel über die Tradition bis zu Theologie, Glaubenssinn und Lehramt stehen in lebendigem und aktivem Bezug zueinander, indem sie je eigene, unverwechselbare und von anderen gleicherweise nicht wahrnehmbare Aufgaben in der Feststellung und Sicherung der Wahrheit übernehmen. Die Christen waren überzeugt, dass der Kirche insgesamt durch das beständige Wirken des pfingstlichen Gottesgeistes das Bleiben in der Wahrheit garantiert sei, und leiteten daraus die Irrtumsfreiheit (Unfehlbarkeit) der einzelnen Instanzen (je im Bezug zu den anderen) ab. Dem Lehramt musste sie angesichts seiner speziellen Aufgabe auch in spezieller Weise zuerkannt werden. Hier sind Spannungen begründet, die immer wieder in der Geschichte virulent werden.

Die Urform des Lehramtes ist die Kirchenversammlung, auch *Synode* (griech. *synodos* »gemeinsamer Weg, Zusammenkunft«) oder *Konzil* (lat. *concalare* »zusammenrufen«, *concilium* Versammlung) genannt. Das Grundmuster ist der Konvent der Apostel in Jerusalem (48 oder 49), auf dem es um die Frage nach der Geltung des ersttestamentlichen Gesetzes für die Christen ging (vgl. 2.7). »Die Apostel und die Ältesten zusammen mit der ganzen Gemeinde« (Apg 15,22) diskutieren, erkennen, beschließen und teilen den anderen Gemeinden die Beschlüsse mit. Aus der Notwendigkeit, lokale und regionale Konflikte in Lehr- und Disziplinarfragen zu lösen, bilden sich seit dem 2. Jahrhundert nach diesem Muster Versammlungen auf den entsprechenden Ebenen. Seit dem 4. Jahrhundert kommen zur Lösung gesamtkirchlicher Probleme die Bischöfe der *oikumene*, d.h. der *bewohnten Welt* (identisch mit dem Römerreich) zusammen, erstmals 325 in Nikaia: Das ist die Entstehung des Instituts des *Ökumenischen Konzils*. Die geborenen Teilnehmer sind die Bischöfe als amtliche Zeugen des Glaubens ihrer Ortsgemeinde, aber es nehmen (vor allem in der Frühzeit) auch niedere Geistliche und Laien daran teil, später die höheren Oberen der Ordensgemeinschaften. Seit dem 9. Jahrhundert wird den Konzilsbeschlüssen Unfehlbarkeit zugesprochen. Die Reformatoren des 16. Jahrhunderts bestritten dies.

Tafel 6. – Die Ökumenischen Konzilien
Die Liste folgt der römisch-katholischen Zählung. Als Konzilien der ungeteilten Kirche und somit im ursprünglichen Sinn ökumenische Kirchenversammlungen können nur die ersten acht gelten. Die folgenden beanspruchen diesen Status, sofern sie Aussagen für die gesamte Kirche machen wollen; diese werden aber außerhalb der römisch-katholischen Kirche nicht anerkannt.

Nr.	Tagungsort	Jahr	Hauptgegenstand
1	Nikaia I	325	Christologie, Trinitätstheologie
2	Konstantinopel I	381	Bekenntnis zur Gottheit des Hl. Geistes
3	Ephesus	431	Maria ist Gottesgebärerin
4	Chalkedon	451	Jesus ist wahrer Gott und wahrer Mensch
5	Konstantinopel II	553	Verurteilung der »3 Kapitel«
6	Konstantinopel III	680/1	Christologie
7	Nikaia II	787	Bilderverehrung
8	Konstantinopel IV	869/70	Kircheneinheit zwischen Ost- und Westkirche
9	Lateran I	1123	Beendigung des Investiturstreites
10	Lateran II	1139	Durchsetzung der gregorianischen Reformen
11	Lateran III	1179	Regelung der Papstwahl, antihäretische Maßnahmen
12	Lateran IV	1215	innerkirchl. und antihäret. Disziplinarmaßnahmen
13	Lyon I	1245	Absetzung Kaiser Friedrichs II.
14	Lyon II	1274	Union mit den Griechen
15	Vienne	1311/2	Kirchenreform
16	Konstanz	1414/8	Beilegung der abendländ. Kirchenspaltung, Reform
17	Basel-Ferrara-Florenz-Rom	1431/43	Unionen mit Griechen, Armeniern und Jakobiten (Tagungzeit mit Unterbrechungen)
18	Lateran V	1512/7	Verurteilung des Konziliarismus
19	Trient	1545/63	Lehrdekrete gegen die Reformatoren, Kirchenreform (Tagung in 3 Perioden)
20	Vatikan I	1869/70	Papstdogmen, Verhältnis Glaube und Wissen, natürliche Gotteserkenntnis
21	Vatikan II	1962/5	Kirchenerneuerung aus der Beobachtung der »Zeichen der Zeit« (aggiornamento)

Alle großen christlichen Kirchen kennen in der einen oder anderen Weise eine Instanz verbindlichen Lehrens, unterscheiden sich aber nachdrücklich hinsichtlich der Träger und der Kompetenzen. In den *Kirchen des Ostens* haben die ersten sieben Ökumenischen Konzilien oberste Autorität; ihnen zur Seite stehen die Lehräußerungen der alten Patriarchalsitze (vgl. 2.5), aber auch die mönchischen Lehrer (russ. Starzen) besitzen hohes Ansehen. Die *reformatorischen Kirchen* suchen die Glaubenswahrheit nicht über Instanzen, sondern über die Quellen: Oberste Lehrautorität ist die Hl. Schrift, die auf dem Weg des Konsenses aller Glaubenden interpretiert wird. Dabei haben besondere Kompetenz Fachtheologen (Professoren), Pfarrer, Leitungsgremien (Synoden: meist überwiegend Laien). Im Fall der schweren Abweichung sind Lehrzuchtverfahren vorgesehen. Entsprechend ihrem zentralistischen Kirchenverständnis (s. 2.5) besitzt die *römisch-katholische Kirche* ein streng hierarchisch aufgebautes Lehramt. Zwar kommt dem Glaubenssinn der Gläubigen und der Gesamtheit der Bischöfe (*Bischofskollegium*) mit dem Papst unfehlbare Lehrautorität zu, doch ist auch der Papst allein – in Sachübereinstimmung mit dem gesamtkirchlichen Glauben und untergeordnet unter Gottes Wort – befugt, letztgültige Festlegungen zu treffen, die von den übrigen Kirchengliedern in Gehorsam anzunehmen sind. Seine Vollmacht ist zwar keineswegs absolut, in der Praxis aber kommt es wieder und wieder zu Differenzen zwischen ihm und den anderen Glaubensbezeugungsinstanzen der heutigen Kirche, zumal seit er bemüht ist, seine Kompetenz auszuweiten.

2.5 Verfassungsstrukturen

Die frühe Jesusbewegung ist vollkommen auf ihren Meister ausgerichtet, lässt aber gleichwohl bereits eine gewisse Gliederung erkennen: Es gibt die Schar der Sympathisanten, die Gruppe der eigentlichen Jünger, den Kreis der Zwölf, später der Apostel, die Führungscrew der »Säulen«, endlich den »Felsenmann« Petrus mit Gesamtverantwortung für alle Gemeinden. Je mehr es davon gibt und je größer die Kirche wird, um so wichtiger wird es, ihr feste Strukturen zu geben. Das ist, wie das letzte Kapitel gezeigt hat, nicht allein aus ordnungspolitischen Gründen nötig, wie sie für jede Gruppierung zutreffen, sondern im Fall einer *Glaubens*gemeinschaft darüber hinaus auch wegen des nötigen Einheit in diesem Glauben. Allerdings zeichnet sich sofort wieder ein Dilemma ab. So unabdingbar institutionelle Formen sind: Wenn Christentum im innersten Mark personale Begegnung mit Jesus ist, dann ist es prinzipiell jenseits der soziologischen Zwänge, sofern diese Begegnung auf der Ebene der gottverbundenen Liebe geschieht. Durch die ganze Christentumsgeschichte ringt man um die Vereinbarkeit dieser beiden widerstrebenden Momente – so sehr, dass es zum Bruch der Einheit und damit der Strukturen gekommen ist. Wieder stellen wir fest: Die konfessionelle Vielgestaltigkeit des Christentums, die uns dauernd begegnet und bald ausdrücklich anzusprechen ist, hat nicht an letzter Stelle ihren Grund in den aus diesem Dilemma rührenden Problemen.

Ohne Gemeindeverfassung geht es nicht, gewiss. Aber wie soll sie aussehen? Es existieren nur wenige Möglichkeiten; die vorhandenen sind bereits in der Antike ausprobiert und im Staatswesen verwirklicht worden. Sie werden zwangsläufig übernommen und den kirchlichen Notwendigkeiten angepasst (Tafel 7).

Tafel 7. – Strukturtypen christlicher Kirchen

Die Verfassungsformen der einzelnen Kirchen und Kirchenperioden haben gewisse Ähnlichkeiten mit politischen Struktursystemen, gleichen ihnen aber nicht völlig, weil immer das transinstitutionalistische Moment berücksichtigt wird: Das Ziel der Kirche ist soziologisch nicht zu greifen. In keiner Kirche ist ferner ein Typus mit vollkommener Reinheit verwirklicht: Bei Überwiegen des einen haben auch andere mehr oder minder Raum.

Typus	Polit. Analogie	Kennzeichen	Realisierung
Primatial	Monarchie	Zentralismus, Konzentration auf obersten Bischof (Papst)	Röm.-kath. Kirche
Episkopal	Aristokratie	Ausrichtung auf die in sich autonomen u. gleichrangigen Bischöfe	Kirchen d. Ostens
Synodal	Demokratie	Leitungsgremium in kollegialer Verantwortung von Laien und Ordinierten (Pfarrern)	Luthertum
Kongregationalistisch	Basisdemokratie	Leitungsgewalt bei der Einzelgemeinde	Reformierte Kirche

Bis gegen 250 existiert eine Vielzahl von Verfassungsmodellen. In den von Paulus begründeten Ortskirchen teilen sich offenbar die Mitglieder entsprechend ihren geistgegebenen Begabungen (*Charismen*) die Aufgaben; der Apostel steht als oberste Autorität im Hintergrund. In Jerusalem heißen die Kirchenleiter *Presbyter (Älteste)*; eine kollegiale Kirchengestalt finden wir in den griechischen Gemeinden.

Spätestens seit der Mitte des 2.Jahrhunderts setzt sich endgültig das episkopale Drei-Stufen-Modell durch. An der Spitze steht der weitgehend autonome *Bischof* mit großen Lehr- und Disziplinarbefugnissen. Ihn umgibt das Kollegium der *Priester (Presbyter)*, das ihm zum Gehorsam verpflichtet ist. Darunter rangieren die *Diakone*, die vor allem Verwaltungs- und Sozialaufgaben erfüllen. Die Bischöfe zusammen üben auf Synode und Konzil (vgl. 2.4) die Verantwortung für die Gesamtkirche aus. Es entsteht ein Netz von bischöflich geführten Ortskirchen, das in ständigem, auf den Kirchenversammlungen immer wieder verlebendigtem Mitteilungsaustausch (Kommunikation) steht. Daraus bildet sich das Gesamtkirchenmodell der *communio*, der Kirche als Beziehungsgemeinschaft. Die entscheidenden Knotenpunkte dieses Netzes bilden aufgrund der geschilderten Lehrproblematik sehr bald die Kirchen, an deren Spitze einmal ein Apostel gestanden hatte. Das sind (nach der Festlegung des Konzils von Chalkedon in absteigender Rangfolge) Rom, Konstantinopel, Alexandrien, Antiochien und Jerusalem; sie werden *Patriarchalsitze* oder *Patriarchate* genannt (griech. *patēr*, *archē* »Vater«, »Herrschaft«) (Näheres 6.6). Dieses System erhält sich in den Kirchen des Ostens. Jede Ortskirche ist an Kompetenz der anderen gleich, weil ja ihr Bischof wie alle anderen in der gleichen Sukzession zu den Aposteln steht.

Nach der Aufgliederung des Römerreiches in eine Ost- und eine Westhälfte Anfang des 4. Jahrhunderts lebten sich beide Teile auseinander, politisch wie kirchlich. Das einzige Westpatriarchat war nun Rom. Sein Bischof hatte schon sehr früh Sonderrechte beansprucht, da seine Stadt die Gräber von gleich zwei Aposteln (Petrus und Paulus, hingerichtet in der Verfolgung des Nero ca. 64) barg und (seit dem 4.Jahrhundert argumentiert er so) er der Nachfolger Petri, des ersten, des Haupt-Apostels war. Seit dem 11. Jahrhundert entwickelt sich daraus die fast absolute Oberherrschaft des Papstes über die Kirche. Zwar gehen auch die synodalen Elemente nicht ganz verloren, wie die vielen mittelalterlichen Konzilien beweisen, aber diese werden vom Papst einberufen, geleitet und in ihren Ergebnissen legitimiert.

Schon im Mittelalter erheben sich gegen den päpstlichen Zentralismus oppositionelle Bewegungen, so die Armutsbewegungen der Katharer und Waldenser oder die Strömung des Konziliarismus (das Ökumenische Konzil steht über dem Papst). In der Reformation des 16.Jahrhunderts kommen sie zum Ausbruch: Der Papstprimat wird verworfen, an die Stelle des episkopalen Prinzips treten in den Verfassungen der neuen Kirchen stark synodale und kongregationalistische Momente. Einige von ihnen legen jedoch trotzdem Wert auf die apostolische Sukzession, so die lutherischen Kirchen in Skandinavien. In Deutschland wird nach 1918, dem Ende des landesfürstlichen Regiments, in mehreren lutherischen Kirchen die Bischofsverfassung erneuert (vgl. Tafel 8).

Tafel 8. – Übersicht über die gegenwärtige Organisation der großen christlichen Kirchen

RÖMISCH-KATHOLISCHE KIRCHE
Oberste und rechtlich unbeschränkte Autorität der *Gesamtkirche* ist der Papst (Bischof von Rom), gewählt von den Kardinälen (unter 80 Jahren) auf Lebenszeit. Er ist Haupt des Bischofskollegiums, gegebenenfalls Leiter des ebenfalls oberste Autorität besitzenden Ökumenischen Konzils. Seine Behörde ist die Römische Kurie, bestehend aus Kongregationen, Räten, Sekretariaten und Gerichtshöfen.

Die *Teil- oder Ortskirche* (Diözese, Bistum) leitet der Diözesanbischof, dem Weihbischöfe zugeordnet sein können; ernannt sind alle in letzter Instanz vom Papst. Mehrere Teilkirchen können eine Bischofskonferenz bilden. Die Behörde des Bischofs ist das Ordinariat mit dem Generalvikar an der Spitze und verschiedenen Referatsleitern (in Deutschland gewöhnlich auch Mitglieder des Domkapitels) (Tafel 35).

Die Untergliederung der bischöflichen Teilkirche ist die *Pfarrei* unter dem Pfarrer, der dem Bischof gegenüber weisungsgebunden ist. Ihm können Hilfsgeistliche (Vikare, Kapläne) zur Hand gehen.

Mitspracherechte auf teilkirchlicher und pfarrlicher Ebene von Priestern und Laien ermöglichen verschiedene Gremien (Priesterrat, Seelsorgerat, Pastoralrat, Pfarrgemeinderat). Für die wirtschaftliche Verwaltung tragen ebenfalls Laiengremien Verantwortung (Kirchensteuerrat, Stiftungsrat, Kirchenverwaltung).

DIE KIRCHEN DES OSTENS

Eine beständige *universalkirchliche Leitungsinstanz* existiert nicht. Diese kann nur das Ökumenische Konzil der Gesamtchristenheit sein, das es seit der Kirchenspaltung nicht mehr gegeben hat. Eine gewisse Vorrangstellung haben die Patriarchen. Ehrenoberhaupt ohne Rechtsbefugnisse ist der Patriarch von Konstantinopel, der auch für die panorthodoxen Belange zuständig ist.Die Orthodoxie gliedert sich in *Einzelkirchen*, die gewöhnlich identisch sind mit den kulturellen oder ethnischen Gemeinschaften einer Region. Organisatorisch sind sie unabhängig voneinander; sie wählen ihren Bischof selbst (Autokephalie-Prinzip: griech. autos, kephalê selbst, Haupt). Über die kirchlichen Belange entscheidet die Landessynode.Die *Pfarrei* ist eine Gliederungseinheit der autokephalen Kirche. Sie wird vom Pfarrer geleitet, dem oft ein Laiengremium (Kirchenvorstand, Kirchenrat) beigegeben ist.

DIE REFORMATORISCHEN KIRCHEN

Aufgrund der Ablehnung der hierarchischen Struktur der römisch-katholischen Kirche und wegen der Lehre vom gemeinsamen Priestertum aller Gläubigen kennen sie keine einheitliche Verfassung; die Denominationen unterscheiden sich oft beträchtlich.

(1) EVANGELISCH-LUTHERISCHE KIRCHEN

Eine *universalkirchliche Struktur* gibt es nicht, wohl aber den Anspruch auf Universalität. Ihre Gestalt ist der Lutherische Weltbund (1947), der aber keine jurisdiktionelle Autorität hat.

Die Grundeinheit ist die *Landeskirche*, deren Leitung unterschiedlich gestaltet ist: Sie liegt beim Landesbischof oder Kirchenpräsidenten und der Landessynode (Gesetzgebendes Organ). Diese wählt die Mitglieder der Kirchenleitung (Landeskirchenamt, Konsistorium) mit dem Landesbischof an der Spitze.In Deutschland haben sich mit zwei Ausnahmen die Landeskirchen 1948 zur »Vereinigten Evangelisch-Lutherischen Kirche Deutschlands« (VELKD) zusammengeschlossen (Tafel 36).

Unterste Gliederung ist die *Kirchengemeinde (Pfarrei)*, geleitet vom Pfarrer (Pastor) mit Unterstützung des Presbyteriums (Gemeinderat aus Laien). Mehrere Gemeinden bilden den Kirchenkreis. Die Kreissynode wählt einen leitenden Geistlichen (Dekan, Superintendent, Prälat) und bestimmt die Delegierten für die Landessynode.

(2) DIE REFORMIERTEN KIRCHEN

Sie sind antihierarchisch und kennen keine Vorordnung einer Gemeinde oder eines Amtes vor anderen. Dementsprechend gibt es keine *universalkirchlichen* Leitungsinstanzen, sondern nur als Kirchenbund seit 1875 den »Reformierten Weltbund«.

Die *Einzelgemeinden* werden geleitet vom Kirchenrat oder Presbyterium, bestehend aus den Trägern der gleichrangigen Ämter Pfarrer (Diener des Wortes), Presbyter (Ältester) und Diakon. Als eigentlicher Gemeindeleiter gilt Christus. Die Synoden (Mehrheit Laien) sind gleichberechtigtes Element der Gemeindeleitung.

2.6 Kircheneinheit – Kirchenspaltung

Mehrfach mussten wir bisher auf die Tatsache Rücksicht zu nehmen, dass *das Christentum* aus vielen *Christentümern, die Kirche* aus vielen *Kirchen* besteht – womit der soziologisch zunächst unbezweifelbare Umstand gemeint ist, dass es in Lehre und Verfassung erheblich unterschiedene Gemeinschaften gibt, die je für sich beanspruchen, die eigentliche Verwirklichung des Christseins, die *wahre Kirche* darzustellen. Die anderen können das dann nicht sein.

Darin ist die christliche Religion kein Sonderfall: Im Buddhismus gibt es die »kleine« (Hinayana) und die »große Laufbahn« (Mahayana), im Islam Schia und Sunna, im Judentum die Liberalen und die Orthodoxen. Das Christentum ist eher der Extremfall des innerreligiösen Pluralismus in der Geschichte. Schon im Neuen Testament lesen wir dramatische Aufrufe zur Wahrung der Einheit aus der christlichen Lebensverpflichtung heraus (z.B. Eph 4,1-6). Aber selbst Jesu Forderung hatte wenig Erfolg gehabt: »Alle sollen eins sein: Wie du, Vater, in mir bist und ich in dir bin, sollen auch sie in uns sein, damit die Welt glaubt, dass du mich gesandt hast« (Joh 17,21).

Steht hinter dem christlichen Konfessionenpluralismus die pure Bosheit der Menschen oder bloß ein irgendwie sachgebundenes Unvermögen? Auch der flüchtigste Blick in die Geschichtsbücher zeigt: Immer war auch der Machttrieb am Werk, der den Christen so wenig wie den meisten anderen Menschen abgeht. Aber andere Faktoren spielen ebenfalls eine Rolle: kulturelle, ökonomische, mentalitätsbedingte Unterschiedlichkeiten, Missverständnisse, Verstehensblockaden. Sie reichen jedoch kaum hin, die Tatsachen zu erklären und vor allem die Schwierigkeiten zu begründen, die trotz allen guten Willens die an Umfang und Intensität progressiv zunehmenden Einigungsbestrebungen der vergangenen hundert Jahre beharrlich lähmen. Dazu muss man sich neuerlich die eigentümliche Gestalt der christlichen Religion ins Gedächtnis rufen: Ihr ist eine nicht unerhebliche Vielgestaltigkeit schon deswegen eingestiftet, weil es ihr auf die personale Begegnung jedes Individuums und damit auch aller seiner Dimensionen wie Denken, Kultur, Geschlecht, Biographie, Charakterprägung, Antriebsstärke, Vergemeinschaftung usw. mit Jesus Christus ankommt.

Das ist das eine. Ein weiteres kommt gleichbedeutsam hinzu. Die Persönlichkeit Jesu umfasst eine solche Fülle von Gegensätzlichkeiten, dass die dialektische Spannung, in der sie allein auszuhalten sind, ungeheure Schwierigkeiten für den einzelnen wie auch für eine wie auch immer begründete homogene Gruppe bereitet. Wir erinnern uns weiter, dass die Quellen des Christentums alles andere als ein linear-eindimensionales Bild von Jesus zeichnen. Wenn mithin in welcher Weise auch immer mit dem Begriff *Religion* der Begriff *Vielfalt* verbunden werden muss, dann gilt das in profilierter Weise von der christlichen. Die Wahrung der Einheit ist darum ihr Grund- und Hauptproblem in der Geschichte.

Wie Tafel 9 augenfällig macht, lassen sich *drei große Abspaltungen* unterscheiden, deren »Ergebnisse« allesamt noch zur Stunde existieren. Die erste wird hervorgerufen durch die christologischen Aussagen des Konzils von Chalkedon (vgl. 6.1). Die Kirchen im Südosten des byzantinischen Reiches und außerhalb dieses Reiches, vor allem die ägyptische Kirche lehnten sie ab. Dafür waren nicht nur theologische, sondern auch politische Gründe maßgebend: Der Protest gegen das Dogma ist auch ein Protest gegen die Oberhoheit des Kaisers, in dessen Namen sie erlassen wurden. Zwischen 1971 und 1990 ergaben Konsultationen mit den anderen christlichen Großkirchen, dass heute keine Differenzen in der Lehre über Christus bestehen. Zu den *altorientalischen* oder *vorchalkedonensischen Kirchen* gehören die Assyrer, Syrer, Malankaren (Südindien), Kopten, Armenier und Äthiopier.

Die zweite wesentlich fundamentalere und nachhaltigere Spaltung vollzog sich 1054 zwischen den Kirchen des Ostens und der Westkirche. Schon seit spätestens dem 9. Jahrhundert hatte die Entfremdung zwischen beiden Regionen mehrmals zu kurzfristigen Trennungen geführt. Die ohnehin nur auf dem Papier stehende Reichseinheit war in den Augen der byzantinischen Kaiser endgültig zerbrochen, als der Papst an Weihnachten 800 den Frankenherrscher Karl (d.Gr.) zum Kaiser des Römerreiches krönte. Byzanz musste das als Frontalangriff betrachten, verstand es sich doch als die rechtmäßige Weiterführung des alten Imperium Romanum, als das »neue« oder »zweite Rom«. Zu den politischen kamen Unterschiede in der Mentalität und im kulturellen Selbstverständnis. Zunehmend erwies sich aber als Hauptproblem der Anspruch des römischen Bischofs auf die kirchenrechtliche Oberhoheit über das Patriarchat von Konstantinopel. Vordergründig ist dann der Anlass der Spaltung Ende des 11. Jahrhunderts die Frage, ob für die Eucharistiefeier ungesäuertes Brot verwendet werden dürfe. Hinzu kommt der Vorwurf, der Westen habe durch den eigenmächtigen Zusatz »und aus dem Sohn« (lat. *Filioque*) im gemeinsamen Glaubensbe-

Tafel 9. – Die größeren christlichen Kirchen und Konfessionen heute.
nach R. Frieling, Der Weg des ökumenischen Gedankens. Eine Ökumenekunde
(= Zugänge zur Kirchengeschichte 10), Göttingen 1992, 29.

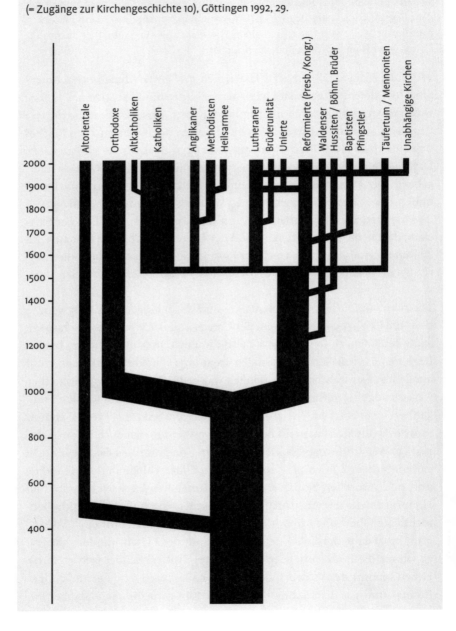

kenntnis (Tafel 1) eine illegitime theologische Lehränderung vorgenommen. In der Folgezeit verschlechterten sich die Beziehungen weiter. Die Grausamkeiten der Kreuzfahrer des 13. Jahrhunderts und die Errichtung eines lateinischen Kaiserreiches (1204-1261) tragen die östlichen den westlichen Christen bis heute nach. Im Mittelalter kam es auf den Konzilien von Lyon II und Ferrara-Florenz kurzfristig zu Unionsversuchen; aber keiner hatte Bestand. Nachdem 1453 Byzanz unter die Herrschaft der Türken gekommen war, übernahm die Führungsrolle im Osten die russische Kirche. Das Patriarchat von Moskau sieht sich seitdem als das »dritte Rom«.

Die dritte große Spaltung der Kirche vollzieht sich in der Reformationsbewegung des 16. Jahrhunderts: Sie ist allein auf den Westen beschränkt. Aus ihr gehen von Anfang an mehrere Kirchentümer hervor: Unmittelbar dem reformatorischen Anliegen verbunden sind die Lutheraner und die Reformierten, nur mittelbar verdankt sich ihm die Existenz der Anglikanischen Kirche. Später kommt es zu vielen weiteren konfessionellen Ausformungen des reformatorischen Gedankens. Der Grund für die Trennungen in den beiden ersten Fällen sind Verfallserscheinungen in der spätmittelalterlichen Kirche, die in den Augen vieler engagierter Christenmenschen unerträglich geworden waren. Die Renaissancepäpste genossen das schöne Leben in vollen Zügen; die Klöster hatten auf Strecken ihre geistliche Substanz verloren. Im Volk standen glühende Eiferer auf, seltsame Frömmigkeitsformen suchten der großen Angst der von Seuchen und Kriegen geschüttelten Europäer zu steuern. Wallfahrts(un)wesen, Reliquienkult, Aberglaube nahmen überbordende Maße an. Vom Papst bis zu den Pfarrern blühte Geschäftemacherei, die vornehmlich im Ablasshandel ihre hässlichen Seiten zeigte: Wer eine bestimmte Summe zahlte, bekam bescheinigt, dass die Seele eines Toten aus den Qualen des Fegfeuers im Jenseits befreit und in den Himmel eingehen werde. Die Seligkeit erschien käuflich. Gegen die Missstände traten immer mehr Männer auf, darunter auch der deutsche Augustinermönch *Martin Luther* (1483/84-1546), der französische Jurist *Jean (Johannes) Calvin* (1509-1564) und der Schweizer Leutpriester *Huldrych Zwingli* (1484-1531). Ihnen allen lag es fern, eine neue Kirche zu gründen; sie waren nur besonders kräftige Stimmen im Chor derer, die damals eine Reform an Haupt und Gliedern der bestehenden Kirche verlangten; und sie waren allesamt überzeugte Christen, die Sehnsucht nach Gott hatten und Wege zur Seligkeit suchten. Martin Luther hat ein Jahr vor seinem Tod ein langes Vorwort zur damals beginnenden Gesamtausgabe seiner lateinischen Werke geschrieben, in dem er Rückschau hält auf seine große »reformatorische Entdeckung«. Bei allen Problemen, die der Text der historischen Forschung bereitet: Er gibt einen Einblick in die Ausgangslage der großen Umwälzung der Kirche in seiner Zeit (Tafel 10).

Tafel 10. – Der reformatorische Durchbruch Martin Luthers.
Vorrede zu Band I der lateinischen Schriften der Wittenberger Luther-Ausgabe (1545): Auszüge. Lateinisch: WA 54,185 f. – Deutsch: K.Aland (Hg.), Luther Deutsch, Band 2, Göttingen 1981,19 f.

Mit außerordentlicher Leidenschaft war ich davon besessen, Paulus im Brief an die Römer kennenzulernen. Nicht die Herzenskälte, sondern ein einziges Wort im ersten Kapitel (V.17) war mir bisher dabei im Wege: »Die Gerechtigkeit Gottes wird darin (im Evangelium) offenbart«. Ich hasste nämlich dieses Wort »Gerechtigkeit Gottes«, weil ich durch den Brauch und die Gewohnheit aller Lehrer unterwiesen war, es philosophisch von der formalen oder aktiven Gerechtigkeit (wie sie es nennen) zu verstehen, nach welcher Gott gerecht ist und die Sünder und Ungerechten straft.

Ich konnte den gerechten, die Sünder strafenden Gott nicht lieben, im Gegenteil, ich hasste ihn sogar. Wenn ich auch als Mönch untadelig lebte, fühlte ich mich vor Gott doch als Sünder, und mein Gewissen quälte mich sehr. Ich wagte nicht zu hoffen, dass ich Gott durch meine Genugtuung versöhnen könnte. Und wenn ich mich auch nicht in Lästerung gegen Gott empörte, so murrte ich doch heimlich gewaltig gegen ihn: Als ob es noch nicht genug wäre, dass die elenden und durch die Erbsünde ewig verlorenen Sünder durch das Gesetz des Dekalogs mit jeder Art von Unglück beladen sind – musste denn Gott auch noch durch das Evangelium Jammer auf Jammer häufen und uns auch durch das Evangelium seine Gerechtigkeit und seinen Zorn androhen? So wütete ich wild und mit verwirrtem Gewissen, jedoch klopfte ich rücksichtslos bei Paulus an dieser Stelle an; ich dürstete glühend zu wissen, was Paulus wollte.

Da erbarmte sich Gott meiner. Tag und Nacht war ich in tiefe Gedanken versunken, bis ich endlich den Zusammenhang der Worte beachtete: »Die Gerechtigkeit Gottes wird in ihm (im Evangelium) offenbart, wie geschrieben steht: Der Gerechte lebt aus dem Glauben«. Da fing ich an, die Gerechtigkeit Gottes als eine solche zu verstehen, durch welche der Gerechte als durch Gottes Gabe lebt, nämlich aus dem Glauben. Ich fing an zu begreifen, dass dies der Sinn sei: durch das Evangelium wird die Gerechtigkeit Gottes offenbart, nämlich die passive, durch welche uns der barmherzige Gott durch den Glauben rechtfertigt, wie geschrieben steht: »Der Gerechte lebt aus dem Glauben«. Da fühlte ich mich wie ganz und gar neu geboren, und durch offene Tore trat ich ins Paradies selbst ein.

Es kommt nicht auf die menschliche Leistung an, sondern einzig und allein auf die Gnade, die Christus uns geschenkt hat und die von uns Menschen im Glauben allein angenommen wird. Das reformatorische Erlebnis ist ein Freiheitserlebnis aus dem Geist der paulinischen Theologie. Denn wenn Luther von *Rechtfertigung* spricht, dann denkt er an den ursprünglichen Sinn des Wortes: Die Hinrichtung des verurteilten Verbrechers, durch die das verletzte Recht wiederhergestellt wurde. Eigentlich sind wir alle als Sünder todeswürdig und auf dem Weg zur Exekution. Doch nun spricht Gott uns frei. Wir sind gerettet und erlöst! In einer Zeit, da, wie schon bemerkt, die Angst um das Heil im Abendland beherrschende Macht war, wirkt diese Sicht unendlich beseligend. Sie ist aber auch grundstürzend: Wenn alles auf Gott allein gesetzt werden kann, wozu bedarf es dann der Kirche samt ihren heilsmittlerischen Einrichtungen, wie beispielsweise dem Ablass? Nicht zufällig ist der Streit darum, losgetreten durch die berühmten 95 Thesen Luthers von 1517, zum historischen Startpunkt der reformatorischen Revolution geworden, an deren Ende der Bruch mit der alten Kirche stand. Mit dem Augsburger Reichstag von 1530 beginnt die Konfessionsbildung, mit dem Konkordienbuch von 1577 ist sie lehrmäßig abgeschlossen. Das Luthertum ist eine Bekenntniskirche geworden.

Die »nach dem Wort Gottes reformierte Kirche« entwickelte sich zunächst in der Schweiz und ganz im Rahmen der lutherischen Impulse. Unterschiedliche Auffassungen über die Gegenwart Christi im Abendmahl zwischen Zwingli und Luther konnten auf dem Marburger Religionsgespräch (1529) nicht beigelegt werden. So zerbrach die Gemeinsamkeit, vor allem seit 1549 über die Abendmahlsfrage im so genannten *Consensus Tigurinus* (Übereinkunft von Zürich) mit den Anhängern Calvins die Verständigung gelang.

Obwohl gleichzeitig entstanden, ist die von Rom getrennte *Anglikanische Gemeinschaft (Anglican Communion)* ein Sonderfall. Am Anfang stehen nicht Lehrdifferenzen, sondern die Weigerung Papst Clemens' VII., die Ehe des englischen Königs Heinrich VIII. mit Katharina von Aragon zu trennen. Dieser löste daraufhin kurzerhand 1533 die Kirche aus der römischen Oberhoheit und ließ sich im folgenden Jahr vom Parlament zum »einzigen Oberhaupt der Kirche von England auf Erden« küren. Nach seinem Tod werden vom Festland reformatorische Lehren übernommen. In der weiteren Entwicklung, vor allem seit dem 19. Jahrhundert, bilden sich im Schoß der anglikanischen Kirche drei »Parteien« aus: Die anglokatholische oder hochkirchliche Richtung (*High Church*) folgt vor allem in der Liturgie der alten römisch-katholischen Tradition, die evangelikale Partei (*Low Church*) ist bestimmt durch die frommen Erweckungsbewegungen des 18. Jahrhunderts, der liberale Zweig (*Broad Church*) öffnet sich der modernen Philosophie, sucht Kontakt mit den Naturwissenschaften und befasst sich in besonderer Weise mit den sozialen Fragen.

Ein Charakteristikum der Reformation war das Misstrauen gegen das Institutionelle in der Kirche. Es gewann dann zwar nie in den daraus entstandenen Kirchen das gleiche Gewicht wie im Katholizismus, bildete sich aber sehr wohl aus, zuweilen sogar recht kräftig (Tafel 8). Dagegen wehrten sich in der nachreformatorischen Geschichte mehrfach Gruppen sehr aktiver Christinnen und Christen: Sie wollen unabhängig von den staatsgebundenen wie landeskirchlich organisierten Kirchentümern eine Freiwilligkeitsgemeinschaft von Bekennern des Evangeliums sein, die dessen Heilskraft in sich in einem Bekehrungserlebnis verinnerlicht hatten. Diese Gemeinschaften bezeichnet man als *Freikirchen*. Mit Ausnahme der Mennoniten aus den Kirchen der Reformation entstanden, fühlen sie sich deren Erbe verpflichtet, vor allem der reformatorischen Lehre vom gemeinsamen Priestertum aller Gläubigen. In Deutschland bilden sie eine Minderheit, in anderen Ländern, vor allem in den USA, sind sie quantitativ wie qualitativ bedeutende Ausformungen des Christentums. Tafel 11 nennt die wichtigsten Freikirchen[13].

Die jüngste christliche Kirche ist die *Altkatholische Kirche* (Schweiz: *Christkatholische Kirche*): Sie war das Sammelbecken der innerkatholischen Opposition gegen die Dogmatisierung von Jurisdiktions- und Lehrprimat des Papstes auf dem 1. Vatikanum. Die erste Gemeinde entstand 1873. Die altkatholischen Bischöfe Deutschlands, der Schweiz und der Niederlande gründeten 1889 in Utrecht die »Utrechter Union«, der später andere europäische und amerikanische Kirchen beitraten. Abgesehen vom Lehrgut des genannten Konzils und der Folgezeit entspricht die Dogmatik der der römisch-katholischen Kirche.

Tafel 11. – Die wichtigsten Freikirchen

Kurzname	Organisation in Deutschland, Ursprung
Methodisten	*Evangelisch-methodistische Kirche*: Begründet vom ehem. Anglikaner John Wesley († 1791)
Pietisten	*Pietistisch-erweckliche Gemeinschaften*: Anstöße von lutherischen Theologen wie Ph.J.Spener († 1705), A.H.Francke († 1727), N. L.Zinzendorf († 1760)
Mennoniten	*Arbeitsgem. Mennonit. Gemeinden*: Begründet vom ehem. kath. Priester Menno Simons († 1561)
Baptisten	*Bund Evangel.-Freikirchl. Gemeinden*: 1.Zweig vom anglikan. Pfarrer John Smyth 1609; 2.Zweig von Henry Jakob und Richard Blunt 1641.Vereinigt 1891
Quäker	*Religiöse Gesellschaft der Freunde*: Begründet vom Anglikaner George Fox († 1691)
Disciples	*Kirche der Jünger Christi, Gemeinden Christi*: Begründet von den Presbyterianern B.W. Stone († 1844) u. Th.Campbell († 1854)
Heilsarmee:	Begründet vom Methodisten William Booth († 1921)
Pfingstler	*Christl. Gemeinschaftsverband Mülheim/Ruhr; Bund Freikirchlicher Pfingstgemeinden*: Erwachsen aus dem Methodismus, hat die Bewegung sehr viele Facetten entsprechend den Erweckungserlebnissen, die für sie charakteristisch sind.

Innerhalb der christlichen Kirchen nimmt die unter dem Primat des Bischofs von Rom (Papst) stehende *Römisch-katholische Kirche* eine Sonderstellung ein. Historisch gesehen sind wenigstens alle nach 1054 im Westen entstandenen Konfessionen unmittelbare oder (wie die meisten Freikirchen) mittelbare Abspaltungen von ihr. Interessanterweise haben sie sich ausnahmslos deswegen herausgebildet, weil ihren Urhebern die Lehrentwicklung Roms zu progressiv erschien. Sie haben alle einen traditionalistischen Ansatz. Obwohl die römische Kirche in der Neuzeit höchstes Misstrauen gegen alle Neuerungen hatte und die Reformatoren daher auch mit dem Verdikt bedachte, Neuerer zu sein, haben sich niemals aus progressistisch-liberalistischen Strömungen heraus neue Kirchentümer entwickelt. Der Tatbestand bezüglich des Ost-West-Schismas ist etwas verwickelter. Er ist, wie gezeigt wurde, eher kirchenpolitischer als lehrhafter Natur. Heute sehen sich die katholische Kirche und die Ostkirchen eher als Schwesterkirchen denn als getrennte Konfessionen. Die römisch-katholische Kirche ist die zahlenmäßig größte christliche Gemeinschaft. Hatte sie sich lange Zeit als »alleinseligmachend« verstanden und bekannt, »dass niemand, der sich außerhalb der katholischen Kirche befindet, nicht nur (keine Heiden), sondern auch keine Juden oder Häretiker oder Schismatiker, des ewigen Lebens teilhaft werden können, sondern dass sie in das ewige Feuer wandern werden«[14], so ist sie seit dem 2. Vatikanum überzeugt, dass sie selber zwar »mit dem ganzen Reichtum der von Gott geoffenbarten Wahrheit und der Gnadenmittel beschenkt ist«[15], die getrennten Gemeinschaften dennoch »nicht ohne Bedeutung und Gewicht im Geheimnis des Heiles« sind. »Denn der Geist Christi hat sich gewürdigt, sie als Mittel des Heiles zu gebrauchen, deren Wirksamkeit sich von der der katholischen Kirche anvertrauten Fülle der Gnade und Wahrheit herleitet«[16].

Seitdem wird in allen christlichen Gemeinschaften der Wille drängender, die vom Neuen Testament geforderte Einheit anzustreben und von Gott zu erbitten: Über diese »Ökumenische Bewegung« ist daher zu sprechen, wenn wir die Kirche der Gegenwart betrachten (4.1. Vgl. auch Tafel 34.3).

2.7 Umwelt: Die antike Kultur

Die Jesusbewegung verstand sich anfangs als eine innerjüdische Reformbewegung. Die religiöse Heimat der ersten Christen war die Synagoge. Die Jesuspredigt aber wies über eine ihrem Wesen nach regionale Religion hinaus. Jesus sah das Gottesreich als universale Herrschaft ohne Grenzen und Beschränkungen. Der lukanische Pfingstbericht, der die Anwesenheit von Menschen nahezu aller damals bekannten Sprachen in Jerusalem bei der Geistsendung und damit bei der Geburt der Kirche festhält, markiert das Bewusstsein der frühen Gemeinde von diesem Weltanspruch ebenso wie das Matthäusevangelium, wonach der Auferstandene die Jünger zur Weltmission beauftragt (Mt 28,19 f.).

Die in der jüdischen Wolle eingefärbten ersten Christen vermochten sich Mission nicht anders vorzustellen als durch die Judaisierung der Heidenvölker: Bekehrung zum Gottesreich hatte also zwei Phasen: (1) Annahme des mosaischen Gesetzes (z.B. mit der Beschneidung der Männer und den Sabbatvorschriften), (2) Taufe. Als sich einige Juden aus der Diaspora (griech. »Zerstreuung«), d.h. aus den griechisch sprechenden heidnischen Mittelmeerländern unter Führung des Diakons Stephanus der jerusalemer Gemeinde anschlossen, aber liberal mit dem Gesetz umgingen, kommt es zur Verfolgung. Stephanus wird gesteinigt. Einer der anwesenden Pharisäer, Saulus mit Namen, bekehrt sich und wird zum sprichwörtlichen *Paulus* – ein außerordentlicher Glücksfall für das Christentum. Er kam aus Tarsus in Kilikien, war beschlagen in der jüdischen wie der griechischen Bildung seiner Zeit, sprach fließend Griechisch und ist nach einem Bekehrungserlebnis vor Damaskus wie kaum ein anderer damals überwältigt von der Gestalt des Mannes aus Nazaret, den er leibhaft nie kennengelernt hatte. Ihm ist klar: Er hat eine weltweite Bedeutung, er kommt von Gott, er hat mit seiner Erlösungstat am Kreuz das Gesetz des Mose überholt und überflüssig gemacht. Diese Überzeugung vermittelt er der jungen Kirche.

Die Frage bleibt akut: Ist der Weg zum Christentum für Heiden zweiphasig oder einphasig (ohne Umweg über das Gesetz)? Die Gemüter toben. Denn wenn es jemals in der Kirche um die Frage Tradition oder Innovation, Halten des Alten oder Mut zum Neuen gegangen ist, dann damals. Das Alte war ganz sicher von Gott, das Paulinische aber auch? Der heftige Streit wird auf dem erwähnten Apostelkonvent (48 oder 49) im paulinischen Sinn entschieden: Die Heiden haben unmittelbaren Zugang zum Christentum (Apg 15). Die Konsequenzen zeigen sich sehr rasch. Es kommt zum Zerwürfnis mit dem etablierten Judentum; die Christen werden aus Jerusalem vertrieben; überall im griechischen Raum entstehen Gemeinden.

Damit beginnt unvermeidlich die Auseinandersetzung mit dem Denken, der Philosophie, der Religion, den Lebensformen der herrschenden Kultur, die als *Hellenismus* bezeichnet wird, weil vom klassischen Griechentum geformt. Die christliche Religion war somit in eine ganz neue, von der gewohnten völlig verschiedene Lebenswelt vorgedrungen. Geographisch führte der Weg erst in den Osten des Mittelmeerraumes, wo vornehmlich griechisch, in manchen Gebieten auch syrisch gesprochen wurde. Von dort breitete sie sich noch zu den Zeiten der Apostel in den Westen aus – über Rom nach Gallien, Spanien und Nordafrika. Die dritte große Christen-Sprache nach dem Hebräischen und Griechischen wird das Latein.

Die neue Welt ist eine bunte Welt, eine zerfallende Welt, eine Spätkultur. Die klassische Idee von der Welt als Kosmos, als geordnetes und zielgerichtetes Universum, konnte sich nur noch mühsam behaupten. Die Menschen sind verunsichert; sie werden mit den Tatsachen von Leid und Tod nicht recht fertig; sie fragen nach dem Jenseitsschicksal. Das ist die Stunde der Dämonen- und Zauberkulte, die durch magische Praktiken und astrologische Deutungen dem Verhängnis wehren wollen; das ist aber auch die hohe Zeit der Mysterienreligionen, die meistens aus dem Orient kommen und den Aufstieg vom Tod zum Leben verheißen, so man sich dem Schicksal der mythischen Gestalten wie Mithras, Iris oder Serapis zugeselle. Mehr noch als auf dem Weg der Religion suchten wenigstens die Gebildeten über die Philosophie existentielle Sicherheit. Drei Richtungen werden für die neue Religion wichtig. Da ist die *Stoa*. Sie lehrt die Glückseligkeit aus der Harmonie des Menschen mit der Natur, mit der Gesetzmäßigkeit des Kosmos. Der *Platonismus* huldigt einem ziemlich pessimistischen Dualismus. Die Wirklichkeit, die wir wahrnehmen, ist nur ein schwaches Abbild der überirdischen Welt der Ideen. Diese sind geistig, also ist alles Geistige auf dieser Welt gut, das Materielle im Gegenzug böse. So ist beim Menschen die Seele gut, der Leib (und vor allem die Sexualität) schlecht – der Mensch muss daher bestrebt sein, sich schon jetzt vom Leib und allem Leiblichen zu lösen. In beiden Denkrichtungen konnten die Christen verwandte Momente entdecken – auch ihr Bild von Gott war das eines Gottes der zielgerichteten Ordnung wie bei den Stoikern; auch sie suchten von den bösen Leidenschaften zur reinen Sündenlosigkeit zu kommen wie die Platoniker. Anders war das bei der dritten philosophischen Richtung, der *Gnosis*. Sie war am gefährlichsten. Sie stellte zeitweise eine vitale Bedrohung des Christentums dar.

Was lehrt sie? Das ist nicht einfach zu beschreiben, existiert sie doch in einer ganzen Reihe von Manifestationen, die gewöhnlich ein wenig kon- und diffus waren, jedenfalls nach unserem Wissensstand, der meist auf den Zitaten in den Schriften ihrer christlichen Gegner beruht. So viel kann man aber sagen: Es handelt sich um ein Gemenge aus Elementen, wie wir sie in der jüdischen Apokalyptik und im Platonismus finden: Der Gnostiker fühlt sich in dieser Welt fremd und heimatlos, ist er doch eigentlich etwas Göttliches, ja Ausfluss (Emanation) Gottes selber. Das kommt aber nicht zum Vorschein, solange der Mensch leibverhaftet und weltverliebt ist. Er muss also befreit werden; und der Befreier ist der weltjenseitige Gott, der ihm das erlösende Wissen seiner eigentlichen (göttlichen) Natur schenkt. Wissen heißt griechisch *gnosis*! Es ist in Geheimschriften enthalten, u.a. in solchen, die den Aposteln zugeschrieben wurden (vgl. 2.4). Ein Teil der Gnostiker vertrat überdies deterministische und fatalistische Theorien: Das Schicksal des Menschen ist von Anfang an vorbestimmt, unabhängig vom konkreten sittlichen Verhalten des Individuums. Man sieht unschwer, wie solche Thesen in der allgemeinen Verunsicherung der Spätkultur gleißen und glitzern: Sie sind sehr edel, sie zeugen von hoher Moral, sie haben den Glanz des Elitären. Gleichwohl bergen sie antichristliches, dem Christlichen tödliches Gift in sich. Die gnostische Herausforderung gibt den Anstoß für die Entwicklung der kirchlichen Dogmatik (Irenäus). Sie weist sie ab: Gott ist der Schöpfer aller

Dinge, auch der Leib und das Fleisch sind mithin gut; Sittlichkeit beruht auf Verantwortung und so auf des Menschen Freiheit; das Heil ist kein mythischer Selbstläufer, sondern Ertrag geschichtlicher Ereignisse. Die christliche Theologie bleibt allen Anfechtungen zum Trotz auf dem Boden dieser Erde und widersteht dem Glanz fraglicher Frömmigkeit[17].

In der Welt der späten Antike zeigen sich die Christen ihren Mitbürgerinnen und Mitbürgern in schillernder Ambivalenz. Die rasche Ausbreitung zeigt: Sie kommen »gut an« – hauptsächlich weil sie großen sozialen Einsatz zeigen und sich wie ihr Meister weiter auf die Seite der Entrechteten, Sklaven beispielsweise oder Frauen, schlagen, weil sie eine hoffnungsvolle und klare Jenseitslehre verkündeten, und nicht zuletzt wegen der Botschaft von der unendlichen, sündenverzeihenden Liebe und Güte Gottes. Sie sind im Staat auf größtmögliche Loyalität bedacht, zugleich aber klar in ihren Aussagen, wie der berühmte Brief an Diognet bekundet (Tafel 12).

Aber dieser Spagat gelang nicht immer und nicht überall, wie der Autor eingestehen muss. Vor allem den Gebildeten wie dem Adressaten Diognet erschien die christliche Lehre banal oder wirr, geeignet wohl für die Unterschicht, nicht aber für denkende Menschen. Die Ethik kam vielen absonderlich und hinterwäldlerisch vor. Am gefährlichsten für die Christen aber war zweifellos der Vorwurf der Staatsfeindschaft. Die erst nur lokal aufflackernden, seit 250 erstmals durch Kaiser Decius reichsweit und systematisch angelegten Verfolgungen zeigen das Misstrauen, das den Christen von höchster Stelle entgegengebracht wurde.

Warum eigentlich, wenn sie so lebten wie der unbekannte Verfasser es schilderte? Den römischen Kaisern waren die christlichen Themen und Thesen ziemlich gleichgültig, solange sie die Staatsraison nicht berührten. Dies jedoch taten sie spätestens in dem Moment, da die Christen die gesetzlichen Opfer des staatlichen Kaiserkultes verweigerten. Ein ehernes Grundgesetz, das von der Antike bis ins 20. Jahrhundert hinein nie in Frage gestellt wurde, besagt, dass ein Gemeinwesen nur unter Wahrung absoluter Einheit auf allen wesentlichen Lebensgebieten existieren und blühen könne; und zu diesen Gebieten zählt auch die Staats-Religion. Es kann nur *einen* Kaiser, *ein* Gesetz und *einen* Glauben geben. Wer also für den Kaiser keinen Weihrauch übrig hat, hat auch sonst vermutlich nicht viel mit dem Staat im Sinn. Er muss liquidiert werden.

Es ist nur konsequent, dass die Christen im Prinzip genauso dachten, als sie selber zur staatstragenden Schicht geworden waren. Die ehedem Verfolgten verfolgen nun selber und genauso blutig – die Heiden in der Antike, die Ungläubigen im Heiligen

Land zu Kreuzfahrerzeiten, die Hexen, Homosexuellen und Häretiker zu allen Zeiten. Als sich dieses Prinzip seit der Epoche der Konfessionsbildung nicht mehr durchhalten ließ, weichte man es im Augsburger Religionsfrieden von 1555 auf zum Grundsatz »*Cuius regio, eius et religio*«: Der Herrscher bestimmt die Religion der Untertanen. Herrscherwechsel heißt somit gelegentlich Wechsel des Bekenntnisses. Erst das 2. Vatikanum hat sich zur Anerkennung der Religionsfreiheit durchgerungen.

Tafel 12. – Brief an Diognet 5
Die kurze Abhandlung, die ein unbekannter Autor wahrscheinlich aus Alexandrien kurz vor 200 an den sonst nicht bekannten hochgestellten Diognet schreibt, beantwortet dessen Fragen nach dem »Wesen« des Christentums.Quelle: Bibliothek der Kirchenväter, Frühchristl. Apologeten und Märtyrerakten, Bd. 1, Kempten-München 1932, 165 f.

Die Christen sind weder durch Heimat noch durch Sprache und Sitten von den übrigen Menschen verschieden. Sie bewohnen nirgendwo eigene Städte, bedienen sich keiner abweichenden Sprache und führen auch kein absonderliches Leben. Keineswegs durch einen Einfall oder durch den Scharfsinn vorwitziger Menschen ist diese ihre Lehre aufgebracht worden, und sie vertreten auch keine menschliche Schulweisheit wie andere. Sie bewohnen Städte von Griechen und Nichtgriechen, wie es einem jeden das Schicksal beschieden hat, und fügen sich der Landessitte in Kleidung, Nahrung und in der sonstigen Lebensart, legen dabei aber einen wunderbaren und anerkanntermaßen überraschenden Lebenswandel in ihrem bürgerlichen Leben an den Tag. Sie bewohnen jeder sein Vaterland, aber nur wie Beisassen; sie beteiligen sich an allem wie Bürger und lassen sich alles gefallen wie Fremde; jede Fremde ist ihnen Vaterland und jedes Vaterland eine Fremde. Sie heiraten wie alle anderen und zeugen Kinder, setzen aber die geborenen nicht aus. Sie haben gemeinsamen Tisch, aber kein gemeinsames Lager. Sie sind im Fleische, leben aber nicht nach dem Fleische. Sie weilen auf Erden, ihr Wandel aber ist im Himmel. Sie gehorchen den bestehenden Gesetzen und überbieten in ihrem Lebenswandel die Gesetze. Sie lieben alle und werden von allen verfolgt. Man kennt sie nicht und verurteilt sie doch, man tötet sie und bringt sie dadurch zum Leben ...
    Um es kurz zu sagen, was im Leibe die Seele ist, das sind in der Welt die Christen. Wie die Seele über alle Glieder des Leibes, so sind die Christen über die Städte der Welt verbreitet. ... Die Seele ist zwar vom Leibe umschlossen, hält aber den Leib zusammen; so werden auch die Christen von der Welt gleichsam in Gewahrsam gehalten, aber gerade sie halten die Welt zusammen.

Wir sind damit den Ereignissen vorausgeeilt. Eine nachhaltige Änderung der Existenzbedinungen tritt ein, als Kaiser Konstantin im Toleranzprogramm von Mailand (313) der Kirche erst die Gleichberechtigung mit allen anderen Religionen zuerkennt, sein Nachfolger Theodosius im Edikt »Cunctos populos« von 380 sie zur Staatsreligion erhebt (und damit alle anderen Religionen ebenso wie alle christlichen Sonderbewegungen zu staatsfeindlichen Gruppierungen macht). Die Kirche wird zur Reichskirche. Schon damals diskutieren die Gelehrten die Folgen. Bis heute sind sie nicht in der Lage, eine schlüssige Antwort zu geben, ob die »Konstantinische Wende« mehr Segen oder mehr Fluch gewesen ist. Ist sie der Anfang von der Verchristlichung der Welt oder von der Verweltlichung des Christentums? Die Stellungnahme fällt aus entsprechend der Parteinahme im Spannungsdilemma zwischen Weltjenseitigkeit und Weltzuwendung, das die Religion der Christen von den Ursprüngen an umtreibt. Letztere bekommt selbstverständlich seit dem 4. Jahrhundert mächtigen Auftrieb: Die Kirche und ihre Leiter werden ins staatliche System eingebunden und bekommen damit Gelegenheit, die christlichen Prinzipien politisch durchzusetzen. Aber die politischen Zwänge drohen die christlichen Prinzipien zu zersetzen, ist die Kirche einmal Figur im Spiel der Macht. Ein Ergebnis jedenfalls der neuen Konstellation erfüllt die älteren Christen damals mit großer Sorge. Das moralische Niveau der Glaubensgemeinschaft sinkt rapide. Das durchaus nicht grundlose elitäre Moralbewusstsein, welches aus dem Diognetbrief spricht, schwindet in dem Augenblick, da Christsein aus einer Gefahrenquelle der eigenen Karriere zu einer wichtigen Voraussetzung für sie wird: Beamte müssen Christen sein...

Als sich die Macht des Imperiums dem Ende zuneigt und die wilden Germanenstämme um die Wende zum 7. Jahrhundert sich auf die Völkerwanderung begeben, bald auch die appeninische Halbinsel bedrohen und der staatlichen Ordnung den Todesstoß versetzen, sind die kirchlichen Strukturen die einzigen Ordnungsgaranten: Die Christen (vor allem die Bischöfe) müssen nun Beamte sein... Es bahnen sich die Hauptprobleme an, die das ganze Mittelalter beschäftigen werden. Aus der Perspektive der Zeitgenossen freilich war die kirchliche Intervention ein Segen. Papst Gregor I. (d. Gr.) (590-604) konnte durch seine politischen Aktivitäten dem Hunger der italienischen Bevölkerung steuern, die Langobardenbedrohungen von 592 und 593 auf diplomatischem Weg beilegen, über den Klerus die Staatsorganisation wiederaufbauen, die Bauern vor Ausbeutung schützen.

2.8 Das Mönchtum

Ganz in die erste kirchengeschichtliche Periode fallen noch die Aussteigerbewegungen, die gegen die Säkularisierung der Spätantike energischen Protest erheben und damit den folgenden Epochen gewaltige Impulse vermitteln. Das Mönchtum ist aus der entschiedenen Entscheidung von Hunderttausenden von Christinnen und Christen für die Heiligkeit der Kirche enstanden, die sie in der Massenorganisation, die sie seit der Konstantinischen Wende wurde, aufs äußerste gefährdet sahen. Im Osten wie im Westen existieren heute noch zahlreiche Gemeinschaften, die die Lebenform des Mönchtums bewahrt haben.

Mönche (griech. *monos* »allein[lebend]«) gibt es in allen Religionen. Sie versuchen, durch Absonderung von der Existenzform der meisten Mitglieder die Frömmigkeitsmaßstäbe der Religion besonders deutlich und nachdrücklich zu leben. Gewöhnlich verpflichten sich Männer dazu. Beinahe ausschließlich im Christentum haben sich von Anfang an auch Frauen zum Mönchsideal bekannt. Heute bilden sie in der römisch-katholischen Kirche mit 75% der Ordensleute die Mehrheit.

Die Anfänge des christlichen Mönchtums liegen in Ägypten. Nicht eben der erste, wohl aber der wirkungsgeschichtlich bedeutendste Christ, der die abstrichlose Christusnachfolge wählte, war der »Mönchsvater« Antonius (ca.250-356), dessen Biographie mit gleichfalls weitestreichendem Nachhall der Kirchenvater Athanasius († 373) verfasste. Mit 20 Jahre hörte Antonius im Gottesdienst das Evangelium von der Begegnung Jesu mit einem jungen Mann (Mt 19,16-30). Dieser will ein vollkommenes Leben führen und hört, dazu sei nötig, alles zu verlassen und Jesus nachzufolgen. Das übersteigt seine religiöse Kraft; Antonius aber will tun,was jener nicht vermochte. Sofort stürzt er aus dem Gotteshaus, leitet den Ausstieg aus seinem bisherigen Leben ein und zieht sich in die Wüste zurück – den Ort nicht bloß der Einsamkeit, sondern auch der dämonischen Mächte, wie man damals meinte. Bald sammeln sich Gleichgesinnte um ihn: Das christliche Mönchtum ist geboren. Übrigens erfuhr schon Antonius, was sich auch später wieder und wieder herausstellte: Die Wüste wird zum Wirkzentrum der Kultur (im denkbar weiten Sinn gemeint). Sehr bald wenden sich die Bischöfe an ihn um Rat. Er korrespondiert mit dem Kaiser; er predigt in den Städten. Bis heute sind viele Klöster Ausstrahlunspunkte geistlichen Lebens, der Kunst, der Kultur, der politischen Anregung.

Am Anfang bilden sich zwei Lebensformen heraus, das Eremitentum und das Koinobitentum. Die *Eremiten* oder *Anachoreten* (griech. *erēmos* »Wüste«; griech. *anachōrein* »sich zurückziehen«) leben in weitreichender, doch nicht absoluter Einsamkeit. Sie sind in lockeren Kolonien verbunden und bezogen auf einen geistlichen Vater (*abbas*, daraus später Abt) bzw. eine geistliche Mutter (*amma*). In einer Sammlung des 5.Jahrhunderts, den *Apophthegmata Patrum* (Vätersprüchen), ist die geistliche Weisheit dieser Männer und Frauen zusammengetragen worden. Noch zur Stunde ist sie bedenkenswert. Die andere Lebensform vertreten die *Koinobiten* (griech. *koinos bios* »gemeinsames Leben«). Wie der Name sagt, schließen sie sich auf Dauer in einer Gemeinschaft zusammen, die in einer ummauerten Siedlung, dem *Kloster*, und unter einer allen gemeinsamen *Regel*, für deren Einhaltung der *Klostervorsteher* (Abt, Prior, Oberer) sorgt, dem Gebet und der geregelten Arbeit nachgehen. Diese Form des Mönchtums hat sich fast ausschließlich durchgesetzt. Zwei Regelwerke haben nachdrücklichen Einfluss ausgeübt; wieder ist zu sagen: bis zur Stunde. Für den christlichen Osten wurde die Regel des *Basilius* († 379) maßgebend. Er verlegt den Standort der Klöster in die Städte mit der Folge, dass diese bedeutende soziale Aufgaben übernahmen, etwa im Schul- und Bildungswesen, in der Armenfürsorge, im Gesundheitswesen. Im Abendland entstand das Mönchtum unter dem östlichen Impuls, jedoch erst in der 2. Hälfte des 4. Jahrhunderts. Unter den vielen Regelwerken gewann eines besondere Bedeutung für den Westen, die zwischen dem 5. und 10. Jahrhundert heranwachsende *Benediktusregel*. Sie ist verbunden mit dem Namen des Benedikt von Nursia (um 480-550) und zeichnet sich aus durch das Bestehen auf der lebenslänglichen Klosterbindung (*stabilitas loci*) unter der autoritativen Leitung des Abtes und eine höchst ausgewogene Balance zwischen geistlichem Leben (vor allem in der Liturgie) und tätiger Kulturarbeit, die von der Urbarmachung des Bodens bis zum Wirken in Gelehrtenakademien reicht.

Im Osten sind die einzelnen Klöster selbständig geblieben, neben der Basiliusregel ihrer Gründungsurkunde (*Typikon*) verpflichtet, die diese eigenständig auslegt. Orden im nachstehend beschriebenen Sinn gibt es nicht, allenfalls einzelne Klosterverbände. Im Vordergrund steht das kontemplative Leben, caritative und kulturelle Aufgaben haben im allgemeinen eine sehr nachrangige Bedeutung. Anders ist die Entwicklung im Westen verlaufen. Hier differenzierte sich das Mönchtum in eine außerordentlich große Zahl von Sonderformen, den *Orden*. Anlass dafür waren entweder Reformbewegungen oder Anpassungen an veränderte kulturelle Rahmenbedingungen.

Die Verflechtungen mit der »Welt«, die angesichts der kulturellen und sozialen Verpflichtungen unausbleiblich waren, führten fast unvermeidlich zur Ver-Weltlichung. So versuchten einzelne Klöster im Mittelalter Erneuerung im ursprünglichen Geist, die andere Klöster aufgriffen: Namhafte Zentren werden Cluny, Hirsau, Gorze, Fruttuaria. Ein anderer Weg war die Gründung neuer Gemeinschaften. Solche Reformorden sind die Karthäuser, Camaldulenser oder Zisterzienser.

Der zweite Typus von Orden verdankt sich der Annahme von je zeitgenössischen Herausforderungen. Die Kanonikerorden (meist einer Regel verpflichtet, die auf Augustinus zurückgeht) waren seelsorglich ausgerichtet; die Ritterorden stellten sich in den Dienst der Kreuzzugsidee; die Bettelorden sehen in der Stadtkultur des hohen und späten Mittelalters ihren pastoralen Auftrag. In der beginnenden Neuzeit suchen die Regularkleriker, deren bedeutendste Gemeinschaftsbildung der Orden der »Gesellschaft Jesu« (Jesuiten) ist, sich ganz in den Dienst der Kirche an der Zeit zu stellen. Nahezu alle Orden haben auch einen weiblichen Zweig; die große Ausnahme sind die Jesuiten. Die Frauen folgten dem monastischen Ideal aber auch ganz eigen- und selbständig; so bilden sich die Gemeinschaften der Ursulinen und der Englischen Fräulein heraus. Ihre große Stunde schlägt im 19. Jahrhundert. Zahlreiche weibliche Gemeinschaften, die nun *Kongregationen* heißen, entstehen. Sie sind gewöhnlich auf eine einzige Aufgabe fixiert, z. B. auf Mädchenbildung oder Krankenpflege. Gemeinsam ist allen Formen der mönchischen Existenz die in einem Gelübde übernommene Verpflichtung, die so genannten *evangelischen Räte* zu beobachten, d.h. ein Leben in Armut, Ehelosigkeit und Gehorsam zu führen.

Die große Krise der Lebensform war die Reformation. Wo sie zum Zuge kam, löschte sie das Mönchtum aus. Der Grund war nicht dessen Ideal. Auch der Mönch Luther sah in der vollkommenen Nachfolge Christi die bleibende Existenzgestalt des Christen. Aber er sah sie als Lebensform für alle, nicht als höherwertige für einige an. So lehnt er auch die Ordensgelübde ab: Es gibt nur eine einzige Bindung des Christen, die in der Taufe übernommene. Seit dem 19. Jahrhundert setzt jedoch eine Neubesinnung auf die monastischen Werte ein. Sie werden nun als zeichenhafte Verwirklichung bestimmter Züge des Christseins verstanden, die an sich allen Mitgliedern gemeinsam sind. Es entstehen Gemeinschaften wie die Diakonissenhäuser, Bruder- und Schwesternschaften. Kommunitäten des gemeinsamen Lebens. Die bekannteste dürfte derzeit die Mönchsgemeinschaft von Taizé in Burgund sein. Sie ist eine ökumenische Gruppierung und zieht viele Tausende vor allem junger Leute an. Gründer ist der reformierte Theologe Roger Schutz.

3. Kirchen-Welt: Das abendländische Mittelalter

Im Jahr 596 sandte Papst Gregor d. Gr. den Benediktinermönch Augustinus, Prior des römischen Andreasklosters, mit 40 Mönchen nach England. Die Missionare hatten einen erstaunlichen Erfolg: Schon am Weihnachtsfest des folgenden Jahres konnten sie König Ethelbert von Kent mit rund 10 000 Untertanen taufen. Angesichts der in römischen Augen so andersgearteten Lebensformen der Angeln fragte Augustinus etwas ängstlich den Papst an, wie er sich verhalten solle. 601 antwortete dieser:
»Lieber Bruder, du kennst die Bräuche der römischen Kirche, in denen sie in Treue zu ihrer Überlieferung groß geworden ist. Ich freue mich aber, wenn du in der römischen, den gallischen oder sonst irgendwelchen Ortskirchen etwas gefunden hast, was dem allmächtigen Gott gefallen könnte. Übernimm es beherzt und vermittle der englischen Kirche, die noch ein Glaubensneuling ist, was du aus allen den vielen Kirchen hast sammeln können. Wir sollen Dinge lieben nicht wegen des Ortes, sondern wir lieben die Orte wegen der Dinge. Nimm daher aus den Ortskirchen, was immer fromm, geistlich, richtig ist. Sammle es wie in einem bunten Strauß und lege ihn den Engländern als Brauchtum ans Herz«[18].

Der Realismus und die Gabe kluger und weitherziger Anpassung, die den Papst auszeichneten, sind nicht nur das Geheimnis des Missionserfolges bei einem exotischen Stamm gewesen, sondern ermöglichten den höchst erfolgreichen Überstieg der christlichen Religion von den sinkenden Booten der Antike auf den festen Boden der germanischen Kultur. Das war providentiell. Ein Menschenalter später beginnt der Siegeszug des Islam in Vorderasien und Nordafrika. 638 geht Jerusalem, der Geburtsort des Christentums, verloren. Nochmals 60 Jahre, und die Araber nehmen Karthago ein, die Stadt, in der Augustinus von Hippo einst seine Bildung erfahren hatte. Im Augenblick des Niedergangs im Süden steigt der Stern der Kirche im Norden auf. Wie aus der Judenkirche die hellenistische, so wird aus der griechischen jetzt die germanische Christenheit. Und wie im ersten so nimmt sie auch im siebten Jahrhundert die Schätze mit, die sie je und je gesammelt hatte – und neue gewinnt sie hinzu. Ein phänomenaler geistig-geistlich-theologischer Umsetzungsprozess hebt an – und die Geschichte der machtvollen Eroberung und Umgestaltung der westlichen Welt durch die Religion Christi. Die Welt wird eine Kirchen-Welt: *Ecclesia idest mundus* (Die Kirche ist gleich Welt), lautet ein gängiger Zeitslogan. Es kann nicht ausbleiben, dass auch die Welt der Kirche sich vermählt.

3.1 Welt-Ordo

Der Drang der Germanen nach Westen hatte seit dem späten 4. Jahrhundert zu einer Umgestaltung des antiken Völkergefüges geführt. Der Ostteil des Römerreiches nahm wegen der erwähnten Entfremdung eine Entwicklung, die ihn faktisch aus dem Gesichtskreis der Lateiner führte. Der Süden, also die afrikanischen Provinzen, brach, auch das wurde registriert, seit der Mitte des 7. Jahrhunderts durch die islamische Expansion weg. Dafür schuf die Völkerwanderung neue Einflusszentren für die neuen Stämme: Toulouse und Toledo werden Vororte der Westgoten, Ravenna Zentrum der Ostgoten, Pavia avanciert zur langobardischen Hauptstadt. Von besonderer Bedeutung werden die Franken: Auf sie stützen sich seit dem Ende des 5. Jahrhunderts vor allem die römischen Bischöfe; ihre Kapitale wird Paris. Alle diese Städte werden auch zu kirchlichen Machtmittelpunkten. Allerdings nehmen die Germanenvölker, die Franken ausgenommen, zuerst die arianische Form des Christentums an, also eine dogmatische Lesart des Christusereignisses, die die Ökumenischen Konzilien als Irrlehre gebrandmarkt hatten (vgl. 6.1). Erst allmählich bekehren sie sich zur großkirchlichen Lehre; als Gregor die Englandmission beginnt, ist dieser Vorgang mit der Katholisierung der Westgoten abgeschlossen. Erst jetzt erfolgt die eigentliche Symbiose zwischen dem von der Spätantike geformten Christentum und der germanischen Lebenswelt.

Die neuen Völker waren biologisch die Stärkeren: unverbraucht, gesunde Bauern, kriegerisch, expansiv, jung. Dass sie die Macht über die überzüchteten Reichsbewohner schnell gewannen, ist alles andere als verwunderlich. Diese waren jedoch kulturell überlegen: Erben der hohen Geistigkeit griechischen Denkens, klassischer römischer Ideale, einer reifen Rechtskultur. Daran hatte auch die Kirche entscheidenden Anteil. Sie war nicht mehr wie einst beim Wechsel von Jerusalem nach Rom eine merkwürdige Sekte, sondern strahlend-glanzvolle Organisation mit sicherer Heilsgarantie für alle, die sich ihr rückhaltlos eingliederten. Und zeigte sich nicht wieder und wieder, dass der Christengott die stärkeren Bataillone hatte? Diese Einsicht hatte einst den Frankenherrscher Chlodwig an den Taufbrunnen in Reims gebracht (ca. 498), nun im 7. Jahrhundert machten die Angelsachsen die nämliche Erfahrung. Das machte es diesen Menschen ziemlich leicht, die Kirche mit Lehre und Disziplin zu akzeptieren und ihr sich einzugliedern. Christentum verbindet sich im germanischen Denken mit Macht und mit Freiheit.

Tafel 13. – Chronologische Übersicht über die mittelalterliche Kirche

716	Beginn der Mission des angelsächsischen Bischofs Winfried (Bonifatius) auf dem Kontinent
787	Zweites Konzil von Nikaia
800	Kaiserkrönung Karls d.Gr. in Rom
909/10	Gründung des Klosters Cluny
1054	Beginn der Spaltung zwischen Ost- und Westkirche
um 1075	Gregor VII. schreibt den *Dictatus Papae*
1077	Kaiser Heinrich IV. erbittet in Canossa Lossprechung von Gregor VII.
1096/99	Erster Kreuzzug
1122	Wormser Konkordat
um 1140	*Decretum* Gratians
1147/49	Zweiter Kreuzzug
1189/92	Dritter Kreuzzug
um 1200	Gründung der Universitäten von Paris und Bologna
1202/04	Vierter Kreuzzug
1215	Viertes Laterankonzil
1228/9	Fünfter Kreuzzug
1248/54	Sechster Kreuzzug
1265/73	Thomas v. Aquin schreibt die *Summa theologiae* (Fragment)
1300	Bonifaz VIII. ruft das erste »Heilige Jahr« aus
1302	Bonifaz VIII. erlässt die Bulle »Unam Sanctam«
1309/76	»Babylonische Gefangenschaft« der Päpste in Avignon
1378/ 1417	Großes Abendländisches Schisma
1414/18	Konzil von Konstanz
1431/49	Konzil von Basel
1437/39	Konzil von Ferrara-Florenz
1453	Ende des oströmischen Reiches von Byzanz mit der Eroberung Konstantinopels durch die Osmanen
1492	Entdeckung Amerikas
1517	Ablassthesen Luthers
1521	Bannbulle Leo X. gegen Martin Luther

Wichtiger noch und wirkungsgeschichtlich folgenreicher als die politische war die geistlich-religiöse Seite der mit diesen Begriffen verbundenen Dimensionen. Wir Heutigen leben in einer Periode der Geschichte, die unter dem Vorzeichen der Aufklärung steht. Die meisten Vorgänge, die wir erleben, denen wir ausgesetzt sind oder die wir in Gang bringen, können wir grundsätzlich rational erklären und kausal erhellen. Das Wetter heute ist das Ergebnis meteorologischer Geschehnisse, die sich lange vorher angebahnt haben und daher der relativ sicheren Prognose zugänglich sind. Krankheiten sind Folgen psychischer oder somatischer Defekte, denen wir vorbeugen bzw. die wir heilen können – so nicht derzeit, doch gewiss demnächst, wenn die intensiven Forschungen Ergebnisse bringen. Der voraufgeklärte Mensch dagegen lebte in einer permanenten Unsicherheit, die aus dem Fehlen genau jener rational-kausalen Analysemöglichkeiten sich ergeben musste, die uns reichlich verfügbar sind (bzw. bald sein werden, hoffen wir). Damit erlebte er die Phänomene als Chaosgemenge, welches namenlose Angst erweckte. In zahllosen Ängsten wurde sie buchstabiert: Einige davon waren immer da wie die Angst vor dem Meer, vor den Sternen, den Wunderzeichen, den Gespenstern und Dämonen; andere wurden zyklisch erfahren: die Pest, die Hungersnöte, die Kriegszüge, die Steuererhöhungen. Was Jean Delumeau über die »Angst im Abendland« des 14.-18.Jahrhunderts schreibt, gilt für die vorausliegende Epoche gleicherweise:

»Ein ›Land der Angst‹ entstand, in dessen Innern eine Kultur sich ›unbehaglich‹ fühlte und das sie mit krankhaften Phantasien bevölkerte. Dauerte diese Angst länger an, so konnte sie eine Gesellschaft zersetzen, so wie sie ein Individuum zerstören kann, das ihr ständig unterliegt. Sie konnte Erscheinungen ungenügender Anpassung hervorrufen sowie eine Rückbildung des Denkens und des Empfindens, eine Vermehrung der Phobien und einen übergroßen Hang zum Negativen und zur Verzweiflung«[19].

Den griechisch-römischen Völkern erging es nicht anders als den germanischen. Die griechische Philosophie (vor allem in Stoa und Plotinismus) war bemüht, durch denkerische Bewältigung aus dem Chaos einen Kosmos, eine geordnete Welt werden zu lassen. Gelungen war es ihr kaum. Die grundstürzende und erfolgsträchtige Botschaft des Christentums lag darin, dass sie die Überzeugung vertrat: Durch die erlösende Heilstat Jesu ist die Macht des übermenschlich Bösen (Satan, Dämonen, Sünde) und damit prinzipiell auch die Bedrohung durch die naturalen Katastrophen wie Schiffbruch, Pest, Blitzschlag gebrochen. Man braucht mithin keine Angst mehr zu haben, sofern und soweit man sich der Kirche und ihren Heilsmitteln gläubig und kindlich anvertraute. Dafür übernahmen es die Leiter dieser Kirche, in ständiger Wachsamkeit dafür zu sorgen, dass das Böse in jeglicher Gestalt entlarvt würde. Die Heilsgemeinschaft wurde zum Garanten der umfassenden Weltordnung: *ordo* wird ein Schlüsselwort für himmlisches und irdisches Glück in allen Formen. Jeder Angriff darauf ist *perversio*, teuflische Verkehrung, und damit *confusio*, Wirrsal mit der Folge der Rückkehr des Chaos. Wieder ist die gewaltige Anziehungskraft der Kirche recht eigentlich begründet in ihrer Freiheitsverkündigung, diesmal unter den speziellen Voraussetzungen der antiken wie der mittelalterlichen Welt. Da diese fundamental dual begriffen wird – Kosmos wider Chaos, ordo gegen perversio –, erhebt sich die Gefahr des Dualismus in dem Moment, da um der größeren Sicherheit willen die Dinge und Phänomene, die Lehren wie die Lehrer säuberlich geschieden der einen oder der anderen Spannungseinheit zugewiesen oder doch wenigstens durch entsprechende hierarchisierende Akzentuierungen zugeordnet werden.

Die Germanisierung des Christentums hat eben dazu wesentlich beigetragen. Die Heilsangst und Heilsunsicherheit der neuen Völker griff begierig dessen Erlösungslehre und mit ihr auch die Dämonologie auf. Aus dem Frühmittelalter liegen breit ausgemalte Schilderungen des Kampfes Christi mit dem Teufel vor. Die irischen Missionare fördern das Institut der Privatbeichte, durch das den einzelnen Gläubigen Heilssicherheit durch den Zuspruch der Vergebung geschenkt wird. Die Tarifbusse entsteht aus dem gleichen Bedürfnis: Der Grundgedanke lebt in verweltlichter Form noch im Bußgeldkatalog fort, der »Sünden« gegen die Straßenverkehrsordnung ahndet. Für jeden Verstoß gegen göttliche oder kirchliche Disziplin war ein genau festgelegtes Sühnewerk vorgeschrieben; erst dessen Ableistung sicherte die tatsächliche Tilgung des Bösen. Damit kam ein formaljuristisches Denken in der mittelalterlichen Kirche zu Ansehen, das auch das Gottesbild gestaltete. Wer sündigt, beleidigt Gott, zerstört also gründlich und für alle die universale Rechtsordnung. Wiedergutmachung ist ebenso nötig wie unmöglich, da der unendliche Gott auch unendliche Sühne einfordern muss, die uns Menschen versagt ist. Erst und nur der Gottmensch vermag sie zu leisten. *Anselm von Canterbury* († 1109) hat diese *Satisfaktionstheorie* (lat. *satis facere* »genugtun«) entworfen und zur Erklärung des Heilsgeschehens gemacht, bis ins 20. Jahrhundert hinein.

Der Angstbefreiung dient auch die Einführung und rasche Blüte der kirchlichen Vermittlungsinstanzen: Segnungen, Sakramente, Ablässe, Wallfahrten auf Erden, Heiligenverehrung im Blick auf das Jenseits. Da konnten die Germanen auch ihre naturhaften urtümlichen religiösen Vorstellungen leicht einbringen. Sie kamen überdies ihrer Neigung zur Autorität entgegen. Für die Angelsachsen beispielsweise ist die Verehrung des Apostelfürsten *Petrus* bezeichnend. Jesus hatte ihm die Schlüssel des Himmelreiches (Mt 16,19) gegeben. Das nahmen sie wortwörtlich. Der Apostel wird der (noch in modernen Witzen fortlebende) Himmelspförtner, von dem der Zugang zur Seligkeit abhängt. So wird er schier wichtiger als sein Meister, zum entscheidenden Richter des ewigen Loses. Nichts liegt näher, als ihn zu verehren durch Errichtung von Peterskirchen, wenig wird erstrebenswerter, als dort oder besser noch nahe seiner letzten Ruhestätte am Vatikanischen Hügel in Rom sich begraben zu lassen. Endlos wird die Folge der angelsächsischen Romwallfahrten. Nichts ist auch selbstverständlicher, als den Kult des Apostelfürsten auf seinen Nachfolger, den römischen Papst, zu übertragen. Er ist der fortlebende Petrus, der schon auf Erden die Schlüsselgewalt in Händen hat. Bischof Wilfried von York, erster bedeutender Missionar aus England, zog 678 eigens nach Rom, um den »Apostelfürsten und Himmelspförtner« zu besuchen und sich zugleich die Autorisierung als Friesenmissionar von seinem Stellvertreter zu holen. Im folgenden Jahr tat Gleiches der spätere Utrechter Bischof Willibrord. Sein Schüler ist der aus Wessex stammende Winfried oder Bonifatius (ca.675 – 754), der berühmte »Apostel der Deutschen«. Seine eigentliche Großtat war nicht schon die Organisation der Kirche im westlichen Deutschland, sondern die Weitergabe der wichtigsten Beiträge der angelsächsischen Kirche an sie: Die Vermittlung der antiken Kultur und die Verehrung des Papsttums. Als »Gesandter des hl. Petrus« leitet er 742 das Concilium Germanicum als Oberbischof des Reiches, dessen Kirche damit dem römischen Stuhl unterstellt wurde. Der Petruskult war nun auch auf dem Kontinent fest verwurzelt. Der evangelische Kirchenhistoriker Bernd Moeller skizziert als Resultat: »Der alte Primatsanspruch der Päpste fand damit, wie es scheint zum ersten Mal, allgemeine und gläubige Anerkennung. Das war eine wesentliche Voraussetzung dafür, dass die abendländische Kirche einen Mittelpunkt und eine einheitliche Orientierung finden konnte, es war eine Voraussetzung für die Entstehung des mittelalterlichen Europas« [20].

Der Autoritätsgedanke der Ordo-Idee formt sich noch in einer anderen folgenschweren Hinsicht aus: Wo es ein Oben, dort gibt es ein Unten, wo Befehlende, dort Gehorchende. Die Kirchen-Welt ist also streng hierarchisch gegliedert, im großen Ganzen wie im detaillierten Einzelnen. Die Basisunterscheidung ist die zwischen Klerikern, gebildet und kulturtragend, und Laien, dem ungebildeten Vieh vergleichlicher als Menschen, zwischen kirchlichen Amtsträgern, herausgehoben von den anderen durch das reine zölibatäre Leben, und Weltleuten, befleckt durch Blut und Ehe. Aber auch innerhalb dieser Grundstände gibt es eine rigorose Hierarchisierung. Ganz oben steht der Papst in der Kirche, der Kaiser im Staat, es folgen die klerikalen Stufen dort, die Lehns- und Feudalordnung hier. Die befreiende Haupt- und Prinzipalbotschaft des Christentums von der in ihrer Gottebenbildlichkeit begründeten Gleichheit aller Menschen ging zwar nicht ganz verloren, aber sie galt eigentlich nur für die innere Würde und den inneren Wert der Menschen, nicht für den konkreten Status in der Gesellschaft. So waren, um ein Beispiel zu nennen, Mann und Frau als gleich werte Geschöpfe einander ebenbürtig, doch galt das nur für ihre Seelen, die asexuell gedacht wurden. Weil der Leib der Frau aus dem des Mannes genommen war (Gen 2,22), ergab sich für die äußere Sphäre eine nachhaltige Ungleichheit und so die theologische Begründung des uralten Patriarchalismus. Ihn zu wahren, war mithin ein Teil des Gehorsams der Geschöpfe gegenüber dem Schöpfer. An der gottgewollten Ordnung rütteln, war die Sünde schlechthin und schlankweg.

Das Kennzeichen des mittelalterlichen Europa ist folglich eine umfassende Einheit, die metaphysisch-religiös fundiert ist und alle Lebensbereiche je spezifisch charakterisiert. Es gibt nur *einen* Gott, nur *eine* Kirche, *einen* Kaiser mit *einem* Reich, dem Heiligen Römischen Reich deutscher Nation, das sich immerhin weit über das Mittelalter bis 1803 hinschleppte, *einen* Glauben, *eine* Wahrheit, *eine* oberste Autorität. Damit endlich ist die Befreiung von der Angst erreicht – aber auch *nur dadurch* scheint das geschehen zu können.

So muss die Einheit unter allen Umständen gewahrt bleiben. Wer in irgendeiner Weise den Ordo sprengt, wer Perversion und Konfusion in die Kirchen-Welt hineinzutragen auch nur im Verdacht steht, muss aus der Gemeinschaft ausgestoßen werden. Die Grausamkeit der Kirchenleute des Mittelalters, auf deren Konto Millionen von Toten abzubuchen sind, ist die Kehrseite der Medaille. Die Gräuel der Hexenverfolgungen, die Inquisitionsprozesse, die Ketzerverbrennungen, die Judenpogrome, die Brandschatzungen in den Albigenserkriegen, der elementare Hass gegenüber allen Andersdenkenden, wie er auch in den Kreuzzügen zum Vorschein kam, erklären sich nicht zuletzt auch aus diesem Denken. Das Schema ist stets das gleiche: Menschen, die von der gesellschaftlichen Norm abweichen, werden als Bedrohung der Wertordnung angesehen; sie kann allein durch Assimilation oder Exstirpation, durch Angleichung an die Normalität oder durch vernichtende Ausgrenzung gewahrt werden. Da die Kirchen-Welt das einzige Vorkommnis von Welt ist und die Gemeinschaft der Glaubenden wie der Bürger, Kirche wie Staat umgreift, ist die Aggression gegen die eine Größe sofort auch eine gegen die zweite. Noch heute deutet die Redewendung darauf hin, jemanden »in Acht und Bann« zu tun: Der Ausschluss aus der Kirchengemeinschaft zog selbsttätig den Ausschluss aus der Volksgemeinschaft nach sich. Die eigentlichen konkreten Untaten ergaben sich noch nicht aus dieser idealistischen Vorstellung. Immerhin versuchte man, ordentliche Verfahrensregeln für die Prozesse gegen Irrgläubige und Hexen aufzustellen. Einen viel entscheidenderen Part hatten urmenschliche Bosheit und fanatischer

Extremismus: Sadismus, Fundamentalismus, Verleumdungssucht, pathologische Wahnvorstellungen, Aberglauben, Rachgier, ökonomische und politische Interessen verbanden sich zu einem entsetzlichen Gemisch der Massenhysterie. Durch die Verbrämung mit Versatzstücken geistlicher und theologischer Anschauung erhielt sie einen frommen Anstrich, der sie mehr als zu rechtfertigen schien. Doch mit Christus und seiner Botschaft hatte es nichts mehr zu tun, wenn etwa die spanische Inquisition, eine übrigens staatliche, nicht kirchliche Behörde (seit 1481), die öffentlichen Verbrennungen der (als Hochverräter behandelten) Ketzer mit einem feierlichen Zeremoniell ausstattete, das als *Auto da Fé*, als »Akt des Glaubens« bezeichnet wurde.

Bis in die Gegenwart hinein haben vornehmlich zwei dieser Exzesse des Ordo-Denkens für Ansehen und Gestalt des Christentums Auswirkungen gehabt, der Hexenwahn und der kirchliche Antisemitismus. Der *Hexenglaube* ist weltweit verbreitet als rationalisierende Antwort auf die ewige Frage nach dem Woher des konkreten Bösen. Es kommt, so lautet sie, von missgünstigen, neidzerfressenen Personen, die aus dem Bund mit dem Satan über außerordentliche physische und magische Macht verfügen, die zum Schaden der Menschen eingesetzt wird. Sie zerstören mithin die Weltordnung.

Das wird in der bildhaften Sprache des Mittelalters dadurch thematisiert, dass ihnen unterstellt wird, alles verkehrt herum zu tun – Salz dient der Stillung ihres Durstes, sie klopfen mit dem Rücken an die Tür, im Christentum beten sie das Vaterunser von hinten nach vorn. Da in einer patriarchalen Lebenswelt Frauen eher als Männer die Wertordnung zu untergraben in Verdacht stehen, richtet sich der Hexenvorwurf meistens, aber nicht ausschließlich gegen das weibliche Geschlecht. Im frühen Mittelalter versuchten manche Herrscher wie Karl d.Gr., den Hexenglauben zu verbieten. Zur Massenneurose mit der Folge der schrecklichen Prozesse kam es erst im späten 15.Jahrhundert. Sie wurde mächtig befördert durch die Hexenbulle Papst Innozenz' VIII. von 1484 (Tafel 14) und den *Hexenhammer* (Malleus maleficarum) der Dominikaner Jakob Sprenger und Heinrich Institoris, der drei Jahre später herauskam. In diesem Werk, das eine gelehrte Zusammenstellung der christlichen Tradition zum Thema sein möchte, tobt sich ein archaischer Hass wider die Frauen aus: Sie sind allesamt leichtgläubig und leicht beeinflussbar, haben eine schlüpfrige Zunge, zeigen sich als mangelhaft »in allen Kräften, der Seele wie des Leibes«[21]. In fast ganz Europa und bis nach Nordamerika verfolgten Katholiken wie Protestanten in schlimmer Eintracht und einander überbietendem Eifer mit Feuer und Tod die vorgeblichen Hexen. Zwischen 1590 und 1630 erreichte der Wahn seinen Höhepunkt. Das mutige und lebensgefährliche Eintreten besonnener Christen wie des niederländischen Arztes Wilhelm Weyer und der Jesuiten Adam Tanner und Friedrich von Spee (*Cautio criminalis* 1631) leitete ein allmähliches Abklingen ein. Die letzte Hexe brannte 1793 in Posen. Der misstrauische Hass gegen die Frauen hielt sich weit länger.

Tafel 14. – Innozenz VIII., Bulle »Summis desiderantes affectibus« über das Hexenwesen (1484)
Quelle: J.Sprenger – H. Institoris, Der Hexenhammer (Malleus maleficarum), München 1985, XXXII-XXXVI. Übersetzung aus dem Lateinischen: W.Beinert.
Die auszugsweise übersetzte Bulle vom 05.12.1484 sollte die Hindernisse ausräumen, die den Dominikanerinquisitoren Jakob Sprenger und Heinrich Institoris von den geistlichen wie weltlichen Autoritäten entgegengestellt wurden. Sie bereitete dem »Hexenhammer« der beiden Autoren den Weg; die Bulle wurde dem Buch vorangestellt und verschaffte ihm so den Anschein päpstlicher Höchstautorität.

... Zu Unserer großen Betrübnis kam Uns jüngst zu Ohren, dass in einigen Teilen Oberdeutschlands und in den Provinzen, Städten, Ländern, Orten und Bistümern Mainz, Köln, Trier, Salzburg und Bremen mehrere Personen beiderlei Geschlechts, ohne an ihr Heil zu denken und in Abkehr vom katholischen Glauben, mit den Dämonen nach Art der Männer (incubi) und nach Art der Frauen (succubi) Unzucht treiben und mit ihren Zaubereien, Gesängen und Beschwörungen und anderen gottlosen abergläubischen Praktiken, mit Loswerfen, Ausschweifungen, Verbrechen und Übertretungen die Geburten der Frauen, die Leibesfrucht der Tiere, der Erde Früchte, die Trauben in den Weinbergen, die Baumfrüchte sowie Männer, Frauen, Vieh aller Art, auch Wein- und Obstgärten, Wiesen, Weiden, Getreide, Korn und andere Feldfrüchte verderben, ersticken und umbringen und es sich angelegen sein lassen, diese Männer, Frauen und die verschiedenen Tiere mit grausamen innerlichen und äußerlichen Schmerzen zu peinigen, und daran zu hindern, dass die Männer zeugen und die Frauen gebären, dass Männer und Frauen miteinander ehelich verkehren können. Zudem haben sie keine Scheu, den in der Taufe empfangenen Glauben gotteslästerlich zu verleugnen und noch zahllose andere Abscheulichkeiten, Verbrechen und Vergehen auf Einflüsterung des Feindes aller Menschen zu begehen – mit Gefährdung ihrer Seelen, in Beleidigung der göttlichen Majestät, zu schädlichem Beispiel und Skandal vieler Leute ...

Der *Antijudaismus* ist an sich kein Produkt des Mittelalters, sondern seit den Zeiten des frühen Christentums dessen ständiger Begleiter. Vom Hochmittelalter an ist es allgemeine Ansicht in Europa, dass die Juden wie die Hexen nichts anderes im Sinne hätten, als den Christen zu schaden, besonders durch Hostienfrevel oder Ritualmorde an kleinen Jungen, und darin einer widerchristlichen Gesinnung treu geblieben wären, die ihre Vorfahren einst zum »Gottesmord« in Jerusalem getrieben hatte. Ganz im Gegensatz zur Theologie des Paulus sind sie dem Mittelalter nicht mehr das auserwählte, sondern das verfluchte Volk. Da sie überdies geschickte Ärzte und infolge des christlichen Zinsverbotes die Träger des aufkommenden Kredit- und Bankwesens und damit angesehen, reich und für die Gesellschaft unverzichtbar wurden, verfolgte sie der Neid und Hass.

Seit dem ersten Kreuzzug brechen an vielen Stellen des Abendlandes wiederholt grausame und blutige Verfolgungen aus. In der Reformationszeit verdächtigten die Katholiken die Juden des Sympathisantentums mit den Neuerern, wohingegen Luther mit seiner Schrift *Von den Juden und ihren Lügen* (1546) zu einem Protagonisten des christlichen Antisemitismus wurde. Im Rom der Päpste gibt es zwar keine Pogrome, jedoch werden die Juden in einem Ghetto zusammengeschlossen (seit 1555), Zwangspredigten ausgesetzt (ab 1584) und fast aller Rechte beraubt (durch Pius VI. 1775). Als 1933 in Deutschland die Nationalsozialisten an die Macht kamen, erreichte der Antsemitismus seine bisher schrecklichste Zuspitzung. Hitler sah zwar im Christentum nur eine Fortsetzung des Judentums, weshalb es ebenfalls auszurotten sei, doch dankbar griff der »Völkische Beobachter« und mehr noch der »Stürmer« alle Beschuldigungen auf, die seit Antike und Mittelalter gegen die Kinder Abrahams vorgebracht worden waren. So wurde faktisch das Christentum schuldig an Auschwitz, Treblinka und Theresienstadt ... Die letzten 50 Jahre des 20. Jahrhunderts erleben freilich auch das nicht immer leichte Bemühen, die Sünden der Vergangenheit nicht nur zu bereuen, sondern auch tätige Buße zu üben (Tafel 32).

Hexenwahn und Judenverfolgungen zeigen nicht minder wie die übrigen Exzesse der mittelalterlichen Christenheit (und ihrer Kinder) die dem Ordo-Denken einbeschlossenen Gefahren und Probleme. Zwar verdankt ihm das christliche Abendland seine innere und äußere Geschlossenheit, aber auch den Anstoß zu seiner endlichen Auflösung in der Neuzeit. Es konnte seinem Anspruch auf Freiheitssicherung der Menschen nicht gerecht werden, weil er, da letztlich angstgeboren, in sich erstarrte und die Spannung nicht auszuhalten vermochte, die mit seiner Abzweckung auf Universalität automatisch gegeben war. Die Kirche suchte sie auszugleichen durch eine immer rigidere Vereinheitlichung und Zentralisierung auf allen Lebensgebieten. Damit war notwendig die Hierarchisierung der Klassen, Stände und Berufe verbunden. Im gleichen Maße, wie sie gelang, ging jene Pluralität verloren, die echte Einheit zur Voraussetzung und als Lebenselixier hat, die die Rede von der Freiheit zu verifizieren imstande ist.

Das lässt sich deutlicher noch zeigen an drei theologisch-politischen Themen, die die Christenheit das Mittelalter hindurch in Atem gehalten haben – und weit darüber hinaus: Das ist das Verhältnis von Staat/Kaiser und Kirche/Papst, das ist die innerkirchliche Aufteilung der Mitglieder in Kleriker und Laien, das ist endlich die Ausbildung der Theologie als universitärer Wissenschaft. Aus den Spannungen ist aber auch die christliche Kultur der von uns betrachteten Epoche zu verstehen.

3.2 Papst und Kaiser oder Die Spitze der Pyramide

Die Kirchen-Welt bedurfte eines Kirchen-Bildes. Die spätantike Glaubensgemeinschaft hatte sich als Netz von einzelnen Ortskirchen gesehen, die aufgrund der Apostolizität bestimmter Gemeinden nochmals strukturiert war im Patriarchatssystem. Sie verstand sich als *communio*, als eine über die ganze bewohnte Welt (griech. *oikumene*) verbreitete *Gemeinschaft*, im Innersten zusammengehalten durch die *Kommunion*, d.h. durch die Teilhabe (*communio*) am gleichen Abendmahl. Wer ihrer nicht würdig war, konnte der Kirche nicht mehr angehören; er wurde ex-*kommuni*-ziert. Innerstes Lebensprinzip war mithin der eucharistische Christus, der in jeder Gemeinde gleichermaßen anwesend war. Zugleich war er das Zentrum der Lebensaktivitäten der Kirche. Schon sehr früh profilierte sich innerhalb dieses Netzes eine institutionalisierte Mitte, die Kirche von Rom.

Als einziges westliches Patriarchat erlangte sie und vor allem ihr Leiter, der Papst, die tragende Rolle in der seit der Spaltung mit dem Osten veränderten Szene der mittelalterlichen Geschichte. Theologisch wurde sie gestützt durch eine neue Kirchen-Konzeption: Die Christenheit verstand sich als *Leib Christi*.

Neu war sie freilich nicht ganz und gar. Schon in der römischen Antike war die Vorstellung von einer Organisation als Organismus bekannt und beliebt. Auch Paulus hatte sie gekannt und besonders im ersten Brief an die Gemeinde von Korinth (Kap.12) auf die Kirche bezogen. Im einen wie im anderen Fall war der Vergleichspunkt die Einheit in der Vielheit: Wie im Körper viele Organe existieren und jedes seine eigene Aufgabe hat, aber alle um den Preis der Gesundheit aufeinander angewiesen und bezogen sind, so hat die Kirche als Christi Leib viele Glieder mit je besonderen *Charismen*, und jedes und alle miteinander tragen sie zum Aufbau des Gesamtorganismus bei. Im Mittelalter wird das Bild nachhaltig uminterpretatiert. Ausgangspunkt ist nicht mehr die Vielheit, sondern gemäß dem Ordo-Denken die Einheit des Leibes. Natürlich hat er eine Menge Glieder, die den verschiedenen Gruppen und Ständen der mittelalterlichen Gesellschaft entsprechen. Die Augen sind die Apostel, die Zähne die kirchlichen Lehrer, die Hände die Soldaten, die Brüste die Prediger, der Bauch die Verheirateten, die Schenkel die Bauern – und den Nasenschleim verkörpern die Häretiker, die Exkremente die unkeuschen Priester: Die Bilderlust der Autoren kennt keine Grenzen[22]. Aber entscheidend ist die Wahrung der Statik des Gefüges: Wie wird und wer garantiert seine Einheit?

Damit tritt von selbst das Zentralorgan ins Rampenlicht. Nach damaliger medizinischer Auffassung gehen vom Haupt alle Lebensströme bis zu den letzten und untersten Gliedern aus. Da der Kreislauf noch nicht entdeckt ist, ist die vitale Dynamik einbahnig. Ein Lebensstrom von unten nach oben kommt nicht in Sicht. Von vornherein stehen zwei Sätze fest: (1) Das Haupt ist Christus. (2) Der Leib der Kirche ist hierarchisch gegliedert: Nicht alle Organe haben eine gleich wichtige und gleich lebensnotwendige Funktion und alle hängen vom Haupt ab. Weil jedoch die Kirche eine sichtbare Gemeinschaft ist, braucht sie eine sichtbare Verleiblichung des unsichtbaren Christus. Nicht von vornherein ist ausgemacht, wer das Haupt hienieden repräsentiert, welches mit anderen Worten die Grundstruktur der Kirche ist.

Akut war dieses Problem mit der Konstantinischen Wende geworden. Der Kaiser hatte sich immer als Haupt der Welt verstanden, nun als christlicher Kaiser sah er sich auch als Oberhaupt der Kirche. Aber hatte die Kirchen-Welt damit nicht, denken wir an Rom, unversehens einen Doppelkopf bekommen? Im Jahr 494 schreibt Papst Gelasius I. an Kaiser Anastasius einen berühmten Brief mit der Lösung:
»Zwei sind es nämlich, von denen diese Welt vornehmlich regiert wird, die geheiligte Autorität der Bischöfe und die königliche Gewalt; unter diesen wiegt die Last der Priester um so schwerer, als sie bei dem göttlichen Gericht auch für die Könige der Menschen selbst Rechenschaft ablegen werden«[23].

Dahinter steht die Einsicht, dass es in dieser Welt eine irdisch-weltliche und eine geistlich-himmlische Dimension gibt, die zwar in Jesus Christus wesenhaft geeint sind, weshalb er das absolute Haupt ist, ansonsten aber trotz aller Bezogenheit *aufeinander* dennoch *nebeneinander* existieren. Für die erste ist der Kaiser, für die zweite der Bischof, genauer der Papst zuständig. Gern sprach man von den beiden Schwertern Christi, deren eines, das weltliche, der Imperator, das andere, geistliche, der Kirchenleiter verliehen bekommen habe. Die schöne Symmetrie kommt aber schon bei Gelasius ins Wanken. Wenn die Priester für die Könige Rechenschaft ablegen sollen, dann müssen sie ihnen die Richtung nicht nur weisen, sondern auch zu gehen befehlen können. Ist dann nicht der Papst das Ober-Oberhaupt oder besser: das einzige Haupt des irdischen Christusleibes, der Kirchen-Welt? Um dieses Problem dreht sich die folgenreiche Auseinandersetzung zwischen Reich und Kaiser auf der einen, Kirche und Papst auf der anderen Seite, die das Mittelalter in Atem gehalten hat.

Anfangs neigte sich die Waagschale zur kaiserlichen Seite. Bedrängt von den Langobarden, hatte Papst Stephan II. 753 den Frankenkönig Pippin III. zu Hilfe gerufen; in Ponthion wurde im Folgejahr der Freundschaftspakt geschlossen, der »dem hl. Petrus« (nicht mehr dem eigentlichen Herrn Italiens, dem byzantinischen Kaiser) Schutz versprach. Der König nimmt den Titel *Patricius Romanorum* an und beugt vor Stephan das Knie. Die den Langobarden abgenommenen italienischen Gebiete schenkt er dem Papst; der Grund zum Kirchenstaat ist gelegt. Die Machtverhältnisse bleiben im Unbestimmten. Nachfolger Pippins ist sein Sohn Karl d. Gr. (768-814), der mächtigste Herrscher der Epoche. Wieder sind die Expansionsgelüste der Langobarden der Auslöser der Entwicklung, die den Frankenkönig erst zum Schutzherrn Roms, dann, an Weihnachten 800, zum Kaiser des Abendlandes machte. Er war anfangs nicht sehr entzückt, weil Papst Leo III. vor ihm zwar aufs Knie gefallen war, aber ihm auch die Krone aufgesetzt hatte. Möglichen Interpretationen wehrte er durch die Feststellung, dass der Papst zum Beten, der Kaiser zur inneren wie äußeren Kirchenleitung da sei. Diese wird ein gutes Jahrhundert später durch Kaiser Otto I. d.Gr. (936-972) ausgebaut. Er wird am Lichtmessfest 962 in der römischen Peterskirche vom Papst gekrönt mit einer Liturgie, die den Charakter einer Sakramentenspendung hatte und den Herrscher mit einer sakralen Aura umgab; das bleibt nun eine Selbstverständlichkeit bis zum Ende des Heiligen Römischen Reiches. Selbstverständlich ist aber ebenso, dass die Kirche den politischen Interessen des Herrschers dienstbar gemacht wird. Otto bildet das »Reichskirchen-System« aus, das die deutsche Geschichte bis in die Neuzeit prägt. Die kirchlichen Prälaten wurden Fürsten des Reiches und Hauptstützen der Kaisermacht. Das System entsprach ganz dem germanischen Denken. Danach gehörte dem Grundeigentümer alles, was auf seinem Boden stand. Die Gotteshäuser mit allen weltlichen wie geistlichen Rechten waren also Eigentum letztlich des Kaisers, der infolgedessen auch für diesen Besitz Sorge tragen musste. Das war wenigstens dann der Fall, wenn ein Bischofsstuhl zu besetzen war. Es kam zu verheerenden Missbräuchen: Bistümer wurden an den

Meistbietenden versteigert, Prälaturen von verheirateten Grundeigentümern selbst verwaltet. Seinen Höhepunkt erreichte dieser Machtanspruch 1046 auf der Synode von Sutri in Mittelitalien: Kaiser Heinrich III. setzte kurzerhand die drei rivalisierenden Päpste ab und einen neuen von eigenen Gnaden ein, den Bamberger Bischof Suidger, der sich Clemens II. nannte. Deutlicher ließ sich nicht zeigen, wer der Herr der Kirche war.

Gegen diese Verhältnisse erhob sich Protest. Die Eingriffe in das kirchliche Leben schnürten die Autonomie der Glaubensgemeinschaft und damit deren wichtigstes Gut ein: die Freiheit. Unter dem Zeichen der *libertas ecclesiae*, der Freiheit der Kirche, begann denn folgerichtig die Gegenbewegung – zuerst jedoch nicht im eigentlich politischen, sondern im innerkirchlichen Bereich. Um 910 hatte der aquitanische Herzog Wilhelm in Cluny (Burgund) ein Kloster gegründet, dem er von Anfang an Unabhängigkeit von der kirchlichen Gewalt, also vom Bischof, zusicherte. Die Mönche waren der geistlichen Reform verschrieben; sie hatten mit ihrem Programm nicht zuletzt wegen der ihnen zugesicherten Freiheiten durchschlagenden Erfolg: Im 12. Jahrhundert hatten sich rund 3000 Gemeinschaften der cluniazensischen Reform angeschlossen.

1046 tritt der römische Diakon Hildebrand in Cluny ein. Der Papst holt ihn vier Jahre später wieder an den Tiber. Dort wird der junge Mönch zum eifrigsten Verfechter der *libertas*, was negativ bedeutete: Kampf gegen die Priesterehe (die das Kirchengut zum Familieneigentum werden ließ), gegen den Ämterhandel (Simonie) und gegen die Laieninvestitur (lat. *investire* »einkleiden«).

Von dieser Zeremonie hat die Auseinandersetzung den Namen *Investiturstreit* bekommen. Sie geht wieder auf das alte germanische Recht zurück, dem zufolge bei der Einweisung eines Erwerbers von Besitz die Übergabe eines Symbols und ein Treueid vorgesehen war. Das geschah auch im Fall der Übergabe eines Bistums oder Klosters durch den Eigenkirchenherrn, der ein Laie war: Er überreichte dem neuen Würdenträger Stab und Ring als Zeichen seiner Würde und übertrug ihm mit diesem Akt neben den weltlichen Gütern und Rechten (Regalien) auch die geistlichen Rechte.

Hildebrand wird Papst; er nimmt den Namen *Gregor VII.* (1073-1085) an. Kurze Zeit später formuliert er im *Dictatus Papae* (1075) in 27 knappen Sätzen den Höchstanspruch des Papsttums über alle andere irdische Gewalt mit rigoroser Strenge (Tafel 15). Das war eine extreme Herausforderung für den jungen deutschen König Heinrich IV. (1056-1106). Der Kampf, der zwischen beiden ausbrach, konzentrierte sich sehr schnell auf das Basisproblem: Wer ist das Haupt der Christenheit? Uns brauchen die Etappen nicht zu interessieren, deren eine der sprichwörtlich gewordene »Gang nach Canossa« (1077) ist, den der König antreten musste, um vom päpstlichen Bann gelöst zu werden und damit politisch zu überleben. Das formalrechtliche Ergebnis war ein Kompromiss, der 1122 im *Wormser Konkordat* geschlossen wurde. Was aber sprang kirchengeschichtlich dabei heraus?

Tafel 15. – Papst Gregor VII., Dictatus Papae (1075).
Quelle: P.Neuner (Bearbeitung), Ekklesiologie I (= tzt D 5/I), Graz-Wien-Köln 1994, Nr. 72, S. 99 f. (Auszüge).

1. Einzig und allein von Gott ist die römische Kirche gegründet.
2. Nur der römische Papst trägt zu Recht den Titel des universalen Papstes.
3. Er allein kann die Bischöfe absetzen und auch wieder einsetzen. ...
8. Nur er verfügt über die kaiserlichen Insignien.
9. Alle Fürsten haben die Füße einzig und allein des Papstes zu küssen.
10. Nur sein Name darf in der Kirche genannt werden.
11. In der ganzen Welt gilt nur dieser Papsttitel.
12. Der Papst kann den Kaiser absetzen. ...
18. Sein Entscheid kann von niemandem aufgehoben werden, er selbst aber kann Urteile aller anderen Instanzen aufheben.
19. Über ihn besitzt niemand richterliche Gewalt. ...
22. Die römische Kirche hat nie geirrt und wird nach dem Zeugnis der heiligen Schrift auch in Ewigkeit nicht irren.
23. Wenn der römische Papst in kanonischer Wahl erhoben ist, wird er ohne Zweifel nach dem Zeugnis des heiligen Ennodius von Pavia heilig durch die Verdienste des heiligen Petrus, wie auch viele Kirchenväter bestätigen und und wie es auch in den Dekretalien des heiligen (Papstes) Symmachus enthalten ist. ...
26. Wer nicht mit der römischen Kirche übereinstimmt, kann nicht als katholisch (rechtgläubig) gelten.
27. Er kann Untertanen vom Treueid gegen unbillige (Herrscher) entbinden.

Das ist nicht einfach zu beurteilen. Auf den ersten Blick ist gewiss das Papsttum Sieger geblieben. Es hatte nichts weniger als den Anspruch auf absolute Weltherrschaft erhoben. Ein anderer bedeutender mittelalterlicher Papst, Bonifaz VIII. (1294-1303), legte dar, dass alle Gewalt von ihm ausgehe und daher jeder Mensch ihm unterworfen sei – um den Preis des ewigen Heiles. In der der Bulle »Unam Sanctam« vom 18.11.1302 ist zu lesen:

»Die eine und einzige Kirche (hat) also *einen* Leib, *ein* Haupt, nicht zwei Häupter wie eine Missgeburt, nämlich Christus und den Stellvertreter Christi, Petrus, und den Nachfolger des Petrus. ... Durch die Aussagen der Evangelien werden wir belehrt, dass in dieser ihrer Gewalt zwei Schwerter sind, nämlich das geistliche und das zeitliche ... Jedoch ist dieses *für* die Kirche, jenes aber *von* der Kirche zu handhaben. ... Es gehört sich aber, dass ein Schwert unter dem anderen ist und die zeitliche Autorität sich der geistlichen Gewalt unterwirft. ... Wir erklären, sagen und definieren nun aber, dass es für jedes menschliche Geschöpf unbedingt notwendig zum Heil ist, dem Römischen Bischof unterworfen zu sein«[24].

Die Frage nach der obersten Gewalt in der Welt war damit für Rom geklärt: Es gibt nur ein Haupt und das ist der Papst als Vikar des göttlichen Hauptes Jesus Christus. Der Ordo war also eine Pyramide mit einer einzigen Spitze. In der Folge haben die römischen Bischöfe sich bis ins 20. Jahrhundert immer wieder auf diese Konzeption berufen (Tafel 44). Dahinter steht erkennbar das gleiche Motiv, das der Konstruktion des Welt-Ordo zugrunde liegt: Ein aus Angst geborenes Sicherheitsdenken. In der Neuzeit ist es weniger die Dämonenfurcht als die von neuzeitlichen Entwicklungen veranlasste Befürchtung, Lehre und Lebensnormen der Kirche könnten vom Sog des Zeitgeistes hinweggeweht werden.

Der Investiturstreit hatte das Papsttum in eine gewisse Zweideutigkeit gebracht. Die gregorianische Doktrin verlangte auf der einen Seite eine strenge Trennung von weltlichem und geistlichem Bereich: Damit legte sie, wenn auch wider Willen und ohne Absicht, den Grund für die Säkularisierung, die die Neuzeit immer stärker bestimmt hat. Das erste Anzeichen dafür noch im Mittelalter ist die Ausbildung der Nationalstaaten. Andererseits beanspruchte sie doch die weltumspannende Oberaufsicht über alle Angelegenheiten, die weltlichen wie die geistlichen. Damit begaben sich die Päpste aber unausweichlich in Regionen, die die geistliche Dimension unscharf werden lassen musste. Sie hatten Kriege zu führen, mussten sich

Geldmittel beschaffen und im Spiel der Mächte ihre politischen Eigeninteressen mit diplomatischen und juristischen Mitteln zu wahren suchen; und oft waren sie versucht, die geistlichen Mittel zu säkularen Zwecken einzusetzen, wie es seit Gregor IX. (1227 -1241) üblich wurde: Säumige Schuldner etwa mussten rechnen, mit geistlichen Strafen wie Exkommunikation oder Interdikt belegt zu werden. Umgekehrt fanden die Päpste seit dem Hochmittelalter nichts dabei, der Ketzerei verdächtige Personen erst vor die päpstliche Inquisition (ausgebaut unter Innozenz III. (1198-1216), dem dritten großen Papst der Epoche) zu bringen, dann gegebenenfalls »dem weltlichen Arm zu übergeben«, der sie dann ins Jenseits befördern musste; bei Weigerung konnte der Richter selber inquisitorischen Interesses gewiss sein.

Der Papst wird zum Mitspieler auf der Weltbühne und muss sich nach deren dramaturgischen Gesetzen richten. Das wird für alle Zuschauer deutlich am Tag von Anagni. Bonifaz VIII., der Autor der Bulle »Unam Sanctam«, wird kein Jahr danach, am 1.September 1303 in seiner Heimatstadt vom französischen Kanzler Guillaume de Nogaret im Auftrag Königs Philipp IV. (des Schönen) gefangen genommen. Zwar kam er nach einer Woche wieder frei, doch überlebte er die Schande nur um Tage. Die römische Kurie gerät nun für Jahrzehnte unter französischen Einfluss; von 1305-1376 residierten die Päpste ständig in Frankreich, seit 1309 in Avignon: Die »baylonische Gefangenschaft der Kirche« hatte begonnen. Ihr folgte das »Abendländische Schisma« (1378-1415), in dem zwei, zeitweilig drei Männer beanspruchten, das sichtbare Haupt des Leibes Christi zu sein – und die Situation war am Ende so verwirrt, dass kein Zeitgenosse mehr sicher sein konnte, welcher der echte Papst sei. Das Konzil von Konstanz hat den Knoten dann durchhauen, indem es alle drei absetzte und einen neuen wählte (Martin V.).

Folgenreicher für den Niedergang des Papsttums war die seit dem 14.Jahrhundert wachsende theoretische Bestreitung der päpstlichen Suprematie durch manche Theologen. Am bedeutendsten ist die Schrift *Defensor pacis* (Verteidiger des Friedens) aus der Feder des Marsilius von Padua († 1242/43). Er leitet die geistliche wie die weltliche Herrschaft des Papstes aus der Souveränität der Christenheit bzw. des Volkes ab. Sein Primat wird nur mehr durch Zweckmässigkeitserwägungen legitimiert. Konsequenterweise ist die eigentliche Leitungsinstanz der Kirche das Generalkonzil, dem der Papst untergeordnet ist (*Konziliarismus*). Tatsächlich zeigten die Wirren um die Wende zum 15. Jahrhundert, dass die Kirche in Situationen kommen konnte, in der einzig ein Konzil den geordneten Fortbestand der Kirche gewährleisten mochte. Die andere große Attacke auf die papale Gestalt des Ordo-Gedankens ritt Wilhelm von Occam († 1347). Er bestritt dem Papst das Recht auf politische Betätigung schlankweg. Ihm zufolge ist die eigentliche Kirche eine rein geistliche und im Wesen unsichtbare Gemeinschaft, die nie und nimmer mit der römischen Kirche identifiziert werden könne. Diese könne mithin nicht unfehlbar sein. Seine Staats- und Kirchenlehre bleibt virulent und wird von den Reformatoren des 16.Jahrhunderts aufgenommen. Die damalige Kirchenspaltung minderte die Macht des Papsttums weiter. Als 1870 der Kirchenstaat aufgehoben und seine Territorien dem italienischen Nationalstaat einverleibt wurden, war der Anspruch Gregor VII. endgültig von der Geschichte abgewiesen. Schon längst liefen alle Linien in Europa auf die Trennung von Staat und Kirche. Sie ist heute, mit unterschiedlichen Nuancen, überall beinahe die Regel.

Den Päpsten bleibt freilich der indirekte Einfluss auf die politischen Geschicke erhalten. Die Ereignisse von 1989 mit dem Zusammenbruch der Sowjetunion haben deutlich gemacht, dass er durchaus geschichtswirksam sein kann: Es steht fest, dass sie ohne die tatkräftige Förderung der antikommunistischen Kräfte im seinerzeitigen Ostblock, vor allem über Polen, durch Johannes Paul II. anders, möglicherweise auch gar nicht verlaufen wären, wie sie verlaufen sind.

3.3 Zwei Christensorten in der einen Kirche

Zu den neutestamentlichen Kirchenvorstellungen gehört auch das Bild von der Kirche als Volk Gottes (griech. *laos tou theou*): Als solches war sie radikal unterschieden von den anderen Menschen, Juden wie Heiden. Mit der Ausbildung des kirchlichen Amtes (vgl. 2.5) verfestigt sich die Vorstellung, dass es Stände (Tertullian: *ordines*) in der Kirche gibt, die Amtsträger und die Nicht-Amtsträger. Die Aufmerksamkeit der Kirchenväter wendet sich ersteren zu, konzentrieren sich doch in ihnen die Hauptlebensfunktionen der Kirche, als da sind Liturgie, Lehre und Einheitswahrung. Ihnen kommt der Name *Klerus* zu (von griech. *klēros* »Erbe, Los, Anteil«), die Nicht-Amtsträger heißen *Laien*. Sie geraten mehr und mehr in eine untergeordnete Position: Als in der Völkerwanderung die Reichsorganisation zusammenbricht, übernehmen, wie schon geschildert, die Bischöfe und Priester das Regiment;

es bleibt nicht aus, dass sie zur Bildungsschicht aufsteigen. Seit dem 5.Jahrhundert tragen sie eine besondere Kleidung; im 6.Jahrhundert beginnt sich die priesterliche Ehelosigkeit, der Zölibat, durchzusetzen, bis ihn Gregor VII. endgültig einführt. Mit dem Investiturstreit werden die Laien endgültig auf die Welt, die Kleriker freilich nicht allein auf den geistlichen Bereich verwiesen. In der gregorianischen Ordo-Pyramide jedenfalls nehmen sie allemal die unteren Plätze ein. Das Wort *Laie* nimmt jene Färbung an, die es heute im außerkirchlichen Bereich hat: Einer, der ungebildet ist, von der Sache nichts versteht und nicht mitreden kann.

Im 12.Jahrhundert ist die Scheidung reinlich vollzogen und die Grenze klar. Berühmt wird die Beschreibung *Gratians*. Er ist der bedeutendste Kirchenrechtslehrer des Mittelalters; sein Lehrbuch *Concordia discordantium Canonum* (Zusammenstellung widersprüchlicher Rechtsvorschriften) oder *Decretum Gratiani*, entstanden um 1142, bildete bis 1918 die Hauptquelle für die innerkirchliche Rechtskunde (Kanonistik). Seine Unterscheidung braucht keinen Kommentar (Tafel 16).

Die Wirklichkeit allerdings sah etwas anders aus. Zur gleichen Zeit, da der Mönch Gratian sein Buch schrieb, bildete sich aus dem niederen Adel das Rittertum, bevölkerte ein neuentstandenes Bürgertum die aufblühenden Städte.

Damit aber waren erstmals im Mittelalter Laien Träger christlicher Kultur, die nicht mehr wie die der Klöster vom Ideal asketischer Weltflucht, sondern von einer bisher unbekannten Weltfrömmigkeit bestimmt war. Das ist wörtlich zu verstehen. So problematisch der Herrschaftsgedanke ist, der hinter der Kreuzzugsidee steht, und so unchristlich auf weite Strecken deren Ausführung , ein Teil der Führungsschicht des Abendlandes, eben die Ritter, lernte auf diese Weise unbekannte Lebensformen und Kulturgestalten kennen. Zwar wurden die neuen Erfahrungen in die bestehende Ordnung integriert, doch unvermeidlich wurde deren klerikal-mönchische Prägung in Frage gestellt. Ähnliches ist vom neuen Bürgertum zu sagen. Handwerker und Handelsherren schlossen sich zu Korporationen zusammen, die ein Gegengewicht zum geistlichen Stand bildeten. Die Laien nahmen nun selber die Bibel zur Hand und gaben sich nicht von vornherein mit den Antworten der Geistlichen zufrieden.

Tafel 16. – Gratian († um 1150): Es gibt zwei Arten von Christen.
Quelle: Decretum C.12 q.1 c.7, deutsche Übersetzung von M.Volk (=P.Neuner (Bearbeitung), Ekklesiologie I (= tzt D 5/I), Graz-Wien-Köln 1994, Nr. 82, S. 110).

Es gibt zwei Arten von Christen. Die eine Art hat sich dem Gottesdienst geweiht und der Betrachtung und dem Gebet gewidmet, ihr kommt es zu, sich aus allem Lärm weltlicher Dinge zurückzuziehen. Es sind die Kleriker und die Gottgeweihten, nämlich die Conversen (Ordensleute). Denn griechisch klêros ist lateinisch »sors«, das Los. Daher heißen solche Menschen »Kleriker«, d.h. durch das Los erwählte. Denn Gott hat alle zu den Seinen erwählt. Diese aber sind die Herrscher, d.h. sie beherrschen sich und andere durch die Tugenden, und so haben sie in Gott ihre Herrschaft. Und dies bezeichnet der Haarkranz auf ihrem Haupt. Diesen Haarkranz haben sie durch die Vorschrift der römischen Kirche zum Zeichen der Herrschaft, die in Christus erwartet wird. Das Scheren des Hauptes aber bedeutet das Ablegen alles Zeitlichen. Sie begnügen sich nämlich mit Nahrung und Kleidung und haben für sich kein Eigentum, sondern sind verpflichtet, alles gemeinsam zu besitzen.

Es gibt aber eine andere Art von Christen, nämlich die Laien. Laós ist nämlich »Volk«. Diesen ist der Besitz zeitlicher Güter erlaubt, aber nur zur Nutznießung. Denn nichts ist armseliger, als wegen des Geldes Gott zu verachten. Ihnen ist erlaubt zu heiraten, das Land zu bebauen, zwischen Männern gerichtlich zu entscheiden, Prozesse zu führen, Opfer zum Altar zu bringen, den Zehnten zu bezahlen. Sie können dann gerettet werden, wenn sie durch Wohltaten den Sünden entgangen sind.

Im Grund sind solche Bestrebungen nur eine andere Facette der *libertas ecclesiae*-Bewegung, wobei es dieses Mal nicht um die Freiheit vom Staat, sondern um die Befreiung von einer fragwürdig gewordenen Klerikerherrschaft ging. Zugleich löste sich allmählich die agrarische und damit die mit ihr zusammenhängende feudalistische Gesellschaftsordnung auf, die bislang den Rahmen für den Ordo abgegeben hatte. So konnte er auf Dauer nicht mehr bestehen.

Es kommt zu Auseinandersetzungen, die nicht viel anders als beim Streit zwischen Papst und Kaiser von der Frage nach der Macht geleitet werden. Typisch ist eine Begebenheit gegen Ausgang des 12. Jahrhunderts. Die Laien wollen predigen. Die Kleriker schlagen die Hände über dem Kopf zusammen: Wo kommen wir da hin! Einer von ihnen, der Engländer Walter Map († ca.1209) meint die Strategie zu durchschauen: »Jetzt fangen sie schüchtern und demütig an, als ob sie kaum einen Fuß in die Türe brächten, aber wenn wir *sie* hereinlassen, werden *wir* hinausgeworfen«[25]. Die Reaktion der kirchlichen Amtsträger war radikal: Laienpredigt wird 1184 nicht einfach verboten (wie das heute für die Eucharistiefeier in der römisch-katholischen Kirche geschieht), sondern zur Ketzerei erklärt. Noch deutlicher zeigt sich das Machtproblem in einer Auseinandersetzung gegen Ende des 13. Jahrhunderts. Im Krieg zwischen England und Frankreich suchten beide Parteien zu Geld zu kommen durch die Besteuerung des Kirchengutes. Papst Bonifaz VIII. wollte das verhindern und schrieb 1296 die Bulle »Clericis laicos«. Über den konkreten Anlass hinaus manifestiert sie eine geradezu pathologische Gegnerschaft der beiden »Christensorten« – und lässt die Verliererseite erkennen:

»Dass die Laien den Klerikern bitter feind sind, überliefert das Altertum und auch die Erfahrungen der Gegenwart geben es deutlich zu erkennen. Denn sie arbeiten, mit ihrem eigenen Gebiet nicht zufrieden, auf Verbotenes hin, verfolgen ohne Hemmungen gesetzwidrige Ziele und beachten nicht mit Klugheit, dass ihnen keinerlei Machtbefugnis über die Kleriker und kirchliche Personen und Güter zusteht«[26].

Gleichwohl: »Gottes vergessenes Volk« [27] verschafft sich immer wieder und mit Erfolg Aufmerksamkeit. Die Armutsbewegungen des 12. und 13. Jahrhunderts wollten ähnlich wie die Bewegung von Cluny im 11. eine Verinnerlichung des christlichen Lebens durch Wiederherstellung der *vita apostolica*, des einfachen und bedürfnislosen *Lebens der Apostel*. Überall in Europa, vor allem im Süden, finden wir sie. Am bedeutendsten werden die Waldenser. Die kirchlichen Autoritäten taten alles, um sie an den Rand zu drängen: Ihr Gründer, der Kaufmann Petrus Waldes aus Lyon († um 1217), wurde von Rom gemaßregelt; die Bewegung selber wurde der Irrlehre angeklagt. Ihr Name lebt bis jetzt fort: Die italienischen Protestanten nennen sich Waldenser.

Schlimmer erging es den Katharern (griech. *katharos* »rein«), die in Südfrankreich Albigenser (nach der Stadt Albi) genannt wurden. Theologisch betrachtet, sind sie Nachfahren der alten Gnostiker. Sie vertreten einen rigiden Dualismus zwischen der reinen Seele und der bösen Leibes-Welt. Das macht sie sicher zu Glaubensabweichlern – das deutsche Wort *Ketzer* als Synonym dafür ist die Verballhornung ihres Namens. Was ihnen aber einen ungeheuren Zulauf sicherte, war ihre Predigt von der Kirche der Reinen und Armen, einer ganz anderen als der vorfindlichen Kirche also. Die Kirchenleitung reagierte mit brutaler Härte: 1209 rief Innozenz III. zum Kreuzzug gegen die »Albigenser« auf. Der Kreuzzugsgedanke, ursprünglich gegen die Nichtchristen außerhalb des christlichen Herrschaftsgebiete gerichtet, wird damit erstmals auf Mitchristen ausgeweitet. Der römisch-katholische Kirchenhistoriker August Franzen schreibt zu den Folgen:

»Zwanzig Jahre lang währte das unchristliche Morden, das auf beiden Seiten unendlich viel Blut forderte. Ganze Städte wurden entvölkert und weite Landstriche verwüstet. Die provencalische Kultur wurde dabei vernichtet. Äußerlich konnte die Häresie als ausgerottet gelten. Aber noch viele Jahrzehnte hatte die Inquisition zu tun, um wirklich der Lage Herr zu werden. Den Nutzen hatte die französische Monarchie. Sie ging als Siegerin aus dem Kampf hervor; denn unter dem Schutze der Religion waren großenteils politisch-dynastische Interessen ausgetragen worden« [27].

Tafel 17. – Franz von Assisi, Von der Kraft der Tugenden.

Quelle: O.Karrer (Hg.), Franz v. Assisi, Legenden und Laude, Zürich 1945, 533.

Die Zeitgenossen und Schüler haben viele Züge aus dem Leben des *Poverello*, des armen Minderbruders Franz, schriftlich festgehalten; am volkstümlichsten sind die Fioretti geworden. Er selber hat nur wenig aufgeschrieben, darunter den wunderbaren *Cantico di Frate Sole*, den Sonnengesang in italienischer Sprache. Das folgende kurze Stück gehört zur Gruppe der *Laude* (Lobpreisungen). Es gibt trotz seiner Knappheit Einblick in das Herz des Heiligen.

> Wo wahre Liebe und Weisheit ist,
>   da ist nicht Furcht noch Unwissenheit.
> Wo die Armut mit der Fröhlichkeit ist,
>   da ist nicht Begierde noch Habsucht.
> Wo die Stille mit dem Gedenken Gottes ist,
>   da ist nicht Unruhe noch Zerfahrenheit.
> Wo die Furcht Gottes als Wache des Hauses ist,
>   da findet der Feind keinen Zutritt.
> Wo die Barmherzigkeit und Klugheit ist,
>   da ist nicht Verschwendung noch Täuschung.

Es gehört zur Größe des dritten Innozenz, dass er offensichtlich spürte: Mit nackter Konfrontation ließ sich nicht wirklich das Übel in der Kirche beheben, das die genannten Bewegungen brandmarkten. So förderte er Gemeinschaften, die innerhalb der Kirche die gleichen Ziele verfolgten wie sie. Unmittelbar im Kontext des Streites stand die Förderung einer Gemeinschaft, die sich »Die Armen Christi« nannte und um den Bischof Diego von Osma und dessen Mitarbeiter Dominikus Guzman scharte. Ab 1207 suchten sie durch rege Predigttätigkeit die Ketzer zurückzugewinnen. Daraus ist

1220/21 der Orden der Dominikaner entstanden, der sich schnell über den Kontinent verbreitete. Die andere große binnenkirchliche Armutsbewegung des 13. Jahrhunderts ist ohne kirchenpolitische Abzweckung entstanden – der Orden der Minderbrüder oder (nach ihrem Stifter) Franziskaner. Anders als die Dominikaner ist er am Anfang eine reine Laienbewegung gewesen.

Franz von Assisi (1181/82-1226) ist eine der anziehendsten und reinsten Gestalten, die das Christentum hervorgebracht hat. Noch zur Stunde kann man sich dem Zauber dieses demütigen und reinen Heiligen nicht entziehen. Bereits die Zeitgenossen waren überzeugt, dass niemand Jesus so nah gekommen sei, niemand die Lebensform der frühen Christen so überzeugend in sein Jahrhundert eingestaltet habe wie er. Tatsächlich hat er eine Reformbewegung eingeleitet, die eine ähnliche Tragweite wie jene der irischen und cluniazensischen Mönche hatte; aber dieses Mal stand an der Spitze ein gewöhnlicher Bürgersohn, der sich zeitlebens als *idiota* sah, als einfachen, in geistlicher wie weltlicher Hinsicht bildungslosen Menschen, einen Laien eben im alten wie im modernen Sinn. Der lebensfrohe und intelligente Tuchhändlerssohn hat mit 22 Jahren eine Lebenskrise. 1206 wirft er dem Vater mitten auf der Piazza seiner Heimatstadt sämtliche Kleider vor die Füße. Er will sich kompromisslos der *Donna Povertà*, der Frau Armut anverloben. Mit den ersten Brüdern zieht er 1210 zum Papst, um seine Lebensform bestätigen zu lassen. Angesichts des zwei Jahre zuvor von Innozenz III. in Gang gebrachten Albigenser-Kreuzzugs war das ein Wagnis. Die um 1245 entstandene »Drei-Gefährten-Legende« erklärt den Erfolg der ersten Minderbrüder:

Der Papst hatte in der Nacht vor ihrer Ankunft eine Vision. »Es war ihm gewesen, als sei die Kirche S. Giovanni di Laterano *(die Bischofskirche des Papstes)* vom Einsturz bedroht; da kam ein Gottgeweihter, gering und verächtlich von Aussehen, und stützte die Kirche mit seiner Schulter. Davon betroffen und aufgeschreckt, war er erwacht, und als kluger und weiser Mann, der er war, erwog er, was das Gesicht bedeutete.« Als nun Franz vor ihm stand, »erinnerte (er) sich seines Traumbilds und verglich es mit jenem Gleichnis, welches dem Gottesmann (Franz) eingegeben ward, und so kam ihm der Gedanke: ›Das ist gewiss der heilige Mann, der die Kirche Gottes halten und stützen wird ‹. So schloss er ihn denn in seine Arme und bestätigte die von ihm verfasste Regel. Auch gab er ihm Erlaubnis, überall Buße zu verkünden, und gab sie auch seinen Brüdern, in der Weise, dass jeder, der predigen wollte, vom seligen Franz Erlaubnis haben musste. Dies wurde dann auch in der Sitzung der Kardinäle verkündet«[29].

Die Erzählung ist revolutionär nicht bloß, weil hier der Papst jene Predigterlaubnis erteilt, die wenige Jahre zuvor den Laien versagt geblieben war, sondern vor allem, weil hier gegen alle mittelalterliche Ordnung einer Gruppe von einfachen Laien die Rettung der Kirche zugeschrieben wurde. Diese Gruppe wuchs rasant. Innozenz sah sehr wohl, dass sie im Rahmen der mittelalterlichen Kirchenstruktur verblieb. Anders als die Waldenser anerkannte der Poverello bedingungslos die hierarchische Vormacht, wie der Rombesuch von 1210 beweist; anders als die Katharer verkündet er die Güte der Schöpfung Gottes, den man in den Kreaturen lieben kann, wovon der »Sonnengesang« unsterbliches Zeugnis gibt. Die Grundbotschaft der Reform, die Rückkehr zur urkirchlichen Armut, war schlecht zu bekämpfen; sie war vor allem populär. Schon ein Jahrzehnt nach der Romfahrt finden wir in ganz Europa, in Nordafrika und Palästina Minderbrüder. Inzwischen (seit 1212) gibt es auch Frauen, die aus dem gleichen Geist leben wollen; sie sind geschart um Klara von Assisi. Schließlich sammeln sich auch Leute um Franziskus, die verheiratet sind und bleiben wollen, aber seine Ideale leben möchten: Der »Dritte Orden« (Terziaren) bildet sich.

Gleichwohl übersah die Kirchenleitung in keinem Moment die Gefahren der den *Ketzern* so verdächtig nahen neuen Bewegung. Noch in den letzten Lebensjahren des Heiligen unternimmt sie schlussendlich erfolgreiche Versuche, sie zu domestizieren, indem sie ihr nach und nach ein juristisches Korsett anlegte und zu einem »normalen« Orden umgestaltete. Verzweifelt versuchte Franz das strenge Armutsideal für die Seinen aufrecht zu erhalten – am Ende setzte sich die gemäßigte Version durch. Durch die ganze Ordensgeschichte ziehen sich die Auseinandersetzungen um die sachgerechte und zeitgemäße Verwirklichung der ursprünglichen Vision des Poverello.

Die ihr zugrundeliegende Auffassung vom Christentum allerdings sprengte auf Dauer doch das mittelalterliche Kirchenverständnis. Franz kommt es zuerst auf die bedingungslose Nachfolge Christi an. Alle Rang- und Standesunterschiede werden da bedeutungslos, auch die Fundamentalscheidung von Laien und Klerikern. Eine solche Nachfolge setzt weiter die ureigene Entscheidung des Menschen voraus, die noch vor aller sakramentalen Vermittlung liegt. Damit wird der Rang der Kirche im Heilsgeschehen sekundär: Sie ist nicht mehr automatisch und zwangsläufig dessen erstes irdisches Antriebsmoment. Schließlich ist der Umstand zu registrieren, dass die Minderbrüder (wie auch die Dominikaner) in der Stadtseelsorge eingesetzt werden und damit auf ihre Weise zur Auflösung der Feudalgesellschaft und zur Stärkung des Kultur und Frömmigkeit des Bürgertums beitragen. Der nämliche Umstand hat andererseits zur Folge, dass Rom die neuen Orden gegenüber dem diözesanen Pfarrklerus begünstigte, wofür diese immer dankbar geblieben sind: Die Franziskaner werden die ersten Vorkämpfer des Papsttums im späten Mittelalter und bleiben so – Innozenz hatte recht behalten – innerhalb des strengen hierarchischen, bereits von Gregor VII. gesetzten Rahmens und seiner Zweiteilung. Die Dominikaner sind die tatkräftigsten Helfer des Papsttums gegen die Zeitirrtümer; nicht umsonst wird ihnen oft die Inquisition anvertraut.

Der Laien-Kleriker-Dualismus wird endgültig zu Beginn des 16. Jahrhunderts unter Beschuss genommen. Martin Luther berief sich gegen den herrschenden Amtsabsolutismus auf die christliche Freiheit und die grundlegende Gleichheit aller Gläubigen. Alle sind Priester, alle Bischöfe, weil alle durch die Taufe zum heiligen Gottesvolk konstituiert worden sind. Er schafft damit mitnichten alle Leitungs- und Ordnungsfunktionen in der Kirche ab, wohl aber bestreitet er die von Gratian vorausgesetzte seinshafte Vorordnung des Klerikers vor dem Laien, aufgrund deren zwei nahezu vollkommen voneinander unterschiedene Arten (*genera*) von Christen entstehen. Entscheidend ist nicht eine gegenüber den Laien andere geistliche Qualität des Amtsinhabers, sondern dessen Aufgabe oder Funktion, lateinisch *ministerium* (Dienst) genannt, bestehend in Sakramentenverwaltung und öffentlicher Predigt.

Luther griff damit Lehrmomente auf, die er im Neuen Testament gefunden hatte. In der gespannten Atmosphäre der Reformationszeit hatte er freilich wenig Chancen, einen kritischen theologischen Besinnungsprozess anzustoßen. Der katholischen Seite musste es darauf ankommen, die angegriffene mittelalterliche Tradition zu verteidigen. Das Reformkonzil von Trient verzichtete im allgemeinen darauf, die katholische Gesamtschau auszubreiten, und beschränkte sich auf den Schutz des Hergebrachten, soweit es von den »Neuerern« bestritten worden war. So bestätigte es in der Amtsfrage die Hoch-Würdigkeit des amtlichen Priestertums und damit dessen ontologische Vorordnung vor dem Laikat. In der nachkonziliaren Periode missverstanden die Katholiken aber oft, und hier auf jeden Fall, die Grundabsicht der Kirchenversammlung. Sie unterstellten, diese habe die katholische Doktrin ganz und vollendet formuliert. Was Trient nicht gesagt hatte, war in ihren Augen nicht katholisch. So konnte es auch in der Klerus-Laien-Frage keinen offiziellen Lehrfortschritt über Gratian hinaus geben. Noch 1870 sollte dem I. Vatikanischen Konzil eine Lehrvorlage über die Kirche zugeleitet werden, die zwar wegen dessen aus politischen Gründen erfolgten Abbruchs niemals verabschiedet wurde, doch gut den herrschenden Trend veranschaulicht:

3.3 ZWEI CHRISTENSORTEN IN DER EINEN KIRCHE

»Die Kirche ist jedoch nicht eine Gemeinschaft von Gleichgestellten, in der alle Gläubigen die gleichen Rechte besäßen. Sie ist eine Gesellschaft von Ungleichen, und das nicht nur, weil unter den Gläubigen die einen Kleriker und die anderen Laien sind, sondern vor allem deshalb, weil es in der Kirche eine von Gott verliehene Vollmacht gibt, die den einen zum Heiligen und Lehren und Leiten gegeben ist, den anderen nicht«[30].

Wie selbstverständlich das für die katholische Kirche war, belegt der *Codex Iuris Canonici*, das kirchliche Rechtsbuch von 1917. Es ist klares Klerikerrecht: Die Hirten haben das Sagen, die Herde hat zu hören. Aber indessen waren Theorie und Praxis auseinandergedriftet. Um ein gutes Herdenmitglied zu werden, muss man ein braves Schaf sein: Genau das lehnen die Laien seit dem Ende des 19.Jahrhunderts entschieden ab. Sie waren (von Klerikern wie *John Henry Newman*) darauf aufmerksam gemacht worden, dass der Glaubenssinn der Gläubigen eine unverzichtbare Instanz der Glaubensfindung und Glaubensverkündigung ist (vgl. 3.2). Dieser Sinn verspürte die wachsende Ungleichzeitigkeit der modernen Lebenswelt mit den traditionellen kirchlichen Verhaltensschemata auf der einen, die weitreichende Konformität der ursprünglichen Glaubensaussagen mit der Moderne, etwa im Komplex der Menschenrechte, des Demokratieverständnisses, auf der anderen Seite. Die Folge ist ein zunächst schleichender, dann immer rascher und auf stetig höherem Niveau sich vollziehender Auszug der Christen aus der kirchlichen Institution, übrigens in allen Kirchentümern zu konstatieren.

Eine kirchenamtliche Reflexion erfolgt auf dem 2. Vatikanischen Konzil. Sie klärt die theologischen Hintergründe des Untergangs der Ständeordnung treffend. Die konziliare Leitvorstellung von der Kirche als Gottesvolk, die Rückbesinnung auf die Lehre vom gemeinsamen Priestertum der Glaubenden und die Betonung der allgemeinen Geistgeleitetheit der Kirche zeigten deren Unhaltbarkeit. Aber wenn es um die praktischen Konsequenzen geht, obsiegt noch einmal das Mittelalter. Zwar sind nach der Kirchenkonstitution »Lumen gentium« alle Getauften Träger der kirchlichen Unfehlbarkeit (Nr.12), gleichwohl heißt es wenig später, sie müssten »mit einem im Namen Christi vorgetragenen Spruch ihres Bischofs in Glaubens- und Sittensachen übereinkommen und ihm mit religiös gegründetem Gehorsam anhangen. Dieser religiöse Gehorsam des Willens und Verstandes ist in besonderer Weise dem authentischen Lehramt des Bischofs von Rom, auch wenn er nicht kraft höchster Lehrautorität spricht, zu leisten« (Nr. 25). Nach dem Konzil wird diese zweite Linie, wie schon mehrfach angedeutet, deutlich konturiert: Der bisherige Höhepunkt ist die von acht vatikanischen Behörden (Dikasterien) abgezeichnete und von Papst Johannes Paul II. besonders approbierte »Instruktion zu einigen Fragen über die Mitarbeit der Laien am Dienst der Priester« vom 15.8.1997 mit einer Überbetonung des klerikalen Standes. Die Aporien aber sind geblieben – insofern hat sich seit den Laienbewegungen des Mittelalters nicht sehr viel geändert. Allerdings gelingt es dem Klerus immer weniger, seine einstige Vorrangstellung im kirchlichen Gefüge zu behaupten. Bonifaz VIII. könnte wohl den Eingangssatz seiner Bulle von 1296 unverändert stehen lassen.

3.4 Erkenntnis und Gestalt des Ordo

Denkerische Rechenschaft vom Glauben zu geben, war dem Christentum bereits vom Neuen Testament als Aufgabe in die Wiege gelegt worden (2.3). Da dieses mit dem Ersten Testament selber als oberste Glaubensnorm galt, war Auslegung der Bibel die vornehmste und bis ins 13. Jahrhundert auch nahezu einzige Weise, ihr gerecht zu werden. Was heute *Theologie* heißt, nannte man bezeichnenderweise noch weit bis ins hohe Mittelalter hinein *lectio divinae Scripturae* (Schriftlesung), *sacra (divina) pagina* (Heilige Schrift, eigentlich: Buchseite), *doctrina sacrae Scripturae* (Schriftlehre). Sie besteht in erster Linie in der meditativen und rezeptiven Aneignung der Texte, für die schon die Kirchenväter Regeln erstellt hatten: Wichtiger als die Erforschung der historischen Bezüge (Litteralauslegung) war jene der Glaubensmysterien in den heiligen Sätzen (allegorische Methode) sowie der lebenspraktischen (tropologische oder moralische Exegese) und jenseitsbezogenen (anagogische Deutung) Bedeutung. Da sie vornehmlich in den Klöstern (*monasteria*) der alten Orden gepflegt wurde, nennt man sie auch *monastische Theologie* oder *Monastik*.

Im 11. Jahrhundert bildet sich eine neue Form theologischen Denkens aus, die unter dem Namen *Scholastik* firmiert. Er weist auf zwei Besonderheiten hin: *scholē* heißt im Altgriechischen *Muße*, sehr oft im Sinne der *Freiheit zum theoretischen Denken*, oder *Theorie*: Scholastik ist also eine theoretische Wissenschaftsmethode. Das griechische Wort wurde dann als *schola* im Lateinischen zum Wort für *Schule*: Das neue Denken war besonders in den städtischen Schulen der damals modernen Bettelorden (Dominikaner, Franziskaner) beheimatet. Warum kam es zu dieser anderen Orientierung der Theologie? Als Resultat des Investiturstreites war an die Stelle der einheitlichen Christenheit ein differenziertes Gesellschaftsgefüge getreten, dessen Gründe und Hintergründe auszuloten waren. Die Fragwürdigkeit des *ordo christianus* weckte die Frage nach Wesen und Wert des Ordo in allen seinen Dimensionen und auf allen Ebenen. Er konnte nicht mehr einfach als Datum, als unbezweifelte Gegebenheit hingenommen werden.

Am einleuchtendsten und nicht zufällig historisch am frühesten zeigt sich dies in der Entstehung der Wissenschaft des Kirchenrechtes, der *Kanonistik*. Der Primatsanspruch der kirchlichen, genauer der päpstlichen Gewalt musste begründet, beschrieben und präzisiert werden. Es genügte nicht mehr, die traditionellen Rechtssätze zu sammeln; sie mussten systematisiert und zur Durchsetzung der *libertas ecclesiae* instrumentalisiert werden. Bezeichnend für diese Tätigkeit ist der Titel der Sammlung des Gratian: *Concordantia discordantium canonum* – »Zusammenstimmung der unstimmigen Paragraphen«, muss man wörtlich übersetzen. Sollen sie rechtswirksam werden, müssen sie von außen her, vom Kanonisten nach hermeneutischen Regeln, interpretiert werden.

Im Grund ist damit bereits die scholastische Methode angewendet. Wenn der Ordo in Frage gestellt wurde und damit auch, einschlussweise mindestens, dessen biblische Begründung, konnte man im Streitfall nicht mehr auf die Heilige Schrift Berufung einlegen. Diese selber bedarf nun der Rechtfertigung – und die einzig dazu befähigte Instanz ist die menschliche Vernunft. Nicht nur die kanonistische, auch die dogmatische Tradition war »diskordant«! *Petrus Abaillard (Abälard)* hatte die Naivität der Vorfahren, die das bereits festgestellt hatten, empfindlich entlarvt, als er in seinem um 1125 erschienenen Buch *Sic et Non* (Ja und Nein) an 156 biblischen und patristischen Texten nachwies, dass in ihnen nicht nur, wie jene meinten, »Unterschiedliches, nicht Widersprüchliches« (*diversa, non adversa*) enthalten war, sondern tatsächlich »Unterschiedliches und gleichzeitig Widersprüchliches« (*diversa et simul invicem adversa*). Sofern es sich um Glaubensautoritäten handelt, war damit in aller Schärfe die Frage nach dem Verhältnis von *fides et ratio*, von *Glaube und Vernunft* auf der Tagesordnung. Sie ist bis heute nicht abgesetzt worden, wie das 1998 veröffentlichte umfangreiche Rundschreiben Johannes Pauls II. zeigt, das diesen Titel trägt[31].

Als erster stellt sich ihr *Anselm von Canterbury* (1033-1109). In der Schrift *Cur Deus homo?* (Warum ist Gott Mensch geworden?) setzt er sich mit Leuten auseinander, die behaupten, der Glaube an eine Menschwerdung Gottes sei widervernünftig. Natürlich kann er sich weder auf die Bibel noch auf alte Bischöfe der Vorzeit berufen, wenn er das bestreitet. Es bleiben nur rationale, jedem des logischen Denkens fähigen Menschen einleuchtende Argumente. Sie dienen jedoch nicht der bloßen Verteidigung; sie verhelfen auch dem Glaubenden zur vertieften Sicht der Dogmen. Das veranschaulicht sehr schön ein Abschnitt aus dem 1. Kapitel einer anderen Schrift

Anselms, des *Proslogion* (Tafel 18). Das griechische Wort heißt *Anrede*, nämlich an Gott, er möge die Sehnsucht des Menschen nach ihm, Gott, stillen. Es handelt sich also um ein Gebet. Im weiteren Verlauf entwickelt er mit subtilen Überlegungen den berühmten »ontologischen Gottesbeweis«, der heftige theologische und philsophische Diskussionen (bis zu Kant) ausgelöst hat. Ausgehend von den kirchlichen Lehrsätzen möchte er auf dem Vernunftweg zur Existenz Gottes gelangen. Betrachtet man die Struktur des Werkes, dann denkt Anselm gar nicht daran, einen philsophischen Zugang zu eröffnen, vielmehr will er sich des Gottes, den er anredet, an dessen Dasein er keinen Zweifel hat, rational vergewissern: *Credo ut intelligam*, »glauben um zu verstehen«, ist sein Programm und wird das der Scholastik.

Tafel 18. – Anselm von Canterbury,
Das wissenschaftliche Programm der Theologie
Quelle: Proslogion I (Opera omnia ed. F.S.Schmitt OSB, Bd. I, Edinburgh 1946 100. – Deutsch: W.Beinert).

Lehre mich, dich zu suchen, und zeige dich dem Suchenden. Denn ich vermag dich nur zu suchen, wenn du es lehrst, dich nur zu finden, wenn du dich zeigst. Indem ich dich liebe, werde ich dich finden, indem ich dich finde, lieben.
  Ich bekenne, Herr, und sage Dank, dass du dein Bild in mir geschaffen hast, auf dass ich, deiner eingedenk, nachdenke über dich, dich liebe. Aber es ist so geschädigt durch das Zerstörungswerk der Laster, so verdunkelt durch den Rauch der Sünde, dass es nicht leisten kann, wozu es geschaffen ist, wenn du es nicht erneuerst und wiederherstellst. Herr, ich versuche nicht, deine Erhabenheit zu durchdringen, weil ich meinen Verstand niemals so hoch erheben kann; doch ich sehne mich danach, deine Wahrheit wenigstens ein bisschen zu ergründen, die mein Herz glaubt und liebt.
  Ich suche nicht Einsicht, um zu glauben, sondern ich glaube, um zu verstehen *(neque enim quaero intelligere ut credam, sed credo ut intelligam)*. Denn ich glaube auch dieses:»Wenn ich nicht glaube, erkenne ich nicht« (Jes 7,9: Vulgata-Fassung).

Das aber führte zu einer tiefgreifenden Veränderung der Glaubensreflexion, die vor allem die monastischen Kreise, aber auch manche Amtsträger mit Sorge registrierten. Die Mönche – an der Spitze Bernhard von Clairvaux (1090/91-1153) – befürchteten, Gott werde nun an die menschliche Vernunft verraten; die Kirchenmänner meinten, die Verbindlichkeit des Dogmas werde unterminiert. Als das 13. Jahrhundert heraufzog, war jedenfalls die theologische Methode anders geworden. An die Stelle der Schriftlesung (*lectio*) trat die *Quaestio disputata*, die spekulative Untersuchung der Probleme: Es geht nicht mehr an, erzählend zu beschreiben, was in der Bibel steht, weil inzwischen Probleme diskutiert werden (müssen), die dort nicht vorkommen. Mit diesem Schritt reiht sich die Theologie als Disziplin in die ab etwa 1200 in Bologna, Paris, Oxford, Prag, Wien und manchen anderen Städten neu entstehende *Universitas litterarum*, in die Universität als Haus aller Wissenschaften ein, die sich gleichermaßen als *universitas docentium et studentium*, als wissenschaftliche Gemeinschaft der Lehrenden und Studierenden – *scientific community* sagt man heute – in aller Welt verstand. Sie erobert sogar die Beletage dieses Hauses, sofern sie als Wissenschaft von Gott vornehmsten Rang und somit Leitfunktion beanspruchen zu dürfen glaubte. Noch heute stehen die theologischen Fakultäten in deutschen Vorlesungsverzeichnissen an erster Stelle. Die Folge war aber auf lange Sicht wiederum die Auflösung des mittelalterlichen Einheits-Denkens: Notwendig musste sich die Theologie nun ins Gespräch mit den anderen Wissenschaften, mit Medizin und Mathematik, mit Astronomie und (Al)Chemie begeben. Von ihren eigenen Voraussetzungen her konnte das nur im freien Dialog geschehen, sollte die Rationalität der Glaubensreflexion kein bloßes Postulat bleiben.

Eine wesentliche Voraussetzung für die Akademisierung der Glaubensreflexion war die Übernahme der aristotelischen Philosophie und Wissenschaftslehre zur gleichen Zeit. Vier Konsequenzen ergaben sich für Theologie und Kirche:

(1) Gegenüber dem vom Platonismus herrührenden immanenten Dualismus christlichen Denkens fasst der Aristotelismus das Sein als umgreifende Einheit auf: Eine Neubegründung des Ordo-Denkens wird dadurch ermöglicht, sofern nun Gott und Welt, Natur und Gnade, Staat und Kirche, Klerus und Laien als echte Symphonie geschaut werden konnten.

(2) Die Rezeption der Wissenschaftslehre des griechischen Philosophen ermöglicht eine wenn auch in sich problematisch bleibende Legitimation der Theologie als Wissenschaft.

(3) Weil nach ihm Wissenschaft immer über das Allgemeine geht, fällt die Geschichte als deren Objekt aus: Geschichte betrachtet stets das Einzelne. Die für die Heilige Schrift so bedeutungsvolle Kategorie der Heils-Geschichte gerät aus diesem Grund der Theologie völlig aus dem Blick; sie

wird erst im späten 19.Jahrhundert entdeckt und eingebracht – mit großen Konsequenzen für das christliche Denken.

(4) Mit dem System werden auch die meisten der philosophisch-theologischen Anschauungen des Aristoteles mehr oder minder unbesehen übernommen. Das hatte besonders für die Gotteslehre, die Kosmologie und die Anthropologie Änderungen der bisherigen Sicht im Gefolge, die künftig die westliche Theologie beschäftigen.

Der konsequenteste Anwender des Aristotelismus, der genialste Scholastiker und zugleich einer der Geistesfürsten der Theologie überhaupt ist der Dominikaner *Thomas von Aquin* (1225/26-1274). Er ist aber auch in typisch mittelalterlicher Synthese ein bedeutender Mystiker und ein grundchristlich lebender Mann, ein Heiliger, gewesen. Es lohnt sich, einen Blick auf die Grundsätze seines theologischen Denkens zu werfen, zumal es für die spätere Kirche fast kanonische Geltung bekam, die eigentlich erst in der 2. Hälfte des letzten Jahrhunderts abgemildert wurde. Oberste Bezeugungsinstanz des Glaubens ist ihm zufolge die Bibel. Sie wird uns erschlossen in den Glaubensartikeln der Bekenntnisformeln, kommentiert in den Schriften der Kirchenväter. Erst dann kommen die nichttheologischen Instanzen, z.B. die Philosophen. Im Register der kritischen Ausgabe der beiden Hauptwerke, der *Summa contra Gentes* (Summe wider die Heiden) und der *Summa theologiae* (Summe der Theologie) umfassen die Schriftbelege 250 Spalten; ihnen stehen 80 Spalten von Väterzitaten und nur 43 für Philosophenstellen gegenüber. Nun sind natürlich die Schrifttexte nicht in sich evident und daher keine obersten Prinzipien, wie sie jede Wissenschaft gemäß Aristoteles benötigt. Aber der Urheber der Bibel ist im letzten Gott, die höchste Wahrheit (*summa veritas*), die die Richtigkeit und Stimmigkeit der von ihm veranlassten Sätze garantiert. So kann man mit Sicherheit aus ihnen (und sofern damit konkordant auch aus den anderen Quellen) vermittels von Schlussfolgerungen (*conclusiones*) immer weitere wahre Einsichten ableiten.

Mit durchdringendem Scharfsinn und phänomenalem Fleiß hat der Aquinate aus diesem Ansatz heraus zweimal in seinem Leben eine Gesamtdarstellung der Theologie verfasst, die schon genannten *Summen*. Name und Programm sind zur Kennmarke der Hoscholastik, der Blütezeit dieses Denkens, geworden: Auch andere haben gleichnamige Werke hinterlassen. In ihrer geradlinigen Folgerichtigkeit, ihrer leidenschaftslosen Nüchternheit, ihrer durchdringenden Klarheit ist besonders die *Summa theologiae* des Thomas geradezu die literaturgewordene Verkörperung des mittelalterlichen Ordo-Ideals. Man hat sie oft mit den gleichzeitig konstruierten gotischen Kathedralen verglichen: So durchgliedert, so staunenerregend, so lichtvoll ist sie. Doch auf der anderen Seite sprengt sie in der Aufnahme der Quaestio-Methode die traditionelle Denk-Schematik. Ihre kleinste Gliederungseinheit, der *Artikel*, ist ein geronnener Dialog, eine schriftliche Disputation, wie sie im damaligen Universitätsbetrieb an der Tagesordnung war (Tafel 19). Damit ist sie ein Zeugnis des christlichen Freiheitsverständnisses: Ausgangspunkt ist bei aller Verwurzelung in der Glaubenslehre als gemeinsamem und für jede Diskussion unerlässlichem Verständigungshorizont die Er-Örterung, d.h. der Versuch, den Ort auszumachen, den ein Satz, eine traditionelle Behauptung, eine neue Interpretation von der Sache wie von der Situation der Disputanten her einnehmen. Am Anfang steht daher immer eine Frage. Die Positionen, die man bei der Antwort einnehmen kann, werden miteinander konfrontiert. Einsicht und Erkenntnis werden gewonnen aus differenzierter Betrachtung, die die Nuanciertheit der Realität einzufangen bestrebt ist. Von da aus fällt Licht auf die abschließend zu bewertenden Thesen der Ausgangslage. Wie jede Freiheit war auch diese dem Missbrauch ausgesetzt: Die Gefahr drohte nicht nur, ihr erlag am Ende das System, dass nämlich aus einer wirklichkeitsbezogenen Diskussion ein formalistisches und in seiner Abstraktheit (nun negativ gemeintes) »scholastisches« Reden um des Redens willen wurde, das sich mit abstrusen und absurden Fragen abquälte. *Contra curiositatem studentium* (Wider die Neugier der Studierenden), lautet der Titel eines Buches von Johannes Gerson (1363-1429), in dem der spätscholastische akademische Hickhack des Disputierens gegeißelt wird.

Tafel 19. – Die Summa theologiae des Thomas von Aquin: Einteilung, Gliederung, Aufbau der Artikel.
Das Hauptwerk des »Doctor angelicus« (engelgleichen Lehrers) wurde 1266 begonnen. Ohne es vollendet zu haben, legte Thomas 1273 nach einem mystischen Erlebnis in Neapel die Feder aus der Hand; seine Schüler haben es später abgeschlossen. Die Summa versteht sich als Lehrbuch für Studienanfänger, ist also bestrebt, systematisch vorzugehen und klar zu reden.

Einteilung
»Das Hauptanliegen dieser heiligen Wissenschaft (*der Theologie*) ist die Vermittlung der Erkenntnis Gottes, und zwar nicht nur, wie er in sich ist, sondern auch als Ausgang und Ziel der Dinge und besonders der vernünftigen Geschöpfe... Um diese Wissenschaft darzulegen, werden wir 1. über Gott handeln, 2. über die Bewegung der vernünftigen Geschöpfe auf Gott hin, 3. über Christus, der als Mensch unser Weg zu Gott ist« (STh I,2 Vorwort).

Pars Prima (Teil I): Gotteslehre, Trinitätslehre, Schöpfungslehre.
Pars Secunda (Teil II):
Prima Secundae (Teil II,1): Ethik
Secunda Secundae (Teil II,2): Lehre über die moralisch handelnden Personen
Pars Tertia (Teil III): Christologie, Sakramentenlehre
(nur bis zum Bußsakrament von Thomas)

Gliederung

Oberstes Gliederungsprinzip: Pars: s.o. Bei Zitaten: p.I – II I -II II – III.
Mittleres Gliederungsprinzip: Quaestiones: Hauptthemen innerhalb eines Teiles.
Bei Zitaten: q. ...
Unterstes Gliederungsprinzip: Articulus: Einzelfragen innerhalb einer Thematik
Bei Zitaten: a. ..

Beispiel: p.I, q. 2: Gibt es Gott?
a. 1: Ist Gott an sich bekannt?
2: Kann man die Existenz Gottes beweisen?
3: Existiert Gott?

Struktur des Articulus

	Verlaufsgliederung	Lat. Kennwort	Funktion
1	Fragestellung	(quaeritur) utrum /an	Ergebnisoffene Problematisierung
2	Argumentation	a Videtur quod(non) 1,2,3 ...	Mögliche Antworten aus Bibel, Tradition (auctoritates) oder Vernunft (rationes)
		b Sed contra	Alternativantworten, die rational begründbar sind
3	Lösung	respondeo dicendum	Darlegung der Lehre des Autors mit der Schlussantwort (conclusio)
4	Auflösung der Argumente unter 2 von der conclusio her	Ad 1,2,3 ...	Einzeldiskussion der gegnerischen Argumente meist unter Ergänzung der Lösung von 3.

In der Hochscholastik des 13. Jahrhunderts war man davon noch weit entfernt. Die Freiheit des Denkens innerhalb des kirchlichen Rahmens brachte eine Vielzahl von Richtungen (»Schulen«) hervor, die sich gewöhnlich in der Person eines Universitätslehrers konzentrierten. Zu ihm kamen die jungen Kleriker aus ganz Europa, wenn er sich einen Namen gemacht hatte durch die Originalität des Denkens, die Kunst des Lehrens, die Faszination seiner Christlichkeit. Vor allem lernten sie bei ihm das eigenständige Analysieren der Vorgaben – auch jener von bisher unhinterfragbaren Autoritäten. Bernhard von Chartres wird das Wort zugeschrieben, auf den Schultern von Riesen vermöge man weiter als diese zu sehen. Man war den Theologen der Vorzeit nach wie vor verpflichtet, aber nicht mehr hörig: Etwas ist wahr, nicht weil Augustinus oder Basilius es gesagt hatten, sondern weil Wirklichkeit und Aussage sich decken – wenn die Aussage von Basilius oder Augustinus schon gemacht worden war, dann um so besser, aber wenn sie sie nicht oder abweichend formuliert hatten, dann sprach man nun aus eigener Einsicht. Der methodische Zweifel ist mithin die Startposition also auch der theologischen Wissenschaft. Damit werden wichtige Weichen für die europäische Geistesgeschichte gestellt.

Der hochgemute Intellektualismus der thomanischen Synthese wich schon in seiner Zeit, erst recht in den folgenden Generationen einem affektiv-mystischen Theologieverständnis, in dem weniger die Ratio als der Wille den entscheidenden Part bekommt. Der Glaube kommt aus der Liebe, die Liebe aber entsteht durch Erfahrung. Entsprechend ihrem spirituellen Ansatz sind es vor allem die Franziskaner, als einer der ersten des Thomas Zeitgenosse Bonaventura (ca. 1217-1274), als einer der scharfsinnigsten Duns Scotus (ca.1270-1308), welche den Praxisbezug der Theologie namhaft machen. Bezeichnenderweise heißt eine Schrift Bonaventuras *Itinerarium mentis ad Deum* (Wegweiser des Geistes zu Gott): Auf sieben Treppen soll der Schüler über die Wissenschaft zur Weisheit (*sapientia*) gelangen, die ein Verkosten (*sapere*) Gottes ist.

Mit dem Zerfall der päpstlichen Macht nach innen und außen verfliegt der Optimismus des freien Denkens. An seine Stelle tritt wieder eine typische Frage verengten Ordo-Denkens: Wer bestimmt in der Kirche, was zu glauben ist, und wer kontrolliert die Lehrentwicklung? Papst, Konzil und Universität beanspruchen je für sich die oberste Kompetenz. 1323 hatte Papst Johannes XXII. die Lehre des Thomas ausdrücklich als kirchlich exakt anerkannt. Das bringt sofort komplizierte Fragen auf den Tisch: Der Aquinate hatte die damals heftig diskutierte Lehre von der Unbefleckten Empfängnis Mariens (6.5.(5)) abgelehnt. Galt das nun auch vom Heiligen Stuhl? Eine Klärung, die allerdings vom gleichen Papst zunächst verurteilt wird (1326), brachte der *Dialogus* des englischen Franziskaners Wilhelm von Occam (1285/90 – ca.1348). Als Bezeugungsinstanzen des christlichen Glaubens nennt er Bibel, Tradition, die alten Konzilien, die aus diesen Instanzen abgeleiteten Schlußfolgerungen – und Aussagen von Christen, die die Gesamtkirche übernimmt. Vom Papst ist keine Rede, denn er kann den genannten Instanzen, die doch von der Gesamtkirche getragen sind, nichts hinzufügen. Der Glaubenssinn der Gläubigen oder, wie man damals sagte, die *ecclesia catholica (katholische Kirche)*, wird in den Katalog der wahrheitsfindenden Instrumente aufgenommen. Das Moment der Freiheit im Ordo setzt sich durch. Beide können nur gleichzeitig und in steter Spannung zueinander existieren. Wo ein Pol überbetont oder exklusiv gesetzt wird, zerbricht der andere und reißt den ersten mit ins Verderben.

Occam liefert auch dafür den Beweis, indem er die thomanische Synthese angreift, und zwar in der wichtigsten theologischen Disziplin, der Gotteslehre. Nach dem Aquinaten handelt Gott einsichtig für den Menschen, und damit ist er verlässlich zu erkennen. Der Engländer möchte vor allem die absolute Souveränität Gottes sichern und lehrt daher, Gott könne verfahren wie er wolle, auch gänzlich widersinnig: Sein Sohn hätte an Weihnachten auch ein Esel werden können; Sünder vermag er in den Himmel, Heilige in die Hölle zu schicken. Das tut er nicht und darauf kann man auch bauen – doch das lehrt nicht die Vernunft, sondern die Heilige Schrift. Damit war die Zuordnung von Glaube und Vernunft, die erkenntnistheoretische Dimension des umfassenden Welt-Ordo endgültig aufgelöst. Das säkulare Denken hatte sich bei diesem Akt ein für alle Male emanzipiert. Theologie wird zu einem mit sich selber sein Genüge findenden Glasperlenspiel. Innovative Forschung findet im römisch-katholischen Strang der christlichen Theologie kaum mehr statt. Daran hinderte schon die Rigorosität des kirchlichen Lehramtes in der Zeit nach der Reformation, das alle Abweichungen von den herkömmlichen Lehrinhalten bereits im Keim zu ersticken bemüht war.

Der daraus sich ergebenden Sterilität suchten die Theologen zu entkommen durch die Wiederbelebung der Scholastik als der Blütezeit kirchlicher Glaubenslehre, um so den durch die Aufklärung wachgewordenen subjektivistischen und rationalistischen Strömungen zu begegnen und die mittelalterliche Gesellschaftsordnung neuzuschaffen. Die römische Kirchenleitung griff begeistert die Idee der (zunächst von ihren Gegnern so bezeichneten) »Neuscholastik« auf. Wer sie nicht übernahm, wurde des »Modernismus« bezichtigt und verlor seinen Lehrstuhl oder andere Positionen in der Kirche. Aber sie vermochte die in sie gesetzten Erwartungen nicht zu erfüllen. Was sie vom Mittelalter in die Gegenwart transportierte, war ein Leichnam ohne Seele: Übernommen wurden zwar formal die Inhalte der eigentlichen Scholastik, aber nicht der unabhängige Geist, aus dem sie erst ihre Bedeutung für die Kirche bekamen. Zu Beleg dessen reicht es aus, ein beliebiges neuscholastisches Lehrbuch (die sich im übrigen wie ein Ei dem anderen zu gleichen pflegen) bei irgend einem Thema mit dem entsprechenden Artikel der thomanischen Summa zu vergleichen. Statt der Frage steht am Anfang eine These, statt der offenen Darlegung der Argumente die abschließende Bewertung durch das Lehramt, die jede weitere Auseinandersetzung überflüssig, ja beinahe schon häretisch werden lässt. Während die mittelalterliche Scholastik mit der Rezeption der neuentdeckten Ideen des Aristoteles mutig die alten Paradigmen neu überdachte, lehnt der Aufguss des 19. Jahrhunderts eine wirkliche und nicht nur apologetische Auseinandersetzung mit der eigenen Zeit streng ab. Deren Rationalismus verfiel sie, ohne es recht zu merken, selber. Sie verlieh immerhin noch einmal dem katholischen Milieu zu einer gewissen Geschlossenheit – im antifaschistischen und antikommunistischen Kampf im zweiten und dritten Drittel des 20.Jahrhunderts war das gewiss ein Pluspunkt. Aber als spätestens im Zweiten Weltkrieg die letzten Reste der Ordo-Vorstellungen in Europa verschwanden, verblich auch sang- und klanglos die Neuscholastik, die aus eben diesen Resten ihr kärgliches Leben bezogen hatte.

3.5 Schönheit als Glanz der Ordnung

Man kann Atheist sein, dem Christentum fremd gegenüberstehen, einzelne Ausgestaltungen dieser Religion für verwerflich halten – es ist nur sehr schwer vorstellbar, daß jemand unberührt bliebe vom mystischen Glanz einer byzantinischen Ikone, von der erhabenen Größe der römischen Petersbasilika, von der erschütternden Leidenslyrik der Matthäuspassion des Protestanten Johann Sebastian Bach. Um sich die immense kulturelle Ausstrahlung der Kirche Christi augenfällig zu machen, genügt für einen Augenblick die Vorstellung, aus London oder Neapel, aus Stockholm oder Köln würden mit einem Schlag alle künstlerischen, literarischen, architektonischen Denkmäler aus den Kirchen, Museen und Bibliotheken entfernt, die in irgendeiner Weise ihren Anregungen verdankt sind. Ein entsetzlicher Kahlschlag, eine nie zu verschmerzende geistige Leere träte ein. Man kann vom Christentum nicht reden ohne seine bis an die Wurzeln der Zivilisation der christlichen Regionen reichenden Einflüsse zu nennen.

Dabei geht die Hauptzielrichtung nicht von der Kultur zum Christentum, obschon dieses selbstverständlich im Dialog mit den geistigen Strömungen zu jeder Periode gestanden hat, sondern vom Christentum zur Kultur. Sieht man von der kurzen Irritation durch den Bilderkampf (Ikonoklasmus) des 8. Jahrhunderts im christlichen Osten ab, so haben alle christlichen Kirchen seit eh und je versucht, Kunst und Kultur in ihre Verkündigung einzubeziehen bzw. ihr durch Kunst und Kultur leibhaften Ausdruck verliehen. Das war alles andere als selbstverständlich. Die Ikonoklasten standen unter dem Eindruck des alttestamentlichen wie des islamischen Verbotes der Darstellung des Göttlichen, das seinerseits mit der Abgrenzung gegen die sinnenfreudigen antiken Religionen zu tun hatte. Wenn sich seit dem 2. Konzil von Nikaia (787) die These durchsetzte, dass man Bilder ehren dürfe, auch die des Gottmenschen Christus, und seitdem höchstens einmal periphere Kulturrevolutionen (wie bei den vereinzelten Bilderstürmereien im frühen Protestantismus) aufflackerten, dann ist dies der Lehre von der Menschwerdung Gottes in Jesus von Nazaret zu danken. Weil er ein echter Mensch war und weil innerhalb des kosmischen Ordo Mensch und Welt eine Einheit bilden, konnte alle Weltwirklichkeit als prinzipiell gut und als »gottfähig«, als Ausdruck der christologisch gehaltenen Liebe Gottes zu einer Schöpfung angesehen werden, von der bereits die altjüdische Weisheit der Bibel zu Protokoll gegeben hatte: »Du aber hast alles nach Maß, Zahl und Gewicht geordnet« (Weish 11,20). So spiegelt sich in allem Erfahrbaren die Liebe und in der Liebe die Schönheit dieses ordnenden Gottes wider. Augustinus hat als erster gesagt, was das Mittelalter wiederholte: Schönheit ist *splendor ordinis*, der Glanz der Ordnung des Seins[32]. Christliche Welt-Anschauung gewinnt damit unter den Religionen eine einzigartige Weite und Aufgeschlossenheit für die Realität. Es kann der Welt im Geist der Freiheit begegnen, die nichts, gar nichts von vornherein ausschließen und tabuisieren muss, die alles, tatsächlich alles in guten Gebrauch nehmen kann.

Die Darstellung des Schönen in allen seinen Gestalten und Ausdrucksweisen erweist sich also als zutiefst christliche Aufgabe. *Darstellung* meint aber nicht allein die künstlerische Repräsentation, sondern auch die theologische Manifestation der verborgenen Spuren des Göttlichen. Die christliche Kunst hat aus diesem Grund eine symbolische Komponente: Formen, Farben, Proportionen, Realien, Zahlen werden in einem Kunstwerk nicht nur, nicht einmal vorwiegend aus ästhetischem Interesse verwendet, sondern wollen verborgene Bezüge und Wirklichkeiten aufdecken.

Wenn beispielsweise in einem christlichen Bild eine Schnepfe zu sehen ist, dann verweist sie auf Christus, weil er das Böse so vernichtet wie der Vogel die böse Schlange. Trägt Maria ein blaues Gewand, dann ist angedeutet, dass sie Christi Mutter ist, denn blau ist Christi Kennfarbe. Im Hebräischen wie im Griechischen werden Zahlwerte durch Buchstaben ausgeschrieben. Das bietet Gelegenheit zu kombinierter Symbolik: *801* etwa ist der gemeinsame Zahlenwert für *Taube* (peristerá) und für die Christusumschreibung *Alpha und Omega* (erster und letzter Buchstabe des griechischen Alphabetes). So kann die Taube zum Christuszeichen werden. Das gleichseitige Dreieck veranschaulicht die Dreieinheit Gottes (Tafel 40). Meistens, aber nicht durchweg sind die Symbole genormt – so kann es vorkommen, dass das gleiche Zeichen mehrere Sachverhalte andeutet.

Seinen theologisch wie künstlerisch tiefsten Ausdruck hat der christliche Symbolismus wohl in der *Ikone* (griech. *eikōn* »Bild, Abbild«), dem Heiligenbild der Ostkirche, gefunden. Sie ist gleicherweise Mittel der kirchlichen Lehrinformation, Ausdeutung der liturgischen Hymnendichtung und Hilfe zur spirituellen Identifikation der Kirchenglieder. Das alles vermag sie nur zu leisten durch Verwendung einer standardisierten Zeichensprache, die vom Betrachter leicht entziffert werden kann. Der Künstler steht daher seinerseits im hierarchischen Dienst und muss ein vorbildliches Leben allezeit, ein Bußleben vor und beim Malen führen. Er hat sich an einen festgelegten ikonographischen Kanon zu halten. Seine eigene Inspiration entfaltet sich in einem sehr engen Feld, etwa in Linie und Farbe, in der Wiedergabe seelischer Spannungen, die (späte und sehr behutsame) Einbeziehung der Natur ins Bild.

In der Kirchen-Welt des Mittelalters sind die ästhetisch-spirituellen Bezüge nicht von ungefähr am deutlichsten in der Kunst dargestellt worden. Wir beschränken uns auf den Kirchenbau, um diese Aussage zu belegen. Er bringt die wichtigsten Kulturelemente zusammen – die Architektur natürlich zuerst, aber in seinen Bildprogrammen innen wie außen auch die verschiedenen Formen der bildenden Kunst, in der in ihm gefeierten Liturgie, Musik und Wortkunst.

Fanden in der ersten Zeit die gottesdienstlichen Versammlungen in Privathäusern statt, so erforderte das Anwachsen der Gemeinden seit dem 4. Jahrhundert eigene Sakralanlagen. Die Christen entwickelten keine eigenen architektonischen Modelle, sondern übernahmen zwei Bauformen, die für ihre Zwecke besonders geeignet waren: Das ist die *Basilika* und der *Zentralbau*. Erstere hat eine längsgerichtete Form und wird durch parallele Säulenreihen in (gewöhnlich drei oder fünf) Schiffe gegliedert. Sie kann größere Menschenmengen aufnehmen und ordnen: So ist sie die ideale Gemeindekirche und daher zur Normalform des christlichen Gotteshauses avanciert. Der Zentralbau dagegen hat die Raumachse nicht in der Waagrechten wie die Basilika, sondern in der Senkrechten. Von ihr sind alle anderen Raumteile bestimmt. Er wird errichtet, wenn sich die Menschen um eine Mitte herum sammeln sollen – das kann sein der Taufbrunnen, ein Heiltum oder ein Grab. Nie aber ist das Gotteshaus bloßer Treffpunkt wie sonst ein Versammlungsraum. Im symbolischen Denken wird es Versinnbildung des Ziels der Christusnachfolge: Es ist Abbild des Himmels, wie ihn Johannes geschaut hatte (vgl. Offb 21,10-27), und als solches zugleich Medium des Glaubensgehaltes. Alle seine Elemente treten, wie schon bei der Ikone zu sagen war, in den Dienst der Lehrinformation.

Der Kirchenbau besitzt wie jeder andere eine horizontale und eine vertikale Achse. Beide stehen im Dienst der Veranschaulichung. Wenn der Glaubende eintritt, macht er sich auf den Weg zum Heil – die basilikale Bauform zwingt ihn, eine Strecke vom Portal zum Altar zu gehen – und zugleich wird ihm Ein-Sicht darein gegeben. Der Heilsweg ist ein Voranschreiten von der Finsternis zu lichter Herrlichkeit: Die Eingangszone ist wesentlich weniger beleuchtet als der Altarraum. Die mit Heiligenfiguren besetzten farbigen Glasfenster erzeugen ein unwirkliches, gleichsam aus sich selber schimmerndes Licht. Die architektonischen Maße sind sehr oft Anspielungen auf die mittelalterliche Zahlensymbolik. Der kreuzförmige Grundriss erinnert nicht nur an die Erlösung durch das Leiden Jesu, sondern auch an eine menschliche Figur. Die Himmelsrichtungen werden in die Glaubensvermittlung einbezogen: Die Normalausrichtung der christlichen Basilika ist die Ostung, denn da geht die Sonne, ein Christussymbol, auf. Der Norden als die kältere Seite ist Sinnbild des Bösen, weshalb das Evangelium früher auf der linken Altarseite rezitiert wurde. Auf der Nordwand werden alttestamentliche Szenen dargestellt, während der Süden für das Neue Testament reserviert wird. Das Hauptportal im Westen ist die Verbindung zur sündenbeladenen Welt.

Die vertikale Dimension dient vornehmlich als Ausdruck der Ordo-Verhältnisse. In den romanischen Kaiserdomen und Pfalzkapellen stand der Thron des Herrschers auf einer Empore im Westwerk und bildete einen Gegenpol zur Cathedra des Bischofs in der Ost-Apsis. Die Laien stehen zu ebener Erde (Sitzbänke führt erst die Reformation ein), der Altarraum für den Klerus mit dem Hoch-Altar ist nur über Stufen zu erklimmen. Der Turm über der Vierung weist auf die Erhabenheit Gottes, die darunter gelegene Krypta liegt schon in der Verwesung bedeutenden Erde. Auch die Bildprogramme sind hierarchisch bestimmt. Christus und Maria stehen immer an herausragenden Orten im Osten des Kirchenschiffs (Apsis, Chor, Triumphbogenmitte, bei Altarbildern im Zentrum). Die Bilder sind von oben nach unten zu lesen. Ganz oben stehen die heilsgeschichtlich bedeutendsten Personen – Gott Vater, Sohn und Geist, manchmal auch die Gottesmutter. Es folgen die Engel, Evangelisten oder Kirchenväter, darunter die Gruppen der Märtyrer, Propheten oder Patriarchen, noch eine Zone tiefer die übrigen Heiligen, ganz unten »gewöhnliche« Christen oder die Stifterfiguren.

Unter dieser Perspektive darf man auch die verschiedenen Baustile nicht bloß ästhetisch interpretieren: Sie versinnbilden je auf ihre (kulturell beeinflusste) Weise die Himmelsvorstellungen der Zeit. Die Romanik sieht den Ort der Seligkeit als befestigte Stadt, die Gotik ist fasziniert von der Geistigkeit Gottes, der Barock schaut den Himmel als Ballsaal der Engel. Viele Bauten des 20. Jahrhunderts sind dem Symbol des Zeltes verpflichtet: Leitend ist die vom 2. Vatikanischen Konzil betonte Lehre von der Kirche als Volk Gottes auf der Pilgerfahrt durch die Zeit, welches hienieden keine bleibende Stätte hat. Solche Kirchen sind entsprechend nüchtern und karg ausgestattet.

Es kann nicht verwundern, daß die konfessionellen Ausdrucksgestalten des Christlichen ihren Niederschlag in Kirchenbau und Ausstattung erhalten. Die Bedeutung der Predigt findet in reformatorischen Kirchen ihren Niederschlag in der zentralen Positionierung der Kanzel, manchmal sogar über dem recht schmalen Altar. Emporen werden eingebaut, auf denen viele Besucher Platz haben, um das Gotteswort zu hören. Im gleichzeitigen gegenreformatorischen Barock dagegen wachsen die Altäre in die Länge und Höhe – nicht die Predigt, die Messe, das gewaltige Opfer Christi ist das wichtigste; die Bilder und Plastiken der Heiligen nehmen zu an Zahl und Pracht – das war der Protest gegen die protestantische Skepsis hinsichtlich der Heiligen (siehe Tafel 20). In der Orthodoxie entwickelt sich zum Hauptkirchentyp die *Kreuzkuppelkirche*. Über einem basilikalen, nahezu quadratischen kreuzförmigen Grundriß (dem griechischen Kreuz) erhebt sich eine Kuppel in der Vierung, dem Schnittpunkt der Kreuzesarme. Kleinere Kuppeln überwölben die einzelnen Arme.

Tafel 20 – Der christliche Kirchenbau (Auswahl)

Die Skizzen zeigen von oben nach unten:
- Frühchristliche Basilika; Außenansicht mit Campanile, Aufriss Innenraum;
- Frühchjristlicher Zentralbau (Baptisterium): Außenansicht, Grundriss
- Byzantinische Kreizkuppelkirche (Apostelkirche Konstantinopel): Aufriss, Grundriss;
- Lutherische Gemeindekirche (Barock) mit Kanzelaltar, darüber Orgel, 3 Emporen.

Quelle: M.: Goecke-Scheischab – Ohlemacher, Kirchen erkunden, Kirchen erschließen, Lahr-.Kevelaer 1998, 74 f., 78, 103.

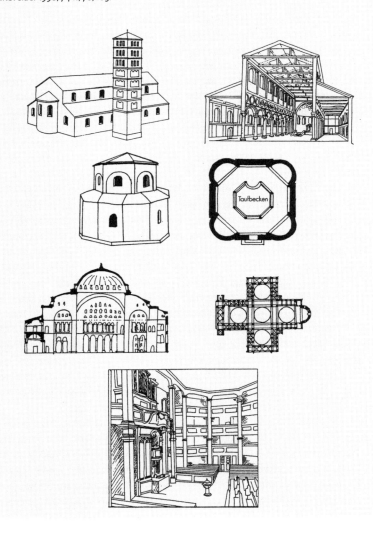

3.5 SCHÖNHEIT ALS GLANZ DER ORDNUNG

Schon Plinius d.J. berichtet aus dem Ende des 1. Jahrhunderts von der Verwendung der *Musik* im christlichen Gottesdienst. Deren eigentliche Entwicklung ist ab dem 4. Jahrhundert zu verfolgen. Die unterschiedlichen kulturellen Traditionen des Ostens und des Westens entfalteten sich auch auf diesem Sektor in reichem Maß. Im Westen folgt auf die Epoche des gregorianischen Choralgesangs die Polyphonie, bei der dem einzelnen Individuum mehr Raum zur Selbsteinbringung gegeben wird: Der Gestaltwandel des Ordo-Denkens hinterläßt seine Spuren. In der Orgel hat das Christentum ein ihm gemäßes Instrument hervorgebracht. Seit dem 13. Jahrhundert treffen wir auf volkssprachlichen Gesang. Die Melodien der Kirchenlieder sind nicht selten dem Tanzlied entlehnt – das gilt für viele noch heute gesungene Choräle der Lutherzeit. Ihrem durchschlagenden Erfolg ist nicht an letzter Stelle die rasche Verbreitung der reformatorischen Ideen zuzuschreiben. Später meinten auch die Pietisten, dass ein gutes Lied nicht weniger heilsam als eine Predigt sei. Es ist kein Zufall, dass sich im Protestantismus der Barock nicht in der Architektur, sondern in der Musik verleiblicht hat. Johann Sebastian Bach oder Georg Friedrich Händel haben aus dem Geist des reformatorischen Christentums die europäische Musik mit unsterblichen Werken bereichert; Inkarnation katholischer Lebenshaltung und überbordender Gottseligkeit ist das Oeuvre Wolfgang Amadeus Mozarts. Der reformierte Theologe Karl Barth war überzeugt, dass die Engel im Himmel seine Musik aufführen würden.

Die *Texte* der kirchlichen Musik waren entweder der Bibel entnommen, vor allem dem Buch der Psalmen, aus dem von den Klerikern hauptsächlich der tägliche Gebetskanon entnommen wurde, oder sie waren Schöpfungen christlicher Poeten. Zu allen Epochen haben darüber hinaus die biblischen Gestalten und Szenen Dichter inspiriert. Die spätmittelalterlichen und frühneuzeitlichen Mysterien- und Passionsspiele gelangen noch heute zu besuchten Aufführungen (Oberammergau, Erl in Tirol). Die Gestalt des biblischen Dulders Ijob fasziniert bedeutende Literaten bis in die Gegenwart. Die Josephs-Tetralogie Thomas Manns mag als Beispiel einer literarischen Schriftrezeption dienen. Anlässlich der Verleihung des Nobel-Preises 1998 wurde der Roman *Das Evangelium nach Jesus Christus* des portugiesischen Schriftstellers José Saramago (1991) oft genannt, eine sehr freie (manchen zu freie) Meditation der Berichte der vier Evangelien. Die neuzeitlichen Medien wenden sich gleichfalls und seit ihrem Aufkommen christlich-religiösen Stoffen zu. Bereits 1897 wurde der erste Jesus-Film gedreht. Ihm sind viele andere gefolgt; bevorzugtes Thema ist die Gottesfrage in vielen modernen Streifen.

Im Zusammenhang mit dem Gotteshaus steht ein weiteres anthropologisch nicht zu überschätzendes Einflussgebiet christlicher Existenz. Wie viele andere Religionen hat auch das Christentum die Zusammenhänge gesehen und bedacht, die zwischen Sünde und Krankheit einerseits, Heil und Heilung andererseits bestehen. Man kann das sehr deutlich am berühmten St. Gallener Klosterplan (enstanden um 830) sehen: In unmittelbarer Nähe zur Kirche liegen die medizinischen Gebäude wie

Krankenbau, Ärztehaus, Apotheke, Krankenbad – und der Garten mit den Heilkräutern. Schon zu Kirchenväterzeiten wird der Titel geprägt »Christus medicus« (der Arzt Christus). Für die Ausbildung der abendländischen Heilkunde hat bleibende Bedeutung die *Mönchsmedizin*, die aus der Vorschrift der Benediktsregel entstanden war: »Die Sorge für die Kranken ist eine erste und höchste Pflicht. Man dient ihnen wirklich wie Christus«[33]. Die mittelalterliche klösterliche Naturkenntnis nutzen viele Menschen noch heute, wenn sie sich der »Hildegardismedizin« anvertrauen, die auf die Schriften im Umkreis Hildegards von Bingen (1098-1179), einer der hervorragendsten Theologinnen ihrer Zeit, zurückgehen. Die Klöster waren auch die ersten und lange die einzigen Institutionen, die sich um die unheilbar Kranken (Pest, Aussatz) und um die Armen medizinisch-therapeutisch kümmerten. Der französische Ausdruck *Hotel-Dieu* (Gottesherberge) für das (städtische) Krankenhaus erinnert an diese Ursprünge immer noch.

Die Menschensorge der christlichen Kirchen hat sich, um einen letzten Sektor zu streifen, auch in den abendländischen *Rechtsvorstellungen* niedergeschlagen. Es ist heute unbestritten, dass die Menschenrechte zwar nicht zuerst von ihnen propagiert und konkretisiert worden sind, dass sie aber auf christliche Vorstellungen zurückgehen und ohne sie gar nicht entwickelt werden können – die Schwierigkeiten, die gegenwärtig der Islam mit diesem Komplex hat, zeigen dies. Die Idee vom (zweigeschlechtlichen) Menschen als Gottes Gleichbild musste ebenso wie das jesuanische Verbot der Ausgrenzung irgendwelcher Gruppen aus der menschlichen Gemeinschaft, und seien es die Sünder, in gerader Linie zur Aussage der »Allgemeinen Erklärung der Menschenrechte« der Vereinten Nationen von 1948 führen: »Alle Menschen sind frei und gleich an Würde und Rechten geboren. Sie sind mit Vernunft und Gewissen begabt und sollen einander im Geiste der Brüderlichkeit begegnen«[34] (Vgl. Tafel 31).

Die Vorstellungen auf dem Gebiet der Sexualität, Ehe und Familie, einem zentralen Lebensbereich und damit Rechtsgegenstand, sind in Europa und Nordamerika gleichfalls von christlichen Impulsen geformt worden. Diese werden derzeit gewöhnlich sehr kritisch beurteilt. Man darf aber nicht vergessen, dass viele der daraus entstandenen Ehevorschriften ursprünglich dem Schutz der Frau, des traditionell in einer patriarchalen Gesellschaft schwächeren Teiles, dienten. Das trifft etwa zu für das Gebot des öffentlichen Abschlusses der Ehe: Früher genügte das auch privat gewechselte Ja der Partner; es konnte aber nicht justiziabel nachgewiesen, also leicht bestritten werden – und der anfechtende Teil war gewöhnlich der

Mann. Auch die im Mittelalter sich anbahnende Lösung der Familienorientiertheit der Ehe befreite vor allem die Frau aus der Bevormundung durch Eltern oder andere soziale Kräfte.

Umgekehrt lässt sich nicht verhehlen, dass manche Impulse durch die Verrechtlichung der christlichen Moral sehr viel Leid über die Betroffenen gebracht haben, beispielsweise die schwere Ächtung von (männlicher) Homosexualität und Onanie. Aufgrund der physiologischen Kenntnisse meinte man bis Anfang des 19.Jahrhunderts, im Samen des Mannes sei der neue Mensch (homunculus) bereits vollständig vorhanden. Wenn er also durch eine Manipulation des Mannes nicht in das von Gott dafür vorgesehene »Gefäß der Frau« (vas muliebre) gelange, sei der Tatbestand der Abtreibung gegeben. Diese aber ist auch nach derzeitigem deutschen Recht prinzipiell eine Straftat, auch wenn sie unter bestimmten Bedingungen nicht mehr strafbewehrt ist. Man darf sich nicht wundern, dass in einer Phase der Hinterfragung der traditionellen christlichen Moralvorstellungen auch die seither geltenden Rechtsregelungen auf den Prüfstand gerade in Familien-, Ehe- und Sexualstrafrecht kommen (Vgl. 7.1).

So gedrängt diese Andeutungen auch sind, sie beweisen: Das Christentum hat nicht nur religiös, sondern auch kulturell und soziologisch die Länder und Zonen verändert, in denen es zu Einfluss und Geltung gekommen ist. Seine Wirkung kann nicht nur nicht aus der Geschichte gestrichen werden, sie kann ebensowenig unter den Faktoren übersehen werden, die die Zukunft prägen werden. Es hat bislang stets vermocht, brachliegende Kräfte menschlichen Denkens und Wollens zu erschließen und damit einen wesentlichen Anteil zur Entwicklung der Humanität geleistet. Es ist je und je zum Geburtshelfer der Freiheit geworden.

3.6 Ordo Sanctorum – die Gemeinschaft der Heiligen

Zu den großen Mönchs- und Missionarsgestalten der Karolingerzeit gehört Ansgar (801-865), der erste Bischof von Hamburg und Bremen, Glaubensverkünder bei Dänen und Schweden. Sein Schüler und bischöflicher Nachfolger Rimbert († 888) schildert in seiner Lebensbeschreibung eine Vision, die Ansgar auf der Missionsfahrt nach Birka im mittelschwedischen Mälarsee hatte:

»Eines Nachts fühlte er sich in die Leidenszeit des Herrn versetzt; er selbst war Augenzeuge, wie der Herr Jesus Christus von Pilatus zu Herodes und wieder von Herodes zu Pilatus geführt wurde; als er nun (unterwegs) Schimpf und Schande erleiden musste und offenbar am ganzen Körper geschlagen wurde, konnte Ansgar diese sträfliche Behandlung nicht länger mit ansehen, eilte hinzu und bot sich selbst hinter Christi Rücken den Streichen dar, um alle diese ihm geltenden Schläge mit dem eigenen Körper aufzufangen; nur schien der Herr, höher von Wuchs, ihn um Haupteslänge zu überragen, so dass er seinen Kopf nicht zu schützen vermochte. Die Bedeutung dieses Gesichts erkannte der unbesiegte Streiter Christi erst nach der Heimkehr von seiner Reise, als er bedachte, wieviel Hohn und Spott er in Schweden hatte ertragen müssen, in welcher Not er gewesen war und welche Gotteslästerungen er dort hatte hinnehmen müssen. Seine Seele hatte dort zweifelsohne für Christus gelitten, und Christus erduldete in seinem Knecht von neuem die ihm angetane Schmach«[35].

In dieser kurzen Erzählung begegnen uns wesentliche Bestandteile der mittelalterlichen Sicht vom heiligen Menschen. Er ist in erster Linie Nachfolger des leidenden Herrn. Tatsächlich beginnt die christliche Heiligenverehrung in dem Augenblick, da es Märtyrer gibt, also Leute, die ihre Treue zum Glauben mit ihrem Leben zu bezahlen bereit sind. Sie haben das irdische Schicksal Christi so treu wie möglich nachvollzogen – so ist ihnen auch dessen himmlische Herrlichkeit garantiert. Sie sind »unbesiegte Streiter Christi«. Ihnen gleichgestellt sind in der Alten Kirche die Bekenner (*confessores*), Leute, die ihren Glauben unter Todesdrohung bezeugt hatten, aber der Hinrichtung entgangen waren. Mit der Etablierung des Christentums wurden die Blutzeugen selten. Wer aber ein Leben der Abtötung wie die Wüstenväter führte oder seine Lebensleiden im Geist des Meisters auf sich nahm, der war wie die Confessores ein Christuszeuge, ein Märtyrer ohne reales Blutvergießen. Auch religiös motivierte sexuelle Enthaltsamkeit, die Jungfräulichkeit um des Himmelreiches willen, konnte Menschen zu Heiligen machen.

Damit werden sie zum einen leuchtende Vorbilder für die anderen Christinnen und Christen, zum anderen wird ihnen bei Gott Macht und Einfluss ähnlich den Gefolgsmannen bei Herzog oder König zugeschrieben. Auch wenn letztendlich alles von Gott abhängt, gibt er den Seinen Teil an seiner Regierung. So kann der hienieden ohn-mächtige Mensch die Heiligen um Fürsprache beim all-mächtigen Gott anflehen und sich von ihnen Hilfe erwarten. Bereits der altkirchliche Theologe Origenes hatte erklärt, die Heiligen müssten und würden für die Christen im Himmel eintreten in Erfüllung ihrer Nächstenliebe[36].

Sie bekommen damit einen festen und zunehmend wichtigen Platz in der irdisch-himmlischen Kirchen-Ordnung. Man notiert ihre Taten und

Worte in den Heiligenviten (lat. *vita* »Leben«), in deren eine wir gerade einen Blick getan haben. Vor allem aber ehrt man sie ob ihrer Christustreue. Verschiedene Formen bilden sich heraus. Die ursprünglichste ist die Verehrung der Heiligengräber – bis jetzt besuchen die Menschen überall, nicht bloß im christlichen Bereich, die letzten Ruhestätten ihrer Angehörigen. Solche Angehörigen nicht der Blutsfamilie, sondern der Glaubensgemeinschaft sind diese musterhaften Christinnen und Christen. Zu ihren letzten Ruhestätten entwickeln sich gewaltige Wallfahrten. Von ihnen und durch sie erwartete man Gnade für Leib und Seele. Meist zog man nur zu denen in der Umgebung, aber vor allem die Apostelgräber – Petrus und Paulus in Rom, Jakobus in Santiago de Compostela (Spanien) – bildeten (und bilden in jüngster Zeit wieder) das Ziel von Zehntausenden.

Bedeutungsvoll für das Andenken an liebe Menschen sind die Dinge, die sie einst in Gebrauch gehabt hatten. So kristallisiert sich im Heiligenkult die *Reliquienverehrung* heraus, zunächst bezogen auf die Gegenstände, mit denen sie umgegangen waren, dann besonders konzentriert auf die Überreste ihrer Körper. Bereits im Bericht über die Hinrichtung des Bischofs Polykarp (ca. 160), dem ältesten seiner Gattung, lesen wir: »So sammelten wir später seine Gebeine auf, die wertvoller als kostbare Steine und besser als Gold sind, und setzten sie an geeigneter Stätte bei«[37].

Man schreibt im Mittelalter den Überresten besondere Wunder- oder Heilsmacht (*virtus*) zu. Jeder Teil des Körpers oder vom Heiligen verwendeter Besitztümer hat die gleiche Kraft. So kommt es zu den Teilungen ihrer Leiber, die gelegentlich den Besitzern schon zu Lebzeiten gefährlich werden konnten. Franz von Assisi machte bei seiner letzten Reise von Siena nach Assisi einen großen Umweg, um nicht in Perugia bereits als Reliquienbehälter behandelt zu werden. Unmittelbar nach dem Ableben der hl. Liutgard von Tongern trennte man einen Finger von ihrer Hand und schlug ihr 16 Zähne aus. Natürlich vermittelte auch der Besitz einer Reliquie, eines *Heiltums*, Schutz und himmlische Hilfe. Die mittelalterlichen Fürsten und Bischöfe wetteiferten seit dem 10. Jahrhundert, wer die größte und vor allem bedeutendste Reliquiensammlung sein eigen nannte. Den Vogel schoss Albrecht von Brandenburg ab, der Bischof Luthers († 1545): Er besaß 1521 nicht weniger als 21 441 Stücke, die rund 40 Millionen Jahre Ablass einbrachten!

Noch heute ist jeder Altar eines römisch-katholischen Gotteshauses ein Heiligengrab, weil stets wenigstens eine Reliquie eingemauert sein muss.

Eine weitere Verehrungsweise war das Heiligengedächtnis an ihrem Festtag, gewöhnlich dem Sterbetag. Eigene Kalender, die *Martyrologien*, katalogisierten den »Himmelgeburtstag« *(dies natalis)*, wie man den Zeitpunkt des Verscheidens nannte. Oft bekamen Kinder den Namen des Heiligen, an dessen Fest sie geboren oder getauft worden waren; auch Martin Luther ging es so (geb. 10.November 1483 oder 1484, Martinstag 11.11.). Heute noch erinnern viele Wetterregeln durch ihre Datierung an den Tagesheiligen: »Ist's schön am St.Gallustag (16. 10.), man milden Herbst erwarten mag«.

Ebenfalls bis in die Gegenwart hinein hinterlässt der *Patronatsgedanke* seine Spuren. Er leitet sich vom antiken Klientelgedanken her. Im römischen Recht hatte z.B. ein Sklaveneigentümer seinen Freigelassenen gegenüber eine Schutzpflicht, die man *patrocinium* nannte; er war dementsprechend der *patronus*. Vom Fürbittgedanken aus übertrug man dieses Institut auf die Heiligen. Auch sie hatten den Schutzbefohlenen bei Gott beizustehen, allen denen, die eine besondere Beziehung zu ihnen aufbauten wie etwa die Einwohner des Lebens-, Sterbe- oder Begräbnisortes, Reliquieninhaber, Wallfahrer, Stifter, aber auch solchen, die sozusagen schon von Natur aus solche Beziehungen besaßen wie Standes, Berufs- oder Schicksalsgenossen.

Auch noch die seltensten Berufe bekamen so ihre Patrone, die in Bruderschaften von den Standesgenossen besonders verehrt wurden. Die Relationen besonders bei modernen Beschäftigungen oder Einrichtungen sind manchmal etwas künstlich gesetzt. Papst Pius XII. ernannte Klara von Assisi, die Zeitgenossin des hl. Franz, zur Fernsehpatronin. Die Verknüpfung liegt darin, dass nach der Legende die in strenger Klosterklausur lebende Heilige an der Beerdigung ihres Freundes nicht teilnehmen durfte, aber sie in einer Vision gleichzeitig schauen konnte.

Einige Patronate seien zur Illustration genannt. Artillerie: Barbara, Bankangestellte: Michael, Kirchenmusiker: Cäcilia, Künstler: Lukas, Lehrerinnen: Ursula, Physiker: Cosmas und Damian, Studenten: Johannes Berchmans, Verkehrsteilnehmer: Christophorus, Weinhändler: Maria Magdalena[38].

Ein besonderes Patronat ist das *Kirchenpatrozinium*. Ursprünglich waren alle christlichen Versammlungsräume dem Erlöser *(Salvator)* Christus geweiht. Doch schon früh wurde das Patronat von Heiligen (erst zusätzlich zum Salvator-Titel, dann allein) beansprucht. Zuerst bekamen die Gotteshäuser, in denen ein Heiliger begraben lag, den Namen ihres Märtyrers oder Bekenners. Dann hießen sie nach den Heiligen, deren Reliquien dort aufbewahrt lagen bzw .dorthin übertragen worden waren. Am Ende musste jede Kirche einen Namen haben; er konnte auch von einem reliquienlosen Heiligen stammen (so besonders Maria), an ein Ereignis (Christi Himmelfahrt) oder einen bestimmten Kult (Rosenkranzkirche) gemahnen.

Entsprechend den mittelalterlichen Ordo-Vorstellungen gab es im Heiligenhimmel eine strenge Hierarchie. Sie ist noch ablesbar an der Reihenfolge der Messformulare im gültigen römisch-katholischen Missale für die Heiligengruppen. Nach Maria, auf die gleich eingegangen werden muss, folgen die Märtyrer, die Hirten (Papst und Bischöfe) der Kirche, die Kirchenlehrer, die Jungfrauen, die übrigen Männer und ganz am Schluss – die Frauen. Hervorgehoben durch eigene Festformulare sind die Apostel und Evangelisten. Hier wiederum nimmt einen speziellen Rang der hl. Petrus ein; davon war oben bereits die Rede.

Besonderer Erwähnung bedarf die *Marienverehrung* des Mittelalters. Die Mutter Jesu Christi wird im Neuen Testament nur relativ selten erwähnt, um so mehr freilich befassen sich die Apokryphen mit ihrem Leben. In den christologischen Auseinandersetzungen der ersten Jahrhunderte wurde erkannt, dass die dogmatischen Festlegungen des Bezugs auf sie nicht entraten konnten (vgl. 6.5 (5)). Gleichzeitig mit ihrer Proklamation als »Gottesgebärerin« durch das Konzil von Ephesus hebt eine immense und im Lauf der Jahrhunderte kaum mehr Grenzen kennende Verehrung ihrer Person an. War sie in der Antike noch weitgehend christusbezogen, so wendete sie sich seit dem 12.Jahrhundert der Gestalt Maria selber zu. Sie gilt als das Gegenbild zur Sünderin Eva, als Urbild der Kirche, als Gnadenmittlerin, als unwiderstehliche Fürsprecherin bei ihrem Sohn. War dieser als Mensch nicht ebenso zur Einhaltung des 4.Gebotes (Vater und Mutter zu ehren) verpflichtet wie alle anderen auch? Dann aber hatte er auch einem fürsprechenden Befehl Mariens zu folgen. Im stets sehr männerzentrierten Christentum versinnbildete sie schließlich das weiblich-mütterliche Element, welches sonst kaum zu finden war. Und je mehr gegen das eigentliche Christus-Dogma Jesu Menschheit und Menschlichkeit zugunsten seiner Gottnatur abgeschattet wurden, um so leuchtender erschien sie als der echte, reine, vollkommene Mensch, der ureigentliche Ort, an dem man seine Sorgen und Nöte bergen konnte. Niemand versprach mehr Hilfe als sie. Ihr innigster Name wird im Deutschen »Unsere Liebe Frau« – gütig, gnädig, verständnisvoll wie nur eine Mutter. Die mittelalterlichen Marienlegenden, die sonder Zahl entstanden, waren sogar überzeugt, dass sie besonderes Verständnis für die Christen hatte, die mit der kirchlichen Autorität und dem offiziellen Moralkodex in Konflikt geraten waren wie schwangere Äbtissinnen oder disziplinschwache Kleriker.

Niemand wurde darum auch inniger verehrt. Sie wurde zur Königin der Heiligen. Die Devise des Mittelalters lautet: *De Maria numquam satis* – man kann nie genug von ihr sagen, nie genug sie preisen. Alle Kultursparten werden in Dienst genommen – die bildenden Künste wie die Literatur, die Musik wie das Theater.

Eine besondere marianische Kultform ist der *Rosenkranz*. Er geht auf die asketischmönchische, auch in anderen Religionen geübte Meditationstechnik des »monologischen« Gebetes zurück. Anders als beim Gebetsdialog wendet der Beter sich nicht unmittelbar an Gott, sondern sucht durch beständige Wiederholung der gleichen Gebetsformel in dessen Gegenwart zu bleiben. Im christlichen Bereich war das gern die Rezitation der 150 biblischen Psalmen, später reduziert auf 50 Psalmen am Tage. An einem Zählgerät, einer Schnur mit der entsprechenden Zahl von Knoten, Knöchelchen oder Perlen, konnte man sein Pensum kontrollieren. Im 12. Jahrhundert tritt an die Stelle des alttestamentlichen Psalters ein auf Maria bezogenes Gebet, das »Ave Maria«, das 150 bzw. 50 Mal gebetet wurde. Die noch zur Stunde übliche Gestalt bekam der Rosenkranz 1409 durch den jungen Karthäusermönch Dominikus von Preußen in Trier (Tafel 21).

Zu den Phänomenen, die das Vertrauen gerade einfacher christlicher Gläubiger zu Maria widerspiegeln, gehören die ihr zugewiesenen »*Erscheinungen*«. Darunter versteht man Eindrücke oder Erlebnisse, in denen jemand die Mutter Jesu als sinnenhaft präsent erkennt. Berichte darüber kennt bereits das Mittelalter, sie mehren sich jedoch erst in den beiden letzten Jahrhunderten. Erscheinungsorte wie Lourdes (1858) oder Fatima (1917) haben große Wallfahrten angelockt; die Seher(innen)-Erzählungen haben die römisch-katholische Frömmigkeit nachhaltig geformt. Die Kirchenleitung urteilt in keinem Fall über die Objektivität des vorgeblichen Faktums, wohl aber über die von den (meist weiblichen) Adressaten vermittelten »Botschaften«, indem sie deren Konformität oder Nicht-Konformität mit der kirchlichen Glaubens- und Sittenlehre feststellt.

Die Heiligenverehrung ist in der römisch-katholischen Kirche wie in den Ostkirchen als Teil des altkirchlichen Erbes lebendig geblieben und unterscheidet sich nicht wesentlich. Anders steht es in den aus der Reformation hervorgegangenen Kirchen. Schon die knappe Beschreibung auf den vorstehenden Seiten lässt erkennen, dass es sich um eine Praxis handelt, die bedenklichen Weiterungen Raum nicht nur geben konnte, sondern allzu oft gab. Im späten Mittelalter entstanden nicht nur die meisten Heiligenbilder unserer Kirchen und Museen, sondern aus dem flottierenden Angstgefühl der Epoche heraus auch wahre Massenpsychosen mit teilweise epidemischen Ausmaßen.

Tafel 21. – Das Rosenkranzgebet

Der Überblick über dieses im späten Mittelalter in der hier dargebotenen Form entstandene, in seinem Kern aber auf die Mönchsfrömmigkeit, ja auf eine fundamentale religiöse Praxis fast aller Kulte zurückgehende Gebet soll als Beispiel alter christlicher Gebetspraxis dienen. Sie hat sich in der römisch-katholischen Ausprägung des Christentums bis zur Gegenwart erhalten, findet aber auch in anderen Konfessionen wieder Aufmerksamkeit.

Das Grundgebet ist das »Ave Maria«, das aus einem biblischen Teil und einer fürbittenden Anrufung besteht. Vorgeschaltet wird eine aus anderen uralten Gebeten (Symbolum und Herrengebet) komponierte Einleitung.

Der Text des Ave Maria lautet: »Gegrüßet seist du, Maria, voll der Gnade, der Herr ist mit dir. Du bist gebenedeit unter den Frauen, und gebenedeit ist die Frucht deines Leibes, Jesus. – Heilige Maria, Mutter Gottes, bitte für uns Sünder jetzt und in der Stunde unseres Todes. Amen.«

Einleitung: Kreuzzeichen
Apostolisches Glaubensbekenntnis
Vater Unser
3 Ave Maria mit dem Zusatz: Jesus, der in uns
– den Glauben vermehre,
– die Hoffnung stärke,
– die Liebe entzünde.
Ehre sei dem Vater und dem Sohn und dem Heiligen Geist,
wie im Anfang, so auch jetzt und alle Zeit und in Ewigkeit. Amen.

Hauptteil: 5 x 10 Ave Maria. Das so genannte Geheimnis wird bei jeder Zehnerperiode (Gesätz) entweder vorab genannt oder nach dem Wort »Jesus« in relativischer Form eingefügt (im deutschsprachigen Raum).

Gesätze: Grundsätzlich ist der Beter in der Formulierung frei. Gebräuchlich sind die nachstehenden Einfügungen:
Freudenreiche Geheimnisse: Jesus, den du, o Jungfrau,
– vom Heiligen Geist empfangen hast,
– zu Elisabet getragen hast,
– (in Bethehem) geboren hast,
– im Tempel aufgeopfert hast,
– im Tempel wiedergefunden hast.
Schmerzhafte Geheimnisse: Jesus, der für uns
– Blut geschwitzt hat,
– gegeißelt worden ist,
– mit Dornen gekrönt worden ist,
– das schwere Kreuz getragen hat,
– gekreuzigt worden ist.
Glorreiche Geheimnisse: Jesus, der
– von den Toten auferstanden ist,
– in den Himmel aufgefahren ist,
– uns den Heiligen Geist gesandt hat,
– dich, o Jungfrau, in den Himmel aufgenommen hat,
– dich, o Jungfrau, im Himmel gekrönt hat.

Eine der letzten mittelalterlichen Wallfahrten entstand 1519 in Regensburg zur »Schönen Maria«. Nach Zerstörung des Judengettos baute man eine hölzerne Muttergottes-Kapelle. Bei einem Gerüstunfall kam ein Arbeiter unversehrt davon, was der Patronin zuerkannt wurde. Nun begann ein unvorstellbarer Zulauf zur Gnadenstätte. Am Georgstag 1520 sollen es 50 000 Pilger gewesen sein – eine für damalige Verhältnisse gewaltige Anzahl. Sie ließen alles stehen und liegen, zogen sich teilweise nackt aus, tanzten ekstatisch, weinten, zitterten, Schaum vor dem Mund – alles in allem, Erasmus von Rotterdam hatte da wohl recht, »ein Meer von Aberglauben«[39].

So ist der Protest der Reformatoren verständlich. Sie sahen im real existierenden Heiligenkult eine Verwischung der biblischen Grundlehre von Christus als einzigem Heilsmittler; sie hatten Furcht vor dem Unscharfwerden des Monotheismus; sie vermeinten die Lehre von der Rechtfertigung allein aus dem Glauben bedroht. Auch fanden sie in der Bibel keinen Beleg für eine Anrufung verstorbener Christen. Luther musste darum die Heiligenverehrung als antichristlichen Missbrauch verdammen[40], Calvin sie als Widerspruch zur allein Gott gebührenden Ehre einstufen[41]. Damit wird aber nicht jede Befassung mit den großen Nachfolgerinnen und Nachfolgern Christi abgelehnt – die Reformatoren hielten sich da sehr wohl ans gemeinchristliche Lehrgut. Um ihretwillen ist Gott Lob und Dank zu sagen, da er sie uns als Beispiel seiner Gnade und als Unterweiser des rechten Christentums gegeben hat. So sind auch sie selber zu ehren, wie Christus seine treuen Verwalter ehrte. In der Hinwendung zu ihnen werden wir aufgerichtet und im Glauben gestärkt. Nur sein Heilsvertrauen soll man nicht auf sie setzen, weshalb sie keine Fürbitter sein können. So etwa lehrt die *Confessio Augustana* von 1530[42]. Manche Gestalten der Heiligenverehrung sind auch nach den revolutionären Anfängen (Bilderstürmerei) vor allem im Luthertum beibehalten oder erneuert worden.

Nach wie vor werden Kirchenbauten nach bedeutenden Persönlichkeiten, auch der reformatorischen Tradition, benannt. Es gibt einen *Evangelischen Namenskalender*, der jedem Tag eine heilige Gestalt zuordnet. Reisen zu Lutherstätten, ins Heilige Land oder nach Taizé führen auf eigene Weise die Wallfahrtstradition fort. Seit den achtziger Jahren des 20.Jahrhunderts befassen sich zahlreiche Theologen im lutherischen und reformierten Christentum auch wieder mit der Gestalt der Mutter Jesu, von der Martin Luther in einer Predigt 1516 ausgerufen hatte: »Sie sieht, dass in allen Dingen Gott groß ist. ... Sie sieht Gott in allen Dingen, hängt an keinem Geschöpf, bezieht alles auf Gott«[43].

Das gegen die Reformatoren gerichtete Konzil von Trient wandte sich erst ganz am Ende dem Thema zu und suchte ganz im Sinne seiner Basisabsicht die spätmittelalterliche Lehre und Praxis zu schützen. Es ist »gut und nützlich«, die Heiligen zu ehren – eine irgendwie geartete Verpflichtung wird mit keinem Satz behauptet[44]. Das gilt sogar bezüglich der Marienverehrung.

4. Welt-Kirche:
Die Entwicklung des Christentums in der Neuzeit

Am 4.Dezember 1598 musste sich der damals einundfünfzigjährige Goldschmied David Altenstetter zusammen mit zwei anderen Handwerkern einem Verhör durch Vertreter des Augsburger Rates unterziehen. Sie waren der Obrigkeit aufgefallen, weil sie nicht regelmäßig zum Gottesdienst am Sonntag kamen. Waren sie etwa Anhänger des revolutionären Täufertums? Das Protokoll hat seine Antwort auf die Frage nach der Konfession, zu der er sich bekenne, aufgezeichnet: »Religionshalber sei er bisher frei gewesen, denn obwohl er an einem katholischen Ort geboren, sei er doch danach in die Schweiz gekommen, wo die Lehre Zwinglis üblich sei. Nachdem er sich aber nach hier (*Augsburg*) begeben, habe er einmal die Prädikanten der Augsburgischen Konfession, ein andermal auch die katholischen Prediger ... angehört. Zwar gehöre er weder der einen noch der anderen Religion an, wenn er sich jedoch zu einer bekennen müsse, wolle er die katholische annehmen; allerdings müsse er vorher darin eine notdürftige Unterweisung erhalten.« – Im Verlauf des Verhörs wird Altenstetter gefragt, was er am Sonntagvormittag treibe, da er doch in keine Kirche gehe. Er erwidert, er sei »entweder daheim geblieben oder in und außerhalb der Stadt, wenn er Gesellschaft angetroffen habe, spazieren gegangen, was zur Sommerszeit oft geschehen«. Drei Tage später wird die Befragung fortgesetzt. Der Delinquent wiederholt seine Aussage, er sei weder Katholik noch Lutheraner, »weil die Theologie der katholischen Religion und der augsburgischen bisher einander heftigst widerstritten«. Dafür habe er »daheim zu Hause allerhand christliche Bücher gelesen, und zwar Tauler, die Nachfolge Christi, die Bibelauslegung des Erasmus und eine alte Bibel, die vor 100 Jahren in Nürnberg gedruckt worden ist«[45].

Man kann die neuzeitliche Situation des Christentums kaum heller beleuchten als mit diesem Streiflicht aus einem übrigens wohl folgenlos ausgegangenen Prozess am Ende des Reformationsjahrhunderts. Man vermag auch wohl nicht treffender den endgültigen Zusammenbruch des mittelalterlichen Ordo-Gedankens zu apostrophieren. Schon seit dem 11. Jahrhundert in Frage gestellt, hatte er insofern überlebt, als die abendländische Kirche die einzige und unhinterfragte Regelungsmacht in beinahe allen Lebensfragen geblieben war – die Welt war nach wie vor eine Kirchen-Welt. Das ändert sich mit der Bewegung, die Martin Luther 1517 entfacht hatte. Nun gibt es mit einem Schlage mehrere Kirchentümer, die nur mehr beanspruchen können, *Konfessionen* zu sein, also Bewegungen, die einem bestimmten partikulären Bekenntnis verpflichtet waren, aber nicht mehr der Christenheit als solcher.

Tafel 22. – Chronologische Übersicht über die Kirche in der Neuzeit

1530	Reichstag zu Augsburg, Vorlage der Confessio Augustana durch die protestantischen Stände, der Confutatio durch die Katholiken
1534	Suprematsakte: Lösung der englischen Kirche von der päpstlichen Oberhoheit
1540	Gründung des Jesuitenordens durch Ignatius (Iñigo) von Loyola
1545/63	Konzil von Trient (drei Tagungsperioden mit Unterbrechungen)
1618/48	Dreißigjähriger Krieg
1682	Gallikanische Artikel
1789	Französische Revolution
1803	Säkularisation: Reichsdeputationshauptschluss
1848	Erster deutscher Katholikentag, erste deutsche Bischofskonferenz
1854	Papst Pius IX. (1846-1878) dogmatisiert die Unbefleckte Empfängnis Marias
1859	Charles Darwin (1882) veröffentlicht »On the Origin of Species«
1864	Syllabus Pius IX.
1869/70	Erstes Vatikanisches Konzil: Dogmatisierung des Jurisdiktionsprimats und der Unfehlbarkeit des römischen Papstes
1871	Gründung der Altkatholischen Kirche
1910	Weltmissionskonferenz in Edinburgh – Antimodernisteneid
1914/18	Erster Weltkrieg
1917	Veröffentlichung des Codex Iuris Canonici durch Benedikt XV.
1925	Gründung der Kommission »Life and Work« (Ökumenische Zusammenarbeit auf der Praxisebene)
1927	Gründung der Kommission »Faith and Order« (Ökumenische Zusammenarbeit auf Lehrebene)
1934	Barmer Theologische Erklärung (6 Thesen der Deutschen Evangelischen Kirche über die innere Freiheit der Kirche gegenüber dem Staat)
1939/45	Zweiter Weltkrieg
1948	Gründung des Weltrates der Kirchen, Gründung der Evangelischen Kirche in Deutschland (EKD)
1950	Papst Pius XII. erklärt die leibliche Aufnahme Marias in den Himmel zum Glaubenssatz
1962/65	Zweites Vatikanisches Konzil
1968	Paul VI. schreibt die Enzyklika »Humanae vitae« gegen die künstliche Empfängnisregelung
1969	Gründung des Bundes der Evangelischen Kirchen in der Deutschen Demokratischen Republik (DDR)
1971/73	Leuenberger Konkordie: Einigung zwischen mehreren reformator. Kirchen
1983	Neufassung des Codex Iuris Canonici
1991	Rechtliche Wiederherstellung der EKD

| 1999 | (Indirekte) Unterzeichnung der »Gemeinsamen Erklärung zur Rechtfertigungslehre« durch den Vatikan und den Lutherischen Weltbund |
| 2000 | Heiliges Jahr der römisch-katholischen Kirche zum 2.Millennium der Geburt Jesu Christi |

Die römischen Päpste des 20.Jahrhunderts

1878/1903	Leo XIII.(Gioacchino Pecci)
1903/14	Pius X. (Giuseppe Sarto, heiliggesprochen)
1914/22	Benedikt XV. (Giacomo della Chiesa)
1922/39	Pius XI. (Achille Ratti)
1939/58	Pius XII. (Eugenio Pacelli)
1958/63	Johannes XXIII. (Angelo Giuseppe Roncalli)
1963/78	Paul VI. (Giovanni Battista Montini)
1978	Johannes Paul I. (Albino Luciani)
seit 1978	Johannes Paul II. (Karol Wojtiła)

Sie definierten sich notwendig, wie der Goldschmied sehr hellsichtig weiß, »an einander zum hefftigisten zu wider«. Der Kaiser will den uralten Ordo retten, kann es aber, wie erwähnt, nur mehr durch dessen Regionalisierung: 1555 statuiert der Augsburger Religionsfrieden die Einheit der Kirche vom Territorium bzw. dessen Herrn her. *Cuius regio, eius et religio* – Der Landesherr bestimmt die Religion der Untertanen. Das funktionierte aus zwei Gründen nicht. Einmal passierte es nicht selten, dass bei einem Regierungswechsel ein Konfessionswechsel vonnöten war. Im Nürnberger Umland gab es Gemeinden, die innerhalb einer Generation viermal den Glauben ändern mussten (katholisch, lutherisch, calvinisch, wieder katholisch). Zum anderen bedeutete ein Umzug gegebenenfalls, dass man den Glauben mit der Wohnung zu wechseln hatte. Altenstetter ist ein Beispiel für diesen zweiten Fall. Nun war es nicht gleich so, dass die im Grund mittelalterlichen Verhältnisse abrupt endeten. Die Friedensregelung schuf immerhin weitgehend homogene Konfessionsgebiete, die sich oft bis in die Mitte des 20.Jahrhunderts hinein erhielten. Spätestens mit den Migrationsbewegungen im Gefolge des 2.Weltkriegs sind sie aber aufgelöst worden – was im Grunde sachkonsequent gewesen ist.

Für die betroffenen Untertanen blieb unter solchen Umständen, wie nochmals der Augsburger Prozess illustriert, allein die Selbsthilfe übrig. Im besten Falle blieb das Ergebnis noch im christlichen Rahmen und brachte allenfalls eine neue christliche Richtung hervor – in der obigen Begebenheit dürfte es sich um die Bewegung des schlesischen Lutherzeitgenossen Kaspar Schwenckfeldt († 1561) gehandelt haben, der einen mystischen Spiritualismus vertrat. Im christlich gesehen schlimmsten Fall jedoch führte die Eigenforschung aus der institutionalisierten, möglicherweise aber aus jedweder Religion heraus. Wenn Katholiken und Protestanten einander widerstreiten, muss man sich dann nicht selber auf den Weg zur Wahrheit machen? Was zumal dann unverzichtbar erschien, wenn beide Positionen den fortschreitenden wissenschaftlichen Erkenntnissen sich zu verschließen schienen. Die Säkularisation hat somit, wenn man das kühne Bild verwenden darf, einen katholischen Vater, den Investiturstreit, und eine reformatorische Mutter, die durch Luther ausgelöste Konfessionalisierung. Auch Kinder einer Mischehe sind aber legitime Abkömmlinge der Eltern. Das wird sofort einsichtiger, wenn in Rechnung gestellt wird, dass beide Ereignisse auf ihre Weise aus dem Wesen der christlichen Freiheitsbotschaft freigesetzt worden sind. Im einen Fall ging es um die *libertas ecclesiae* aus der staatlichen Bevormundung, im anderen um die »Freiheit eines Christenmenschen« (Luther) im kirchlichen System selber.

Das Christentum hat daher in der Neuzeit eine doppelte Bewegung erlebt. Seine institutionelle, politische, machtgeprägte Seite erfährt seit dem 16. Jahrhundert eine kontinuierliche Depotenzierung. Die moralisch-mystisch-geistliche Komponente dagegen gewinnt indirekt proportional dazu eine gleichfalls beständige Stärkung. Beide Bewegungen halten zur Stunde an.

Die Geschichte des neuzeitlich-modernen Christentums lässt sich nach diesem generellen Überblick in vier Stichworten umreißen und zugleich gliedern. Sie lauten: Konfessionalisierung, Universalisierung, Aufklärung, Modernität.

4.1 Konfessionalisierung

Der Sammelbegriff für die Gestalt des Christentums, welches auf die Reformation Luthers, Zwinglis und Calvins zurückgeht, lautet *Protestantismus*. Er spielt an auf die politische »Protestation« der evangelischen Reichsstände auf dem 2. Speyerer Reichstag des Jahres 1529. Sie weigerten sich, das Wormser Edikt von 1521 zu exekutieren, in dem die Reichsacht über den Wittenberger verhängt worden war. Zunächst ein Wort im Mund der Gegner, wird es im 17. Jahrhundert zur neutralen Bezeichnung der Bewegung, die unter dem Kennwort *evangelisch* angetreten war. Es gibt vielleicht am treffendsten wieder, was sie auszeichnete. Sie verstand sich als Freiheitsbewegung, die die Christen aus dem mittelalterlichen kollektiven Ordo herauslösen wollte zugunsten der Autonomie des individuellen Gewissens. In dieser Hinsicht vertrat sie das gleiche Anliegen wie der zeitgenössische Humanismus und die Renaissance. Das alte System hatte sich offenkundig überlebt, in welchem der einzelne erst als Angehöriger der Gemeinschaft, der Kirchentum wie Staatswesen umgreifenden *christianitas*, und erst an zweiter Stelle als unverwechselbares Individuum galt. Noch ein anderes Kennzeichen eint beide ansonsten in Spannung stehenden Erscheinungen: Sie sind in der Wurzel konservativ. Der Rückgriff der Renaissance geht, der Name ist Programm (lat. *renasci* »wiedergeboren werden«), auf die griechisch-römische Antike, der Reformatoren, auch hier weist die Bezeichnung auf das Ziel, auf die Rückkehr (*re-*) zur ursprünglichen Gestalt (*forma*) des Christentums, genauer seiner paulinischen Interpretation. Hier wie dort freilich entstand etwas sehr Neues.

Negativ bestand es darin, dass die Kirche als Institution zwar nicht überflüssig, aber doch außerordentlich relativiert wurde. Das merkte zuerst und vor allem die alte Kirche. Die Ablassthesen Luthers, die die Reformation ausgelöst hatten, trafen in ihr Herz. Der Ablass hat in der Bibel allenfalls einige Anhaltspunkte; er ist eine typisch abendländische Praxis und Lehre des 11. Jahrhunderts. Durch die Sünde ist die kosmische Ordnung verletzt; auch wenn die Schuld im Bußsakrament vergeben wird, müssen deren Folgen noch mühsam aufgearbeitet werden. Dabei leistet die Kirche Hilfestellung, indem sie gegen entsprechende Leistung (Geld vor allem im späten Mittelalter) aus ihrem »Gnadenschatz«, den im Himmel verwahrten Verdiensten Christi und der Heiligen, dem Büßenden Zuwendungen macht. Wer also wie Luther den Ablass ablehnt, weist die heilsmittlerische Notwendigkeit der Kirche zurück. Der Angriff auf diese Praxis ist nur die historische Speerspitze eines Frontalangriffs auf die Institution, der seine eigentliche Kraft aus der in der lutherischen Rechtfertigungslehre gegründeten Unmittelbarkeit des einzelnen zu Gott bezog. Wenn das Heil einzig dem rechtschaffenden Handeln Gottes zu verdanken ist, dann verlieren Kirche, Papst, Klerus, Sakramente, Heilige – kurz: das mittelalterliche Kirchenwesen samt und sonders religiöse Bedeutung, religiösen Wert. Sie besitzen keinerlei ontologische Kraft mehr, sondern haben bestenfalls als regulierende Kräfte Recht und Rang (vgl. 6.5 (4)).

Positiv ist damit die Autonomie des einzelnen gegenüber allen innerweltlichen Einrichtungen konstituiert. Nichts war mehr zum Heile nötig als der Glaube. Damit stellte die Reformation auch die Ethik auf eine neue Basis. Es war jetzt belanglos, ob jemand seinen »Beruf« (das Wort bekommt erstmals bei Luther seinen uns geläufigen Sinn) darin sieht, mönchische Entsagung oder ein weltliches Geschäft zu betreiben, so er nur den Glauben hatte. Das dualistische Gefälle, das seit der Gnosis latent bestimmend gewesen war, verliert an Überzeugung. Auch der weltliche Lebensbereich ist geistlich wertvoll, die Arbeit eines Handwerkers so heilsam wie das Chorgebet der Mönche. Die Reformation läutete damit ein neues Welt- und Menschenverständnis ein, das bald in allen Lebensbereichen bemerklich war und die theologischen Kernthesen transzendierte.

Auf einem anderen Blatt steht, dass wie bei so vielen Revolutionen auch bei dieser der Elan mit der Zeit nachließ. Die Hochschätzung des weltlichen Bereichs schloss natürlich auch den Staat als dessen bedeutendsten Vertreter ein. Damit war die Politikskepsis der gregorianischen Theologie ad acta gelegt. So ganz unberechtigt war sie aber doch wohl nicht. Als sich alle katholischen Bischöfe der Reformation verweigerten, wandte sich seit 1525 Luther mehr und mehr an die Räte der Städte und an die Fürsten, damit sie die Neuordnung der Religion in Angriff nähmen. So öffnete er Tür und Tor für eine Staatsnähe der neuen Kirchentümer, die ihnen in den kommenden Jahrhunderten herben Kummer bereiten sollte. Abkürzungshalber genügt ein Blick ins zuletzt abgelaufene: Weil die Landesfürsten sehr oft auch als oberste Kirchenleiter (*summepiscopi*) fungierten, geriet die deutsche evangelische Kirche 1918 in eine Krise, als diese ins Exil verschwanden. Die Abschottung der beiden Teile Deutschlands in Folge der politischen Ordnung seit 1945 drohte die innere Einheit der Kirche zu zerbrechen. In der Freiheitsbedrohung durch das nationalsozialistische Regime fand der Protestantismus jedoch zum Programm der nunmehr in Frage gestellten Form der *libertas ecclesiae* zurück. Die von Hitler erstrebte »Gleichschaltung« aller gesellschaftlichen Kräfte gelang zuerst bei den Kirchen: Mit dem Vatikan konnte er seinen ersten internationalen Vertrag, das »Reichskonkordat« (1933), schließen; mit der Einsetzung eines »Reichsbischofs« an der Spitze einer evangelischen Nationalkirche (»Deutsche Christen«) integrierte er den Protestantismus in seinen Staat. Da aber formierte sich eine innerkirchliche Opposition gegen die Vormachtstellung des Staates. Lutherische, reformierte und unierte Christen formulierten einen dichten theologischen Text, in dem die Herrschaft des Herrn über die weltlichen Mächte und die daraus resultierende Freiheit der Kirche von der Staatsallmacht bekannt wurde. Am 31. Mai 1934 wurde auf der 1. Bekenntnissynode der Deutschen Evangelischen Kirche die von K. Barth, H. Asmussen und Th. Breit erstellte *Barmer Theologische Erklärung* verabschiedet.

Noch in einer anderen Weise beeinflusste der Katholizismus die Ausbildung des reformatorischen Christentums mit Nachdruck. Um der Verdeutlichung der Positionen willen mussten die Kirchentümer ihr eigenes Profil herausarbeiten, was angesichts der Sachlage gewöhnlich am einfachsten *gegen* die anderen zu geschehen pflegt. Relativ harmlos, wiewohl besonders plakativ, waren die Differenzierungen in den Kultformen (Ablehnung des Kreuzzeichens durch die Protestanten, pompöse Inszenierung des Fronleichnamsfestes durch die Katholiken). Entscheidend hingegen war die Sicherung und Entfaltung des reformatorischen Erbes durch dessen theologische Durchdringung. Seit dem späten 16. Jahrhundert wird besonders im Luthertum das Lehrmoment stark betont.

Erst werden die internen Zwistigkeiten in der Konkordienformel von 1577 beigelegt, dann entwickelt die *lutherische Orthodoxie* ein der scholastischen Methode verpflichtetes Lehrsystem. Ein tragender Pfeiler ist die These von der Inspiration des einzelnen Bibelwortes, ja sogar der (im frühen Mittelalter eingeführten) Vokalisierung des hebräischen Textes durch Gott[46]. Dadurch wird gewiss der Wert der Bibel als Glaubensquelle gesichert. Doch bald handelten sich die Theologen große Probleme ein, als seit dem 18. Jahrhundert klar wird, dass auch die biblischen Texte erst einmal menschliche Literatur sind, die nach deren Regeln zu interpretieren waren, ehe man sie nach ihrem religiösen Gehalt befragen durfte. Zugleich bewies in dieser Zeit die reformatorische Gestalt der Religion ihre innere geistliche Kraft in der Kirchenlieddichtung eines *Paul Gerhardt* (1607-1676) oder der herben Mystik *Jakob Böhmes* (1575-1624), eines Schusters aus Görlitz.

Schließlich ist noch die *Ausbildung der Bekenntnisschriften* zu erwähnen, die zwischen 1530 (Confessio Augustana) und 1577 (Konkordienformel) erfolgte. Sie hat wesentlich die Konsolidierung der reformatorischen Bewegung zu reformatorischen Kirchentümern in die Wege geleitet, die auf absehbare Zeit einen Gegenpol zur römischen Kirche bildeten und sich auch gar nicht anders verstanden.

Auch die nunmehr »alte Kirche« konnte sich seit dem 16. Jahrhundert kaum mehr anders als gegen oder durch den Protestantismus definieren, sie mochte es wollen oder nicht. In der Sprache der Historiker: Die Reformation bringt die *Gegenreformation* hervor. Diesem Wechselspiel ist noch in der Periode der Konfessionsbildung das größte katholische kirchengeschichtliche Ereignis bis ins 20. Jahrhundert hinein verdankt, das *Konzil von Trient* (1546-1563).

Nach vielen mühsamen Anläufen kamen zur ersten Sitzung gerade einmal 31 Bischöfe in der im italienischen Kulturraum, aber auf Reichsgebiet liegenden Stadt zusammen, um die dogmatische Besinnung in Reaktion zu den Invektiven der Reformatoren und die praktische Erneuerung der verbliebenen Kirche in Angriff zu nehmen. Zwar war die Erneuerung – da verband die Religionsparteien ein geschwisterlicher Konsens – am nötigsten, aber es hatten sich auf dem Weg dahin schwerwiegende Lehrprobleme ergeben, besonders hinsichtlich der Auffassung von der Kirche, aber auch über die Rolle der Bibel, das Rechtfertigungsverständnis, die Gnadentheorie, die Sakramententheologie, um die dringlichsten zu nennen. So versuchten die Bischöfe gleichermaßen Lehre und Disziplin zu festigen. Sie brauchten dafür drei Sitzungsperioden, deren zweite in Bologna abgehalten wurde. Lediglich auf der dritten waren kurz Protestanten anwesend, sonst blieb das Tridentinum ein rein katholisches Ereignis. Was die Reform angeht, so wurde das Konzil ein ziemlicher Erfolg. Durch die von ihm in die Wege geleiteten, von den späteren Päpsten in die Praxis umgesetzten Dekrete über den Römischen Katechismus (Catechismus Romanus, 1566), das Römische Brevier (1568) und das Römische Messbuch mit seiner bis zum 2. Vatikanischen Konzil geltenden Vereinheitlichung des Ritus (1572) beispielsweise formte es das Leben der Katholiken um.

Problematischer gestaltete sich die Behandlung des Lehrkomplexes, und zwar aus zwei Gründen hauptsächlich. Der eine: Viele Positionen der Reformatoren erwiesen sich als bisher nicht dogmatisch verbindlich festgelegt, bildeten also an sich freie Diskussionsmaterie. Die Folgerungen, die sie gezogen hatten, machten aber eine Festlegung dringend erforderlich. Der andere

Grund, den wir bereits kennen, machte sich erst in der Nachkonzilszeit richtig bemerkbar: Die Väter konnten und wollten kein geschlossenes und vollständiges Gebäude der katholischen Doktrin errichten. Ihr Hauptziel war es, die Angriffe der »Neuerer« auf die (spätmittelalterliche) Doktrin abzuschmettern, diese als rechtgläubig zu deklarieren und damit die geltende Lebensform der katholischen Glaubensgemeinschaft zu schützen. Das ließ sich aber nur in Grenzen verständlich machen. Die späteren Generationen meinten nicht bloß, katholisch sei, was Trient dekretiert hatte (das war die Intention der Versammlung), sondern auch, *nur das* sei katholisch. Der nachtridentinische Katholizismus erfuhr aufgrund dieses Missverständnisses eine Verengung, die ein gut Stück dazu beigetragen hat, dass sich ihm das Eingehen auf die moderne geistige Entwicklung und erst recht auf das innerste theologische Wollen der Reformation (die auch ein Kind der Neuzeit ist) von selbst verbot. Es braucht nicht hervorgehoben zu werden, dass sich damit zugleich die antikatholische Haltung des Protestantismus verstärkte. Es hat viereinhalb Jahrhunderte und mühselige Arbeit gekostet, bis die Fronten aufgebrochen und die jeweiligen Anliegen den je anderen plausibel wurden.

Das jüngste und vorerst bedeutungsvollste Beispiel ist der Hauptstreitpunkt, die Lehre von der Rechtfertigung. Die tridentinische Versammlung befasste sich damit bereits im Sommer 1546. Am 13. Januar des folgenden Jahres wurde das »Dekret über die Rechtfertigung« verabschiedet, das gewiss gründlichste und umfassendste Konzilsdokument, zugleich jenes, in dem am sorgsamsten auf die gegnerischen Positionen eingegangen wurde. An sich bestand damals Einigkeit, dass der eigentliche und einzige Initiator des Heiles Gott ist. Strittig war, welchen Part die Kirche hatte. Steht der Sünder Gott allein gegenüber und ist sie bloß eine menschliche Zusatzbedingung zum Heil – so Luther – oder gehört sie zu Gott als dessen »Instrument« (später wird das 2.Vatikanische Konzil *Sakrament* sagen) irgendwie dazu – so die Katholiken? Ein Ausgleich gelang damals nicht, und so verwarfen die Parteien gegenseitig ihre Programme als widerchristlich. Im 20.Jahrhundert führten intensive Studien der Heiligen Schrift, der kirchlichen Gesamtüberlieferung, der Anliegen und Grundpositionen der Theologen des 16. Jahrhunderts, auch der »nichttheologischen Faktoren« von damals, also der politischen, wirtschaftlichen, kirchenorganisatorischen Interessen, zum Ergebnis, dass die seinerzeitigen Thesen überzeichnende Akzentuierungen enthielten, die in Antinomien führten, die in und an sich nicht nötig sind. Nimmt man sie weg, dann stellt sich heraus, dass die jeweilige Zentralanliegen wenn schon nicht in jedem Fall identisch, so doch mit dem anderen verträglich ist und eine Verwerfung der Gegenthese nicht zwingend vorschreibt.

Tafel 23. – Die Gemeinsame Erklärung zur Rechtfertigungslehre von 1999
(Auszug: Schlussparagraph des Dokumentes)
Quelle: Ausgabe des Instituts für Ökumenische Forschung, Straßburg, 67 f.

5. Die Bedeutung und Tragweite des erreichten Konsenses

(40) Das in dieser Erklärung dargelegte Verständnis der Rechtfertigungslehre zeigt, dass zwischen Lutheranern und Katholiken ein Konsens in Grundwahrheiten der Rechtfertigungslehre besteht, in dessen Licht die ... beschriebenen verbleibenden Unterschiede in der Sprache, der theologischen Ausgestaltung und der Akzentsetzung des Rechtfertigungsverständnisses tragbar sind. Deshalb sind die lutherische und die römisch-katholische Entfaltung des Rechtfertigungsglaubens in ihrer Verschiedenheit offen aufeinander hin und heben den Konsens in den Grundwahrheiten nicht wieder auf.

(41) Damit erscheinen auch die Lehrverurteilungen des 16.Jahrhunderts, soweit sie sich auf die Lehre von der Rechtfertigung beziehen, in einem neuen Licht: Die in dieser Erklärung vorgelegte Lehre der lutherischen Kirchen wird nicht von den Verurteilungen des Trienter Konzils getroffen. Die Verwerfungen der lutherischen Bekenntnisschriften treffen nicht die in dieser Erklärung vorgelegte Lehre der römisch- katholischen Kirche.

(42) Dadurch wird den auf die Rechtfertigungslehre bezogenen Verurteilungen nichts von ihrem Ernst genommen. Etliche waren nicht einfach gegenstandslos; sie behalten für uns »die Bedeutung von heilsamen Warnungen«, die wir in Lehre und Praxis zu beachten haben[21].

(43) Unser Konsens in Grundwahrheiten der Rechtfertigungslehre muss sich im Leben und in der Lehre der Kirchen auswirken und bewähren. Im Blick darauf gibt es noch Fragen von unterschiedlichem Gewicht, die weiterer Klärung bedürfen; sie betreffen unter anderem das Verhältnis von Wort Gottes und kirchlicher Lehre sowie die Lehre von der Kirche, von der Autorität in ihr, von ihrer Einheit, vom Amt und von den Sakramenten, schließlich von der Beziehung zwischen Rechtfertigung und Sozialethik. Wir sind der Überzeugung, dass das erreichte gemeinsame Verständnis eine tragfähige Grundlage für eine solche Klärung bietet. Die lutherischen Kirchen und die römisch-katholische Kirche werden sich weiterhin bemühen, das gemeinsame Verständnis zu vertiefen und es in der kirchlichen Lehre und im kirchlichen Leben fruchtbar werden zu lassen.

(44) Wir sagen dem Herrn Dank für diesen entscheidenden Schritt zur Überwindung der Kirchenspaltung. Wir bitten den Heiligen Geist, uns zu jener sichtbaren Einheit weiterzuführen, die der Wille Christi ist.

---

[21] Lehrverurteilungen – kirchentrennend?, 32. – Anm. d. Verf.: Die Erklärung bezieht sich auf ein Dokument des deutschen »Ökumenischen Arbeitskreises«: K.Lehmann – W.Pannenberg (Hgg.), Lehrverurteilungen – kirchentrennend?, Bd.1: Rechtfertigung, Sakramente und Amt im Zeitalter der Reformation und heute, Freiburg-Göttingen 1986.

Zudem darf man nicht übersehen, dass in beiden Konfessionen die damaligen Entscheidungen weiterbedacht und fortlaufend neu interpretiert worden sind, entsprechend den Herausforderungen der Zeit. Das lud zum Überdenken ein. Seine Frucht war 1996 eine von einer katholisch-lutherischen Kommission erstellte »Gemeinsame Erklärung zur Rechtfertigungslehre«. Sie konnte sich auf dreißigjährige Vorarbeiten stützen. 1997 entstand eine zweite Fassung, die die Fachkritik berücksichtigte. Es begann ein sehr intensiver, von polemischen Äußerungen vor allem von lutherischer Seite gelegentlich in Frage gestellter Rezeptionsvorgang, der sein Ende 1999 gefunden hat. In Augsburg, der Stadt der *Confessio Augustana*, unterzeichneten Repräsentanten des Lutherischen Weltbundes und des Vatikans am 31.Oktober, dem Reformationstag, eine »Gemeinsame Offizielle Feststellung«, deren Schlusssatz lautet: »*Durch diesen Akt der Unterzeichnung bestätigen die Katholische Kirche und der Lutherische Weltbund die Gemeinsame Erklärung zur Rechtfertigungslehre in ihrer Gesamtheit*«. Die umständliche Prozedur ist auf dem Hintergrund der erwähnten Auseinandersetzungen zu verstehen. Die Gemeinsame Erklärung selber stellt fest, dass der Hauptstreitpunkt des 16. Jahrhunderts nicht mehr kirchentrennend sei (Tafel 23).

Kehren wir dorthin zurück! Vorerst festigten und erhöhten die Konfessionen die Mauer zwischen sich. Besonders die römische Kirche war daran interessiert: Seit klar geworden war, dass eine Behebung der Spaltung, die man sich ohnehin nur durch bedingungslose Rückkehr ins katholische Vaterhaus vorstellen konnte, in voraussehbarer Zeit unmöglich sein würde, setzten die Päpste alles auf die innere und äußere Festigung der Einheit der eigenen Kirche. Ihr wichtigstes Werkzeug war die von Paul III. 1540 bestätigte »Gesellschaft Jesu« des baskischen Offiziers und späteren Priesters Don Iñigo (Ignatius) López de Loyola (1491-1556).

Dieser wurde, vielleicht weil ihm in manchem ziemlich ähnlich, zum eigentlichen Gegenspieler Luthers. Beide Christen waren vom Eifer für die Erneuerung der Kirche zutiefst beseelt, aber sie unterschieden sich fundamental und radikal in der Weise der Verwirklichung. Wie der Wittenberger war der Baske in den Wurzeln eine tief fromme, ein mystische Persönlichkeit. Aber wie der erste sich in die Unmittelbarkeit und Alleinwirksamkeit Gottes versenkte und der Kirche nur am Rand gewahr wurde, so der zweite in das Geheimnis der Menschwerdung Gottes, aus dem die Kirche geboren und zum heilsnotwendigen Faktor geworden war. Wohl das folgenreichste Werk der katholischen Gegenreformation ist sein schmales Buch »Exercitia spiritualia« (*Geistliche Übungen*), das zur Lebensentscheidung für Christus geleitet. Bezeichnenderweise stehen am Schluss 18 Regeln »für das wahre Gespür, das wir in der streitenden Kirche haben müssen«. Die erste lautet: »Nachdem wir alles Urteil abgelegt haben, müssen wir bereiten und willigen Sinn haben, um in allem der wahren Braut Christi, unseres Herrn, zu gehorchen, die unsere heilige hierarchische Mutter Kirche ist«[47]. Dieser Gehorsam aber bezieht sich wesentlich auf vorreformatorische Formen der Frömmigkeit wie Beichte, Messbesuch, Jungfräulichkeitslob, Reliquien usw. sowie auf das Lob der »positiven und scholastischen Lehre«[48]. Ignatius will damit keineswegs lediglich die Macht der Institution festigen, vielmehr geht es ihm in dieser Bindung um die irdische Verwirklichung der Freiheit, die aus der Christusliebe fließt. In der letzten »Regel« unterscheidet er die »Knechtsfurcht« von der »Sohnesfurcht, die ganz Gott, unserem Herrn, genehm und wohlgefällig ist, da sie mit der göttlichen Liebe in eins geht«[49].

Aus dieser Haltung, die auch die Statuten seines Ordens widerspiegeln, gelang die kompromisslose Verteidigung des Katholischen, aus der ganz von allein die rigorose Abgrenzung zum Protestantischen wurde. Unter dieser Perspektive steht auch die päpstliche Inquisition, die als Behörde mit dem Namen »Sanctum Officium« ab 1542 und besonders unter dem fanatischen Papst Paul IV. (1555-1559), vor dem selbst Ignatius nach eigener Bekundung die Knochen im Leibe zitterten, schreckensvolle Verfolgungen inszenierte. Nicht einmal die Kardinäle des päpstlichen Hofes konnten vor ihnen sicher sein. Aus dieser Haltung erwuchs jedoch gleicherweise der lebens- und sinnenfrohe Jubel des Barockstils als Ausdruck des spezifisch gegenreformatorischen Freiheitsgefühls.

Seit dem 18. Jahrhundert verstärkten sich die Isolierungsbestrebungen der römisch-katholischen Kirche, da inzwischen neben den innerchristlichen Attacken auch solche der inzwischen erstarkten Säkularisationsbewegungen gegen sie geritten wurden (vgl. 4.3). Der nach der Reformation zweite große Schock war die blutige Französische Revolution, die tatsächlich eine tiefe Zäsur in der Christentumsgeschichte bewirkt hat. Auch sie ist eine Freiheitsbewegung von menschheitlicher und damit auch von christlicher Bedeutung, doch exekutiert hat sie sich gegen die christlichen Glaubens- und Lebensmaximen. Wiederum und endgültig erhob sich der Protest gegen den antik-mittelalterlichen Gedanken von der Uniformität des Kosmos. Gegen die Parole »*Ein* König, *ein* Gesetz, *ein* Glaube« (Un roi, une loi, une foi) stand nun das Ideal von Freiheit, Gleichheit, Brüderlichkeit (Liberté, egalité, fraternité). Es umschloss die vollkommene Trennung von Staat und Kirche.

So regierte die katholische Kirche seit dem 19. Jahrhundert ein ausgeprägtes Sicherheitsdenken. Sein Gipfel ist das 1. Vatikanische Konzil (1869/70). Am 18. Juli 1870 dogmatisierte es den Jurisdiktionsprimat und die Unfehlbarkeit (*infallibilitas, Infallibilität*) des Papstes.

Die universalkirchlichen Ansprüche, die der römische Bischof wenigstens seit dem 5. Jahrhundert (Leo d.Gr.) mit zunehmender Deutlichkeit erhoben hatte, werden damit konsequent fort- und festgeschrieben. Dass dies gerade jetzt mit Erfolg gekrönt war, ist das Resultat der in der Romantik aufgebrochenen Sehnsucht nach dem Festhalten des Heiligen und ewig Wahren, nach dem ehernen Felsen in den Stürmen der Moderne. Zugleich sollte die Einheit der Gesellschaft durch die Einheit in der Kirche wiederhergestellt werden. Bischöfe wie Henry Edward Manning von Westminster oder Ignatius von Senestrey in Regensburg, Priester wie Felicité de Lamennais oder Laien wie Joseph de Maistre erwarteten überdies die Stärkung des Christentums wie die Rettung Europas von der Infallibilitätsdefinition. Sogar die Protestanten würden zurückkehren, angezogen von der katholischen Klarheit, meinte Manning in einem Hirtenbrief von 1869[50]. Es gab aber auch ernsten Widerspruch, dessen Exponent der international geachtete Münchener Kirchenhistoriker Ignaz von Döllinger (1799-1890) wurde. Auch Lamennais setzte sich ab 1830 für den Gedanken der innerkirchlichen Freiheit ein, die er durch die Infallibilisierung des Papstes bedroht sah. Auf dem Konzil selber plädierte eine starke Minderheit (vor allem deutsche Bischöfe) nicht gegen das Dogma selber, wohl aber gegen dessen Opportunität. Tatsächlich brachte das Konzil, wie bereits berichtet, die bisher letzte größere Abspaltung, die sich zu einer eigenen Kirche erklärte: 1873 wurde der Breslauer Theologieprofessor Reinkens zum ersten Bischof der Altkatholischen Kirche geweiht – womit das Schisma besiegelt wurde.

Die vorbereitenden Kommissionen hatten 51 Vorlagen für die Kirchenversammlung erstellt. Als erste wurde die die dogmatische Konstitution »Dei Filius« über den katholischen Glauben verabschiedet, eine wichtige Auseinandersetzung mit den Zeitströmungen. Die politische Situation auf der apenninischen Halbinsel war inzwischen sehr delikat geworden. Der Kirchenstaat wurde von den Truppen des italienischen Befreiungshelden Garibaldi bedrängt; französische Truppen hatten den Schutz von Papst und Konzil übernommen. 1870 drohte ein Krieg zwischen Preussen und Frankreich, der letzteres zwang, seine Soldaten aus Rom abzuziehen. Die Sicherheit des Konzils war nicht mehr gewährleistet. So entschloss man sich, auf die restlichen Vorlagen zu verzichten und nur aus der umfänglichen Vorlage über die Kirche die beiden Kapitel über Primat und Infallibilität beraten zu lassen. Tatsächlich musste das Konzil unmittelbar nach der Beschlussfassung vertagt werden; es sollte nie wieder fortgeführt werden. Am 20.September 1870 drangen die italienischen Truppen durch die Porta Pia in die Ewige Stadt ein: Im gleichen geschichtlichen Augenblick, da der Papst den Gipfel seiner geistlichen Macht erreicht hatte, verlor er die weltliche. Nach einem Jahrtausend war der Kirchenstaat zu Ende. Im theologischen Bereich wiederholte sich die Wirkungsgeschichte von Trient: Wieder meinten viele, dass die vatikanischen Definitionen nicht nur wahr, sondern die abstrichlose und unauffüllbare Wahrheit seien. Und wieder blieben Verkürzungen der Glaubenslehre nicht aus. Die Frage, die akut wurde, lautete: Welche Bedeutung haben nach 1870 noch die Bischöfe? Sind sie lediglich päpstliche Angestellte, wie der deutsche Reichskanzler Otto von Bismarck meinte, oder eigenen »göttlichen Rechtes«, wie die deutschen Bischöfe mit Unterstützung des Papstes mannhaft erklärten? Dahinter stand das kirchliche Verfassungsproblem schlechthin. Selbstverständlich kamen die Protestanten nun nicht in Scharen zur römischen Kirche, vielmehr lehnten sie wie ebenso selbstverständlich die Christen des Ostens die »Papstdogmen« schärfstens ab. Sie konnten darin nur eine Verfehlung des Wesens des Christentums erblicken. Als Papst Pius XI. sie in der Enzyklika »Mortalium animos« (1928) zur Rückkehr nach Rom einlud, verweigerten sie sich ihm schlankweg.

Die beiden Weltkriege des 20. Jahrhunderts brachten das kirchliche Leben weitgehend zum Erliegen, wenigstens was die theologischen Debatten anging. Allerdings wurde die »Zwischenkriegszeit« (ca. 1918 – ca. 1940) für die katholische Entwicklung sehr fruchtbar. Die Neuscholastik, die offizielle und offiziell geförderte Theologie, wollte zwar traditionell sein, beschränkte sich aber bei der Quellenanalyse gewöhnlich auf die Zeit des Mittelalters, auch hier beseelt vom Geist der Romantik. Jetzt durchbrachen junge Theologen in Deutschland und Frankreich diese Barrieren und fragten zurück auf die Patristik und vor allem auf die Heilige Schrift selber, hierzu angeregt von der gleichzeitigen protestantischen Exegese. Erstes Ergebnis war ein neues Kirchenbild, mehr noch: eine neue Kirchenbegeisterung. Im Zug der Gegenreformation und erst recht nach dem 1.Vatikanischen Konzil erschien in den theologischen Büchern die Kirche als eine juridisch gefügte, zentralistisch und autoritär geführte »vollkommene Gesellschaft« (*societas perfecta*) nach dem Bild der politischen Monarchie.

In diesen Jahren dagegen wurde sie erfahren als der fortlebende Christus, als Gottes Volk, als geheimnisvoller Leib Christi, gegliedert zwar, aber doch als Gemeinde von durch die Taufe Gleichen. Das führte von selbst zu einer Erneuerung der Liturgie und zur ökumenischen Annäherung im Geist der ungeteilten Kirche des ersten Jahrtausends.

Die Katholiken nahmen damit einen Ball auf, der in den anderen Kirchen schon des längeren gespielt wurde. Bereits 1910 regte die protestantische Missionskonferenz von Edinburgh an, die zersplitterte und dadurch zu missionarischer Unfruchtbarkeit verurteilte Christenheit in einer »Ökumenischen Bewegung« zusammenzubringen und über die Wiederherstellung der Einheit zu beraten. Daraus entstand 1925 die Bewegung für »Praktisches Christentum« (Life and Work), 1927 jene für »Glaube und Verfassung« (Faith and Order). Beide schlossen sich nach dem Zweiten Weltkrieg 1948 in Amsterdam zusammen zum »Ökumenischen Rat der Kirchen«. Auch die Orthodoxie beteiligte sich daran. In Neu-Delhi definierte er sich so: »Der Ökumenische Rat der Kirchen ist eine Gemeinschaft von Kirchen, die den Herrn Jesus Christus gemäß der Heiligen Schrift als Gott und Heiland bekennen und darum gemeinsam zu erfüllen trachten, wozu sie berufen sind, zur Ehre Gottes des Vaters, des Sohnes und des Heiligen Geistes«[51].

Alle 6-7 Jahre findet eine Vollversammlung der Delegierten aller Mitgliedskirchen (rund 200 sind es heute) statt. Daneben existiert das Zentral- und das Exekutivkomitee mit einem Generalsekretär und sechs Präsidenten. Die Sacharbeit geschieht vor allem in den Unterausschüssen. Die römisch-katholische Kirche wirkt zwar in einigen mit, ist aber kein Mitglied des Rates selbst. Bis zum Pontifikat Pius' XII. verhielt sie sich sehr reserviert zur ökumenischen Arbeit überhaupt, wenigstens auf der Leitungsebene. Zaghaft begann der Dialog zunächst mit den östlichen Kirchen; erst unter der gemeinsamen Bedrohung durch den Nazismus kam in Deutschland das Gespräch mit den reformatorischen Christen (in der »Una-Sancta-Bewegung« vornehmlich) in Fahrt.

Ein großer Aufbruch aus den konfessionellen, theologischen und gesellschaftlichen Engführungen leitete erst Papst Johannes XXIII. ein. Er kündigte 1959 zu allgemeiner und erst ziemlich ungläubiger Überraschung ein Allgemeines Konzil an. Nach dreijähriger Vorbereitung trat es in der vatikanischen Peterskirche zusammen als 2.Vatikanisches Konzil (1962-1965). Der alte und bereits von der Todeskrankheit heimgesuchte Papst gab in einer weltberühmt gewordenen Rede zur Eröffnung am 11.Oktober 1962 den 2540 stimmberechtigten Konzilsvätern als Leitmotiv der Arbeit die Idee des *aggiornamento* (Tafel 26). Das Wort ist kaum zu übersetzen: Wörtlich bedeutet es »Heutigwerden«, »Verheutigung« (it. *giorno* »Tag«); gemeint ist die sachgerechte Verkündigung des Glaubens in zeitentsprechender Ausdrucksweise.

Tafel 24. – Johannes XXIII., Ansprache »Gaudet Mater Ecclesia« zur Eröffnung des Zweiten Vatikanischen Konzils (Auszüge).
Quelle: L. Kaufmann – N. Klein, Johannes XXIII., Prophetie und Vermächtnis, Fribourg 1990, 129. 131 f. 134-136.

Die Hauptaufgabe des Konzils besteht darin, das unveräußerliche Überlieferungsgut der christlichen Lehre wirksamer zu bewahren und zu lehren. Diese Lehre betrifft den ganzen Menschen mit Leib und Seele. ... Damit aber diese Lehre die vielen und verschiedenen Bereiche menschlicher Aktivitäten erreicht, den Einzelnen, die Familien wie die Gesamtgesellschaft, ist es vor allem notwendig, dass die Kirche sich nicht von der unveräußerlichen Glaubensüberlieferung abwendet, die sie aus der Vergangenheit empfangen hat. Gleichzeitig muss sie auf die Gegenwart achten, auf die neuen Lebensverhältnisse und -formen, wie sie durch die moderne Welt geschaffen wurden. Diese haben neue Wege für das Apostolat der Katholiken eröffnet. ...

Unsere Aufgabe ist es nicht nur, diesen kostbaren Schatz *(der Glaubenslehre)* zu bewahren, als ob wir uns nur um Altertümer kümmern würden. Sondern wir wollen uns mit Eifer und ohne Furcht der Aufgabe widmen, die unsere Zeit fordert. So setzen wir den Weg fort, den die Kirche im Verlauf von zwanzig Jahrhunderten gegangen ist. Der springende Punkt für dieses Konzil ist es also nicht, den einen oder den anderen der grundlegenden Glaubenartikel zu diskutieren, wobei die Lehrmeinungen der Kirchenväter, der klassischen und zeitgenössischen Theologen ausführlich dargelegt würden. Es wird vorausgesetzt, dass all dies hier wohlbekannt und vertraut ist. Dafür braucht es kein Konzil. Aber von einer wiedergewonnenen, nüchternen und gelassenen Zustimmung zur umfassenden Lehrtradition der Kirche, wie sie in der Gesamttendenz und in ihren Akzentsetzungen in den Akten des Trienter Konzils und auch des ersten Vatikanischen Konzils erkennbar ist, erwarten jene, die sich auf der ganzen Welt zum christlichen, katholischen und apostolischen Glauben bekennen, einen Sprung nach vorwärts, der einem vertieften Glaubensverständnis und der Gewissensbildung zugute kommt.

Das Konzil brauchte vier Tagungsperioden, um aus den über 70 von den vorkonziliaren Kommissionen eingereichten Entwürfen 16 Dokumente unterschiedlichen lehramtlichen und sachlichen Ranges zu schmieden. Das zentrale Thema war die Kirche. Schon durch diese Entscheidung leistete die Versammlung einen entscheidenden Schritt zur Entkonfessionalisierung, war doch das Thema Kirche der entscheidende Differenzpunkt bei beinahe allen Trennungen in der Christenheit

Tafel 25. – Zweites Vatikanisches Konzil: Leitbegriff Kirche

Grundausrichtung	Dokument	Thema
Selbstverständnis	Dogmat.Konstitution über die Kirche	Grundsatzausführungen unter dogmatischem Aspekt
Innenleben	Liturgiekonstitution; Dekret über die Bischöfe; Konstitution über die Göttliche Offenbarung; Erklärung über die christl.Erziehung; Dekrete über Dienst und Leben, über Ausbildung der Priester; Dekret über das Ordensleben; Dekret über das Laienapostolat	Heiligungsaufgabe der Kirche Leitungsaufgabe Glaubensfindung in der Kirche Glaubensquelle Glaubensunterweisung in der Kirche Die einzelnen Stände in der Kirche
Sendung	Ökumenismusdekret; Dekret über die kath. Ostkirchen; Dekret über die Mission; Erklärung über die nichtchristl. Religionen; Konstitution über die Kirche in der Welt von heute; Dekret über die Kommunikationsmittel; Erklärung über die Religionsfreiheit	Verhältnis zu anderen Kirchen und kirchl. Gemeinschaften Ausbreitung der Kirche Verhältnis zu den Nichtchristen, besonders zu den Juden Verhältnis zur Welt der Moderne, besonders zum weltanschaulichen Pluralismus Freiheitspotential des Glaubens

gewesen. Merkwürdigerweise aber war es noch nie ausdrücklicher Gegenstand konziliarer Beratungen gewesen – in Trient überhaupt nicht, auf dem 1.Vatikanum nicht mehr. Jetzt wird es zum Leitbegriff der gesamten Reflexion: Alle Texte kreisen darum (Tafel 25).

Das Konzil, das mit dem Tod des Papstes Johannes unterbrochen werden musste, von seinem Nachfolger Paul VI. aber wiederaufgenommen und zum guten Ende gebracht wurde, fand innerhalb wie außerhalb der katholischen Kirche ein begeistertes Echo. Ein neues Pfingsten schien sich ereignet zu haben. Nachhaltige Impulse gingen seitdem auf viele Lebensgebiete der Kirche aus: Die Liturgie wurde erneuert, ein neues Kirchenrecht auf der Basis der Dokumente erarbeitet.

Die Ortskirchen wurden auf der diözesanen wie auf der Pfarrebene durch verschiedene »Räte« in die Entscheidungsprozesse besser eingebunden, die Laien bekamen ein größeres Gewicht, die ökumenischen Dialoge wurden intensiviert. Aber nicht sehr lange, da zeigte sich, dass die katholische Kirche doch Angst bekam, jenen »Sprung nach vorwärts« zu wagen, den Johannes XXIII. ihr zumuten wollte. Bereits in den späten Jahren Pauls VI., vor allem aber unter der Leitung Johannes Pauls II., des seit fast einem Halbjahrtausend ersten Nichtitalieners auf dem Stuhl Petri, verlangsamte sich die Bewegung der und in der Kirche erheblich, die das Konzil angestoßen hatte. Das lag nicht zuletzt an diesem selber. Im Streben nach größtmöglicher Übereinstimmung hatte es wieder und wieder Kompromisse gesucht, auch solche der »höheren Autorität« des Papstes akzeptiert, die gelegentlich Widersprüche in den Aussagen einschlossen. Vor allem die Option für das Kirchenbild war nicht eindeutig: Neben dem »Communio«-Modell blieb das mittelalterliche Leib-Christi-Schema stehen.

Schnell erwies sich: Beide passen nicht zusammen. Aber welches sollte gelten? Die traditionell katholische monolithische Einheit(lichkeit) des Denkens zerfiel; Streit kam auf; Kirche wurde zunehmend unglaubwürdig, an erster Stelle bei ihren Mitgliedern. Gar nicht vereinzelt empfingen evangelische Landesbischöfe unversehens Briefe ihrer Glaubensgenossen, die protestierend die Kirche wegen irgendwelcher päpstlicher Maßnahmen verlassen wollten. So war die Überwindung der konfessionellen Gegensätze freilich nicht gemeint.

Hand in Hand damit ging am Ende des letzten Jahrhunderts eine Entchristianisierung, die alle Konfessionen mehr oder weniger gleichmäßig ergriff, auf jeden Fall aber eine Entkirchlichung, die vor allem im Protestantismus zu Buche schlug. Sie schlug sich in horrenden Austrittszahlen nieder. Die Gnadenanstalt Kirche zeigte eine besorgniserregende Erosion[52]. Auf der Suche nach den Schuldigen machten konservative und traditionalistisch eingestellte Christen eine angebliche Liberalisierung der Konfessionen aus.

Am lautstärksten im Katholizismus war in den ersten Jahrzehnten nach dem 2. Vatikanum die Bewegung um den Erzbischof Marcel Lefebvre (1905-1991), der in den Beschlüssen über die bischöfliche Kollegialität, den Ökumenismus und die Religionsfreiheit den Endsieg der Revolution von 1789 beklagte. Er gründete 1979 die »Bruderschaft Pius X.«, die 1988 durch die unerlaubte Weihe von vier Bischöfen ins Schisma abdriftete.

Der Ökumenismus geriet unter anderem auch dadurch in die Schlagzeilen. Die Lage war verworren. In der beachteten Enzyklika über den Einsatz der Kirche in der Ökumene »Ut omnes unum sint« bat 1995 der Papst die Leiter und Theologen der anderen Kirchen um einen »brüderlichen, geduldigen Dialog« über die »ungeheure Aufgabe« der Primatsausübung heute[53], aber in den unmittelbar folgenden Jahren verschärfte er Lehre und Disziplin der eigenen Kirche in ökumenisch sensiblen Fragen wie jener der Frauenordination. Das wiederum förderte in allen Gemeinschaften die Tendenz zum konfessionellen Pathos und der konfessionalistischen Profilsuche. Unmittelbar vor der Unterzeichnung der »Gemeinsamen Erklärung« meldeten sich einschlägige katholische wie evangelische Kreise zu Protest. »Die Unterschiede in der konfessionellen Prägung sind kein Schaden«, meinte am Vorabend der systematische evangelische Theologe Trutz Rendtorff. »Sie sind als produktives Element in der Kultur des Christentums wirksam geworden. Eher könnte es ein Schaden sein, diese Unterschiede unter das Regiment einer Einheit von oben zu stellen. Überzeugte Katholiken und Protestanten wollen nicht aufhören, Katholiken oder Protestanten zu sein«[54]. Die Konfessionalisierung des Christentums kann vielleicht als eine vergehende Gestalt angesehen werden; vergangen ist sie mitnichten.

4.2 Universalisierung

Christ sein heißt in Bewegung bleiben. Das trifft für jeden einzelnen zu, sofern Christentum als Nachfolge Jesu Christi lebenslange Annäherung an ihn bedeutet. Es gilt aber auch für seine institutionelle und kollektive Seite. Sie steht unter dem Abschiedsauftrag ihres Stifters: »Mir ist alle Macht gegeben im Himmel und auf der Erde. Darum geht zu allen Völkern, und macht alle Menschen zu meinen Jüngern; tauft sie auf den Namen des Vaters und des

Sohnes und des Heiligen Geistes und lehrt sie alles zu befolgen, was ich euch geboten habe« (Mt 28,18-20). Kirche hat eine Sendung (lat. *missio*); Mission und damit Universalisierung ihrer Botschaft gehören zu ihrem Wesen. Eingeschlossen in diesen Auftrag ist die innere Bereitschaft und die äußere Befähigung, sich in der Umsetzung ganz und gar auf die Adressaten einzulassen. Wenn die Jünger Jesu zu den Völkern gehen sollen, müssen sie die Wege *zu ihnen*, aber auch die Wege *bei ihnen* sehr genau kennen. Wenn die Völker Christen werden sollen, müssen die Missionare die Lebenswelt der Menschen sorgsam vor Augen haben. Damit entsteht eine bleibende Herausforderung: Auf der einen Seite soll kein anderes Evangelium als das der Apostel gelehrt werden, auf der anderen aber ermöglicht das allein ein unaufhörlicher Prozess von Anpassung, Angleichung und Einformung. Die Speise des Evangeliums muss Fleisch und Blut der Menschen werden. Aber wird sie dann nicht ununterscheidbar bis zur Unkenntlichkeit? Die Sache kompliziert sich, da die Boten des Evangeliums selber nicht Abstrakta sind, sondern ihrerseits – und je bessere Boten sie sind, um so mehr – das Evangelium Fleisch und Blut haben in sich werden lassen. Missionarische Tätigkeit ist ein höchst schwieriges Unterfangen, das sich in ständiger Spannung vollzieht zwischen den Kulturen von Sender wie Empfänger der Botschaft. Die Geschichte der Glaubensverbreitung ist, wie der Missionsauftrag erwarten lässt, identisch mit der Geschichte der christlichen Religion, ihrer Krisen eingeschlossen – noch in der neutestamentlichen Periode der Überstieg vom Judentum in die hellenistische Kultur, um die Wende zum 7. Jahrhundert die Adaptation an die germanische Welt, in der Neuzeit die tatsächliche Entfaltung des Christentums zur Weltreligion und damit die Notwendigkeit des Eingehens in eine Vielzahl außerordentlich unterschiedlicher Lebenswelten.

In den ersten sechs Jahrhunderten bedeutet Mission die Verbreitung des Evangeliums innerhalb der Grenzen des römischen Reiches. Sie wird begünstigt durch eine einheitliche Sprache, das Griechisch der so genannten Koine, die einheitlichen politischen Strukturen und nicht zuletzt durch die Toleranz der Autorität gegenüber den Religionen. Die Christenverfolgungen sind in der Antike vereinzelte Episoden geblieben. Wie bei jeder Regel gibt es auch bei der Mission Ausnahmen: Die römischen Grenzen wurden auch schon einmal überschritten, so im 2. Jahrhundert in den syrischen Kulturraum hinein, der auch bald eine eigene christliche Literatur hervorbringt, so nach Armenien und Persien und im 5. Jahrhundert nach Äthiopien.

Dort entwickeln sich eigene Gestalten des Christlichen, die sich teilweise bis zur Stunde erhalten haben, denen aber eine weitreichendere Wirkungsgeschichte versagt geblieben ist. Die Zukunft in diesen Regionen gehörte dem Islam. Die Nestorianer, eine durch eigene Christologie sich unterscheidende Sondergruppe (vgl. 6.1), drangen bis nach Indien und sogar nach China vor. Die Missionare des 16. Jahrhunderts begegneten noch Resten dieser Aktion.

Die zweite Phase vom Ausgang des 6. bis zum 8. Jahrhundert christianisiert Germanien. Davon war schon einmal die Rede. Das 9. Jahrhundert sieht die von hier ausgehende Missionierung des Nordens bis Skandinavien. Wir kennen Ansgar, die Zentralfigur dieser Periode. Etwa gleichzeitig werden von Byzanz die ostmitteleuropäischen und osteuropäischen Länder missioniert. Das blieb die einzige nennenswerte Glaubensverbreitung seitens der orthodoxen Kirchen; später haben sie sich zwar stets um ihre Mitglieder in den nichtchristlichen Zonen gekümmert, aber nicht eigentlich versucht, diese selber zu verchristlichen. Bedeutungsvoll in der Zeit des frühen Mittelalters ist die Mission des Brüderpaares Kyrillos (827-869) und Methodios (um 815-885) in Ostmähren. Sie predigen und feiern Liturgie in der Volkssprache; eigens dazu entwerfen sie eine eigene Schrift, die als »kyrillische Schrift« in Russland und mehreren angrenzenden Ländern in Gebrauch ist. Russlands Christianisierung beginnt 988, als sich der Kiewer Großfürst Wladimir taufen lässt. Damit hebt die Verschmelzung des byzantinisch-orthodoxen Christentums mit der slawischen Kultur an – auch sie fruchtbar bis jetzt. Das antike Ordnungsdenken mit seiner Begünstigung der Einheit von Staat und Religion führte seit Gregor d.Gr. zur Vorstellung vom »indirekten« Heidenkrieg als Missionsmittel. Sie ist von der Idee des »Heiligen Krieges« nicht sehr weit entfernt. Jedenfalls hatten in der Praxis die Leute manchmal keine andere Wahl als die zwischen Taufe oder Tod. Erst die Bettelorden propagieren die gewaltlose Mission.

Merkwürdigerweise spielt aber die Glaubensausbreitung keinen besonderen Part im hochmittelalterlichen Christentum, obschon man dogmatisch vom ewigen Verderben aller Heiden ebenso überzeugt war wie empirisch von der Existenz zahlloser Völker am Rande der Christenwelt. Ramón Lull (Raimundus Lullus, 1232-1315/16) ist eine der wenigen Persönlichkeiten, die nicht nur selber zu Mohammedanern und Juden ging, sondern auch eine Missionstheologie erdachte. Die hohe Zeit der Glaubensverbreitung, an die man gewöhnlich beim Stichwort »Missionen« denkt, beginnt erst mit dem Zeitalter der Entdeckungen und setzt sich über das 16. bis ins 20. Jahrhundert fort. Es waren gewaltige Bewegungen, die von Europa ausgingen. Sie werden in der ersten Zeit fast allein vom Katholizismus, genauer: von den Orden getragen; die Protestanten ziehen erst im 17. Jahrhundert nach.

Bis vor etwa fünfzig Jahren galten die Missionare bei jugendlichen Christen als Glaubenshelden. Die Berichte in Büchern und einschlägigen Zeitschriften zeigten sie als begeisternde Männer, die unzivilisierten Leuten mit der Bibel auch Hosen und Essbestecke brachten und sie so den Weißen wenigstens im Ansatz ähnlich, also zu guten Christen machten. Heute beurteilen wir wesentlich nüchterner und kritischer diese gut gemeinten und nicht selten den Lebenseinsatz fordernden Anstrengungen. Die Missionarinnen und Missionare identifizierten gewöhnlich Evangelium und europäische Kultur und Theologie so selbstverständlich, dass ihnen der Blick für die Eigenständigkeit und Eigenwertigkeit der anderen Kulturen fehlte.

Das zeigt sich exemplarisch in der Aufteilung der von Kolumbus entdeckten Neuen Welt in eine spanische und in eine portugiesische Einflusssphäre, die Papst Alexander VI. im Vertrag von Tordesillas (1494) vornahm. Vermutlich ist damals niemand auf den Gedanken gekommen, dass die amerikanischen Hochkulturen mit ihren ausgebildeten Staatswesen ihr eigenes Organisationsrecht besitzen könnten. Dann kann es auch nicht mehr erstaunen, wenn die spanischen Konquistadoren rücksichtslos, getrieben von Macht- und Goldgier, blühende Kulturvölker wie die Inkas und die Azteken auf unmenschliche Weise vernichteten, und dies ausdrücklich im Namen und zu Ehren Christi (Tafel 26).

Auf den Trümmern dieser Reiche »entstand eine neue Welt als System der Unterdrückung, das jeden Indio zum Objekt der Ausbeutung, jeden Heiden zum Rebell und die Mission zum Domestikationsmittel zu machen suchte«[55]. Etwas besser verlief der Christianisierungsversuch in Asien: Jesuiten wie Franz Xavier († 1552) in Indien und Japan, Roberto de'Nobili († 1656) in Indien und Matteo Ricci († 1610) in China gelang eine erstaunliche Zahl von Bekehrungen bis in die höchsten Kreise hinein. Allerdings wurden die Erfolge durch den engstirnigen Ritenstreit beinahe zur Gänze zunichte gemacht; heute sind die Philippinen der einzige christliche Staat des Kontinents. Während hier 93,8% der Bevölkerung Christen sind, bilden diese in China (0,2%) und Indien (2,4%) eine geradezu hoffnungslose Minderheit[56].

Tafel 26. – Bartolomé de Las Casas, Ganz kurzer Bericht über die Zerstörung Westindiens (Brevísima relación de la destruición de las Indias), Über die Insel Espanola (1552).

Quelle: M. Delgado (Hg.), Bartolomé de Las Casas, Werkauswahl, Bd. 2, Paderborn u. a. 1995, 71.
Der Kupferstich ist von Th. de Bry aus der ersten lateinischen Ausgabe des Werkes von 1598: A.a.O. 46.

Die Christen mit ihren Pferden, Schwertern und Lanzen verübten Metzeleien und unerhörte Grausamkeiten an ihnen ... Sie bauten große Galgen, die so beschaffen waren, daß die Füße der Opfer beinahe den Boden berührten und man jeweils dreizehn von ihnen henken konnte, und zu Ehren und zur Anbetung unseres Heilands und der zwölf Apostel legten sie Holz darunter und zündeten es an, um sie bei lebendigem Leibe zu verbrennen. Anderen banden oder wickelten sie trockenes Stroh um den ganzen Körper, sie steckten es an und verbrannten sie so. Wieder anderen, und zwar allen, die sie am Leben lassen wollten, schnitten sie beide Hände ab, hängten sie ihnen um und sagten: "Tragt diese Briefe aus", das heißt, "überbringt die Botschaft den Leuten, die in die Berge geflohen sind". Gewöhnlich töteten sie die Herren und Adligen auf diese Weise: Sie machten einen Bratrost aus Stäben, die sie auf Gabelstützen legten, und darauf banden sie die Opfer fest, und unter ihnen entzündeten sie ein schwaches Feuer, damit sie ganz allmählich, während ihnen die Qualen verzweifelte Schreie abpreßten, die Seele aushauchten.

Beim Ritenstreit ging es vordergründig um die Frage, ob der Ahnenkult in China und die Volksbräuche in Indien als Ausdruck der jeweiligen Kulturen gelten und damit mit dem Christentum koexistent sein können oder als heidnisch-religiöse Kultformen und damit als gegenchristlich einzustufen seien. Dahinter standen aber ganz andere Konflikte: Die Rivalität der Bettelorden zu den die Riten befürwortenden Jesuiten, die Gegensätze zwischen Spanien und Portugal, die Angst um die Reinheit der kirchlichen Gebräuche, das in Rom herrschende dogmatische Sicherheitsdenken. Die Päpste sprachen sich Anfang des 18. Jahrhunderts mehrfach in schroffer Weise gegen die jesuitische Missionsstrategie aus. Das Verbot hob Pius XII. 1940 auf; aber da waren die Chancen für das Christentum in Asien weitestgehend vertan.

Der Protestantismus war in der ersten Phase vornehmlich mit der eigenen Konsolidierung beschäftigt und daher nach innen gewandt. Als er sich um 1800 der nichtchristlichen Außenwelt zuwendete, geschah das im engen Anschluss an die Kolonialisierung. Missionsträger waren die Holländer und die Briten. Die bedenkliche Symbiose zwischen Kolonialisierung und Evangelisierung versuchte erstmals die unter pietistischem Einfluss entstandene Dänisch-Hallesche Mission in Südindien zu lösen. Unter Heranziehung von einheimischen Mitarbeitern, einer eigenen Liturgie, einer dialogischen Haltung zu Hinduismus und Islam und nicht zuletzt durch ökumenische Haltung verstand sie es, eine weitgehend bodenständige Kirche zu etablieren. Der Erfolg führte zu einem großen Aufschwung besonders in den erwecklichen protestantischen Bewegungen, die sich in Missionsgesellschaften zusammentaten. Von ihnen ging Anfang des 20. Jahrhunderts der erste Anstoß zur ökumenischen Bewegung aus: Es erwies sich für alle Kirchen als hohes Hindernis für die Bekehrungsversuche, dass den Menschen das Ziel unklar bleiben musste: Heißt Christ werden nun katholisch, evangelisch oder anglikanisch werden? Weil die Kirchentümer sich bekämpften, konnte nur eines davon richtig sein. Aber welches?

Unbeschadet aller dieser Fakten darf nicht übersehen werden, dass die christliche Freiheitsbotschaft in den neuen Welten durch die Missionare zur Geltung gebracht worden ist, die in unserer Zeit zur politisch-kulturellen Emanzipation der Völker einen erheblichen Beitrag geleistet hat. Schon im 16. Jahrhundert prangerten einige von ihnen die Ausbeutung und moralischen Übergriffe der Kolonialherren an. Bleibendes Gedenken verdient vor allen anderen der Dominikaner Bartolomé de Las Casas (1474-1566). 1502 kommt er nach Amerika, genau ein Jahrzehnt nach Kolumbus.

Tafel 27. – Bartolomé de Las Casas, Geschichte Westindiens (Historia de las Indias (zwischen 1527 und 1561) III,79.

Quelle: M.Delgado (Hg.), Bartolomé de Las Casas, Werkauswahl, Bd. 2, Paderborn u.a. 1995, 262-266 (in Auszügen).

Der Autor schildert (in der 3. Person) seine »erste Bekehrung« vom Ausbeuter zum Anwalt der Indianer. Als Encomendero (Beauftragter im System der Zwangsarbeit) beunruhigt er sich 1514 über die zahlreichen Todesfälle der Indios in den Minen, obwohl er sich doch Mühe gab, sie sanft zu behandeln. Im Christentum aber unterwies er sie nicht.

Als er die Predigten studierte, die er ihnen beim letzten Fest gehalten hatte, oder andere aus jener Zeit, begann er mit sich selbst über jene Stellen der Hl. Schrift nachzudenken, und wenn ich es nicht vergessen habe, war die aus dem Buch Jesus Sirach 34,21-27 die wichtigste und vorrangigste: »Wer von ungerechtem Blut opfert, dessen Gabe ist unrein; und die Spöttereien der Ruchlosen können Gott nicht gefallen. ... An den Gaben der Gottlosen hat der Allerhöchste kein Gefallen und schaut nicht auf die Opfer der Ungerechten ... Wer das im Schweiße gewonnene Brot raubt, ist dem gleich, der seinen Nächsten tötet. Wer Blut vergießt und wer einen Taglöhner betrügt, sind Brüder«. Er begann, so meine ich, über das Elend und die Sklaverei, welche jene Völker erlitten, nachzudenken. ... Nach einigen Tagen, die er in diesem Nachdenken verbrachte und sich Tag für Tag mehr und mehr durch das bestätigt sah, was er bezüglich des Rechtes las und hinsichtlich der Praxis beobachtete, indem er das eine mit dem anderen verband, kam er zu der Auffassung, von derselben Wahrheit überzeugt, dass all das, was man in diesem Westindien an den Indios verbrach, unrecht und tyrannisch sei. ... Schließlich entschloss er sich dazu, dies auch zu predigen.

Er übergibt die eigenen Indios dem Gouverneur und teilt ihm den Sinneswandel mit. Dieser hält ihn für eine neuartige und monströse Idee, kann aber Las Casas nicht umstimmen, der den Spaniern am Fest Mariä Himmelfahrt über das Evangelium vom aktiven und kontemplativen Leben die Leviten liest.

Mit diesen Worten begann er ihnen ihre Blindheit, ihre Ungerechtigkeiten, Tyranneien und Grausamkeiten aufzudecken, die sie gegen jene unschuldigen und sanften Völker begingen: wie diejenigen, die Indios hatten, sowie solche, die sie ihnen zuteilten, kein Heil finden könnten, dass sie zur Wiederherstellung ihrer (der Indios) ursprünglichen Situation verpflichtet waren und dass er, weil er sich der Gefahr, in der er lebte, bewusst war, die Indios aufgegeben habe. Alle waren erstaunt oder sogar erschrocken über das, was er sagte, einige zerknirscht, andere glaubten, sie träumten, als sie solche Neuigkeiten hörten, dass sie nämlich nicht ohne Sünde die Indios in ihren Diensten halten könnten; sie glaubten dies ebensowenig, wie wenn man ihnen gesagt hätte, sie dürften sich der Arbeitstiere nicht bedienen.

Er beteiligt sich erst einmal an der allgemeinen Vergewaltigung von Land und Menschen. Wieder ein Jahrzehnt später ändert er Leben und Denken radikal: Er wird zum Vorkämpfer der Rechte der Eingeborenen, stellt furchtlos die Gräuel der Kolonialmächte an den Pranger (Tafel 26) und weist theoretisch deren Unchristlichkeit nach (Tafel 27). Es gelingt ihm, bei Kaiser Karl V. Reformgesetze (»*Leyes Nuevas*«) zu erwirken (1542), die das System der Zwangsarbeit *(encomienda)* aufheben. Sie bleiben aber ebenso wirkungslos wie achtzig Jahre danach die päpstliche Gründung der *Congregatio de Propaganda Fide* (Kongregation zur Verbreitung des Glaubens, 1622), der die amerikanischen Missionen unterstellt werden sollen. Die Lage der Indios ändert sich nicht nennenswert.

Einen weiteren Ansatz zur Humanisierung des Kolonialsystems machen die Jesuiten. Sie rufen ein ausgeprägtes Schulsystem ins Leben. Damit legen sie den Grundstein für die Bildung der Völker, die die Voraussetzung ihrer Selbständigkeit im 20. Jahrhundert sein wird. Ferner gründen sie »Reduktionen«, Schutzzonen, zu denen neben den Indios nur die Ordensväter Zugang haben sollen. In Paraguay wird 1602 ein veritabler Jesuitenstaat gegründet, der in seiner Glanzzeit an die 300 000 Indios umfasste. 1767 geht das Experiment zu Ende: Die Gesellschaft Jesu wird aus Lateinamerika vertrieben.

Erst in den sechziger Jahre des vergangenen Jahrhunderts schaffen sich diese Gedanken überall Raum. Katholiken wie Protestanten im Westen besinnen sich auf die Zusammengehörigkeit von Orthodoxie und Orthopraxis, von Glaube und christlichem Glaubens-Handeln. Mission wird nicht bloß als Bekehrung, sondern auch als Entwicklungshilfe verstanden, und zwar im umgreifenden Sinn. Sie umschließt die Befreiung der Völker aus ungerechten sozialen und politischen Strukturen, aber auch die Schaffung von Frieden und Gerechtigkeit sowie die Bewahrung der durch europäische Ausbeutung bedrohten Schöpfung. In der zweiten Hälfte des 20. Jahrhunderts gab die südamerikanische »Theologie der Befreiung« nachhaltige Anstöße dazu; sie wurden erst einmal von der römischen Kirchenleitung abzublocken versucht, dann übernahm sie von ihr bestimmte Elemente. Was die Missionsmethode selber angeht, so wird zum Ziel des Amalganierungsvorgangs zwischen (westlich geprägtem) Christentum und (den anderen) Kulturen nicht bloße herablassende Anpassung (Adaptation), sondern entschiedene Inkulturation:

Tafel 28. –
Die Verschiebung der Proportionen in der Christenheit zwischen 1900 und 2000.
nach Brian Wilson, Christianity, London 1999, 84 f.

Die Mehrzahl der Christen 60 %) lebt heute nicht mehr in Europa. Während hier die Kirchen reich, doch einer zunehmenden Vergreisung ausgesetzt sind, ist die außereuropäische Christenheit jung (42 % unter 15 Jahren), aber arm und oft ohne Bildungschance. Sie driftet überdies von den traditionellen Großkirchen in wachsender Beschleunigung ab zu pfingstlich-charismatischen Bewegungen. Von diesen »mushroom churches« (Pilzkirchen: weil sie so rasch wie Pilze aus dem Boden sprießen) entstehen pro Jahr an die hundert in den Entwicklungsländern. Die Kirchen bemühen sich um die Internationalisierung des Führungspersonals auf allen Ebenen. Waren 1951 nur 33 katholische Bischöfe Nichteuropäer, sind es heute über 700.

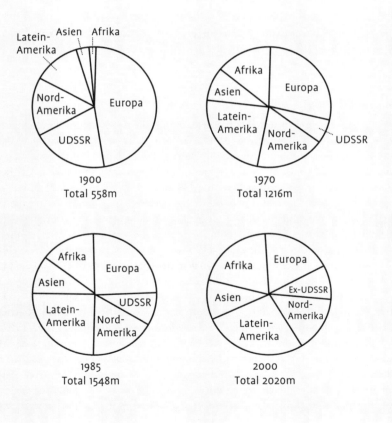

4.2 DIE UNIVERALISIERUNG

Das Christentum hat die in den anderen Kulturen und auch in den anderen Religionen bestehenden Werte aufzugreifen und zu übernehmen. Der Erfolg des missionarischen Handelns ist dann aber nicht nur vom binnenchristlichen Ökumenismus abhängig, sondern auch vom interreligiösen Dialog. Ein hoffnungsvolles Zeichen ist die wachsende Zahl der Mitarbeiterinnen und Mitarbeiter im weltweiten kirchlichen Dienst aus den nichteuropäischen Völkern; dieser Befund trifft für alle Kirchen zu. Diese Entwicklung wird dadurch beschleunigt, dass eine signifikante Verschiebung der Christenheit von den Industrienationen zu den Völkern der Dritten Welt zu beobachten ist (Tafel 28).

Dieses Faktum verlangt eine weitaus stärkere Berücksichtigung der Eigenständigkeit und Autonomie der Ortskirchen in jenen Gebieten, eine unbefangenere Förderung einer Lehrausformung, die den anderen Zusammenhängen (Kontexten) der christlichen Gestaltwerdung in den Völkern gerecht wird (*Kontextuelle Theologie*), als es vor allem in der katholischen Kirche am Ende des 2. christlichen Jahrtausends geschieht.

4.3 Aufklärung

Die Lehre von einer unaufhebbaren Verdammnis der hartnäckigen Sünder hat eine durchaus plausible Begründung (6.7 (3)). Zu den stärksten disziplinarischen Mitteln der Religion, um vor ihr zu bewahren, gehört aber seit eh und je die Vorstellung von der Schrecklichkeit der Hölle, die in Predigt und Unterricht, aber auch in der Kunst gern mit dem ganzen verfügbaren Aufgebot an Sadismus und böser Phantasie ausgemalt wird. Seit Augustinus ist es sicher, dass die Mehrzahl der Menschen der ewigen Qual anheimfallen wird. Der Jesuit Pierre Coton (1564-1626) beispielsweise, Beichtvater Heinrichs IV., beschreibt im *Sermon sur le jugement universel* (Predigt über das Jüngste Gericht) die Hölle als ewiges Gefängnis, in dem die Feinde Gottes schmachten; sie erleiden unsagbare Qualen, denen gegenüber Streckbank, Häuten, Gliederausreißen, Nierenkoliken und Nervenkonvulsionen wie »ein milder Tau erscheinen«. Ein knappes Jahrhundert später ist dieser Glaube nachhaltig erschüttert. Pierre Bayle (1647-1706), ein tieffrommer, aber auch hochkritischer Philosoph, überlegt in seinem einflussreichen *Dictionnaire historique et critique* (1692-1695):

»Ein Philosoph, der wirklich philosophisch denkt, muss darauf bestehen, dass die Millionen und Abermillionen Jahrhunderte während Qual einer Kreatur mit der allerhöchsten Güte eines Schöpfers unvereinbar ist, und wenn ihr nur die Strenge der Strafe mildern wollt, so irrt ihr. ... Ebenso ist die Verdammnis der ungetauft gestorbenen Kinder und der Erwachsenen, die nie vom Evangelium gehört haben, auch nur eine empörende Scheingerechtigkeit, ganz abgesehen davon, dass es absurd ist, zwei Drittel der Menschheit in einen Limbus zu schicken, der kaum größer als das französische Königreich ist«[57].

Das ist revolutionär: Da wagt jemand, gegen die kirchliche Lehre und Tradition eines Jahrtausends etwas Selbstverständliches in Frage zu stellen, gestützt einzig und allein auf seine Vernunft, also im letzten auf sich selber. Der einzelne tritt gegen die Gemeinschaft der Glaubenden und ihre Ordnung auf! Wo kommen wir hin, wenn das Inferno seinen Schrecken verliert? Nicht nur in die unabwendbare Gefahr der Unsittlichkeit, sondern, mehr noch, zur Bedeutungslosigkeit des Kirchentums! Der Vorgang und diese Perspektiven sind typisch für die dritte kirchengeschichtlich wichtige Komponente der Neuzeit, die Aufklärung. Sie ist zu verstehen auf der Folie der allgemeinen Verunsicherung, in die die Kirchenspaltung Europa gestürzt hatte. Sie war nicht nur theologisch: Die konfessionellen Auseinandersetzungen waren im Dreißigjährigen Krieg eskaliert, der Mitteleuropa zerstört hatte. Die naturwissenschaftlichen Revolutionen (eben war das seit je geltende geozentrische Weltbild als falsch erklärt worden) hatten das Ihre getan (vgl. 4.4). Welchen Platz, welche Bedeutung hatte noch der Mensch? Die neue Zeit erwies sich als eine unvorgedachte Kampfansage an die Religion. Gerade sie aber war in den kirchlichen Erscheinungsgestalten offenkundig unfähig zur Antwort. Man musste sie sich also selber geben. Dem einzelnen bleibt die Gemeinschaft nicht mehr unhinterfragbare Autorität; er muss, wohl oder übel, zur letzten Instanz werden.

Das geschieht im 17./18.Jahrhundert in ziemlich entgegengesetzter Weise. Antwort *eins* ist spiritualistisch-mystisch. Im katholischen Raum knüpfte sie an die spanische Mystik des 16.Jahrhunderts an, die mit den Namen der Kirchenlehrer Teresa von Ávila und Johannes vom Kreuz verbunden ist. In Frankreich vertritt der *Quietismus* (lat. *quies* »Ruhe«) das Ideal passiver Hingabe an Gott. Man soll ihn nicht einmal lieben, sofern auch die Liebe immer etwas haben will, es sei denn mit einer »interesselosen Liebe« (*amour désintéressé*), in der auch noch das letzte Stück des Ichs aufgegeben wird. Die ebenfalls in Frankreich zeitweise in hoher Blüte stehende Bewegung des *Jansenismus* (nach dem Bischof Cornelius Jansen, † 1638) wollte gegen die moralischen Auflösungserscheinungen die rigorose Unbedingtheit des christlichen Lebens der Frühzeit wieder einführen. Beide Strömungen verfielen dem Verdikt der katholischen Kirche, die damit auch dem Individualismus eine Absage erteilte.

Im evangelischen Christentum zielen in die gleiche Richtung einer Verinnerlichung der Religion die enthusiastischen Bewegungen der Quäker (engl. *to quake* »zittern«; offiziell: *Society of Friends*) und (in Deutschland) des *Pietismus*. In ihnen lebt der spiritualistische Zweig der Reformation des 16. Jahrhunderts weiter. Ihr eigentlicher Gegner ist der bieder-verbürgerlichte Protestantismus ihrer Zeit. Als Vater des Pietismus gilt der elsässische Juristensohn Philipp Jakob Spener (1635-1705). Der Titel seines Hauptwerkes, Namengeber der Bewegung, zeigt die Richtung an: *Pia desideria oder Herzliches Verlangen nach gottgefälliger Besserung der wahren evangelischen Kirchen samt einigen dahin einfältig abzweckenden christlichen Vorschlägen* (1675). Man kann den Einfluss dieser Form des Christlichen auf die Folgezeit kaum überschätzen, vor allem auch deswegen, weil sie sich besonders in Amerika entfalten konnte und dort bis heute die Christlichkeit des Kontinents bestimmt.

Die *zweite Antwort* gibt die Aufklärung; sie vor allem prägt die Kirchentümer entscheidend. Was Aufklärung ist, hat klassisch der bedeutendste neuzeitliche deutsche Philosoph beschrieben; einige Sätze kann man auf Tafel 29 lesen. Die Freiheit des individuellen Denkens wird beredt proklamiert. Kant (1724-1804) hat das Programm jedoch nicht begründet. Das geschah schon rund anderthalb Jahrhunderte vorher durch den französischen Denker *René Descartes* (1596-1650). Die Reduktion des Denkens auf den universalen Zweifel hatte ihm gewiss gemacht, dass wenigstens dieser Zweifel unbezweifelbar sei. Damit wird das Selbstbewusstsein des Menschen zum obersten und letzten Maßstab – auch bezüglich Gottes. Dessen Existenz setzt Descartes voraus, weil er sie rational beweisen kann; sie ist ihm Garantin für die Richtigkeit des gottgewirkten Räsonnierens. Aber selbst in diesem Gedankengang bleibt das denkende Subjekt der eigentliche Initiator der Wirklichkeitserkenntnis und Wirklichkeitsbewältigung. Das war ein Wagnis, doch nach Kant ein befreiendes Abenteuer.

Die konfessionellen Theologien wussten auf diese zunächst theologisch durchaus noch diskutablen Theorien keine rechte Antwort. Im Grund hatte die Aufklärung die thomanische Synthese von Glaube und Wissen aufgenommen; sie hatte sie allerdings vom anderen Ende her praktisch nutzbar gemacht. Für die Hochscholastik folgte aus einer Unvereinbarkeit von Glaubenssatz und Denkergebnis, dass das Denken inkorrekt ist. Jetzt gilt im gleichen Fall: Dann ist die Doktrin der Kirche falsch. So liegt es dem neuen Räsonnieren nahe, von Anfang an gleich einmal so zu denken, als ob es Gott nicht gäbe. Den entscheidenden Schritt über Descartes hinaus vollzog der

Engländer *Thomas Hobbes* (1588-1679). Gott ist in seinem System nur noch der Anfangsimpuls der Welt; alles andere, auch die geistigen und psychischen Vorgänge, ist innerweltlich erklärbar. Ein weiterer Schritt ist seinem Landsmann *John Locke* (1632-1704) verdankt: Wenn alles innerweltlich durchschaubar ist, dann müssen auch die christlichen Lehren auf diesen Prüfstand: Sie können nur dann rezipiert werden, wenn sie nicht widervernünftig sind. Auf diese Weise scheidet er den Trinitätsglauben und die Christologie als wenigstens überflüssig aus. Damit aber war ein abschüssiger Weg betreten.

Tafel 29. – Immanuel Kant, Beantwortung der Frage: Was ist Aufklärung? (1784)
Quelle: I.Kant, Werke in 10 Bänden, hg. von W.Weischedel, Darmstadt, Band 9 (1975), 53.

Aufklärung ist der Ausgang des Menschen aus seiner selbst verschuldeten Unmündigkeit. Unmündigkeit ist das Unvermögen, sich seines Verstandes ohne Leitung eines anderen zu bedienen. Selbstverschuldet ist diese Unmündigkeit, wenn die Ursache derselben nicht am Mangel des Verstandes, sondern der Entschließung und des Mutes liegt, sich seiner ohne Leitung eines anderen zu bedienen. Sapere aude! Habe Mut, dich deines eigenen Verstandes zu bedienen! ist also der Wahlspruch der Aufklärung.

Faulheit und Feigheit sind die Ursachen, warum ein so großer Teil der Menschen, nachdem sie die Natur längst von fremder Leitung frei gesprochen (naturaliter maiorennes), dennoch gerne zeitlebens unmündig bleiben; und warum es anderen so leicht wird, sich zu deren Vormündern aufzuwerfen. Es ist so bequem, unmündig zu sein. Habe ich ein Buch, das für mich Verstand hat, einen Seelsorger, der für mich Gewissen hat, einen Arzt, der für mich die Diät beurteilt, u.s.w.: so brauche ich mich ja nicht selbst zu bemühen. Ich habe nicht nötig zu denken, wenn ich nur bezahlen kann; andere werden das verdrießliche Geschäft schon für mich übernehmen. ...

Zu dieser Aufklärung aber wird nichts erfordert als Freiheit; und zwar die unschädlichste unter allem, was nur Freiheit heißen mag, nämlich die: von seiner Vernunft in allen Stücken öffentlichen Gebrauch zu machen. Nun höre ich aber von allen Seiten rufen: räsonniert nicht! Der Offizier sagt: räsonniert nicht, sondern exerziert! Der Finanzrat: räsonniert nicht, sondern bezahlt! Der Geistliche: räsonniert nicht, sondern glaubt! (Nur ein einziger Herr in der Welt sagt: räsonniert, so viel ihr wollt, und worüber ihr wollt; aber gehorcht!) Hier ist überall Einschränkung der Freiheit. Welche Einschränkung aber ist der Aufklärung hinderlich? welche nicht, sondern ihr wohl gar beförderlich? – Ich antworte: der öffentliche Gebrauch seiner Vernunft muss jederzeit frei sein, und der allein kann Aufklärung unter den Menschen zu Stande bringen...

Die gemeinchristliche Lehre war immer, seit der Reformation in verstärkter Intensität davon ausgegangen, dass der Inhalt des Glaubens auf einer übernatürlichen Offenbarung beruhe und diese irrtumsfrei in der Bibel tradiert worden sei. Der aufklärerische Ansatz stellt beide Dogmen radikal in Frage. Die Heilige Schrift ist für ihn ein literarisches Dokument wie alle anderen, das also auch wie diese mit historisch-kritischen Methoden untersucht werden kann und muss; die Offenbarung ist nichts anderes als ein Humanprodukt einer vergangenen Kultur. Die Folgerungen sind nicht weniger an die Wurzel gehend: Hinter dem neutestamentlichen Bild eines himmlischen Erlösers Jesus Christus wird historisch greifbar eine ziemlich schlichte Persönlichkeit, bestenfalls ein erleuchteter Menschheitslehrer. Er hat auch keine Wunder gewirkt – weil es gar keine Wunder geben kann. Er musste auch niemanden erlösen, weil die nicht begründbare Theorie von der Erbsünde erst die Unterdrückung hervorgerufen hatte, die er angeblich beheben musste.

Vor allem aber wird die Existenz des Bösen zur entscheidenden Herausforderung für die Glaubwürdigkeit der christlichen Religion, vor allem dann, wenn es wie im Fall der Hölle Gott höchstselbst angelastet zu werden schien – wir erinnern uns an P. Bayle. Mochte man auch noch irgendwie mit dem aus der Schuld entstehenden Übel (*malum morale*) rational zu Rande kommen, unlösbar dünkte der Fall des *malum physicum*, der Naturkatastrophe. Anno 1755 hatte ein Erdbeben die prächtige Stadt Lissabon zu zwei Dritteln in Schutt und Asche gelegt; 30 000 Menschen gingen zugrunde. Das erschütterte die Zeitgenossen nachhaltig. Kann ein allgütiger und allmächtiger Gott so etwas geschehen lassen? Er kam auf die Anklagebank der Aufklärer und hatte sich zu rechtfertigen: Leibniz prägt dafür den Begriff *Theodizee* (griech. *theos, dike* »Gott, Urteil«). Seine eigene Lösung (von 1693, also vor dem Erdbeben!) bestand darin, dass Gott die bestmögliche aller Welten geschaffen habe; und wenn eben so etwas geschehe, könne es nicht anders sein, ist aber jedenfalls gut. Doch diese Lösung verfängt vor der entsetzlichen Katastrophe nicht. Voltaire (1694-1778) zeigt in seinem ironischen Roman »Candide oder die beste aller möglichen Welten« die Hinfälligkeit der These Leibniz'.

Der finale Schritt war eine Frage der Zeit. Wenn man ganz gut vorankam in der Welterkenntnis und Weltbewältigung unter der Hypothese der *Nichtexistenz* Gottes, warum sollte man ihn dann überhaupt noch in die Rechnung einsetzen? Die eigentliche Hypothese wird seine *Existenz*; und diese Hypothese braucht man nicht, so der Physiker Laplace († 1827) zu Napoleon. Religion ist dann nur noch eine Ausfaltungsform des reinen und edlen Menschentums oder, wie Jean Jaques Rousseau († 1778) meinte, die Liebe zu allem Edlen und Schönen. Die Religion wird ein humanitärer Bildungsfaktor, dessen außerweltliche Komponente nicht mehr begründbar schien. Die endgültige Form dieser Negation liefert Kant in seinem Hauptwerk *Kritik der reinen Vernunft* (1781). Aus der Existenz der Schöpfung kann man mit der reinen Vernunft, so räsonniert er, nicht auf Gott zurückschließen mittels »Beweisen«, wie noch die Scholastiker vermuteten. Er ist nur mehr denkbar als Postulat der praktischen Vernunft. Das will sagen: Der Mensch sieht sich unbedingt überzeugt von der Existenz der sittlichen Pflicht, der Gerechtigkeit, der Unsterblichkeit. Alle drei fordern (lat. *postulare*) Gottes Dasein – aber sie können nicht zwingend nachweisen, dass dem Postulat ein wirklich daseiender Gott entspricht. Kant erschütterte den von Urzeiten scheinbar selbstverständlichen Gottesglauben tief. Die Gottesfrage, verschärft durch das Theodizeeproblem, wird das Grundproblem der Neuzeit.

Wieder sind die Kirchen rat- und hilflos. Die letzten Zeilen zeigen: Die Akteure auf der geistigen Bühne der Zeit sind nicht mehr die Theologen, sondern die Philosophen. In der Universität, dem Haus der Wissenschaften, wird umgebaut. Zwei Hauptabteilungen entstehen, die Geistes- und die Naturwissenschaften. Die Theologie, mittelalterliche Königin der Wissenschaften, wird eine (mehr und mehr nur noch geduldete) Bewohnerin unter anderen Bewohnerinnen der ersten Abteilung. Ein altes Dilemma bricht brennend auf, die Spannung zwischen Tradition und Innovation, zwischen dem bewährten Alten und dem fordernden Neuen. Auch am Beginn des 21. Jahrhunderts ist sie genau so schmerzlich wie zu Beginn des 18. Jahrhunderts. Zwei Reaktionen sind möglich; sie wurden auch tatsächlich.

Die *erste Antwort* argumentiert: Zum unaufgebbaren Erbe des Christentums gehört die Ausrichtung des Menschen auf Gott, das Verlangen nach dem Heil, die Indienstnahme des Lebens für das bessere Jenseits. Sie allein kann angesichts der prekären Situation des Menschen in der Welt Lebensrichtung und damit Lebenssinn schenken. Die Erfahrungen der letzten Jahrzehnte haben wieder und wieder gezeigt, dass aus dem atheistischen nur zu leicht der inhumane Mensch wird. Die totalitären Führer des 20.Jahrhunderts sind schlimme Beispiele. Also lasst uns zu den alten Denkformen zurückkehren. Der Primat der Tradition ist das Gebot der Zeit! Diese Antwort auf die Neuzeit ist im Prinzip lobenswert. De facto aber stand sie stets in Versuchung, in eine fundamentalistische Haltung zu führen.

In der zweiten Hälfte des 20. Jahrhunderts hat sich der meist mit Fanatismus gepaarte *Fundamentalismus* als weltweite Bedrohung herausgestellt. Dass er nicht aufs Christentum beschränkt, sondern in allen großen weltanschaulichen Systemen, den religiösen wie den nichtreligiösen, Heimat gefunden hat, zeigt, dass er der Wurzel nach kein weltanschaulich bedingtes, sondern ein psychologisches Phänomen ist. Weil Religion Hilfe in den existentiellen Lebensproblemen ist, wird die fundamentalistische Haltung ihre vornehmliche Stützung gern im religiösen Bereich suchen.

Der Begriff selber stammt denn auch aus dem protestantischen Christentum, genauer aus dessen pietistisch-evangelikaler Richtung im Amerika des beginnenden 20. Jahrhunderts. In den USA bekannten sich Vertreter dieser Strömung zu fünf *fundamentals*, d.h. zu grundlegenden christlichen Lehren, die sie im liberalen Kirchentum bedroht sahen. Der Kern ist die Verabsolutierung des Bibelwortes, die Ablehnung des evolutiven Weltbildes, das Beharren auf der universalen (also auch politischen) Herrschaft Christi. Im katholischen Raum manifestierte die fundamentalistische Haltung sich in einer fast kultischen Erhöhung des Papsttums, einer ekzessiven Marienverehrung und der Ablehnung neuerer theologischer Erkenntnisse. Jeweils werden also bestimmte konfessionelle Erscheinungsgestalten des Christlichen verabsolutiert und gegen alle natürlichen Kontexte isoliert. So wird etwa einzig der normative, nicht aber mehr der geschichtliche Charakter der Heiligen Schrift beachtet, die simple Tatsache nämlich, dass die in ihr zu Wort kommende Gottesweisung notwendig erst einmal in eine bestimmte Zeit ergangen ist und an bestimmte Adressaten, die unausweichlich in einem bestimmten kulturalen Umfeld stehen. Viele Untersuchungen zeitigen stets den gleichen Befund: Das fundamentalistische Weltbild, wie immer es inhaltlich aufgefüllt sein mag, islamisch, hinduistisch, jüdisch oder auch christlich-katholisch oder christlich-evangelisch, baut sich aus der Verunsicherung vor der rasch sich verändernden, unablässig neue Informationen emittierenden Welt der Neuzeit auf. Diese Unsicherheit erzeugt Angst; Angst aber macht eng, Enge produziert Sicherheitsverlangen – und wie das erste Glied der Kette universal ist, ist es auch das letzte: Der Fundamentalist sucht Sicherheit um jeden Preis. Wie seinerzeit die alten Gnostiker spaltet er die Welt dualistisch in Gut und Böse – und Böse ist allemal das Neue, das Alte während gut (Tafel 30). Die Bedeutung der Tradition wird also absolut gesetzt: Das Neue ist das Böse.

Analysen zeigen gewöhnlich schnell, dass das uralte Gute in der Regel nicht hinter die Lehrbücher aus der Jugendzeit der Fundamentalisten zurückreicht. Die tatsächliche umfassende und sehr buntfarbige kirchlich-theologische Überlieferung ist ihnen ein Buch mit sieben Siegeln. Damit aber begeben sie sich der Fülle des Christlichen. Aus einem breiten Strom haben sie ein kleines Rinnsal abgezweigt in der Ansicht, es führe das ganze Wasser aus den Quellen.

Tafel 30. – Die fundamentalistische Geschichtstheologie
nach W. Beinert, Das entschiedene Jein. Über Ursachen und Grundlagen des
Fundamentalismus der Gegenwart: Blick in die Wissenschaft 3 (1994), Heft 5, 69

Die angstgeborene Frage des Fundamentalisten lautet: Wie kann man in der bösen
Gegenwart bestehen, um die heilbringende Zukunft zu erreichen? Da die Vergangenheit als gut erachtet wird (»die gute, alte Zeit«), kann die Antwort nur heißen: Wir müssen die alten Werte gegen das neue Verderben durchsetzen, wenn es sein muß, auch
gewaltsam, da es um Gottes Plan (und ums eigene Überleben) geht. Wie macht man
das? Man teilt die Lebenswelt in die Kategorien *gut* und *böse* auf. Gut sind »Wir«, böse
»die Anderen«. Aus diesem *Dualismus* folgt unerbittlich ein lehrhafter *Dogmatismus*,
ein moralischer *Rigorismus*, ein soziologischer *Elitarismus* und ein spiritualistischer
Transzendentalismus. Differenzierungen, Toleranz, Verstehen des Fremden sind dann nicht mehr möglich.

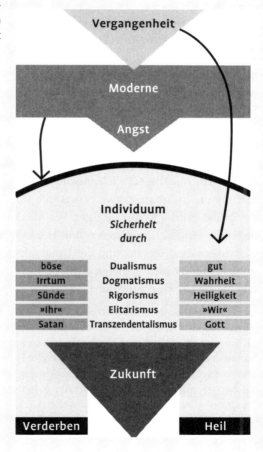

4.3 AUFKLÄRUNG

Die *zweite Antwort* auf die Aufklärung leidet unter solchen Verkürzungen nicht. Ihre Vertreter wenden sich beherzt dem Ruf der Zeit zu, suchen die Zeitzeichen zu erkennen und zu deuten aus dem Evangelium. Auf diese Weise hat sie zweifellos erheblich zur echten Weiterentwicklung der Anstöße und Inhalte der Botschaft des Evangeliums beigetragen. Ist der treibende Impuls der Traditionalisten die Angst, so werden die Verfechter aufklärerischen Fortschritts vom Pathos der Freiheit getragen, einem grundevangelischen Gut. Sie wollen das ganze Wasser aus den Quellen bewahren, aber sie wussten ebenso, dass viele andere Wasser aus den Seitentälern sich dem Quellgut verbinden und so den großen Strom erst bilden, der die Entwicklung trägt. Die Idee der Geschichtlichkeit ermöglicht diese Verbindung und gibt zugleich Kriterien für die Legitimität der Resultate an. War nicht in den Offenbarungszeugnissen selber vielfach davon die Rede, dass auch die Ära Jesu zwar als die Fülle, aber nicht als das Ende der Zeit verstanden werden musste, und dass die nachjesuanische Zeit alles andere als leerer, inhaltsloser Ablauf des schon Gehabten und Gewussten sein würde? An entscheidender Stelle im Johannesevangelium sagt Jesus: »Wenn aber jener kommt, der Geist der Wahrheit, wird er euch in die ganze Wahrheit führen« (Joh 16,13). Das an dieser Stelle verwendete griechische Verbum *hodegêsei* heißt wörtlich *einen Weg leiten*. Ein Weg führt durch neues Gelände, vermittelt neue Aussichten, erschließt neue Ziele. Aus diesem Verständnis heraus hat die Aufklärung unschätzbare Entwicklungshilfe für die abendländische und über sie für die globale Kultur geleistet. Die Abschaffung von Folter und religiös bedingter Hinrichtung (Ketzer- und Hexenprozesse), die Propagierung des Gedankens der Toleranz und der Unerlaubtheit weltanschaulicher Diskriminierung: vor allem anderen steht, im Gesagten schon enthalten, der Einsatz für die Durchsetzung der allgemeinen Menschenrechte.

Sie haben insgesamt wie auch im einzelnen ihre Wurzeln im Christentum (Tafel 31), hatten sich aber in dessen historischer Gestalt nicht durchsetzen können. Wenn sie 1776 in der amerikanischen Unabhängigkeitserklärung, 1789 in der französischen Nationalversammlung und 1948 durch die Vereinten Nationen feierlich proklamiert und in den beiden ersten Fällen verfassungsrechtlichen Rang bekommen haben, ist das ein Triumph des Freiheitsatems der Religion Christi. Es wäre vermessen zu behaupten, dieser Triumph sei schon vollendet. Die Menschenrechte und damit die Impulse der Aufklärung sind noch lange nicht, nicht einmal innerhalb der christlichen Kirchen, zur vollen Reife gelangt. Bis heute hat sich der Vatikan nicht in der Lage gesehen, der Europäischen Menschenrechtskonvention beizutreten.

Tafel 31. – Die biblische Grundlegung der allgemeinen Menschenrechte
Quelle: K.Hilpert, Die Menschenrechte. Geschichte, Theologie, Aktualität,
Düsseldorf 1991, 190.

Der Komplex *Menschenrechte* ist ein treffendes Beispiel für die Wirkmacht der biblischen Botschaft in der Geschichte, aus der sich langsam und historisch nicht unmittelbar herauskristallisierte, dass es fundamentale Rechte gibt, die jedem Menschen aufgrund seines bloßen Menschseins (also nicht wegen der Zugehörigkeit zu einer Gruppe oder wegen bestimmter Eigenschaften wie dem Geschlecht oder irgendwelcher Leistungen) zustehen und verfügbar sein müssen. In der Heiligen Schrift lassen sich aufgrund ihres geschichtlichen Charakters von vornherein nicht ausformulierte Rechtsformeln erwarten, wie sie etwa in der UN-Menschenrechtskonvention des 20.Jahrhunderts stehen, wohl aber Entsprechungen, die den Keim der Entwicklung hin zu diesen Formeln tragen.

Tatsächlich enthält die Bibel Elemente menschenrechtlichen Denkens, so wenn sie Schutzrechte für die Armen und Machtlosen kennt, Gerechtigkeit und Gleichheit einfordert oder den Gedanken der Geschwisterlichkeit der Menschen entwickelt (vgl. Hilpert, a.a.O. 191-200). Solche Entsprechungen zeigen sich vor allem im *Dekalog*, dem Zehnergebot nach Ex 20,2-17 und Dtn 5,6-2. Dort, genauer: in der Präambel des Katalogs, wird auch die Grundlage des biblischen Ethos hinsichtlich des menschlichen Lebens und Zusammenlebens deutlich gemacht: Die Freiheit. Jahwe stellt sich als der Gott vor, der Israel aus »dem Sklavenhaus« Ägypten in die Eigenständigkeit freien Menschseins führt. Im einzelnen kann man dann folgende Entsprechungen zwischen Geboten und modernen Menschenrechten finden:

Dekalog	Menschenrechte
Verbot von Mord	Recht auf Leben und Sicherheit
Verbot von Ehebruch	Freiheit der Eheschließung; Schutz von Ehe und Familie
Verbot von Diebstahl	Verbot der Sklaverei; Recht auf Eigentum
Verbot falschen Zeugnisses	Anspruch auf gerichtlichen Rechtsschutz; Recht auf Gehör vor einem unabhängigen und unparteiischen Gericht; Verbot der Vorverurteilung
Verbot der Übergriffe in den Lebensraum anderer	Schutz vor willkürlichen Eingriffen in Privatleben, Familie, Wohnung, Ehre, Beruf; Schutz vor willkürlicher Beraubung

Ein aufklärerischer Gedanke ist allerdings in den Kirchen zu beachtlicher Reife gelangt, der Toleranzgedanke. Das geschah zuerst hinsichtlich der jüdischen Religion und ihrer Vertreter, im 20.Jahrhundert dann gegenüber den anderen Religionen. Zwischen 1808 und 1815 verfügten mehrere deutsche Staaten unterschiedlich weit reichende, immer sehr vorsichtig formulierte Emanzipationsgesetze für die jüdische Bevölkerung, mit denen ein Anfang vom Ende ihrer Diskriminierung gemacht wurde (Tafel 32). Das bannte den Antisemitismus bekanntlich nicht für alle Zeiten. Bis heute wird diskutiert, welchen Anteil die Kirchen daran haben, einschließlich der von den Nazis in Gang gebrachten »Endlösung«. Schwerer fiel die Anerkennung des Menschenrechts der Religions- und Kultfreiheit. Das 2.Vatikanische Konzil hat erste ebenfalls sehr behutsame Schritte im Dekret »Dignitatis Humanae« gewagt, nachdem Gregor XVI. ein Jahrhundert zuvor sie energisch verworfen hatte. Ausdrücklich verteidigt hat sie im November 1999 Johannes Paul II. bei seiner Pastoralreise nach Indien.

Ein Gesamturteil über die Aufklärung muss differenziert sein. Sie war kein reiner Fluch und sie war kein bloßer Segen. Sie hat nicht nur überholte und der Wurzel nach unchristliche mittelalterliche Verkürzungen und Verkrampfungen gesprengt, sie hat auch die Tendenz gehabt, das Kind mitsamt dem Bad auszukippen: Aus dem religionskritischen Ansatz wurde, wie wir sahen, tendentiell ein religionsfeindliches Verhalten. Im Grund macht sich dasselbe Motiv geltend wie bei den Verteidigern der Tradition auch: der Isolationismus. Nur kapselt sich einmal das Alte, das andere Mal das Neue von der vollen Lebenswirklichkeit ab und verfällt der Einseitigkeit und damit dem Irrtum. Zu Recht warnten die einen vor dem unbedachten Neuen und die anderen vor dem unreflektierten Alten, beide jedoch übersahen die biblische Mahnung, Altes und Neues aus dem reichen Vorrat gleicherweise zuzulassen (Mt 13,52).

Solche Gedanken waren gewiss in der ganzen Epoche angelegt, und da und dort wurden sie sicher auch angedacht, ihre ganze Virulenz aber lag noch im Schatten. In schmerzlich grelles Licht traten sie in einem Ereignis, das die europäische Geschichte einschließlich der des Christentums nachhaltig geprägt hat wie keines seit der Reformation: Die große Französische Revolution von 1789. Mit ihr beginnt unwiderruflich die Auseinandersetzung mit der Idee der Moderne in den Kirchen. So ist sie nochmals zu untersuchen.

Tafel 32. – Judenemanzipation und Kirche

Das Verhältnis zwischen Juden und Christen war schon im Neuen Testament alles andere als harmonisch. Die paulinische Botschaft, nicht die Tora, sondern der Glaube an Jesus als Messias mache gerecht, sei also heilschaffend (Gal 2,16 u. ö.), konnten die Juden nicht annehmen, umgekehrt schoben die Christen den Juden die Tötung Jesu (nicht zu Recht) in die Schuhe und taten sich daher ebenfalls schwer mit ihnen. Im Mittelalter kam es wieder und wieder zu Pogromen, Zwangskonversionen, Rechtsversagungen; sie setzten sich in der Neuzeit fort, und zwar bei allen Konfessionen. Ausnahmen wie D. Bonhoeffer auf evangelischer und Kardinal C. v. Galen auf katholischer Seite sind leider nur Regelbestätigungen. Erst nach dem 2. Weltkrieg angesichts der Gräuel des Holocaust setzte im Christentum eine Neubesinnung ein, deren vorerst letzter Höhepunkt die Schuldbekenntnisse Johannes Pauls II. im Frühjahr 2000 waren.

Die Staaten aus dem Geist der Aufklärung waren da schon zu Beginn des 19. Jahrhunderts weiter. Dies beweisen u. a. die Rechtsbestimmungen für die Juden im 6. badischen Konstitutionsedikt vom 04.06.1808, das auszugsweise dokumentiert wird. Quelle: W. Deme l – U. Puschner (Hg.), Von der Französischen Revolution bis zum Wiener Kongreß 789–1815 (= Deutsche Geschichte in Quellen und Darstellung, 6 = RUB 17006), Stuttgart 1995, 210.

[...] Die Einwohner der jüdischen Nation können in keiner Hinsicht mehr unter leibeigene oder erbpflichtige Leute gezählt werden, sondern sie sind als erbfreie Staatsbürger zu behandeln, und genießen aller oben bestimmten allgemeinen staatsbürgerlichen Rechte, welche nach dem ersten Constitutions-Edict über die Kirchenverfassung nicht ausgenommen sind. Zwar sollen sie noch zur Zeit, und so lange sie nicht eine, zu gleicher Nahrungsart und Arbeitsfähigkeit mit den christlichen Einwohnern hinreichende Bildung im Allgemeinen angenommen haben, und so lange nicht darauf hin etwas Anderes durch die Staatsgesetze verordnet wird, an keinem Orte zur Wohnung zugelassen werden, wo bis hierher noch keine waren, ohne Einwilligung der Ortsgemeinde und besondere Erlaubniß des Regenten, auch da, wo sie bisher waren, sollen sie im Allgemeinen noch nicht als Gemeindsbürger, sondern nur, gleich anderen zum Ortsbürgerrecht nicht geeigneten Christen, als Schutzbürger anerkannt werden, jedoch bleibt Uns vorbehalten, Jeden, welcher wegen den Bürgerrechts-Erfordernissen überhaupt, und insbesondere wegen einer mit den Christen gleichförmigen Nahrungsart sich ausweiset, gleich jetzo schon allda mit dem Ortsbürgerrecht zu begnadigen. Annebst haben sie, so weit ihre künftig empfangende Schutzbriefe nichts Mehreres oder Minderes besagen, da, wo sie wohnen, alle Rechte der Schutzbürger, und alle Gemeinschaft am Ortsrecht, gleich anderen christlichen Schutzbürgern, müssen aber auch allen Pflichten sich unterwerfen, die dem Schutzbürger obliegen, und nach gleichen Gesetzen leben, wie die Christen, so weit nicht ihre Religionsvergünstigung eine nothwendige Enthebung in einem oder andern Punct mit sich bringt, welche Nothwendigkeit doch nicht nach talmudischen Deutungen, sondern lediglich nach Ausweis des mosaischen Rechts zu beurtheilen ist.

4.4 Moderne

Die große Revolution begann aus kirchlicher Sicht harmlos. Vor allem der niedere Klerus litt unter der Adelsherrschaft beträchtlich; viele Vertreter hatten allen Grund, sich dem »Dritten Stand« anzuschließen, aber auch eine Reihe von Bischöfen war mit dem Sturz der mittelalterlichen Feudalordnung einverstanden. Zum Streit kam es erst in der Frage des Kirchengutes. Auf Anregung von Bischof Talleyrand (1754-1838) enteignete 1790 die Nationalversammlung den kirchlichen Besitz zur Deckung der staatlichen Finanzlücken. In der neuen Verfassung wurde die absolute Trennung von Staat und Kirche festgeschrieben und vom Klerus der Eid auf die Zivilkonstitution verlangt, die die französische Kirche zu einer reinen Nationalkirche ohne Rom machte. Zwei Drittel verweigerten ihn. Daraufhin begann eine blutige Verfolgung, in deren Verlauf rund 40 000 Priester hingerichtet, eingekerkert oder des Landes verwiesen wurden. Eine Ersatzreligion, deren Obergott das Gesetz ist, wird begründet: »*La loi est mon Dieu, je n'en connais point d'autre*« ist ihr erstes Gebot. (Das Gesetz ist mein Gott, ich kenne keinen anderen!) In Notre Dame in Paris feiert man das »Te Deum der Vernunft«. Der von Charlotte Corday d' Armont im Bad ermordete Revolutionsführer Jean Paul Marat wird der neue Heilige, nach dem viele Kinder heißen. Zu seiner Kirche »Mont-Marat« wird der alte Mont-Martre in der Seinestadt. Mit dem Jahr 1793 beginnt eine neue Ära, das Jahr 1 der Revolution; die Siebentagewoche wird durch Dekaden ersetzt.

Nichts bleibt, wie es war, für die römisch-katholische Kirche. Das ist nicht nur in Frankreich der Fall, sondern betrifft fast ganz Europa. In Deutschland enteignet der Reichsdeputationshauptschluss vom 25.Februar 1803 das Gut von 22 Erzbistümern und Bistümern, 80 Reichsabteien und mehr als 200 Klöstern. 18 katholische Universitäten müssen schließen. Mit dem Vorrang Preußens fiel eine Vorentscheidung für den weiteren Verlauf der deutschen Geschichte: Sie ist von nun an protestantisch geprägt; eine Änderung beginnt mit der Zerschlagung Preußens im Gefolge der Niederlage von 1945; sie kommt zu einem gewissen Abschluss durch die Wiedervereinigung der getrennten Teile Deutschlands 1989. Seitdem stehen sich etwa je ein Drittel Katholiken, Protestanten und Atheisten gegenüber. Der Islam wird die drittgrößte Religionsgemeinschaft des Landes.

Die wenigen Daten umreißen genau genug die missliche Lage des Christentums um die Wende zum 19. Jahrhundert. Mit der Revolution waren die Ideen der Aufklärung zum Sieg gekommen. Zum ersten Mal galt nicht mehr die Vergangenheit, sondern die Zukunft als Leitidee der Geschichtsgestaltung. Die feudalistische, im Ordogedanken begründete Gesellschaft hatte sich als unfähig erwiesen, die Gegenwart zu meistern. Dass deren Zusammenbruch nicht notwendig mit der Schwächung des christlichen Gedankens einhergehen musste, zeigt das Beispiel der Vereinigten Staaten von

Amerika. Auch sie entstehen durch eine revolutionäre Tat, die Loslösung von der englischen Krone, der Nordamerika rechtmäßig gehört. Die neue Staatsordnung enthält von Anfang an die Trennung von Staat und Kirche, ebenfalls im bewussten Gegensatz zur Doktrin des Mutterlandes. Doch damit ist keineswegs die Loslösung vom Christentum proklamiert: Es bildet in seiner reformiert-kalvinistischen Form bis heute eine wesentliche moralische Grundlage der USA. Aber in Europa ist es anders. Im Prinzipienstreit zwischen den Ideen von Tradition und Innovation hatte sich die Kirche, wiederum in eklatantem Maß die katholische, eindeutig auf die Seite der Tradition geschlagen. Und sie bleibt dort stehen; anderslaufende Strömungen bleiben Episoden. Sie wird von der Sorge getrieben, die moderne Welt führe zum Tod des Christlichen – und die Schrecken der Revolution sprachen, weiß Gott, eine nur zu klare Sprache. Aber waren nicht doch deren Ideen wenigstens grundchristlich? Rettete die Kirche vielleicht bloß das historisch Alte, gerade nicht aber das Ursprüngliche? Wahrte sie die Nebensächlichkeiten und entriet dabei der Substanz? Die vielen neuzeitlichen Probleme für die Kirchen auf allen möglichen Gebieten lassen sich im Kern immer auf diese Grundsatzfragen reduzieren. Die folgenreichsten Schwierigkeiten kamen auf sie zu durch die Entstehung und Entwicklung der modernen Naturwissenschaften.

Nochmals muss das antik-mittelalterliche Weltbild beschworen werden. Es versteht die Welt als *kosmos*, als statisch-unveränderbares Gebilde mit der Erde im Mittelpunkt, um die die Planeten und die Sonne kreisen – von Gott selbst oder doch seinen Engeln bewegt. Zentrum der Erde ist seinerseits der Mensch, als Mikrokosmos (kleine Welt) Inbild und Inbegriff geschöpflichen Seins, beheimatet um seines Heiles willen in der Kirche, die somit Vergegenwärtigung des Kosmos ist. In der Kirche aber kreist wie die Planten um die Erde das Kirchenvolk um den Papst, der Christi Stellvertreter ist. Die Spitzenaussage Bonifaz' VIII., dass alle Kreatur ihm um des Heiles willen untertan sein müsse (3.2), ist in diesem Welt-Bild eine nüchterne Wirklichkeitsaussage (Tafel 44).

Genau das aber stellen die neuen Naturerkenntnisse seit dem 16. Jahrhundert in wachsender Unerbittlichkeit in Abrede. Ihre ersten Protagonisten sind allesamt gläubige Christen, bibelfest und wie Galileo Galilei in der Exegese wohl beschlagen. Sie wenden nur noch einmal die thomanische Synthese auf die Praxis an, nach der Glaube und Wissen nicht widersprüchlich sein können. Wenn man also glaubt, dass Gott der Schöpfer des Universums ist, muss man daselbst seine Spuren finden können. Sie verstehen sich gewissermaßen als Theologen der besonderen Art, die nach der Kirchenspaltung die Aufgabe haben, in der konfessionszerstrittenen Christenheit verlässliche Orientierung zu bieten. Ein beispielloses Abrissunternehmen hebt faktisch an, wobei es besonders pikant ist, dass die Ausführenden Laien, nicht mehr die einst allzuständigen Kleriker sind. Die Stationen des Unternehmens sind allgemein bekannt.

Station 1: Kopernikus, Kepler und Newton räumen auf mit dem Geozentrismus: Unsere Erde ist kein Mittelpunkt, sondern Angehöriger eines bescheidenen Sonnensystems am Rand einer von mehreren Milliarden Milchstraßen, die aus rund 200 Milliarden Sternen besteht. Schlimmer noch: Im Universum existiert überhaupt kein Mittelpunkt; betrachtet man genügend große Bereiche, gibt es keine ausgezeichneten Punkte, weder Zentrum noch Rand. Es existiert auch keine Ordnung, sondern alles ist im Fluss und dieser strömt in Richtung auf Entropie, d.h. auf allgemeine Unordnung.

Station 2: Der Mensch ist mitnichten auf seinem kleinen Erdball Krone der Schöpfung. Darwin und die auf ihn sich beziehende Evolutionstheorie machen klar, dass er in und aus einem umfassenden Ganzen lebt, in dem sich eines aus dem anderen entwickelt und somit mit allem verwandt und allem anderen grundlegend gleich ist. Hierarchien gibt es keine mehr.

Station 3: Sigmund Freud stellt mit der Entwicklung der Psychoanalyse die Psychologie auf neue Fundamente, indem er nachweist, dass der Mensch nicht einmal Herr im eigenen Haus ist; das Unterbewusste und Unbewusste sind die eigentlichen Agenten seines Lebens.

Für die Kirche steht politisch ihr Machtgefüge, spirituell ihre Hoheit über die Gewissen, theologisch ihr wesentlicher Dogmenbestand zur Diskussion und auf dem Spiel. Zum anderen Male trifft es die römisch-katholische Glaubensgemeinschaft besonders hart. Sie übte erst einmal hinhaltenden Widerstand durch die Verschärfung aller einheitsfördernden Elemente des Systems: Ausbau des papalen Systems, Verbindlichsetzung des Thomismus (darüber oben), Aufbau eines katholischen Großmilieus (davon später), Widerstand gegen die naturwissenschaftlichen Entdeckungen. Dessen theoretischer Aspekt kann am Beispiel Evolutionstheorie am besten gezeigt werden, wobei wir uns auf das 20. Jahrhundert beschränken: Tafel 33 listet die Wegmarken auf. Aber auch auf praktischem Gebiet trat er in kurioser Weise

auf: Gregor XVI. (1831-1846) verbot im Kirchenstaat Eisenbahn und Gaslaternen.
Ein weitere Problemlage entstand durch die mit der Industrialisierung im 19. Jahrhundert aufkommende soziale Frage. 1765 erfindet James Watt die Dampfmaschine, die 20 Jahre später unter dem Namen »Universale Kraftmaschine« patentiert wird. Er trifft die Sache genau: Mit dieser Erfindung stand in der Tat eine überall verwendbare Kraftquelle zur Verfügung. Das Industriezeitalter war eingeläutet – und mit ihm die Ära globalen Handels, des Kolonialismus, des Proletariates. Euphorisch wird die neue Epoche begrüßt, aber bald sind die Menschen ernüchtert.

Tafel 33. – Katholische Kirche und Evolutionstheorie im 20. Jahrhundert.

1907 Pius X. verurteilt die Evolutionstheorie als modernistischen Irrtum in der Enzyklika »Pascendi«.

1909 Die Päpstliche Bibelkommission verteidigt die Historizität der biblischen Schöpfungserzählungen (Gen 1 und 2).

1950 Pius XII. hält die Abstammungslehre (Deszendenztheorie) für legitim, sofern sie nicht auf die menschliche Seele ausgedehnt werde. Hier beharrt er auf dem Monogenismus, um die Erbsündenlehre zu retten.

1965 Das 2. Vaticanum anerkennt an verschiedenen Stellen der Pastoralen Konstitution »Gaudium et spes« die Evolutionstheorie an zur Deutung von anthropologischen, soziologischen, wirtschaftlichen, wissenschaftlichen und technischen Vorgängen.

1985 Der von der Deutschen Bischofskonferenz herausgegebene »Katholische Erwachsenen-Katechismus«, Band 1, lehrt die Verträglichkeit von Evolutionstheorie und christlichem Schöpfungsglauben.

1993 Der von der Autorität des Papstes getragene »Katechismus der katholischen Kirche« kennt das Stichwort »Evolution« oder ähnliche im Register überhaupt nicht.

1996 Johannes Paul II. erklärt vor der Päpstlichen Akademie der Wissenschaften, die Evolutionstheorie sei »mehr als eine Hypothese«.

Die ökonomischen Bedingungen haben die Verelendung der neuen Schicht der Industriearbeiter im Gefolge. Eine einzige Zahl signalisiert das ganze Ausmaß der menschlichen Katastrophe: Im 19. Jahrhundert hat ein englischer Bergwerksarbeiter in Leeds 19 Jahre Lebenserwartung! Die offiziellen Kirchen reagieren erst einmal nicht, sehr wohl aber Menschen in den Kirchen. Der evangelische Sonntagsschullehrer Johann Hinrich Wichern (1808-1881) gründet für die verkommene hamburgische Jugend das »Rauhe Haus« als Zufluchtsstätte. Er wird zum Initiator der »Inneren Mission«. Auf römisch-katholischer Seite ragen Bischof Wilhelm Emmanuel von Ketteler (1811-1877) in Mainz und der Domvikar Adolf Kolping (1813-1865, von Johannes Paul II. selig gesprochen) in Köln heraus. Ketteler liest die Werke von Karl Marx; er fordert die Gründung von Gewerkschaften und Genossenschaften, das Streikrecht, Gewinnbeteiligung. Der »Gesellenvater« Kolping gründet ein Sozialwerk für die auf der Straße herumlungernden Handwerksgesellen.

Erst als das Jahrhundert sich neigt und die Arbeitermassen sich längst von der katholischen Kirche verabschiedet haben, wird die soziale Frage amtlich aufgegriffen, seitdem jedoch auch zum Dauerthema der folgenden Pontifikate. Im Jahr 1891 publiziert Leo XIII. die Enzyklika *Rerum novarum*. Er begründet eine Serie von Sozialschreiben aller Nachfolger. Das bisher letzte größere Dokument ist *Centesimus annus* (1991) von Johannes Paul II. Eine eigene Unterdisziplin der Moraltheologie entsteht zu deren Kommentierung, die Christliche Gesellschaftslehre. Sie entwickelt vor allem zwei Prinzipien: Das *Solidaritätsprinzip* verpflichtet die stärkeren Mitglieder einer Gesellschaft zum Einsatz für die schwächeren; das *Subsidiaritätsprinzip* präzisiert das solidarische Handeln dahingehend, dass die Gemeinschaft jeweils nur dann helfen darf, wenn der einzelne oder die Kleingruppe überfordert ist. Der einzelne hat, mit anderen Worten, den Vorrang vor dem System.

Ein drittes Problemfeld für die neuzeitliche katholische Kirche ist durch den Begriff *Antimodernismus* umschrieben. Dieser selber ist seinerseits ziemlich unscharf. In ihm konzentriert sich das allgemeine Missbehagen der Kirchen an der Neuzeit und ihren Manifestationen. Beide mussten also rigoros und rau angegriffen werden.

Gregor XVI. stigmatisierte 1832 (Enzyklika »Mirari vos«) die Gewissensfreiheit als *deliramentum* (Wahnsinn), die Meinungsfreiheit als *pestilentissimus error* (ganz verpesteten Irrtum). Am 8.12.1864 verurteilte sein Nachfolger Pius IX. im *Syllabus*, einem Nachtrag zur Enzyklika »Quanta cura« 80 Zeitirrtümer, darunter auch die Behauptung, die Kirche solle sich mit dem Fortschritt versöhnen. Der Modernismus-Begriff taucht aber erst 1907 auf. Pius X. gab in diesem Jahr erst das Dekret *Lamentabili*, kurz darauf die Enzyklika *Pascendi dominici gregis* heraus[58]. Dort wird ein System konstruiert und als »Modernismus« etikettiert, das von niemandem in dieser Form vertreten worden ist, wohl aber dazu diente, missliebigen Theologen den Garaus zu machen. Sie wurden exkommuniziert, suspendiert, indiziert und manchmal sogar bei Nacht und Nebel aus ihren (kirchlichen) Häusern vertrieben. Die Enzyklika greift unter den Termini Immanentismus, Agnostizismus, Liberalismus, Subjektivismus beinahe alle Antwortversuche der Katholiken auf die zeitgenössische Philosophie, die Geschichts-und Naturwissenschaft an. Ein »Antimodernisteneid« wurde für alle Amtsträger eingeführt, in dem sie solchen Ideen abschwören mussten.

Die Verbote haben freilich nicht viel genützt. Die Ideen der »Modernisten« wirkten weiter. Sie haben in der Mitte des 20. Jahrhunderts zu einer zweiten antimodernistischen Reaktion Roms geführt. Sie wird vor allem greifbar in dem Rundschreiben Pius XII. *Humani generis* (1950), welches die Ansichten der so genannten »Nouvelle théologie« in Frankreich bekämpfte. Das 2. Vatikanische Konzil griff eine Reihe »modernistischer Ideen« auf, vor allem in dem Dokument »Gaudium et spes«. Der nachkonziliare Kampf um die Interpretation und Geltung der Kirchenversammlung beschwor eine dritte Antimodernismus-Welle herauf, die ihren Höhepunkt in der Einführung eines neuen Treueides (1989) mit einem unbegrenzten Gehorsamsversprechen gegenüber allen päpstlichen Urteilen gefunden hat. Das Modernismusproblem selber ist dadurch allerdings noch immer nicht gelöst. Die Grundanfrage der Aufklärung harrt noch der katholischen Antwort.

Nun wäre es freilich eine arge Verkürzung, wollte man den Päpsten die Alleinverantwortung an dieser Entwicklung zuschreiben. Sie konnten sich zu allen Perioden auf treue Gefolgsleute stützen, die gleich ihnen in der Moderne die Konzentration aller Übel und alles Bösen erblickten. Dabei darf man nicht nur an die bereits genannten fundamentalistischen Strömungen denken. Wichtige Bundesgenossen des restaurativen Denkens waren die Romantiker. Gegen den aufgeklärten Rationalismus vertraten sie den Vorrang des Irrationalen, mittels dessen sie die Einheit der Gegensätze, die erhellende Schau des Weltgeheimnisses finden zu können vermeinten.

Das Christentum fand unter diesem Panier neue Verteidiger, *katholisch* etwa in der Person des Dichters Friedrich von Hardenberg (Novalis, 1772-1801) oder im Franzosen Vicomte Francois René de Chateaubriand (1768-1848), *evangelisch* im vielgelesenen Werk des Predigers und Theologen Friedrich Daniel Ernst Schleiermachers (1768-1834). Religion bestimmt er als das »Gefühl schlechthinniger Abhängigkeit«. Im Geist der Romantik suchte auch die gleichzeitige Philosophie des Deutschen Idealismus die Subjektivität zum Maßstab des Christlichen zu machen. Georg Friedrich Wilhelm Hegel (1770-1831) ist dessen bedeutendster Repräsentant. Gott ist zu fassen, sofern die Vernunft des Menschen die in der Wirklichkeit einwohnende Vernunft, den Geist, zu erfassen in der Lage ist. Im dialektischen Dreischritt von These, Antithese und Synthese erkennt der Mensch die Geschichte als das Zu-sich-selber-Kommen des Geistes. Das Christentum ist für Hegel identisch mit den tiefsten Gedanken der Philosophie und damit dem modernen Geist erschließbar. Diese Thesen haben auf viele katholische wie evangelische Theologen großen Eindruck gemacht.

Das 20.Jahrhundert ist ein krisenhaftes Saeculum gewesen. Die beiden Weltkriege stürzten die letzten Reste mittelalterlicher Strukturen in Gesellschaft und Kirche, in Philosophie und Theologie um. Mit ihnen fielen vertraute Stützen der denkerischen Weltbewältigung. Aber auch der Fortschrittsglaube der Moderne zerbrach im Katzenjammer der verlegenerweise *Postmoderne* genannten Reflexion über die Grundlagen der Existenz. Aber war nicht auch ein neuer Anfang möglich? Millionen von Menschen gerieten unter den Einfluss der totalitären Systeme von Kommunismus und Faschismus. Nachdem sie unendlich viel Leid über die Völker gebracht hatten, mussten sie schmählich abdanken, erst der Faschismus mit dem Ende des Zweiten Weltkrieges 1945, dann der Kommunismus mit dem Zusammenbruch des sowjetrussischen Reiches im Jahr 1989.

Die Kirchen waren von den Veränderungen nachhaltig betroffen. In Deutschland brachen für den Protestantismus mit der Abdankung der Monarchen die wesentlichen Verfassungsgarantien weg. Das demokratische System der Weimarer Republik wurde von beiden Konfessionen mit einigem Misstrauen betrachtet. Gegenüber dem Nationalsozialismus hatten sie anfangs wenigstens durchaus Sympathiegefühle, zumal er als seinen genuinen Feind den atheistischen Kommunismus deklarierte. In beiden Konfessionen gab es Kirchenführer, die mit dem Regime gut Freund gewesen sind. Es dauerte allerdings nicht lange, da wurden auch Pfarrer in die Konzentrationslager eingeliefert. Man weiß, dass Hitler für die Nachkriegszeit die Ausrottung der christlichen Kirchen geplant hat.

Auf der anderen Seite erlebten diese jeweils nach den verheerenden Niederlagen und Zerstörungen (vor allem nach 1945) einen religiösen Aufschwung sondergleichen. Katholiken und Protestanten waren sich darin einig: 1923 konstatierte in Berlin der katholische Theologe Romano Guardini (1885-1968) das »Erwachen der Kirche in den Seelen«[59], und der preußische Generalsuperintendent Otto Dibelius (1880-1967) deklarierte drei

Jahre darauf das 20. Jahrhundert zum »Jahrhundert der Kirche« (so der Titel eines Buches). Beim Aufbau der Bonner Republik steht die Epoche des ersten westdeutschen Bundeskanzlers Konrad Adenauer für eine Blütezeit des Christentums. Noch einmal gibt es ein ziemlich geschlossenes kirchlich-christliches Milieu im westlichen deutschen Staat, in dem die Bürger von der Wiege bis zur Bahre geborgen sind. Gleichzeitig wird im Bereich der DDR tatkräftig der Atheismus propagiert: Nach der Wiedervereinigung der beiden Landesteile stellte sich heraus, dass die Machthaber auf diesem Sektor sehr erfolgreich gewesen waren. Nur mehr eine Minderheit ist in Ostdeutschland kirchlich gebunden. Inzwischen haben die Kirchen in ganz Europa weitgehend an gesellschaftlichem und politischem Einfluss verloren. Sie sehen sich mehr und mehr auf ihre geistliche Botschaft verwiesen, die kaum noch gehört, weniger noch beachtet wird. Man kann dies gut an der Reaktion auf die gemeinchristliche Verwerfung der Abtreibung sehen: Auch traditionell christlich geprägte Staaten scheren sich nicht darum in ihrer Gesetzgebung.

Aber haben die Kirchen ihre Marginalisierung schon erkannt? Beide große Konfessionen nehmen in unserem Land zu fast jeder gesellschaftlichen Problematik Stellung; inzwischen tun sie es in sehr vielen Fällen durch ein gemeinsam verantwortetes Statement. Die Leute haben sich daran gewöhnt und erwarten inzwischen auch eine christliche Positionsbestimmung. Am 10. Jahrestag des Mauerfalls beschwerte sich 1999 der ehemalige Bundeskanzler Kohl bitter über das Schweigen der Kirchen bei jenem Ereignis. Über die Wirkkraft aller dieser Denkschriften und Hirtenworte darf man diskutieren. So bedeutungsvoll sie auch immer sein mögen, man darf nicht übersehen, dass die geistig-geistliche Befindlichkeit der Kirchen recht desolat ist. Sie haben kein gutes »Image« mehr, vor allem nicht bei der jungen Generation. Diese ist gegenwärtig nur noch in stark fallendem Maß christlich sozialisiert. Bis vor kurzem noch selbstverständliche christliche Traditionsverbundenheit und Allgemeinkenntnis sind verschwunden. Das haben die Kirchen bemerkt; das beklagen sie auch. Doch sie ziehen kaum Konsequenzen. Oft sind sie durch eine intensive Nabelschau nachhaltig davon abgelenkt, die Welt zu betrachten wie sie ist. Die Kirchenleiter haben gemerkt, dass (Neu-) Evangelisierung das Gebot der Stunde ist; aber meist bleibt es bei deklamatorischen Beschwörungen.

5. Das Christentum auf dem Weg durch die Zeit: Eine Kurzbilanz

Der erste Teil dieses Werkes hatte sich vorgenommen, einen Überblick über die Wege zu geben, die die Religion Jesu Christi in nunmehr ziemlich genau zwei Millennien gegangen ist. Das sollte geschehen, indem, so weit es in Kürze möglich ist, die wesentlichen Markierungspunkte herausgestellt werden, die die Richtung bis heute bestimmt haben. Immerhin mag sichtbar geworden sein, welch dichtes, komplexes, vielschichtiges und umfassendes Gefüge das historische Christentum bildet. Dieser Befund kann verwirren. Die Perplexität nimmt zu, wenn zu registrieren war, dass es in allen seinen Epochen auch sehr viele allerhöchst bedenkliche Ausformungen hervorgebracht hat, die schlicht und ehrlich als sehr schwere Sünden zu deklarieren sind. Christentum hat Millionen Menschen das Leben gekostet, direkt wie in den Hexen- und Ketzerverfolgungen, indirekt durch fehlenden Mut der Kirchenführer, besonders im hinter uns liegenden Jahrhundert.

Aber das ist nicht alles, was über das Christentum zu sagen ist. Es ist in weiten Teilen eine Kriminalgeschichte, und manche seiner Akteure waren Kriminelle; das ist wohl wahr. Wahr ist aber auch, dass es Hunderten von Millionen Menschen innerhalb wie außerhalb der institutionellen Grenzen Lebensmut, Lebenstrost, Lebenshilfe gespendet hat – bis hin zur Extremsituation des Todes. Für viele Zeitgenossen verkörpert sich diese Seite der christlichen Religion in einer Gestalt wie der Mutter Teresa von Kalkutta (bürgerlich: Agnes Gonxha Bojaxhui, 1910-1997), Ordensgründerin, Friedensnobelpreisträgerin und vor allem anderen Helferin der Ärmsten der Armen Indiens. Die Kirche der Sünder ist keine andere als die Kirche der Heiligen. Sie hält diese so ärgerliche wie irreparable Spannung aus aufgrund ihrer unerschütterlichen Überzeugung, dass in den Kulminationspunkten der Auseinandersetzungen das Heilige siegreich bleiben wird. Sie scheint sehr realistisch zu sein: Ständig haben nicht nur die »Heiden«, sondern gleicherweise (und manchmal noch intensiver) ebenso die Christen versucht, das befreiende Evangelium, die subversive Botschaft von der Gleichheit aller Menschen, die provokative Ansage der Geschwisterlichkeit der Kinder Gottes zu zähmen und zu bändigen, zu domestizieren und zu kanalisieren. Es ist ihnen nie gelungen, den einen so wenig wie den anderen, obwohl gerade oft die Mächtigen und Einflussreichen sich daran versucht haben. Die christliche Theologie vermag darin den belebenden Atem der Freiheit zu diagnostizieren, der vom Geist Gottes ausgeht, der der Religion verheißen ist. So fällt der Blick von den Wegmarkierungen des Christentums ganz von selbst auf die Impulse, die Christen unablässig und unaufhörlich dazu angeleitet haben, sich auf die Straßen dieser Welt und Zeit zu begeben. In der Sprache der Heiligen Schrift formuliert: Wer Christus als den Weg erkennt, wird sich nachdrücklich auf die Suche nach seiner Wahrheit machen müssen.

Tafel 34. – Das Christentum in der Gegenwart: Statistische Angaben

1. *Die Weltbevölkerung nach Religionszugehörigkeit*
   Quelle: K. Nowak, Das Christentum. Geschichte, Glaube, Ethik (= BR 2070),München

Religion	absolut in Millionen	% der Weltbevölkerung
Christen	1 783,8	33,1
Muslime	950,7	17,6
Hindus	719,3	13,3
Buddhisten	309,1	5,7
Juden u. andere Religionen	511,3	9,5
Ohne religiöse Bindung	884,4	16,4
Erklärte Atheisten	236,8	4,4

Die obige Tabelle referiert die Zahlen von 1993 bei einer Weltbevölkerung von 5,4 Milliarden. 1999 wuchs diese auf 6 Milliarden.

2. *Die Verteilung der Christen in den (Sub-)Kontinenten*

(Sub-)Kontinent	Christen (%)	Stärkste nichtchristl.Religion	%
Afrika	48	Islam	40
Asien	8,1	Hinduismus	22,5
Europa	82,6	ohne rel. Bindung	10
Lateinamerika	93,5	ohne rel. Bindung	3,7
Nordamerika	85,3	ohne rel. Bindung	9
Ozeanien	83,1	ohne rel. Bindung	12,1
Russland	37,2	ohne rel. Bindung	29

3. *Konfessionelle Aufteilung im Christentum (in Millionen)*
   Quelle: J.-A.Möhler-Institut (Hg.), Kleine Konfessionskunde, Paderborn 1996, passim

Katholiken	1030	Altorientalen	22
Orthodoxe	100	Heilsarmee	3
Pringstgruppen	100	Altkatholiken	3
Methodisten	90	Altlutheraner	3
Anglikaner	74	Bund freier evg. Gemeinden	1
Reformierte ca.	70	Mennoniten	1
Lutheraner	60	Quäker	0,2
Baptisten	38		

Tafel 35. – DIE EVANGELISCHE KIRCHE IN DEUTSCHLAND
nach ihrer Wiedervereinigung im Jahr 1992

Lutherische Kirchen:
Bayern
Braunschweig
Hannover
Mecklenburg
Nordelbien
Oldenburg
Sachsen
Schaumburg-Lippe
Thüringen
Württemberg

Unierte Kirchen:
Anhalt
Baden
Berlin-Brandenburg-
Bremen
Görlitz
Hessen und Nassau
Kurhessen-Waldeck
Pfalz
Pommern
Rheinland
Sachsen (Kirchenprovinz)
Westfalen

Reformierte Kirchen:
Lippe
Reformierte Kirche

Quelle: Pressestelle der EKD, HANNOVER, 2000.

Tafel 36. – Die Diözesen in der Bundesrepublik Deutschland.

5. DAS CHRISTENTUM AUF DEM WEG DURCH DIE ZEIT: EINE KURZBILANZ

Frère Roger, der Gründer der Communauté de Taizé, 1976 in einem Armenviertel von Kalkutta (Foto: J. Houzel, Paris).

B WAHRHEITSSUCHE
GLAUBEN – HANDELN – FEIERN

6. Glauben

Das (griechisch-)lateinische Wort *christianus* heißt: *zu Christus gehörend, auf Christus bezogen*. Der Christ ist eine Art zweiter Christus – er soll es als Nachfolger Christi wenigstens sein. Damit ist der christliche *Weg* bestimmt – ER SELBST, damit auch das Ziel vorgegeben – dorthin zu gelangen, wo ER SELBST als *Leben* existiert. Offen ist noch die Route selber, um vom Ausgang zum Ende zu kommen. In der Sprache Jesu heißt sie die *Wahrheit*; und ER SELBST nennt sich so. Verfehlt man sie, so geht man in die Irre: Nur die Wahrheit führt zum Leben.

Nachdem im ersten Teil die Wegstationen der Christenheit auf ihrer Wanderung durch die Geschichte beleuchtet worden sind, ist die nächste Aufgabe die Analyse der Einsichten, die für die Christen die Wahrheit des Christentums markieren. Das geschieht zunächst durch die Erhellung des Glaubensbestandes, der inhaltlichen Aussagen über das, was christlich ist. Innerhalb der Theologie ist dies die Aufgabe der *Dogmatik*. Unter der Perspektive des Christseins zeigt sich das Christliche im *Zeugnis* (griech. *martyria*) der Religionsgenossen. Da Christsein, wie wiederholt angemerkt, dynamische Lebensgestaltung ist, offenbart sich dessen innere Wahrheit und Echtheit im Existenzvollzug der Glaubenszeugen. Die maßgebenden Handlungsmaximen stellt die *Moraltheologie* oder *christliche Ethik* fest. Nach dem Vorbild Jesu ist deren existentielle Übersetzung der *Dienst* (griech. *diakonia*) der Christen. Und weil endlich das Christsein dialogischer Lebensvollzug ist, Ausrichtung auf den lebendigen Gott, manifestiert sich das Wesen des Christlichen in der Feier der Herrlichkeit Gottes. Im theologischen Fächerkanon ist dafür die *Liturgiewissenschaft* zuständig. Die korrespondierende Lebens-Haltung ist die *gottesdienstliche Feier* (griech. *leiturgia*).

In diesem Kapitel geht es um den *Glauben*. Das deutsche Wort hat ein breites Spektrum, das beim bloßen Vermuten angeht und bei der felsenfesten subjektiven Überzeugung endet, die aber im Verdacht der Unbegründetheit bei vielen steht.

In der Theologie denkt man an die Ursprünge. *Credere* lateinisch und *glauben* deutsch haben beide ihre Wurzeln in der Begrifflichkeit der Liebe. *Credere* leitet sich her von *cor dare*, sein Herz verschenken, *glauben* von *galaubjan*, sich etwas lieb, vertraut machen. *Glauben* ist die existentielle Haltung des rückhaltlosen Vertrauens gegenüber einem Du, die man auch mit dem Terminus *Liebe* umschreibt. Wer liebt, vertraut der geliebten Person so sehr, dass er *ihr* glaubt, d.h. ihr abnimmt, was sie sagt, befiehlt, will. Damit ist auch die Annahme von Aussagen verbunden, die diese Person verlautet. Insgesamt ist Glaube eine Erkenntnishaltung, die tiefe Gewissheit vermittelt. Das weiß jeder, der wirklich liebt, dass Vertrauen verlässlich sein kann. *Glauben* hat damit drei Dimensionen, die Tafel 37 veranschaulichen möchte. Die theologisch entscheidende ist die erste. Sie entfaltet sich inhaltlich in der dritten Dimension, von der allein in den nächsten Abschnitten dieses Kapitels geredet wird.

Tafel 37. – Die theologischen Dimensionen des Glaubensbegriffs

Dimensionen	menschlicher Bereich	theologischer Bereich
an jemanden glauben	Ich glaube an dich: Du wirst das Problem meistern	Ich glaube an Gott: Er ist der Sinn meines Lebens
jemandem glauben	Ich glaube dir, daß du alle Vorbereitungen für die Meisterung des Problems getroffen hast	Ich glaube Gottes Heilswillen
etwas glauben	Ich glaube, dass du es schaffst	Ich glaube, dass ein heilwirkender Gott existiert

Der Suchbereich des Glaubenden hinsichtlich der Wahrheit ist somit anders als bei anderen Erkenntniswegen, beispielsweise beim naturwissenschaftlichen (empirischen) Forschen. Hier werden Sachwirklichkeiten angezielt, dort die personale Existenz. Während im empirischen Bereich die Resultate der unmittelbaren Nachprüfung (z.B. im Experiment) unterliegen, stehen sie im personalen nur der indirekten Verifikation offen: Es gibt kein chemisch-physikalisches Experiment, mit dem sich zweifelsfrei nachweisen ließe, dass *dieses Individuum* mich wirklich liebt. Ich mag zwar erleben, dass es mir Zeichen der Liebe zudenkt, aber die Erfahrung lehrt die Möglichkeit der Täuschung: Der Kuss kann Judaskuss sein. Wenn ich dennoch gewiss bin, dass wirklich *ich* geliebt werde, dann deswegen, weil diese Hypothese (»*dieses Individuum* liebt mich«) sich in den gegenseitigen Beziehungen *bewährt*. So ist es auch beim theologischen Glauben: Die Stimmigkeit seiner Inhalte steht auf dem Prüfstand immer dann, wenn es gut erscheint und gut tut, sich auf sie einzulassen, wenn man sie *für wahr* akzeptiert und sein Leben entsprechend gestaltet. Die Prüfkriterien sind alle menschlichen Fähigkeiten und Möglichkeiten: Verstand, Gefühl, Erfahrung, Einsicht, Intuition. Die Natur von Glauben bringt es wie die Natur von Liebe mit sich, dass er Krisen ausgesetzt ist. Solche Krisen sind einmal ganz normale Reifevorgänge entsprechend den auch auf anderen Gebieten in den Lebensstadien von der Kindheit zum Greisenalter auftretenden kritischen Phasen, zum anderen sehr oft hervorgerufen durch besondere Anfechtungen wie Leid, Enttäuschung, Einsamkeit. Besonders in diesem Fall wird es gut sein, das therapeutische Gespräch mit bewährten Christinnen und Christen, die christliche Gemeinschaft zu suchen und zu leben.

6.1 Christus-Rede

Die dem Christentum eingestiftete Jesusbezogenheit lässt erwarten, dass sich die Aufmerksamkeit seiner Anhänger vom ersten Augenblick der Begegnung auf ihn als Zentrum richtete. Er zeigte sich als ein Mensch, der eine einzigartige Gottesbeziehung im Rahmen der jüdischen Religion praktizierte und lehrte, so dass er als *Messias, Christos,* als Gesalbter bezeichnet wurde. Grundlage des Glaubens ist somit die *Rede über Jesus als Christus*, d.h. als in spezifischer Weise gottbezogene Persönlichkeit. Der Fachausdruck lautet kurz: *Christologie*.

Ihre Grundlage ist die merkwürdige Erfahrung der ersten Menschen, die sich auf Jesus eingelassen haben. Sie zeigt den Nazarener erst einmal höchst »normal« als Menschen gleich allen anderen Menschen: Er isst und trinkt (sogar beides offensichtlich gern), schläft, schwitzt, ist ungehalten, hat Angst – und stirbt. Doch führt er sich auch sehr »anormal« auf, gar nicht wie alle, ja wie kein Mensch sonst: Er vergibt Sünden, maßt sich die Oberhoheit über das Gesetz an, hat eine alle Grenzen sprengende Heilungsmacht, lebt in einem nicht mitteilbaren Gottverhältnis – und bleibt nicht im Tod gefangen. Was Wunder, dass damals die Frage sich auf die Lippen drängt und seitdem unter den Menschen nicht mehr verstummt: »*Was ist das für ein Mensch?*« (Mk 4,41). Im Paulusbrief an die Gemeinden in Galatien ist eine Kurzformel erhalten, die die Problemlage im seinerzeitigen Horizont auf den Begriff bringt, und zwar dadurch, dass gottbezogene (linke Spalte) und menschbezogene Aussagen (rechts) parallel gesetzt werden (Gal 4,4 f.):

»Als aber die Zeit erfüllt war,	
sandte Gott seinen Sohn,	geboren von einer Frau und dem Gesetz unterstellt,
damit er die freikaufe, die unter dem Gesetz stehen.«	

Das Subjekt *Jesus* dieses Satzes ist also Träger von Aussagen, die man nur von Gott (*Sohn, Erlöser*), und solchen, die man nur von Menschen machen kann (*Geburt, Angehöriger einer bestimmten Nation und Religion = Gesetz*). Zwischen *Gott* und *Mensch* im Fall Jesu ist also irgendwie ein Gleichheitszeichen zu setzen. Aber wie ist es auszuschreiben? Darum dreht sich die Hauptdebatte des ersten halben Jahrtausends der christlichen Theologie, die fast alle Themen beeinflusst hat. Sie wird mit äußerster Erbitterung, mit dem ganzen Scharfsinn der griechischen Philosophie und der ganzen Schärfe der Verketzerung geführt. Das ist aus den Konsequenzen zu erklären, die schon der Galaterbrief kennt: Nur wenn dieser Mensch (*Jesus*) wirklich Gott (*Christus*) ist, sind wir Menschen (also auch ich und du ganz persönlich) wirklich Gottes, d.h. erlöst, zur Gottesgemeinschaft berufen. Sonst ist er ein gewisslich hoch zu ehrender und bedeutender Prophet, wie Israel schon etliche gehabt hatte, aber eben mehr auch nicht, jedenfalls kein Befreier aus der Schuld. Doch kann ein Mensch wahrhaft Gott sein?

Für die griechisch geschulte Logik schien die einzige Antwort zu lauten: Nie und nimmer! *Gott* und *Mensch* sind schon vom Begriff her widersprüchliche Gegensätze: Es handelt sich um die Unvereinbarkeit der Begriffe *unendlich* und *endlich*, *ewig* und *zeitlich*, *schöpferisch* und *geschaffen* …

Sofort tritt noch ein weiteres Problem auf, das nicht so sehr die Griechen als die Juden auf die Barrikaden trieb: Für sie gibt es nur einen einzigen Gott, *Jahwe*. Wenn *Jesus* ebenfalls als Gott bezeichnet werden muss, dann gibt es zwei Götter – für einen Juden abscheulich schon zu denken! Die schreckliche Alternative sieht also so aus: Entweder ist der Mensch Jesus *Gott*, dann haben wir Vielgötterei und die biblische Religion verraten. Oder Jesus ist *kein Gott*, ein Edelmensch also höchstens, dann sind wir nicht erlöst, und das Christentum ist ein grandioser Betrug. Jetzt ist klar, warum die Leute stritten und warum sie es fast maßlos taten. Es geht um alles oder nichts für die neue Religion und ihre Vertreter. Die Lösung setzt bei Frage 2 (Wieviel Götter?) ein. Drei Möglichkeiten existieren:

a) Es gibt nur einen eigentlichen Gott (Jahwe), Jesus ist ein untergeordneter Gott (*Subordinatianismus*) bzw. ein hocherhabener Mensch (*Arianismus*).

b) Es gibt nur einen Gott, aber er tritt in verschiedenen Seinsweisen (modi) auf, einmal als Vater, dann als Sohn (*Modalismus*).

c) Es gibt nur ein göttliches Wesen (griech. *ousia*), aber dieses kennt in sich eine unterschiedene Vielheit, die als Vater und Sohn (und Heiliger Geist) oder als drei göttliche *Personen* bezeichnet werden kann.

Lösung b) kann sich nicht durchsetzen; dazu sind die neutestamentlichen Zeugnisse von der Eigenständigkeit des Nazareners zu überzeugend. Im 4. Jahrhundert erschien den meisten Christen die erste Möglichkeit am wahrscheinlichsten, propagiert von dem alexandrinischen Priester *Arius*. Gottes Einheit schien da ebenso gewahrt wie seine Weltjenseitigkeit, aber auch die Gestalt Jesu bekam großen Glanz als Mittlerfigur zwischen Schöpfer und Geschöpf. Vor allem *Athanasius* erkannte den Pferdefuss: Wenn Jesus nicht tatsächlich ganz auf Gottes Seite gehört, ist er nicht der Erlöser. So entscheidet sich die Kirche für Lösung c) und bekennt auf dem Konzil von Nizäa (325), was heute noch im Glaubensbekenntnis (Tafel 1) steht: Jesus ist nicht wie alle anderen Wesen geschaffen vom Vater, sondern mit ihm eines Wesens (griech. *homoousios*) durch einen Hervorgang, der sprachregelnd *Zeugung* genannt wird. Der starre jüdische Eingott-Glaube wird also aufgebrochen: Gott ist Einheit, aber eine offene Einheit. Was das genauer sagen will, erfahren wir in Abschnitt 6.3.

Die Lösung der Frage 1 (Wie kann ein Mensch Gott sein?) steht nun auf dem Programm. Auch hier sind drei Wege denkmöglich, die immer bei der Konstitution des Menschen ansetzen:

a) Der Mensch besteht aus Seele (griech. *psychē*) und Leib (griech. *sarx*); im Fall Jesu tritt an die Stelle der ersteren das Gottsein, im Griechischen mit dem Kennbegriff *logos* (Wort) bezeichnet. Er ist also *Logos + Sarx*. Hauptvertreter dieses Modelles wird Eutyches.

b) Der Mensch besteht aus Geist (griech. *pneuma*) und beseeltem Leib (Kennbegriff griech. *anthrōpos* = Mensch); bei Jesus tritt an die Stelle des Geistes der Logos. Er ist also *Logos + Anthropos*. Als Protagonist für diese Vorstellung in der Alten Kirche gilt der Patriarch Nestorius.

c) Der Mensch bleibt ganz Mensch, Gott ganz Gott im Fall Jesu. Dieses je »Ganze« bezeichnet man als *Natur*. Das Besondere besteht darin, dass der Träger beider Ganzheiten (der beiden Naturen) als der, der dieses Individuum zu »Jesus von Nazaret« macht, Gott ist. Der Fachausdruck für diese individuierende Trägerschaft lautet *Person*. Jesus ist also *eine Person in zwei Naturen*.

Modell a) betont richtig die Einheit von Gott und Mensch in Jesus, aber steht in Gefahr, beim Übergewicht des Göttlichen über das Menschliche letzteres de facto aufsaugen zu lassen durch das Göttliche. Diese Gefahr, die menschliche Natur (griech. *physis*) zum Verschwinden zu bringen, nennt man daher *Monophysitismus* (griech. *monos* »allein, einzig«). Er hat zur Folge, dass Jesus nur ein Schein-Mensch gewesen wäre und seine Erlösung nicht wahrhaft menschlich. Das Modell b) hat recht, wenn es deutlich zwischen Gottheit und Menschheit unterscheidet. Aber auch hier wird es gefährlich, wenn nämlich aus dem Unterschied eine Trennung wird: Wie kann dann noch von einer Einheit in Jesus ausgegangen werden? Und wer ist dann der Erlöser? Bleibt noch der dritte Weg. Er verläuft nach dem gleichen Muster wie bei der ersten Frage: In Jesus ist Einheit in Unterschiedenheit. Die Großkirche ist ihn in zwei Schritten gegangen.

Der erste Schritt besteht in einer Analyse der Mutterschaft Marias. Wenn der Logos im Menschen Jesus nur gewohnt hat, ihm nur äußerlich geeint war, war seine Mutter reine Menschenmutter; Nestorius schlug als Kompromissformel den Titel »*Christus*gebärerin« vor. War aber Jesus von Anfang an sowohl echter Mensch wie echter Gott in unterschiedener Einheit, dann muss man sie als »*Gottes*gebärerin« (griech. *theotokos*) bezeichnen, gerade weil sie *diesen* echten Menschen zur Welt gebracht hat. Das tut in feierlicher Definition das Konzil von Ephesus (431). Den zweiten Schritt vollzieht zwanzig Jahre später die Kirchenversammlung von Chalkedon. Dieser Basistext aller künftigen Christologie kann auf Tafel 38 eingesehen werden. Einheitsprinzip ist die göttliche Person (oder »Hypostase«, weshalb dieses

Modell auch als *hypostatische Union* firmiert). Das von ihr Geeinte sind die vollkommene göttliche und die vollkommene menschliche Natur. Deren gegenseitiges Verhältnis wird durch vier Adjektive beschrieben, deren je zwei die beiden ersten Modelle zurückweisen:

Gegen Modell a (Eutyches)	gegen Modell b (Nestorius)
unvermischt	ungetrennt
unverwandelt	ungesondert

Im Grund haben wir eine gleichsinnige Lösung wie bei der ersten Frage vor uns: Wie Gott keine geschlossene Einheit, so ist Jesus kein gegenüber Gott in sich geschlossener Mensch, sondern als vollendeter Mensch vollendet offen für Gott. Dem offenen Monotheismus entspricht eine offene Christologie. Sie erst ermöglicht den Glauben an eine tatsächliche und vollendete Erlösung durch Gott: Dieser ist nicht, wie es die griechisch-philosophischen Vorstellungen nahelegten, ein absolut im Weltjenseitigen (*Transzendenten*) verhaftetes Wesen, bei dem man sich eine Verbindung zur Welt und der Welt zu ihm nicht recht vorstellen konnte. Gott ist nach christlicher Lehre das Wesen der offenen Transzendenz. So kann er jede denkbare Beziehung zur Welt eingehen, die Menschwerdung nicht ausgeschlossen. Der Christenglaube bekennt: Eben das ist bei Jesus von Nazaret der Fall. In ihm ist Gott Mensch geworden.

Die klassisch gewordene Entscheidung von 451 hat eine kaum zu überschätzende Tragweite für die christliche Religion. Sie leuchtet dem heutigen Menschen nicht mehr direkt ein, da sie, aus hellenistischem Denken formuliert, von der Terminologie, aber auch von manchen Einschlüssen her nicht mehr zugänglich ist. Versuchen wir aber, ihren Kern herauszuschälen aus der unverdaulichen griechischen Schale, erkennen wir: Da wird tatsächlich eine lebenswichtige Nahrung angeboten, auf die man nicht verzichten kann, und zwar um des Menschen willen! Dieser steht immer zwischen den Polen von Gott und Welt, von Transzendenz und Immanenz. Sie müssen durchaus nicht immer ansichtig sein, aber jeder gerät in Situationen, in der er die Augen nicht mehr verschließen kann, dann gewiss immer, wenn er sich die Frage nach dem Sinn seiner Existenz stellt oder (etwa im Angesicht des Todes) stellen muss. Für uns heute ist selbstverständliche Vorgabe die Welt, die Immanenz.

Tafel 38. – Wer ist Jesus Christus? Die Antwort des Konzils von Chalkedon.
Quelle: NR 178.

Folgend also den heiligen Vätern, lehren wir alle einstimmig, dass der Sohn, unser Herr Jesus Christus, ein und derselbe sei.

Der eine und selbe ist vollkommen der Gottheit und vollkommen der Menschheit nach, wahrer Gott und wahrer Mensch, bestehend aus einer vernünftigen Seele und dem Leibe. Der eine und selbe ist wesensgleich dem Vater der Gottheit nach und wesensgleich auch uns seiner Menschheit nach, »er ist uns in allem ähnlich geworden, die Sünde ausgenommen« (Hebr 4,15).

Vor aller Zeit wurde er aus dem Vater gezeugt seiner Gottheit nach, in den letzten Tagen aber wurde derselbe für uns und um unseres Heiles willen aus Maria, der Jungfrau, geboren: Wir bekennen einen und denselben Christus, den Sohn, den Herrn, den Einziggeborenen, der in zwei Naturen unvermischt, unverwandelt, ungetrennt und ungesondert besteht. Niemals wird der Unterschied der Naturen wegen der Einigung aufgehoben, es wird vielmehr die Eigentümlichkeit einer jeden Natur bewahrt, indem beide in einer Person und Hypostase zusammenkommen. Wir bekennen nicht einen in zwei Personen getrennten und zerrissenen, sondern einen und denselben einziggeborenen Sohn, das göttliche Wort, den Herrn Jesus Christus ...

Unser Problem ist Gott. Ihn ernstzunehmen ist uns beschwerlich. Der Materialismus, das Schwergewicht der Dinge, liegt uns nahe. In der Antike war es umgekehrt: Sie lebte aus der Leidenschaft für Gott. Die Menschlichkeit des Menschen war ihr ein Dorn in der Seele, vor allem seine Leiblichkeit. Ihr Grundzug ist der gnostische Spiritualismus. Daher hat sich auch das von ihr geprägte Christentum stets schwer getan, Welt, Leib, Sexualität, Technik, Natur zu bejahen. Das Dogma von Chalkedon ist eine Absage an beide Einseitigkeiten. Seine Zweinaturenlehre hält fest: Gott sagt ein festes, unwiderrufliches, entschiedenes, abstrichloses Ja zu seiner Schöpfung. Aus ihr selbst heraus gibt es in ihr nichts Minderwertiges. Zwar kann alles, auch das Geistige und Geistliche, schlecht gemacht werden, aber das ist Gott nicht anzulasten, sondern der außergöttlichen Verkehrung der Schöpfung. Die Welt in sich ist eine Einheit, der Gott in Jesus Christus sich gnädig und voller Huld verbindet. Das ist der Sinn der christlichen Fundamentalbotschaft: Gott wird Fleisch (Joh 1,14). Bewusst wird hier nicht *Mensch* gesagt: Die Verbindung des Menschen zur materiellen Welt soll bekräftigt werden, die durch den Körper erfolgt und den Menschen in die Einheit der Schöpfung integriert. Umgekehrt wird von der chalkedonensischen Definition auch festgehalten, dass der Mensch Gottes fähig und Gottes wert ist und mit ihm und durch ihn die ganze Schöpfung. Das alles zeigt und vollendet sich in Jesus, sofern er wahr und abstrichlos Gott und desgleichen wahr und ebenso abstrichlos Mensch in Welt ist. Für uns hat das grundstürzende Konsequenzen, für die das Christentum so lange steht, wie es an dem Dogma von 451 festhält:

(a) Das Maß des Menschseins bestimmt sich nach dem Maß der Gottesgemeinschaft. Jesus erscheint in diesem Licht als Höhepunkt des Menschlichen. Dann aber ist ein Individuum menschlich in dem Maße seiner Verbundenheit mit ihm, der Nachfolge Christi. Diese ist das Mark des Christseins, das sich somit als echter Humanismus herausstellt. Im Umkehrschluss lässt sich ebenso festhalten: Wo echter Humanismus gelebt wird, geschieht wahrhafte Christusnachfolge. Das gilt immer, also auch dort, wo es explizit nicht gesehen, ja selbst wenn es geleugnet wird.

(b) Es gibt in dieser Welt erheblich viele und große Spannungen, es gibt geordnete und damit hierarchische Systeme, aber es kann keinen legitimen Dualismus geben, der von vornherein die Welt in gute und werthafte Wirklichkeiten auf der einen, in böse und unwertige auf der anderen Seite dividiert. Das moralisch Verwerfliche ist der Schöpfung nicht immanent, sondern wird in sie hineingetragen, wenn Individuen die chalkedonensische Balance verschieben, also aus der Nachfolge Christi heraustreten.

(c) Daraus ergibt sich als umfassende Folgerung eine alles Sein umgreifende Freiheit der menschlichen Existenz. Sie hat keine anderen Grenzen als die in der Perspektive von Chalkedon begriffenen Menschlichkeit des Menschen selber. Wenn Gott Mensch geworden ist, hat er dem Menschsein eine unverlierbare Würde verliehen, indem er es in sein volles Eigensein entlassen hat. Das geschah in Jesus insofern in einmaliger Weise, als bei ihm dieses Eigensein geborgen ist in seinem vollen Gottsein, bei uns anderen Menschen das Eigensein von Gott getragen erst auf dem Weg der vollen Gemeinschaft mit Gott ist. Aber auch uns ist es so geschenkt, dass wir als freie und personale Wesen Gott gegenüberstehen dürfen. Wo also Christentum und Christen sich selber verwirklichen, realisieren sie die Freiheit im denkbar höchsten Sinn. Wo immer das nicht oder nur schattenhaft passiert, auch wo solches bereits nicht mehr erkennbar und nachvollziehbar wird, bringt es sich um seinen Auftrag und seine Existenzberechtigung. Christentum entscheidet sich an seiner Christologie!

6.2 Geist-Denken

Für die Christen war es in den ersten Generationen, wir kennen nun den Grund, wahrhaft lebens- und überlebenswichtig, die Frage zu beantworten, was Jesus für ein Mensch war. Das ließ sich naturgemäß nicht ohne den Rückgriff auf den ersttestamentlichen Gott machen, den Jesus in akzentuierter Weise als Vater (*Abba*) für sich reklamierte. Es konnte auch nicht ohne Bezug auf eine biblische Realität bewerkstelligt werden, die im Hebräischen *ruach* genannt wurde (das Wort ist übrigens weiblich); *pneuma* (ein Neutrum) übersetzen es die Griechen, woraus sich der Begriff *Pneumatologie* für die wissenschaftliche Befassung mit dieser Wirklichkeit herleitet; *Heiliger Geist* ist das deutsche (maskuline) Äquivalent. Das Nachdenken über ihn erschien unumgänglich, weil das Neue Testament an entscheidenden Stellen darauf zu sprechen gekommen war. Jesus wird als ein Mensch dargestellt, der durch das Wirken des Geistes ohne menschlichen Vater von der Jungfrau Maria geboren worden war. Zu Beginn seiner öffentlichen Laufbahn wird er vom Heiligen Geist bei der Taufe durch Johannes erfüllt. Nach Ostern haucht er, bislang der einzige Geistträger, den Geist seinen Jüngern ein. Am ersten Pfingstfest erfahren diese sich als Geistempfänger und Geistgeleitete. Folgerichtig erscheint die Kirche in den späteren Glaubensbekenntnissen als Geistestat. Das sind nur einige wesentliche Verweise; leicht lassen sie sich mehren.

Die frühen Theologen hatten gleichwohl sehr viel Mühe, fassliche Erkenntnisse über ihn zu gewinnen; ihren späteren Nachfolgern, ja der ganzen Christenheit ist es, unsere Gegenwart nicht ganz ausgeschlossen, selten besser ergangen. Das ist schon einmal in unserer Phantasie begründet. Man kann sich ohne Mühe einen Vater und einen Sohn vorstellen; man kann sicher mit einigem Denkaufwand, aber dann doch, diese Bilder auf Gott übertragen. Aber Geist? Die Künstler zeichneten eine Taube oder feurige Zungen – das lässt sich nur schwer mit Gott zusammenbinden. Die theologische Rede geht zurück auf das Erste oder Alte Testament.

Ruach hat dort mehrere Bedeutungen: Wind, Atem, Lebenskraft sind die ursprünglichen. Israel ist im Westen vom Mittelmeer, im Osten von der Wüste begrenzt. Von beiden Seiten dringen heftige, stürmische Winde übers Land, welche sehr verschiedene Wirkungen haben. Der Wüstenwind versengt, trocknet aus, tut weh durch den feinen Sand, den er ins Gesicht bläst. Der Westwind jedoch ist belebend, kühl, regengesättigt und damit fruchtbringend, erfrischend. *Wind* wird für die biblischen Völker daher zum Symbol für die unterschiedlichen Gotteserfahrungen, die ihnen zuteil wurden. Gott ist manchmal so heftig wie der Schirokko aus Arabien, etwa wenn er den menschlichen Stolz vernichtet (Ps 103,518), er kann aber auch Menschen wie eine Meeresbrise erquicken (Hos 6,3).

Die zweite Dimension von *ruach* ist *Atem*. Atem ist das augenscheinliche Unterscheidungsmerkmal zwischen Leben und Tod. Nur wer lebt, atmet. Wenn also von Jahwe gesagt werden soll, dass er Leben spendet, kann solches mittels dieses Wortes ausgedrückt werden, so etwa bereits bei der Menschenerschaffung (Gen 2, 7).

Endlich ist *ruach* Lebenskraft. Damit ist das dynamische Prinzip im Menschen gemeint, durch welches jemand befähigt wird, seine Aufgaben in der Welt, in der Gesellschaft zu erfüllen. Das alte Israel leitete daher die Begabung mit der Weisheit, mit der Prophetie, auch mit militärischem Genie, vom Gottesgeist her.

Immer aber wird *ruach* als eine Dimension, als eine Seite *Gottes* begriffen. Für das hebräische Denken verbindet sich vom grammatikalischen Geschlecht des Wortes her eine Assoziation zum Weiblichen: Gott ist kein Patriarch.

Das Neue Testament redet von *pneuma* differenzierter. Der Geist erscheint hier als göttlich, aber nicht nur als Aspekt des Göttlichen, vielmehr als ein Drittes neben Vater und Sohn, aber so wenig als etwas anderes Göttliches wie der Sohn etwas anderes Göttliches neben dem Vater ist. Am deutlichsten liest sich dies in dem uns bereits geläufigen Taufbefehl am Ende des ersten Evangeliums: »Taufet (die Menschen aus allen Völkern) auf den Namen des *Vaters und des Sohnes und des Heiligen Geistes*« (Mt 28,19). Die drei »Namen« sind gleichrangig und gleichberechtigt nebeneinander gestellt. Die Frage wird spätestens nach der Klärung des christologischen Problems akut: Ist das Pneuma also Gott – und wenn ja, wie steht es zu Gott dem Vater und Gott dem Sohn? Ist es eine göttliche Wirkkraft oder eigenständig Gott? Das wird im 4. Jahrhundert geklärt.

Die Entscheidung fällt zugunsten des Gottseins. Die Kirchenväter, vor allem die drei Kappadokier, argumentierten so: Beinahe alle Titel, die Gott nach der Bibel zukommen, kommen auch dem Pneuma zu. Es hat andererseits eigentümliche Funktionen, wie sie vom Vater und vom Sohn nicht ausgesagt werden, z.B. heiligt es die Geschöpfe. Weil aber nur Gott, der allein Heilige, das kann, muss der Geist Gott sein. Vor allem wird die Tauformel ins Feld geführt. Die dogmatische Festlegung der Entscheidung ist dem Konzil von Konstantinopel 381 zu danken (Tafel 1).

Es fällt auf, dass in der Bekenntnisformel direkte Gottesaussagen fehlen. Aber sie sind einschlussweise enthalten, wenn es heißt, dass er *Herr* ist (im Griechischen steht das im Deutschen nicht existierende Adjektiv zu »Herr«), *lebenspendend, vom Vater ausgehend, der gleichen Ehre und Anbetung* teilhaft wie Vater und Sohn. Alles dies lässt sich nur von Gott behaupten. Alle weiteren Aussagen im Text von Konstantinopel beziehen sich insofern auf den Heiligen Geist, als sie dessen Tun und Wirken beschreiben: Inspiration der Propheten, Kirche, Gemeinschaft in den Sakramenten, jenseitiges Leben.

Von der ganzen Denk-Tradition her ist der Heilige Geist also als ein Wirkelement im Bereich des Göttlichen gesehen – dieser Bereich verstanden als Wesen Gottes wie auch als Handeln Gottes in die Geschöpfeswelt hinein. Die erste Dimension beschäftigt uns im folgenden Abschnitt, die zweite muss hier verhandelt werden. Welche Funktionen hat der Geist in der Welt und in der Geschichte? Er ist, kann die knappe Auskunft heißen, immer und überall am Werk, wo Gottes Reich heraufzieht und realisiert wird. Im einzelnen lassen sich folgende Be-Reiche dieser Reich-Werdung aufzählen:

(a) Der Heilige Geist eröffnet uns die Wahrheit Gottes. Deswegen wird ihm die Inspiration der Bibel zugeschrieben (2.1), und zwar schon im Neuen Testament selber (2 Tim 3,16). Der Satz bezieht sich aber auch auf die subjektive Erkenntnis des Gotteswortes der Bibel. Wenn und sofern jemandem sie als solche einleuchtet, verdankt er dies der Erhellung durch den Geist.

(b) Der Geist ist der, welcher die Menschen heiligt; damit vollendet er die von Christus begonnene Erlösung. Er vermittelt die historisch-objektive Kreuzestat dem Menschen hier und jetzt und bringt ihn damit in die Sphäre Gottes.

(c) Das Pneuma ist das Wirkprinzip des christlichen Lebens. Wo Christen beten oder Gottesdienst feiern, wo sie Gutes tun und Trost spenden, wo sie Gerechtigkeit schaffen und Frieden halten – da ist der Gottesgeist am Werk. Besonders die Beiträge der Christinnen und Christen in der und für die Kirche sind seine Gabe. Mit einem paulinischen Wort heißen sie *Charismen*. Zu ihnen gehören die Leitungsfunktionen (Ämter), die Lehrbegabung, der Krankendienst und dergleichen (vgl. 1 Kor 12,12-31a).

(d) Der Geist ist auch der Motor der Geschichte. Er ist anwesend überall dort – also auch jenseits der Grenzen des institutionellen Christentums –, wo Menschen getreu ihrem Gewissen handeln, zu guten Lösungen der Lebensprobleme und der gesellschaftlichen Fragen gelangen. Er ist nicht schlechthin der Zeitgeist; dieser kann von sehr vielen schlechten Kräften bestimmt sein. Aber er spricht sich aus in den Zeichen der Zeit und ist insofern auch im Zeitgeist anwesend (vgl. Tafel 39).

Tafel 39. – Aus dem Glaubensbuch der belgischen Bischöfe: Erkennen wir im Heiligen Geist die Zeichen der Zeit.
Quelle: Unser Glaube. Wie wir ihn bekennen, feiern und leben. Das Glaubensbuch der belgischen Bischöfe, Freiburg-Basel-Wien 1988, 50.

Die »Zeichen der Zeit« sind Ereignisse, in denen die Christen im Licht des Glaubens eine Ankündigung des kommenden Gottesreiches erkennen. Diese Zeichen offenbaren uns die Gegenwart Jesu Christi mitten unter uns. Der Geist bewirkt, dass wir die Gegenwart des Herrn wahrnehmen, dass wir sie entdecken in jeder Geste der Zärtlichkeit, in jedem Werk der Gerechtigkeit, in jedem Schrei aus Not und Leid.
Die Geschichte ist voll von der Gegenwart Christi. Aber in ihr sind auch Gegenkräfte wirksam. Im Glauben erkennt der Christ den Anruf des göttlichen Geistes durch die Ereignisse hindurch wie Veränderungen in der Gesellschaft, wissenschaftliche Entdeckungen, technische Fortschritte, wirtschaftliche Krisen, Kampf für Gerechtigkeit, die Frauenbewegung, das Phänomen der Sekten, das Gespräch zwischen Muslimen und Christen und Marxisten, Nord-Süd-Gefälle, Ost- West-Konflikt ....

(e) Der Gottesgeist ist auch die Triebkraft prophetischer Menschen innerhalb und außerhalb der Kirche, die der Menschheit und der Christenheit den rechten Weg durch die Zeit weisen, nicht selten quer zu den eingefahrenen und scheinbar bewährten Denkrichtungen der etablierten Gruppen. Seine Aufgabe ist es, nach den Worten Jesu bei Johannes, in die ganze Wahrheit seiner Botschaft einzuführen, solange es eine Welt- und Kirchengeschichte gibt (Joh 16,13). Ihm eignet also, von menschlichen Planungen, auch denen von Menschen in der Kirche, aus betrachtet, eine Dynamik, welche eingefahrene Verhaltensweisen durchaus zu stören, selbst zu zerstören vermag. Das geschieht immer dann, wenn diese die »ganze Wahrheit« niederhalten möchten, weil sie stört. Auch diese Wirkung des Geistes hat mitgeholfen, dass in den etablierten Kirchenkreisen manchmal nur sehr verhalten von ihm gesprochen, nur widerwillig mit ihm gerechnet wird.

Der Heilige Geist hat mithin, wie diese durchaus ergänzungsfähige Aufzählung zur Genüge zeigt, eine außerordentlich wichtige Aufgabe für die christliche Religion und ihre Anhänger. Er ist Gott, sofern er uns in der Gemeinschaft mit dem Vater und dem Sohn hält, sofern er den Raum jener gottgeschenkten Freiheit schafft und das Leben darin ermöglicht, die Kennzeichen und Inbegriff der biblischen Verkündigung ist. Er konkret ist der Atem der Freiheit der Kinder Gottes.

6.3 Gottes Liebe: Dreifaltigkeit

Spätestens jetzt ist die Frage nicht mehr hintanzuhalten, wer und wie Gott wirklich ist und vor allem, wie man ihn erkennen und wie man von ihm reden könne. Das Christentum zählt sich zu den monotheistischen Religionen – wie Islam und Judentum kennt es nur *einen* Gott. Aber wenn der *Vater* Gott ist, der *Sohn* (Jesus Christus) Gott ist und der *Heilige Geist* ebenfalls Gott ist, wie die Glaubensformeln festhalten, dann scheint kein Weg an der Schlussfolgerung vorbeizuführen: Also haben die Christen *drei Götter*. Das ist auch der Hauptvorwurf der Muslime gegen die Christen, die nach dem jetzigen Stand eine echte Verständigung unmöglich macht.

Historisch gibt es das Problem seit der Zeit, da sich das Gottsein Jesu als biblische Botschaft herausgestellt hatte. Erste Lösungsansätze wurden auch in den altkirchlichen Konzilien erarbeitet, doch beschränkten sie sich im wesentlichen darauf, die dialektische Behauptung verbindlich zu machen, dass es nur *einen* Gott gibt, dieser aber eine *Dreiheit* sei. Tertullian prägte dafür das lateinische Wort *trinitas* »Dreifaltigkeit, Dreieinigkeit« (daraus: *Trinitätslehre*). In den beiden vorausgehenden Abschnitten wurden diese Versuche vorgestellt. Ungelöst blieb, wie man diese ungeheure Spannung vernünftig auszuhalten in der Lage sein sollte. Nicht erst Goethe und er nicht als letzter war geneigt, es mit Mephisto zu halten:

> »… ein vollkommner Widerspruch
> bleibt gleich geheimnisvoll für Kluge wie für Toren.
> Mein Freund, die Kunst ist alt und neu.
> Es war die Art zu allen Zeiten.
> Durch Drei und Eins, und Eins und Drei
> Irrtum statt Wahrheit zu verbreiten.
> So schwätzt und lehrt man ungestört;
> Wer will sich mit den Narr'n befassen?«[60]

Die christlichen Theologen haben allen Scharfsinn und alle Subtilität ihres Verstandes aufgeboten, um zu dementieren, dass die Trinitätslehre »ein vollkommner Widerspruch« ist. Ganz im Gegenteil ist sie staunenswerter Hinweis auf die beispiellose Größe und Güte Gottes. Sie lehrten das in den ersten Jahrhunderten auf dem Hintergrund der spätgriechischen Philosophie. Ihre Sprach- und Denkmuster sind seitdem in der Theologie verbindlich geblieben. Man braucht sich gleichwohl nicht unbedingt auf sie einzulassen, wenn man ihre entscheidende christliche Gottesaussage ermessen will, durch die sie sich von allen anderen Lehren über Gott in der Menschheit unterscheidet. Leugnen lässt sich aber nicht: Trinitarisch denken gehört zum Schwierigsten, was dem christlichen Verstand abverlangt wird.

Voraussetzung für jeden Zugang ist eine grundätzliche Überlegung über die Möglichkeit von Gottesaussagen. Das Wort *Gott* (und die entsprechenden Äquivalente in anderen Sprachen) ist ein in allen Kulturen vorkommender Begriff. Es bezeichnet eine alle erfahrbare Wirklichkeit übersteigende, ihr gegenüberstehende Gegebenheit. Man spricht von der Transzendenz *Gottes*. In dieser Vorstellung ist enthalten, dass *Gott* alle andere Wirklichkeit begründet und bestimmt, ohne seinerseits von etwas anderem begründet und bestimmt zu sein. Er ist der *grundlose Grund* der Realität. Das erste und fundamentalste Problem ist: Existiert eine solche Gegebenheit nur in unseren Gedanken oder auch davon unabhängig, in sich selber? Darauf werden bekanntlich sehr auseinanderlaufende Antworten gegeben, die zunächst einmal die Frage nach dem Sein Gottes betreffen (*Theismus*: Er existiert – *Atheismus*: Er existiert nicht), dann sofort, im positiven Fall, Präzisierungen nach Zahl (*Monotheismus*: Numerisch ein Gott – *Polytheismus*: viele Götter) und Beschaffenheit (*Theismus* im engeren Sinn: personales Wesen – *Pantheismus*: unpersonale Substanz – *Deismus*: anfanghaftes Wirkprinzip) vornehmen.

In allen Jahrhunderten der griechisch-römischen und späteren abendländischen Kultur hat man sich bemüht, für diese Positionen Argumente zu finden, also vor allem die Existenz oder Nichtexistenz Gottes zu beweisen. Es hat sich heute herausgestellt, dass sie allesamt zwar das Gottesproblem erhellen, die Gottesfrage aber nicht entscheiden können. Man kann sehr gute Gründe angeben, die seine Existenz nahelegen, und gar nicht schlechte Gründe beibringen, die sie bestreiten. Die Sachlage bleibt also argumentativ offen: In der Theologie wird das dadurch ausgedrückt, dass man von Gott als *bleibendem Geheimnis* spricht. Man kann seine Existenz nur mittels einer existentiellen Grundentscheidung als real annehmen. Diese ist der *Glaube*. Theismus wie Atheismus sind also gleichchermaßen Glaubenshaltungen. Das kann auch gar nicht anders sein. Die Verborgenheit oder Geheimnishaftigkeit Gottes beruht nicht auf menschlicher Verstandesschwäche, die möglicherweise einmal behoben wird, sondern liegt in seinem Wesen selber. Als grund*loser* Grund entzieht er sich aller fest-stellenden Be*gründ*ung. Er ist *un*begreiflich, weil jedes Be-*Greifen* eine Bemächtigung Gottes bedeutete, die automatisch den Begreifenden selber auf seinen Platz rückte. Ein begriffener Gott ist ein logischer Widerspruch; ein bewiesener Gott wäre der Beweis, dass der Atheismus recht hat.

Folgt aber dann nicht daraus die Haltung des *Agnostizismus*, der zufolge man von Gott nichts wissen könne und folglich von ihm schweigen müsse? »Wer will sich mit den Narr'n befassen?« Hier müssen wir uns einer Eigentümlichkeit unserer menschlichen Aussageweise erinnern. Man kann drei Klassen von Begriffen unterscheiden, mittels derer wir Aussagen machen:

(a) Begriff und Wirklichkeit treffen sich (»Frau«). Solche Begriffe heißen *univok*.

(b) Ein und derselbe Begriff bezeichnet völlig unterschiedliche Wirklichkeiten (»Strauß«: Blumengebinde, Gefecht, Vogel, Komponist, Politiker). Man nennt einen solchen Begriff *äquivok*.

(c) Ein einziger Begriff bezeichnet verschiedene, aber einander teilweise ähnliche Realitäten (»gesund«: Körper, Medizin, Gesichtsfarbe). Solche Begriffe bezeichnet die Sprachwissenschaft als *analog*. Sie fügt hinzu: Bei analogen Begriffen ist die Unähnlichkeit stets größer als die Ähnlichkeit.

Welcher Klasse müssen Aussagen über Gott zugeschlagen werden, wenn man sich für den Theismus entschieden hat? Die Basisaussage lautet selbstverständlich: »*Gott hat Sein, er existiert*«; stimmt sie nicht, bleibt in der Tat nur Schweigen. Ist »Sein, Existenz« für Gott und für Nicht-Gott ein *äquivoker* Begriff, dann lassen sich keinerlei Behauptungen über Gott machen. Das ist der agnostische Standpunkt. Ist es ein *univoker* Begriff, muss man Pantheist werden. Aussagen über einen personalen Gott sind nur denkbar, wenn »Sein« oder »Existenz« *analoge Termini* sind. Sie treffen zu einem Teil auf *Gott* und auf *Nicht-Gott* (also alle anderen Wirklichkeiten) zu, zu einem anderen, und zwar zum überwiegenden Teil treffen sie nur auf *Gott, nicht* auf Nicht-Gott zu.

Das hat zur Folge, dass man jede Gottesaussage in einem Dreischritt machen muss, wie schon ein uns unbekannter Denker um 500 (?) gesehen hat, der als Pseudo-Dionysius registriert wird.

I. Menschen erfahren: Gott ist *gerecht* (Aussage der positiven Theologie).
II. Die Erfahrung ist zu korrigieren durch Ausscheiden der negativen Momente im Begriff Gerechtigkeit (z.b. Ausschluss von Barmherzigkeit): Gott ist *nicht gerecht*, d.h. ihm eignen nicht die Defizite menschlich erfahrbarer Gerechtigkeit; so ist er auch barmherzig (Aussage der negativen Theologie).
III. Die Erfahrung ist nach dem Gesetz der Analogie zu erweitern aufgrund der Transzendenz Gottes: Gott ist *absolut (unendlich) gerecht* (Aussage der spekulativen Theologie).

Was aber bedeutet konkret »unendlich gerecht«? Darauf vermögen wir keine befriedigende Antwort zu geben. Das Geheimnis Gottes bleibt also voll und ohne Rest gewahrt, dennoch ist die Behauptung von der Gerechtigkeit Gottes sachlich gedeckt, sofern »Gerechtigkeit« streitfrei eine Vollkommenheit meint, die als solche auch im grundlosen Grund aller Wirklichkeit »irgendwie« existieren muss. Sie »gehört« in nicht auslotbarer Weise zu »Gott«, und wenn er existiert, zum lebendigen Gott. Es ist also prinzipiell Gotteserkenntnis möglich, auch wenn sie notwendig bruchstückhaft bleibt. Sie kann auch in wahren Aussagen ausgedrückt werden, wobei diese wiederum nur Näherungswert zum Gemeinten haben.

In der modernen Wissenschaftstheorie spricht man in einem solchen Fall von *Modellen*. Ein Modell ist dann hilfreich, wenn das Gemeinte nicht unmittelbar zugänglich ist. Das Brüsseler Atomium beispielsweise projiziert die Verhältnisse in einem Atom ins Riesenhafte: Man kann es sich ganz grob vorstellen, aber nur ganz bestimmte Aspekte der Realität Atom; alle anderen werden vernachlässigt. So kann man aus der uns zugänglichen Erfahrungswelt Modellvorstellungen vom Wesen Gottes machen. Sie verdeutlichen die eine oder andere Seite davon, ohne sie auch nur halbwegs ganz zu zeigen.

Nach diesem philosophischen Ausflug kehren wir zur Frage der argumentativen Begründungsmöglichkeit von *Trinität* zurück. Sie lautet: Wie kann man widerspruchslos denken, dass der eine Gott in sich drei Wirklichkeiten birgt, die so voneinander unterschieden sind, dass sie die Einheit trotzdem nicht beseitigen? Die Christen der ersten Zeiten machten die Erfahrung, dass in der Geschichte Gott planvoll am Werk ist. Solche planvolle Ordnung nannte man im Griechischen *oikonomia*. Wir verwenden das Wort immer noch, wenngleich meist für die Wirtschaft: Wer sein Geld plangerecht ausgibt, handelt »ökonomisch« richtig. Sie merkten aber auch, dass das Handeln Gottes gegliedert, phasenständig ist und dass in diesen Phasen Gott sich je anders zeigte. Gott erschien in der Schöpfung etwa als der Allbegründende, Allmächtige, Herrscherliche; *Vater* drückt in einer patriarchalischen Gesellschaft das sehr gut aus. Man kann gut sagen: Gott ist *alles in allem*. In der Phase der Christus-Erlösung offenbarte er sich als der sich der Menschheit ganz hinschenkende, ganz uns zugewandte Gott – ähnlich wie es ein *Sohn* in einer solchen Gesellschaft tut. Gott ist der Gott *für uns*. Nach Ostern wirkt Gott unsichtbar, aber in realen Erfahrungen gegenwärtig; wir erfahren ihn in unserer Innerlichkeit – wie einen *Geisthauch*. Er erscheint uns als Gott *in uns*.

Wie diese Einheit durch Dreiheit im Handeln vorgestellt werden kann, zeigt ein in der Substanz schon in der Zeit der Kirchenväter gebrauchtes Bild. Jakob sagt zu Edith:»Ich liebe dich.« Diese nimmt das wahr als eine Zusage, die aus dem innersten Wesen des jungen Mannes kommt: ER in allen seinen Dimensionen bekennt seine Liebe. Sollte Edith aber irgendwann einmal analysieren, wie das Bekenntnis zustande gekommen ist, merkt sie: ER kann das nur sagen, indem das Sprachzentrum den Satz formt, seine Sprachwerkzeuge ihn artikulieren, die Schallwellen ihn ihrem Ohr zutragen. Ähnlich wirkt Gott als der eine, aber er tut dies als Setzung, die väterlich ist, als Wort, das der Sohn ist, als Geist der Mitteilung.

Die Trinitätslehre ist also von der Gotteserfahrung in der Geschichte angestoßen worden. Doch stellt sich die Frage sehr bald: Ist das nur ein menschlich-subjektiver Zugang, dem in Gott selber nichts entspricht, oder lässt von seinem Handeln sich auf sein Sein schließen? Ist Gott in sich einer in Dreien? »In sich sein« heißt lateinisch *immanere;* man nennt die in der Frage angestoßene Sicht daher die *immanente Trinitätstheologie* (im Gegensatz zur ökonomischen).

Die klassische, hoch spekulative Antwort lässt sich aus Tafel 40 ablesen. Sie ist geprägt von den biblischen Bezeichnungen, die als Bezugsetzungen verstanden werden. *Vater* ist jemand, der einen *Sohn* gezeugt hat; dieser ist ein Gezeugter. *Geist* hat, wie wir sahen, etwas mit Hauchen, Atmen zu tun. Es gibt also jemanden, der haucht; der Geist ist dann der Gehauchte. Alles und nur das, was zum Vater-, Sohn- und Geistsein zu rechnen ist, kommt je nur dem Vater, Sohn oder Geist zu: Es begründet das *Person-Sein*. Jede andere Gotteswirklichkeit dagegen ist von allen Drei zu sagen: Sie begründet ihre gemeinsame *göttliche Natur*. So redet man folgerichtig von drei Personen und einer Natur *in Gott selbst*.

Tafel 40. — Das Verhältnis von Dreiheit und Einheit in Gott
Quelle: Andrea Meinardi, Gemälde: Die vier Kirchenlehrer im Disput über die Heiligste Dreifaltigkeit, Cremona. Hier nach Evangelischer Erwachsenenkatechismus, Gütersloh ⁵ 1989, 472.

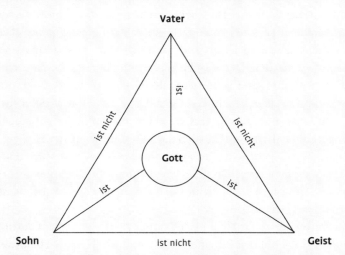

Jede Linie in dieser Graphik läßt sich von jedem Punkt an den Dreiecksspitzen in jede Richtung lesen, also z. B. Der VATER *ist nicht der* SOHN — Der SOHN *ist nicht* der VATER; oder: GOTT *ist* VATER, der VATER *ist* GOTT. Das allen Drei gemeinsam zu Eigene (GOTT) heißt in der theologischen Sprache *Natur,* das nur je einem von den Drei Eigene (VATER-, SOHN-, GEIST-Sein) nennt man *Person.* Die Formel lautet dementsprechend: *Gott ist eine Natur in drei Personen.* Der Unterschied besteht in den unterschiedlichen Beziehungen (Relationen), die Eigentümlichkeiten bedingen, welche nicht allen Dreien zukommen. Diese Eigentümlichkeit ist das Vatersein, das sich gegenüber dem Sohn in der Relation *zeugen,* gegenüber dem Geist in der Relation *hauchen* terminologisch ausdrückt. Der Sohn ist dann gezeugt, der Geist gehaucht.

Während nach westkirchlicher Auffassung dieses Hauchen VATER *und* SOHN gleichermaßen zuzusprechen ist (der GEIST geht also hervor aus VATER *und* SOHN, lat. EX PATRE FILIOQUE), beharrt der Osten darauf, daß nur der VATER Hauchender ist.

Aus der Einheit und Differenz folgt der trinitätstheologische Grundsatz: *Alles in Gott ist eins außer im Fall einer Beziehungseigentümlichkeit.*

Zur richtigen Einschätzung der Trinitätslehre ist es wichtig zu erinnern, daß alle Begriffe und Vorstellungen *Modell*charakter haben: Sie wollen nur in etwa die Vernunftentsprechung des Dogmas anschaulich machen. Deswegen dürfen sie nicht in den Details auf Gott übertragen werden: So hat die *Zeugung* des Sohnes mit geschöpflichen Zeugungsvorgängen nur den Vergleichspunkt »hervorbringen« gemeinsam, nicht aber die Dimensionen von Zeitlichkeit, Sexualität, Seinsunterordnung usw.

Diese Sprechweise vermag aber leicht in eine Falle zu führen. In einer patriarchalisch denkenden Gesellschaft war es beinahe unvermeidlich, dass diese Bezüge hierarchisch gedacht wurden: Der Vater etwa steht da zweifelsohne höher als der Sohn, der Hauchende ist mehr als das Gehauchte. So legte es sich nahe, bei dem zusammengesetzten Begriff *Drei-Einheit* eher auf die *Einheit* den Akzent zu setzen und dann den Vater gewissermaßen zum »Ober-Gott« zu machen. Das war die Versuchung der griechisch sprechenden Ostkirche. Vom Vater geht dann alle innergöttliche Aktivität aus: *Er zeugt den Sohn, er allein haucht den Geist*. Die Lateiner im Westen suchten dem u.a. zu steuern dadurch, dass sie Vater und Sohn gleichberechtigte »Rollen« gegenüber dem Geist zuwiesen und behaupteten, der Heilige Geist gehe hervor (werde gehaucht) »*ex Patre Filioque – aus dem Vater und dem Sohn*«. Das Gespenst eines Drei-Götter-Glaubens tauchte hier sofort am Horizont auf. Deswegen erachten die Orthodoxen den Zusatz noch heute als kirchentrennend (vgl. 2.6).

Das unvermeidbare Problem jeder Trinitätstheologie besteht darin, dass jede Redeweise, die mit den Begriffen »eins« und »drei« operiert, notwendig zweideutig wird. Wir werden immer wieder verführt, sie mathematisch zu denken. Weil jedoch mathematisch »eins« und »drei« nicht kompatibel sind, verschiebt sich unsere Vorstellung trotz allen guten dogmatischen Willens entweder auf die Einheit oder auf die Pluralität in Gott. Man kann aber einen wesentlich leichteren, das Zahlenmoment weitgehend außer Acht lassenden und der menschlichen Erfahrung einsichtigeren Modellzugang finden, auf den bereits Augustinus aufmerksam gemacht hat[61]. Startpunkt ist wiederum eine Erfahrung, die sich bereits im 1. Johannesbrief (4,7-13) niedergeschlagen hat:

»Liebe Brüder, wir wollen einander lieben, denn die Liebe ist aus Gott, und jeder, der liebt, stammt von Gott und erkennt Gott. Wer nicht liebt, hat Gott nicht erkannt; *denn Gott ist die Liebe*. Die Liebe Gottes wurde unter uns dadurch offenbart, dass Gott seinen einzigen Sohn in die Welt gesandt hat, damit wir durch ihn leben. Nicht darin besteht die Liebe, dass wir Gott geliebt haben, sondern dass er uns geliebt und seinen Sohn als Sühne für unsere Sünden gesandt hat. Liebe Brüder, wenn Gott uns so geliebt hat, müssen auch wir einander lieben. Niemand hat Gott je geschaut; wenn wir einander lieben, bleibt Gott in uns, und seine Liebe ist in uns vollendet. Daran erkennen wir, dass wir in ihm bleiben und er in uns bleibt: Er hat uns von seinem Geist gegeben«.

Dieser Text ist ein höchst wichtiger Schlüssel für das christliche Gottes-, Menschen- und Weltverständnis. Er enthält zuvörderst eine »Definition« Gottes von unendlicher Tragweite: Gott *ist die Liebe*. Liebe ist nicht eine Eigenschaft, die er neben anderen besitzt, vielmehr sind *Liebe* und *Gott* untereinander austauschbare Begriffe. Dann aber wird jedes Ansichtigwerden und jedes Erleben von Liebe zum Gleichnis für Gott.

Kehren wir noch einmal zurück zu Jakob und Edith. Was geschieht, wenn Jakob aus der Fülle seines Wesens heraus zu der jungen Frau sagt: »Ich liebe dich«? Durch diesen Satz, genauer: durch das, was er meint, wird eine Dreiheit konstituiert in dem Augenblick, da diese ihn erwidert und ihrerseits ihre Liebe zu dem Mann bekennt. Da ist (1) der Liebende (Jakob), (2) die Geliebte (Edith) und (3) das Unnennbare zwischen beiden, das sie als Liebe empfinden. Alle diese Komponenten zusammen führen zu einer innigen Einheit, wie sie unter Menschen nicht tiefer gedacht werden kann. Sie hat ihren ganzmenschlichen Ausdruck in der personalen Einheit von Mann und Frau, die ihre Erfüllung in der Vereinigung und gegebenenfalls ihre Verleiblichung in einem neuen Menschen, dem Kind, findet.

Wenn also das Ereignis von Liebe niemals als isoliert-einsamer Akt, sondern von seinem Wesen her nur als plural, als dreifaches Geschehen gedacht werden kann, dann muss das nach dem Gesetz der Analogie auch von Gott gelten. Wenn er *die Liebe* ist, dann muss diese Pluralität bereits in ihm, in seinem Wesen angelegt sein, d.h. der Immanenz zugerechnet werden. Gott ist also LIEBENDER: In der biblischen Diktion zeigt er sich als liebender Vater (und sorgende Mutter)[62]. Gott ist ebenso und gleichermassen GELIEBTER: Sohn-Sein ist ein in der Redeweise der Liebe einsichtiger Ausdruck dafür. Gott ist endlich ganz und gar und ebenso LIEBE, nun verstanden als jene Beziehung, die den Liebenden mit dem Geliebten konstitutiv zusammenbindet. Sie ist ein immaterieller Vorgang, der angemessen mit der Zuschreibung GEIST ausgesprochen werden kann.

Damit sind Erhellungen der Wirklichkeit möglich, die anders nicht gemacht werden können, anderswo als im Christentum auch nicht gemacht worden sind. Zur Gottesvorstellung der Menschen gehört ab einem bestimmten Reflexionsstand gewiss die Selbst-Genügsamkeit. Gott ist nicht bedürftig; er braucht auch zu seinem Glück keine Welt. Das trifft in vollem Sinn erst dann zu, wenn er in sich selber Fülle, Leben, Austausch, Gemeinschaft – Liebe also ist. Sonst wäre »Gott« bestenfalls ein Prinzip, niemals aber Person. Es ist denkerisch konsequent, dass in den auf Aristoteles zurückgehenden Argumenten für die Existenz Gottes zwar auf einen unbewegten Beweger zurückgeschlossen wird, dieser auch »wie ein Geliebtes« (hōs erōmenon) die bewegten Beweger anzieht, selber aber nicht lieben kann. Der christliche Gott dagegen kann gedacht werden als personales Teilgeben und Teilnehmen unendlicher Glückseligkeit und unendlicher Erfüllung, die gleichwohl prinzipiell offen ist auf jedwede denkbare Wirklichkeit, die Gott ins Dasein ruft. Gott braucht keine Welt, aber seine Liebe geht auf Welt, sofern jede Liebe sich verströmen will, unendliche Liebe aber sich nur ins Endliche verströmen kann, wenn sie aus sich heraustritt.

Der Johannes-Text macht noch auf eine weitere grundstürzende Tatsache aufmerksam. Ihm zufolge ist die Liebe für uns Menschen ein Erkenntniskriterium der Wirklichkeit »Gott«. Sie erschließt sich uns konkret in der erlösenden Liebe, die sich uns in der Sendung des Sohnes zeigt und in der Begabung mit dem Geist für immer zuteil wird. Wir sind so weit vom antiken Denken entfernt, dass uns nicht mehr die Ohren klingen wie den ersten Hörern dieser Botschaft. Für die Griechen war Liebe identisch mit Begehren, Triebhaftigkeit, Unerfülltheit, Mangel. Es gibt, meint Platon im *Staat*, keine größere, heftigere und wahnsinnigere Lust als die der Liebe[63]. Deswegen kann der aristotelische Gott nicht selber lieben, sondern nur vom Mangelhaften geliebt werden. Das christliche Gottesdenken bringt nun so etwas wie eine Schubumkehr in die Wirklichkeit der Liebe hinein. Diese ist nicht mehr Ausweis des Unvollkommenen, sondern Wesen des Absoluten. Sie ist nicht mehr Versuch des Aufstiegs, sondern Geste der Zu-Neigung, ein Sichbeugen, eine Hinablassung von oben nach unten, vom Unendlichen zum Endlichen, vom Heiligen zum Sünder, vom Starken zum Schwachen, vom Lebendigen zum Todgeweihten. Liebe ist, mit einem Wort, nicht Bloßstellung menschlicher Unzulänglichkeit, sondern Offenbarung göttlicher Größe. Nicht wir haben Gott zuerst geliebt, sondern er uns im Christusgeschehen (1 Joh 4,10).

Daraus folgt als weitere Konsequenz: Dann müssen auch wir einander lieben, und zwar mit der göttlichen Liebe. Hier liegt die Begründung der christlichen Forderung nach Nächstenliebe, Gleichberechtigung aller Menschen, Aufhebung aller Asymmetrien (z.B. der zwischen den Geschlechtern). Sie ist, so sehen wir, nicht von ungefähr erst im Christentum realisiert worden in den Bestrebungen zur Gesundheitsfürsorge, zu sozialen Werken, zur Behebung der Ungleichheiten zwischen Klassen und Rassen, zur Erziehung. Denn die Liebe zu den Mitmenschen, die ihren Maßstab an der göttlichen Liebe selber hat, ist zufolge unserem Text auch das Merkmal, an dem man den Anhänger Christi erkennt, an dem vor allem er selber ein Kriterium für seine Gottesverbindung, also auch für seine Heilschancen hat. Wir sind mit Gott verbunden, wenn wir vollendete Liebende sind.

Schließlich ergibt sich aus dem trinitarischen Modell des 1. Johannesbriefes auch das Freiheitsmoment des Christentums. Denn die Voraussetzung personaler Liebe ist die un-bedingte Zuneigung von Liebendem und Geliebtem. Wenn Gott die Liebe ist, dann ist er vollendete, bedürfnislose Liebe. Seine Liebe kann also nicht anders als absolut, d.h. gelöst (lat. *absolvere* »loslösen«) von aller Bedingtheit, positiv ausgedrückt: vollkommene Verwirklichung der Freiheit sein. Sofern aber menschliche Liebe, wenn sie christlich sein soll, an dieser nur mehr schenkenden Liebe ihr Maß hat, ist auch sie immer gottgegebene Realisierung der Freiheit. Ist nun aber nach Johannes Gott immer dort, wo freie Verwirklichung schenkender Liebe statthat, dann ist jede Aufhebung der Freiheit (schon im Versuch) widerchristlich. Die christliche Religion ist in Konsequenz ihrer Gotteslehre Atem der Freiheit.

6.4 Gottes Liebesgabe: Die Schöpfung

»Im Anfang schuf Gott den Himmel und die Erde.
Die Erde aber war Irrsal und Wirrsal.
Finsternis über des Urwirbels Antlitz.
Braus Gottes schwingend über dem Antlitz der Wasser.
Gott sprach: Licht werde! Licht ward.
Gott sah, dass das Licht gut war. …«

In unserem Kulturkreis können wenige Texte es an Bekanntheit und Feierlichkeit mit den Schöpfungserzählungen des Buches Genesis aufnehmen[64]. So entstand kaum je ein Zweifel an der Grundaussage: Die Welt ist mit der Zeit zusammen (»*im*«, nicht *am* »Anfang«) von Gott ins Sein gesetzt. Probleme kamen bei der weiteren Ausdeutung auf, sobald man das eigentümliche Denkmuster dieser Verse nicht beachtete (vgl. 4.4).

Sie können richtig nur aus der Situation ihrer Entstehung und aus der Intention der Autoren verstanden werden. Im Jahr 587/586 v.Chr. war nach der Zerstörung Jerusalems die Einwohnerschaft ins Exil verschleppt worden. Eine religiöse Krise war die Folge: Wie soll man jetzt noch glauben, dass Israel das auserwählte Volk unter dem besonderen Schutz Jahwes sein soll? Die Genesis antwortet: Indem wir der Anfänge gedenken! *Immer*, seit Anbeginn hat sich Jahwe als Herr gezeigt – der Welt, des Volkes, der Individuen. So dürfen auch wir in dieser entsetzlichen Lage hoffen! Der Text will also weder eine *Kosmologie* (naturwissenschaftlichen Schilderung des Weltbeginns) sein noch eine *Kosmogonie* (mythische Erzählung der Weltentstehung), sondern eine *Protologie*, d.h. eine theologische Aussage über den Ursprung mit gegenwartsbezogener Abzweckung.

Er antwortet primär nicht auf die Fragen, wie und warum es so gekommen ist, wie es kam, sondern zeigt dem Glaubenswilligen einen Weg von der Absicht Gottes, dessen Werk gut ist, zur Bewältigung der als ambivalent erfahrenen Weltrealität. Zugleich soll sich dem Hörer oder Leser des Textes die Fortsetzung dieses Weges erschließen in Richtung auf das endgültige Ziel der (also auch seiner eigenen) Geschichte: Wer sich von Gott leiten lässt, der erfährt die Schöpfung so herrlich wie ein Wüstenwanderer eine wohlbewässerte, baumreiche Oase (griech. *paradeisos*, daher »Paradies«). Die ersten Kapitel der Genesis haben also keine historische, sondern eine gegenwarts- wie zukunftsbezogene Stoßrichtung. Angelegentlich dessen integrieren sie auch Ursprungsaussagen. Auch sie sind theologisch zu deuten.

Damit ist die jahrhundertelang quälende Frage nach der Vereinbarkeit von Bibel (samt der sie interpretierenden Theologie) und Naturwissenschaft gegenstandslos geworden. Die Heilige Schrift verweigert die Auskunft über die Anfänge, wenn danach vom Inneren der Welt, von der Natur her gefragt wird. Nach dem 2.Vatikanum lehrt sie »sicher getreu und ohne Irrtum *die Wahrheiten ..., die Gott um unseres Heiles willen aufgezeichnet haben wollte*«[65]. Das sind gewiss nicht die Aussagen über die Entstehung der Welt durch Setzung aller einzelnen Arten (Kreatianismus) oder durch Evolution, die Erschaffung des Menschen mittels Ton oder eines Primatenkörpers. Die biblischen Aussagen und die sie reflektierenden dogmatisch-theologischen Sätze sind also völlig offen für die innerweltliche Forschung und deren Resultate. Umgekehrt kann diese keine verbindlichen Aussagen treffen, wenn nicht mehr immanent von der Welt her, sondern von der Sphäre der Transzendenz gefragt wird. Was »vor« dem Anfang war, kann »nach« dem Anfang nicht erhoben werden, weil Anfang die Grenze naturwissenschaftlicher Fragestellung sein muss. Denn »zuvor« gab es nicht »Natur«. Ob man einen externen Weltgrund (also eine Schöpfung) mit den

Religionen postuliert, es agnostisch offen lässt oder atheistisch bestreitet, kann von den Naturwissenschaften nicht entschieden werden. Auch sie sind ein offenes System.

Im Grund sind diese Überlegungen nichts anderes als die Folgerung aus dem bereits anfangs dieses Kapitels festgestellten Sachverhalt, dass die Gottesfrage nur durch eine Entscheidung beantwortet werden kann. Könnte eine Wissenschaft sie durch ihre eigenen Mittel und Methoden positiv oder negativ lösen, wäre die Gottesfrage genau damit und dadurch verfehlt.

Was nun kann in Tradition und Intention der Bibel über die Welt gesagt werden? Das lässt sich im Kern in relativ wenigen Sätzen formulieren:

(1) Was immer außerhalb Gottes existiert, ist Gottes Werk, daher verdankt, abhängig, endlich, unvollkommen – kurz: Schöpfung.

(2) Weil und wenn Gott die Liebe ist, kann der einzige Grund der Schöpfung nur das Sichverströmen der göttlichen Liebe ins Endliche hinein sein (vgl. die Darstellung auf Tafel 41).

(3) Liebe ist nicht bloß ein einzig-einmaliger Akt, sondern eine währende Haltung. Gottes Schöpfertat kann dann nicht begriffen werden als ein einmaliger, anfangs gesetzter Impuls, sondern muss eine dauernde schöpferische Zuwendung sein. Die Theologen sprechen daher von einer *creatio continua*, einer ständigen Schöpfung. Dem entspricht die Hoffnung, dass Gott sie auch jenseits der ihr eigenen Vergänglichkeit im Sein bewahrt; theologisch wird das im Begriff der *neuen Schöpfung* bedacht.

(4) Wenn Liebe etwas ins Werk setzt, wird es immer ihre Spuren tragen – das trifft auch für Gottes Liebe zu. Die Welt, so ist also zu erwarten, wird insgesamt und in ihren Teilen transparent für ihren Schöpfer sein. Sie lässt Rückschlüsse auf Gott zu. Wenn weiterhin die Liebe sich in der Freiheit findet, ist anzunehmen, dass es freie Geschöpfe geben wird. In dieser Perspektive kann man sagen, dass der Kosmos von Anfang an auf die Erscheinung eines freien, eines personalen Geschöpfes, auf den Menschen, mit einem Wort, angelegt ist[66].

(5) Da Freiheit Verantwortung einschließt (7.3), bedeutet das In-der-Welt-Sein des Menschen als Höchstpunkt der göttlichen Schöpfungsabsicht zugleich des Menschen Treuhänderschaft über die restliche Kreatur. Er ist bestellt als Repräsentant der Liebe Gottes, indem er sie hütet und vervollkommnet im Rahmen seiner Fähigkeiten. Ökologische und umweltpolitische Sorge ist in der christlichen Schöpfungslehre verankert.

(6) Liebe zeigt sich in der Güte. Wenn also die Liebe der Beweggrund Gottes zur Erschaffung der Welt ist, muss diese gut sein.

(7) Damit entsteht die quälende Frage nach dem Woher des Bösen (»Unde malum?«). Von vornherein auszuschließen ist der Schöpfer als die liebende Güte schlechthin. Also muss das Böse aus der Schöpfung kommen. Wie schon angedeutet (4.3), kann man zwei Grundarten des Bösen unterscheiden, das Übel aus der Natur (malum physicum: Erdbeben) und das Böse aus menschlicher Schuld (malum morale: Krieg, Demütigung). Nicht selten verbinden beide sich zum bösen Effekt: Wenn ein Haus auf nicht tragfähigem Untergrund schlampig errichtet wird, verursachen die physikalischen Gesetze und die moralische Unverantwortlichkeit des Baumeisters zusammen den Einsturz, durch den die Bewohner ums Leben gebracht werden. Die Hinter-Gründe sind aber in jedem Fall andere. Im ersten Fall liegen sie in der Unvollkommenheit der Schöpfung, die per definitionem nicht vollkommen, weil nicht Gott, ist. So können ihre Ursachen ambivalente, d.h. unter Umständen üble Wirkungen aus sich entlassen.

Menschliches Leben hängt von der beständigen Zellteilung ab. Jede Zellteilung verkürzt es zugleich, da die Enden, die die Chromosomen schützen (Telomere) immer kürzer werden. Sind alle aufgebraucht, findet keine Teilung mehr statt: der Mensch stirbt unweigerlich den Alterstod. Teilen sich hingegen die Zellen zu schnell, entsteht Krebs und der Mensch erleidet über kurz oder lang ebenfalls den Tod. Die Zellteilung ist also je Ursache des Lebens wie des Sterbens. Eigenartigerweise produzieren Krebszellen ein Enzym, das jene verlorenen Endstücke beständig ersetzt: Sie sind also unsterblich. Gelänge es also, durch gentechnische Manipulationen die Telomer-Länge bei normalen Zellen stabil zu machen, wären auch sie und damit der Mensch biologisch unsterblich. Aber wäre das wirklich ein Gut oder nicht ein schlimmeres Übel?

In der Hypothese des *malum morale* liegt der Hinter-Grund in der menschlichen, d.h. unvollkommenen Freiheit. An sich besagt Freiheit die unverstellte Möglichkeit zur Selbstverwirklichung, zur Vollgestalt des je zukommenden Seins. Perfekte Freiheit wird stets zur Realisierung dieser Möglichkeit in vollendeter Weise drängen. Imperfekte Freiheit dagegen kann sich eines Wertmaßstabes bedienen, der nur scheinbar zur Selbstverwirklichung verhilft, in Wahrheit sie aber gerade unmöglich macht. Wir sprechen in diesem Fall von Sünde und von Schuld (vgl. 6.5 (3) und 7.4).

Tafel 41. – Die Schöpfung in der Vision der hl. Hildegard von Bingen.
Miniatur um 1230

Links unten schreibt die Seherin in ihrr Zelle ihre Schau vom Kosmos nieder: Wir sehen ganz oben Christus, durch den und in dem alles geschaffen ist (vgl. 1 Kor 8,6). Eine Frauengestalt, die Caritas, die glühende Liebe Gottes, umfängt einen Kreis, in dem die vier Grundelemente (Feuer, Luft, Wasser, Erde) symbolisiert sind. Im Zentrum steht vor der Weltkugel der nackte Adam, der Mensch schlechthin ('adam hebr. »Mensch«), mit ausgebreiteten Armen, die an die Haltung des gekreuzigten Nazereners erinnern, der der »neue Adam« genannt wird. Die kosmischen Kräfte, versinnbildet durch Linien, laufen auf ihn als Vollendung des Kosmos zu. In der Sprache des mittelalterlichen Ordo-Denkens werden die entscheidenden Daten christlicher Schöpfungslehre ins Bild gebracht: Die Welt ist gegründet in der Liebe Gottes, die sich durch die ganze Geschichte durchhält, die auch durch Adams Versagen nicht aufgehoben wird. Der Mensch ist als Mitte des uns unmittelbar gegebenen Kosmos zugleich für dessen Geschick verantwortlich.

Der verbrecherische Baumeister unseres Beispiels kommt gewiss schneller zu Geld als ein ehrlicher. Ist also Geld der oberste Posten der Wertehierarchie, hat er den richtigen Weg gewählt. Steht dagegen ganz oben das Wohl der Mitmenschen und die Ehrlichkeit, qualifiziert er sich als böse und wirkt Böses.

Diese Überlegungen lösen das Problem des Übels nicht, machen aber seine Strukturen sichtbar. Sie zeigen auch, dass es unvermeidlich ist. Die Frage bleibt freilich, warum es sich gerade so konkret auswirkt (Warum gerade ich? Warum geht es den Bösen besser als den Guten? Warum müssen unschuldige Kinder leiden? Sollte Gott keine anderen Wege wissen?). Vor allem bleibt dunkel, wie man mit der Existenz von Bösem die absolute Herrschaft eines guten Gottes vereinen, wie also eine *Vorsehung* behauptet werden kann. Ließe sich aufhellen, wie Gott das Spiel der Welt so spielen kann, dass alle Akteure des Spiels die Freiheit behalten und doch der Wille des Spielgebers erfüllt wird, würde uns das Wesen Gottes einsichtig – das aber ist, wir sahen es – nicht möglich, wenn Gott Gott bleiben soll. Eine Hilfe zum Trost ist allein das Faktum, dass Gott selber in der Menschwerdung in das Meer des Bösen untergetaucht ist. Der Tod am Kreuz ist für die Person Jesu die Summe des moralischen Übels, sofern er ihn ungerecht erleidet, die Summe des physischen Übels, sofern diese Strafform die seinerzeit wohl grausamste menschenmögliche war.

Die Theorie der Welt in christlicher Perspektive ist, nimmt man alles zusammen, gleich weit entfernt von Weltverliebtheit wie von Weltflucht. Sie schaut im Kosmos wie die hl. Hildegard (Tafel 41) das Ereignis der Liebe Gottes – und deswegen kann der Christ sich der Welt fröhlich und unbefangen zuwenden. Aus gleichem Grund aber kann er in ihr nicht aufgehen. Im einen wie im anderen Fall ginge er Gottes verlustig. Vor allem aber führt die christliche Welttheorie zu einem nüchternen Realismus. Der Kosmos ist weder die beste aller möglichen Welten nach Leibniz, noch ein reines Jammertal. Menschliches Streben geht fehl, wenn es die »heile Welt« herbeisehnt, aber auch, wenn es resignierend aufgibt, das Gute zu tun und das Böse zu unterlassen. Christliche Schöpfungstheologie ist endlich Absage an jeden Dualismus, sei er gnostischer oder sonstwelcher Provenienz. Es gibt in dieser Welt, die Gott nicht ist und auch nicht Teufel, nicht das schlechthin Gute und nicht das schlankweg Böse. Jedes Gute hat sein Böses, jedes Übel sein Helfendes. Vor allem aber, und hier steht sie in der genauen Linie der biblischen Lehre, ist die christliche Schöpfungslehre Bekräftigung der Zuversicht

aus der Erkenntnis, dass die Welt Erweis der dreifaltigen Gottesliebe ist: Die destruktive Kraft des Bösen geht nicht auf Gott zurück, aber er kann allein sie überwinden, weil er die Schöpfung ernsthaft liebt. Er kann sie nicht für immer unter ihrer Macht stehen lassen.
Die Theologie der Schöpfung macht Mut zur Hoffnung.

6.5 Die Freiheitsliebe Gottes: Der Mensch unter der Gnade

Die Wörter *Religion* und *Theologie* würden die meisten sofort beim Hören oder Lesen mit Gott in Beziehung bringen: Sie stehen für die Hinwendung von Leben und Denken zur absoluten Transzendenz. Das trifft wohl zu, doch erst in zweiter Linie. Das lateinische *religio* kommt von *religere* »sorgsam beachten« und bezieht sich auf die Haltung des Menschen gegenüber dem Erhabenen und Übernatürlichen. Das Adjektiv *religiosus* heißt demgemäß »fromm, gottesfürchtig«, ist also wiederum die Bezeichnung einer subjektiven Bezogenheit. Der mittelalterlichen Christenheit erschien das monastische Leben als deren Höhepunkt, weshalb sie Personen, die es wählten, als *religiosi* bezeichneten. Noch heute ist *religioso* im Italienischen der Ordensmann. Der griechische Begriff *Theologie* hat zwar mit dem Bestandteil *theo-* (von *theos* »Gott«) die Zielrichtung des Bemühens angegeben, aber dieses ist, wie der zweite Teil *-logie* (von *logos* »Kunde, Wissenschaft«) anmeldet, menschliches Handeln. Theologie und Religion haben es also schon von der Wortbedeutung her immer mit dem Menschen zu tun. Es geht um *seine* Stellung gegenüber dem Absoluten, nicht zuerst um das Absolute in sich.

Das gilt in höchstem Maße für das Christentum. Sein Basissatz behauptet gegen alle Konkurrenz, dass Gott ein Mensch geworden ist, dass ein Mensch von Anfang seiner Existenz an Gott war, dass Gottheit und Menschheit in diesem Menschen zwar unvermischt geblieben, aber auch untrennbar sind (Tafel 38). Wo immer also Christen von Gott reden, müssen sie vom Menschen reden, und wenn sie von Menschen sprechen, üben sie Gottesrede. Aus der Theo-Logie im engen Sinn, der Lehre von Gott, folgt christlich konsequent eine *theologische Anthropologie*. Sie spezifiziert die allgemeine anthropologische Frage »Was ist der Mensch?« durch den Zusatz: »im Blick auf Gott«.

Aufgrund der sachlichen wie theologiegeschichtlich diskutierten Thematik sind vornehmlich fünf Bereiche aus dem an sich unerschöpflichen Material akut geworden:
(1) Die Grundbeziehung des Menschen zu Gott. Sie wird unter dem Stichwort der *Gottebenbildlichkeit* besprochen.
(2) Die Grundkonstitution des Menschen. Sie läuft historisch als *Leib-Seele-Problem* in der Literatur.
(3) Die historische Grundschwäche des Menschen. Es geht um die *Sünde*.
(4) Die Grundausrichtung des Menschen. Sie ist das Thema der *Gnaden- und Rechtfertigungslehre*.
(5) Die Grundmöglichkeiten des Menschen. Das Interesse richtet sich auf jene Christinnen und Christen, die ihr Mensch- und Christsein in der ihnen je geschenkten Vollendung verwirklicht haben, also auf die *Heiligen*, unter denen wegen ihrer heilsgeschichtlichen Bedeutung *Maria, die Mutter Jesu*, herausragt.

(1) Die Gottebenbildlichkeit des Menschen

Der Mensch gehört unbestreitbar auf die Seite der Geschöpfe. Der erste Ort der theologischen Anthropologie ist also die Schöpfungslehre; bis in die letzten Jahre des abgelaufenen Jahrhunderts ist sie gewöhnlich in den einschlägigen Handbüchern dort auch verblieben. Die Eigenständigkeit dieser Disziplin ist neuesten Datums. In beiden ersttestamentlichen Schöpfungstexten werden denn auch wesentliche Aussagen über das Wesen dieser Kreatur gemacht. Stellen wir sie, in der plastischen Übersetzung von Buber und Rosenzweig, nebeneinander:

Gen 1,26-31
Gott sprach: Machen wir den Menschen in unserem Bild nach unserem Gleichnis! Sie sollen schalten über das Fischvolk des Meeres, den Vogel des Himmels, das Getier, die Erde all, und alles Gerege, das auf Erden sich regt. Gott schuf den Menschen in seinem Bilde, im Bilde Gottes schuf er ihn, männlich, weiblich schuf er sie. Gott segnete sie, Gott sprach zu ihnen: Fruchtet und mehret euch und füllet die Erde und bemächtigt euch ihrer! schaltet über das Fischvolk des Meers, den Vogel des Himmels und alles Lebendige, das auf Erden sich regt! Hier gebe ich euch alles

Gen 2,7. 15-24
ER, Gott, bildete den Menschen, Staub vom Acker, er blies in seine Nasenlöcher Hauch des Lebens, und der Mensch wurde zum lebenden Wesen. *Gott schafft nun einen herrlichen Garten in der Wüste mit dem Baum des Lebens und dem Baum der Erkenntnis von Gut und Böse in der Mitte.* ER, Gott, nahm den Menschen und setzte ihn in den Garten von Eden, ihn zu bedienen und ihn zu hüten. ER, Gott, gebot über den Menschen, sprechend: Von allen Bäumen des Gartens magst essen du, essen, aber vom Baum der Erkenntnis von Gut und Böse, von

samensäende Kraut, das auf dem Antlitz der Erde all ist, und alljeden Baum, daran samensäende Baumfrucht ist, euch sei es zum Essen, und allem Lebendigen der Erde, allem Vogel des Himmels, allem, was auf Erden sich regt, darin lebendes Wesen ist, alles Grün des Krauts zum Essen. Es ward so. Gott sah alles, was er gemacht hatte: ja, es war sehr gut. Abend ward und Morgen ward: der sechste Tag.

dem sollst du nicht essen, denn am Tag, da du von ihm issest, musst sterben du, sterben. ER, Gott, sprach: Nicht gut ist, dass der Mensch allein sei, ich will ihm eine Hilfe machen, ihm Gegenpart. *Gott erschafft die Tierwelt und führt sie dem Menschen zu; der benennt sie, findet aber keine »Hilfe«.* ER senkte auf den Menschen Betäubung, dass er entschlief, und nahm von seinen Rippen eine und schloss Fleisch an ihre Stelle. ER, Gott, baute die Rippe, die er vom Menschen nahm, zu einem Weibe und brachte es zum Menschen. Der Mensch sprach: Diesmal ist sies! Bein von meinem Gebein, Fleisch von meinem Fleisch! Die sei gerufen »Ischa«, Weib, denn vom »Isch«, vom Mann, ist sie genommen. Darum lässt ein Mann seinen Vater und seine Mutter und haftet seinem Weibe an, und sie werden zu Einem Fleisch.

Beide Texte – noch immer faszinieren sie den Leser in ihrer schlichten und doch erhabenen Sprache – heben die Sonderstellung des Menschen innerhalb der Schöpfung hervor. Gott wendet sich ihm in ausgezeichneter Weise zu. Der erste Text drückt das aus in der Qualifizierung des Menschen als *Abbild, Ebenbild, Gleichbild Gottes.* Sie besteht offensichtlich in einem doppelten Vorzug anderen Kreaturen gegenüber: Er ist anders als sie *Ansprech-Partner* Gottes, also erhoben zu einer Gemeinschaft, die noch nicht mit der bloßen Geschöpflichkeit (die allen Kreaturen zu eigen ist) gegeben ist. Spätere Theologie wird von der Begnadung reden. Außerdem hat der Mensch eine seinsmäßige Nähe zum Schöpfer, die gleichfalls über das gewöhnliche Kreatursein hinausgeht. Sie liegt offenbar in der Personalität des Menschen, in seiner Geistigkeit, Vernunft und vor allem in seiner Freiheit. Denn diese ist die Voraussetzung der dem Menschen zugemuteten Verantwortlichkeit gegenüber der restlichen Schöpfung, deren Treuhänder er sein soll, und hinsichtlich seines moralischen Verhaltens zum Baum der Erkenntnis. Diese Qualität der Gottebenbildlichkeit bezieht sich auf den konkreten Menschen, also auf jedes Exemplar der Gattung Mensch, insbesondere aber auf die beiden Arten dieser Gattung, d.h. auf den Mann wie auf die Frau. Sie ist mithin eine eminent soziale Qualität.

Bekanntlich hat die im Buch Genesis unmissverständlich ausgesprochene Gleichwertigkeit und Gleichbürtigkeit der Geschlechter dem Christentum erhebliche Probleme bereitet, die noch immer nicht ausgestanden sind. Es steht in der beharrlichen Versuchung, sie zugunsten des männlichen Teils der Menschheit zu korrigieren, worauf die Feministische Theologie nachdrücklich hingewiesen hat. Das geschieht inzwischen nicht mehr so grob wie ehedem, aber auch eine subtile Ungleichgewichtung verrät das Gleichgewicht. In den letzten Jahrzehnten des 20.Jahrhunderts konzentrierte sich die Frage in den christlichen Kirchen auf die Möglichkeit der Frauenordination, d.h. die mögliche Gleichstellung von Mann und Frau in den kirchlichen Ämtern. Hier gibt es eine erhebliche Bewertungsdifferenz zwischen den positiv eingestellten reformatorischen Kirchen und den ablehnenden Kirchen von Rom und im Osten.

Unbestritten ist heute jedoch, dass die Gottebenbildlichkeit die Grundlage von Menschenwürde, Menschenrechten, Menschenfreiheit aus biblischer Perspektive ist.

Das Zweite Testament hebt die eigentliche Dimension der Gottebenbildlichkeit ins Relief, wenn es auf die Hochform der Gottesbeziehung des Menschen Jesus von Nazaret aufmerksam macht. In ihm und in ihm ursprünglich wird sichtbar, dass, inwiefern und in welchem Mass ein Mensch Gottes Bild ist: »*Er* ist das Ebenbild des unsichtbaren Gottes« (Kol 1,15). Hier werden wir nicht mehr der vielen Flecken, Makel, Entstellungen gewahr, die uns ansonsten im Antlitz der Menschen (und im Spiegel) die Gottesgestalt manchmal schlimm verschatten. Im Licht der christlichen Botschaft bekommt jenes eher mitleidige Wort seines Richters Pontius Pilatus einen ganz neuen Sinn: »Ecce homo – was für ein elender Mensch«, meinte er (Joh 19,6). Die richtige Übersetzung muss heißen: »Das ist *der Mensch* schlechthin!« Jesus ist nicht als der Gott-Mensch die Ausnahmefigur in der Menschheit, sondern der Normal-Mensch, an dem alles andere Menschsein auszurichten ist. Nachfolge Christi ist der Inbegriff christlicher Existenz; christliche Existenz aber ist nun aufgeschienen als Humanismus, als Weg zur vollkommenen Menschlichkeit.

(2) *Die Leib-Seele-Problematik*
Zur menschlichen Basis-Selbsterfahrung gehört das Wissen von einer radikalen Komplexität des eigenen Seins. Sie wird anschaulich im Gewahrwerden eines Toten. Ihm eignet etwas, das auch vor dem Tod da war, nämlich der *Körper*. Ebenso fehlt aber etwas, das offenbar das Lebensprinzip gewesen war und jetzt abwesend ist. Augenscheinlich ist er wegen dieses Mangels tot. Der herkömmliche Name für jenes Prinzip ist *Seele*. So lag es nahe, den Menschen als aus Leib und Seele wie aus zwei Teilen zusammengesetzt zu denken. Ebenso nahe lag deren Hierarchisierung: Das Lebensprinzip musste als höher angesehen werden, ja als das eigentlich Menschliche. Sehr intellektuelle und sehr vergeistigte Leute mochten darin bestärkt werden, wenn sie an die mit dem Leib so eng verknüpfte Begierde, vor allem die sexuelle, dachten. Wir haben davon gesprochen (6.3), dass die Liebe, gerade wegen ihrer sexuellen, also leiblichen Komponente, bei den Griechen als anthropologischer Mangel verstanden wurde. Der Mensch kann dann folgerichtig nur glückselig werden, wenn sich seine gute, geistige, daher unsterbliche Seele vom bösen, materiellen, daher sterblichen Körper löst. Das war Platons Konsequenz. Die Christen sahen sich in einem Dilemma. So sehr sie sich von der asketischen Spiritualität seiner Philosophie angezogen fühlten, so sehr mussten sie andererseits vom Prinzip der Inkarnation Gottes seinen anthropologischen Dualismus ablehnen. Wenn Gott Fleisch wird, kann das Fleisch nicht schlecht in sich sein; wenn es aufgrund von Ostern eine Auferstehung aller Toten gibt, muss auch der Leib auferstehen und kann in keiner seiner Komponenten (also auch der sexuellen nicht) minderwertig sein. So legen die christlichen Glaubensbekenntnisse den Ton auf die Auferstehung *des Fleisches* bzw. *der Toten*, will heißen: des ganzen Menschen.

In der praktischen Frömmigkeit sah es allerdings etwas anders aus: Hier kam es bekanntlich zur mehr oder weniger treuen Übernahme der platonischen Anthropologie. Sie beeinflusste nicht nur das Menschenbild, sondern auch die Jenseitsvorstellungen der Christen (vgl. 6.7). An den Folgen laborieren sie gelegentlich noch heute, auch wenn deren Voraussetzungen von der empirischen Forschung nicht mehr gedeckt werden.

Die Komplexität des Menschen ist ganz sicher nicht wegzureden – und auch die Bibel kann und will das nicht. Allerdings geht sie anders als die Griechen nicht analytisch trennend vor, geleitet von der Frage nach dem »Eigentlichen« des Menschen, sondern sie sucht synthetisch den Bezug der einzelnen Seiten der menschlichen Natur zur Schöpferliebe Gottes zusammenzuschauen. Die Startfrage lautet dort wie hier: »Was ist der Mensch?« Doch während Platon sagt: »Ein Kompositum aus todgeweihtem Leib und unsterblicher Seele«, antwortet der biblische Psalmensänger: »Du hast ihn nur wenig geringer gemacht als Gott, hast ihn mit Herrlichkeit und Ehre gekrönt« (Ps 8, 6). Eine anthropologische Untersuchung zweckt dann ab auf die Gottesbeziehung der individuell wie kollektiv wahrgenommenen Aspekte des Menschseins. Die Heilige Schrift kennt deren hauptsächlich vier:

(a) Der Mensch wird gesehen als unverwechselbares, von seinem Begehren (in allen Dimensionen bis zur Gottesliebe) geprägtes Wesen. Die Hebräer sagen *näfäsch*; wir würden von *Person* sprechen.

(b) Der Mensch zeigt sich als geistiges Wesen mit einer besonderen Gottesbeziehung, als *ruach* (das Wort begegnete uns schon als Ausdruck für den personalen Gottesgeist).

(c) Der Mensch ist ein in der Welt beheimatetes Geschöpf, hinfällig und sterblich wie alle anderen auch. *Basar* (eigentlich: »Fleisch«) wird er unter diesem Aspekt geheißen; er steht im Gegensatz zum Göttlichen.

(d) Der Mensch ist ein frei entscheidendes Wesen – *leb(ab)*, »Herz« lautet das Stichwort. Deswegen kann er sich personal Gott zusagen.

Im Hintergrund steht immer das Wissen von der Schöpfung als Ruf ins Dasein. In der ihm allein eigenen Personalität erweist sich der Mensch als jene Kreatur, die ihrem Wesen nach eine dialogische, kommunikative, durch die Liebe konstituierte Beziehung zu Gott hat. Fragen wir also nach der aus der Grundbeziehung (Gottebenbildlichkeit) resultierenden Grundkonstitution des Menschen, so lautet der Bescheid: Der Mensch nach christlicher Anthropologie ist *Person*. Romano Guardini verdanken wir eine geschliffene Beschreibung des Gemeinten:

Person ist »das gestalthafte, innerliche, geistig-schöpferische Wesen, sofern es ... in sich selbst steht und über sich selbst verfügt. ›Person‹ bedeutet, dass ich in meinen Selbstsein letztlich von keiner anderen Instanz besessen werden kann, sondern Selbstzweck bin. ... Person bedeutet, dass ich von keinem Anderen durchwohnt werden kann, sondern im Verhältnis zu mir selbst allein bin; von keinem anderen vertreten werden kann, sondern einzig bin«[67].

Daraus in letzter konkreter Instanz ergibt sich die Unverwechselbarkeit und Unersetzbarkeit des Individuums, seine Autonomie und Freiheit, deretwegen er stets Subjekt ist und nie Objekt werden darf.

(3) *Sünde*
Eine der berühmtesten und makabersten Novellen der neueren Literatur ist die in Dostojewskis Roman »Die Brüder Karamasow« enthaltene Erzählung vom Großinquisitor. Er hält sich für so rechtgläubig, dass er Jesus selber zum Flammentod verurteilen will. Aus Gerechtigkeit würde er die größte Schuld auf sich laden: Absurderes und Perverseres, mehr Bosheit und Un-Sinn ist nicht zu denken. »Auf dem Unsinnigen beruht die Welt«, sagt Iwan Karamasow: Also auf dem Bösen?

Seit den Tagen des russischen Romanciers haben die Menschen das Böse aus der Schuld der Menschen hundertmillionenfach erlebt und erlitten. Namen wie Auschwitz oder My Lai oder Srebrenica stehen wie grässliche Flammenzeichen auch am Himmel des 21.Jahrhunderts; neue werden hinzukommen, das ist so sicher wie der Tod, der überall in jenen Orten seine Ernte gehalten hat.

Die traditionelle christliche Unterweisung beschäftigte sich zumeist mit der Schuld der Einzelnen und suchte deren Schwere zu gewichten, wobei es erwiesen schien, dass der Täter je die volle Verantwortung zu tragen habe. Im Regelfall war ethisch eindeutig festgelegt, was gut, was böse ist, so dass es theoretisch ziemlich einfach schien, mit dem moralisch Bösen fertig zu werden. Diese schlichte Verfahrensweise ist uns Heutigen verbaut. Wir sehen einmal, dass die Unmenschlichkeit des Bösen oft in der (vielleicht durch andere vorprogrammierten) Tiefenstruktur der Täterpsyche verwurzelt, möglicherweise sogar, nach neuesten Hirnforschungen, von Störungen bestimmter Partien des vorderen Stirnhirns verursacht wird, dem Täter daher nicht so unbesehen moralisch anzulasten ist. Zum anderen ist klar geworden, dass sich das Unheimliche der moralischen Perversion dadurch potenziert und intensiviert, dass sich in überindividuellen Wirklichkeiten manifestiert. Neben der Schuld des Einzelnen, so erkennen wir, gibt es das strukturelle Böse, z.B. Verelendung von ganzen Völkern durch Bodenspekulationen, Hungersnöte durch Umweltzerstörung, Massenvernichtung durch Missbrauch wissenschaftlicher Forschungsresultate. Wir haben auch zur Kenntnis zu nehmen, dass ganz augenscheinlich der Verfall traditioneller gesellschaftlicher Grundwerte und Konventionen, wie er sich in der massenmedialen Häufung von *Sex and Crime* spiegelt, immer jüngere Leute zu Kriminellen macht. Belege für alles das liefert die je jüngste Tageszeitung, der je letzte Fernsehreport.

Schuld und Amoralität sind den Menschen von heute also genau so präsent wie ehedem. Wir erleben sie als universal, als vernichtend, als menschenfeindlich. Sie sind wie eine Krankheit, die von Generation zu Generation vererbt wird, wie eine angeborene Immunschwäche, aufgrund welcher die Keime des Bösen widerstandslos eindringen und sich hemmungslos in unserer Gesellschaft vermehren. Sie lasten auf uns wie eine versklavende Macht, die uns niederhält in namenlosem Elend. Sie sind eine Hypothek des Menschengeschlechtes, die abgetragen werden muss, wenn das Leben erträglich sein soll. Die Frage nach der Schuld ist also ein eminent anthropologisches Problem und damit auch eines der theologischen Menschenkunde.

Die christliche Reflexion war stets geprägt von den ersten Kapiteln des biblischen Genesis-Buches, in denen in mythisch-symbolischer Sprache die maßgebliche Antwort erteilt wird. Entscheidend sind nicht die erzählerischen Einzelzüge des hier entworfenen grandiosen Bildes, sondern die Sachverhalte, die sie darlegen möchten. Sie lassen sich folgendermaßen benennen:

(a) Wegen der radikalen Geschöpflichkeit des Menschen ist seine Moralität immer unter dem Aspekt der Gottbezogenheit zu sehen. Wo dieser Aspekt leitend ist, wo also Gottes Wille beobachtet wird, da ist alles gut, auch für das Individuum selbst. Das wird ausgedrückt im Bild des Paradieses mit dem Erkenntnisbaum (Gen 2,8-17). Damit soll keine topographische Angabe gemacht werden, sondern der Weltzustand unter der Herrschaft Gottes aus dem damaligen kulturalen Kontext heraus benannt werden (6.4).

(b) Wo und im Maße jemand unmoralisch handelt und Schuld auf sich lädt, gerät seine Gottesbeziehung in Unordnung bis hin zur möglichen Zerstörung. Diese theologische Komponente der Schuld nennen wir Sünde. Sie gründet im Missbrauch der geschöpflichen Freiheit, der seinerseits in einer falschen Wertorientierung wurzelt. Statt den Willen Gottes zur obersten Norm zu machen (und die Früchte jenes Baumes in Ruhe zu lassen), wird das eigene triebhafte Wollen zum Leitmotiv des Tuns: »Da sah die Frau, dass es köstlich wäre, von dem Baum zu essen, dass der Baum eine Augenweide war und dazu verlockte klug zu werden. Sie nahm von seinen Früchten und aß; sie gab auch ihrem Mann, der bei ihr war, und auch er aß« (Gen 3,6). Sie gewinnen auch wirklich Erkenntnis – doch nur ihrer beschämenden Blöße. Der Mensch wird in der Sünde auf sich selber verwiesen, ist aber dieser Isolation nicht gewachsen. Aus der Sünde wächst das Unheil in seinen theologischen wie anthropologischen Dimensionen.

(c) Theologisch besteht es im Verlust der paradiesischen Gottesgemeinschaft, verdeutlicht im Todesurteil (Gen 3,19), anthropologisch in der bis zum Brudermord reichenden Friedlosigkeit (Gen 4,3-15: Kain und Abel), im Gotteskomplex der Maßlosigkeit (Gen 6,1-4: Menschen wollen sich mit Engeln vermählen) und im Missbrauch der technischen Möglichkeiten der Weltbewältigung (Gen 11,1-9: Turmbau zu Babel).

Die Gottesentfremdung, die das eigentliche Un-Wesen der Sünde ist, leitet mit innerer Folgerichtigkeit zur universalen Entfremdung der Menschen bis hin zu Krankheit und Sterben. Diese biblischen Erfahrungen haben unter dem Einfluss des Augustinus im Westen zur Ausbildung der Lehre von der *Erbsünde* geführt.

In der Antike ist eine Denkfigur geläufig, die in der Fachsprache *corporate personality* heißt. Ihr zufolge enthält eine herausgehobene Persönlichkeit in sich alle ihr irgendwie zugeordneten Menschen – der König sein Volk, der Stammvater die aus ihm hervorgehenden Generationen. Da man die Genesiserzählungen als historische Berichte las, kam man zur Ansicht, dass die Menschheit biologisch auf ein einziges Paar namens Adam und Eva zurückgeht (*Monogenismustheorie*; Gegensatz: *Polygenismus* = mehrere Menschenpaare am Beginn), dessen Erstsünde sich über Adams Samen allen seinen Nachkommen, also allen Menschen ebenso vererbt wie sonstige Eigenschaften. Mit dem Menschsein empfängt jeder auch das Sündigsein. Solche Vorstellungen stehen bereits im Horizont des Apostels Paulus, wenn er im Römerbrief schreibt: »Durch einen einzigen Menschen kam die Sünde in die Welt und durch die Sünde der Tod, und auf diese Weise gelangte der Tod zu allen Menschen, *weil alle sündigten*« (5,12). Sünde ist ein universales Verhängnis, aber Paulus denkt nicht an eine Erbschuld. Diese Idee kommt erst ins Christentum, als Augustinus den hervorgehobenen Nebensatz übersetzt: »*In dem (= Adam) alle Menschen gesündigt haben*«. Aufgrund seines tiefen Misstrauens gegen die Sexualität stellte er sich die Übertragung der Sünde auf jedes Kind durch die Geschlechtslust bei der Zeugung vor. Der östlichen Theologie bleiben diese Vorstellungen immer fremd; im Abendland gewannen sie herrschenden Einfluss.

Die heutige Theologie setzt sich von ihnen entschieden ab, ohne freilich die dahinterstehende anthropologische Erfahrung in Abrede zu stellen. Unsere einleitenden Überlegungen zu diesem Abschnitt zeigten die Allgemeinheit und Unentrinnbarkeit des Bösen in dieser Welt. Sie ist nicht heil, so gern wir sie heil hätten. Infolgedessen ist jeder Mensch vom ersten Anfang an mit dieser Situation konfrontiert. Man kann an eine von der Mutter ungewollte Leibesfrucht denken oder an die Unrechtsverhältnisse, in die ein Mensch in Südamerika hineingeboren wird, an die Kollektivverantwortung der Deutschen für die Shoah, an die Chancenminderung eines jungen Menschen in afrikanischen Suburbs. Da wird deutlich, wie tiefreichend böse oft die reale Situation auf der Erde ist. Die Theologie hebt aber nachdrücklich heraus, dass der Begriff *Erbsünde* eine doppelte Analogie enthält: *Sünde* ist das Gemeinte deswegen, weil es das Moment der Gottentfremdung enthält, das auch die personale und strukturelle Sünde aufweist. *Erbgut* ist sie insofern, als es zu den Vorgaben gehört, die jeden Erdenbürger bei seinem Eintritt in die Welt so bestimmen wie ein biologisches oder historisches Erbe. Diese Bestimmung ist nicht absolut zwingend, so dass bereits das Erbe das Böse des Menschen wäre, aber sie ist von einer außerordentlich großen Macht. Vielleicht wird deutlicher, was die Erbsündenlehre sagen möchte, wenn wir von *der Sünde im anthropologischen Erbe* reden.

Halten wir uns nochmals die Folgen des Sündenunwesens insgesamt, wodurch immer es entsteht und wie immer es anthropologisch erklärt werden mag, vor Augen, erscheint es als eine gewiss *nicht im Sein* des Menschen schon gegebene, aber sehr wohl als eine *faktische Schwäche*, die entscheidend zum unerträglich Bösen in der Welt beiträgt, wie es der russische Großinquisitor bei Dostojewski verkörpert. Es ist dieses Böse, das die uns erfahrbare Welt der Dinge und der Menschen, auch das eigene Ich in eine abgründige Zweideutigkeit versetzt. In präziser Weise hat Paulus diese Erfahrung im Römerbrief geschildert, dessen Thema auf weite Strecken das Thema dieses Abschnitts ist. Er schreibt, autobiographisch und allgemeinmenschlich in einem:

»Ich tue nicht das Gute, das ich will, sondern das Böse, das ich nicht will. Wenn ich aber das tue, was ich nicht will, dann bin nicht mehr ich es, der so handelt, sondern die in mir wohnende Sünde. Ich stoße also auf das Gesetz, dass in mir das Böse vorhanden ist, obwohl ich das Gute tun will. Denn in meinem Innern freue ich mich am Gesetz Gottes, ich sehe aber ein anderes Gesetz in meinen Gliedern, das mit dem Gesetz meiner Vernunft im Streit liegt und mich gefangenhält im Gesetz der Sünde, von dem meine Glieder beherrscht werden. Ich unglücklicher Mensch! Wer wird mich aus diesem dem Tod verfallenen Leib erretten?«

Der Apostel gibt eine Antwort, die die befreiende Erfahrung spiegelt, die Menschen in der entschiedenen Nachfolge Christi stets neu machen, und welche die Kernbotschaft der Anthropologie des Evangeliums darstellt:

»Dank sei Gott durch Jesus Christus, unseren Herrn! Es ergibt sich also, dass ich mit meiner Vernunft dem Gesetz Gottes diene, mit dem Fleisch aber dem Gesetz der Sünde. Jetzt gibt es keine Verurteilung mehr für die, welche in Christus Jesus sind. Denn das Gesetz des Geistes und des Lebens in Christus Jesus hat dich frei gemacht vom Gesetz der Sünde und des Todes« (Röm 7,19-8,2).

(4) Gnade und Rechtfertigung des Sünders

In einer freiheitstheologischen Terminologie gibt Paulus den christlichen Weg aus der peinlich-peinvollen Situation der Menschheit insgesamt wie des einzelnen Menschen an: Dieser Weg ist Christus. Daneben gibt es noch zahlreiche andere synonyme Bilder und Vorstellungen in seinen Briefen: Wahres Leben in Christus empfangen (Röm 6,10), Christus und den Geist in sich wohnen lassen (Röm 8,9-11; 1 Kor 3,17; 6,19), im Zustand der Gotteskindschaft leben (Röm 8, 14-23), im Geist wandeln (Gal 5,24), als Hausgenosse Gottes leben (Eph 2,19), Stein im Bau Christi sein (Eph 2,21 f.). In der Sprache des Johannes heißt der Befreiungsvorgang auch Gemeinschaft mit Vater und Sohn haben (1 Joh 1,2) oder aus Gott wiedergeboren sein (1 Joh 3,9). Die Listen sind weit von Vollständigkeit entfernt. Die Posten auf ihnen weisen immer auf den gleichen Sachverhalt hin: Das Werk Christi besteht darin, dass die ursprüngliche Gottesbeziehung, der Gottesdialog, die Lebensgemeinschaft mit Gott, mit einem Wort: das volle Menschsein des Menschen wiederhergestellt werden. Sofern die Sündenverstrickung wie eine Versklavung oder wie eine ans Bett fesselnde Krankheit empfunden wird, hat sich später vor allem die Begrifflichkeit *Erlösung* (negativ: Befreiung aus Fesseln) oder *Heil* (positiv: Gewinnung der Ganzheit und Lebensfülle)[68] durchgesetzt. Ein weiterer theologiegeschichtlich wichtiger Terminus lautet *Rechtfertigung*. Er ist der Sprache des Paulus entnommen (vgl. Röm 3,2-26) und bezeichnet die entscheidende Wirkung des heilschaffenden Handelns Gottes.

Die bewegende Kraft vom Zustand der Sünde zum Zustand der Rechtfertigung heißt *Gnade*. Gnade ist der theologische Leitbegriff des Neuen Testamentes: Das Wort *charis* und seine Ableitungen kommen an fast 200 Stellen vor; dazu gesellen sich gleichbedeutende Begriffe mit über 60 Belegen. Im hebräischen Ersten Testament begegnen uns mehrere Worte, die wir mit *Gnade* übersetzen; jedes von ihnen hat seine eigene Nuance, aber gemeint ist wie im Deutschen immer das nämliche: *Gnade* ist etwas, das der Mächtige dem Untertan aus freien Stücken, ohne rechtliche Verpflichtung, ohne Vorleistung erweist: Sie ist reines Geschenk. Die Basisbotschaft der Bibel lautet daher: Die den Menschen scheinbar unausweichlich beherrschende und niederhaltende Macht der Sünde, die sich in den einzelnen Untaten der Menschen manifestiert, ist grundsätzlich durch das ungeschuldete, aus seiner reinen Liebe entspringende befreiende Handeln des dreieinen Gottes gebrochen. Historisch ist das durch den frei akzeptierten Tod Jesu am Kreuz bewirkt worden.

Bis zu diesem Punkt sind sich alle Christen einig. In der Theologiegeschichte sind jedoch unterschiedliche Konzeptionen entwickelt worden, die das Was und Wie im Detail betreffen. Da es stets um das Heil *des Menschen* geht, erscheinen in den Gnadenvorstellungen immer auch die anthropologischen Entwürfe der Autoren. Bedauerlicherweise, aber vielleicht verständlich – es geht um den Sinn des Lebens und die Möglichkeiten des Menschseins – haben sich die Systeme so kontrovers gegeneinander entwickelt, dass die Gnadentheologie eines der unerfreulichsten Kapitel der Christentumsgeschichte ist. Sie hat zu leidvollen Spaltungen geführt – auch die des 16. Jahrhunderts ist vorwiegend deswegen entstanden. Aus diesem Grund müssen wir uns etwas ausführlicher damit beschäftigen.

Das Problem ist nicht allgemeinchristlich, sondern eines der westlichen Christenheit. Im Osten wird unter dem Einfluss des Irenäus von Lyon das Gnadengeschehen mit dem Heilshandeln Gottes in der Geschichte gleichgesetzt. In einem pädagogischen Prozess, der bereits in der Schöpfung beginnt und über Christus zur Weltvollendung am Ende der Zeiten läuft, führt er die Menschheit zur Gemeinschaft mit sich selber. Der Prozess ist also zum einen von kosmischer Dimension, zum anderen nichts weniger als ein Vorgang der Vergöttlichung (*theiosis*), der über alle sündhaften Entstellungen hinweg kontinuierlich u.a auch in der sittlichen Vervollkommnung der Menschen zum Ziel gelangt. Gnade ist konkret die Einwohnung der drei göttlichen Personen im Menschen, die in der Endphase vollkommen sein wird. Der einzelne hat somit einen entscheidenden Anteil an seinem Heil; Gnade ist eine mystische Erfahrung der Gegenwart Gottes. Die Lehre über die Gnade ist daher die Wurzel des mystischen Denkens der östlichen Christenheit.

Der lateinische Westen ist stark vom römischen Rechtsdenken geformt worden. Sünde ist in juristischer Perspektive vornehmlich der Bruch der ordentlichen Beziehungen zwischen dem sie verursachenden Menschen und dem dadurch beleidigten Gott. Von vornherein ist das Gnadengeschehen hier kein universal-kosmischer Vorgang, sondern eine Individualbeziehung zwischen Sünder und Gott. Die Gnade selber wird nun nicht mehr von letzterem her beschrieben, sondern zur anthropologischen Größe: Gnade ist etwas, das *der Mensch* braucht, hat oder nicht hat. Sofort stellt sich nun die Frage, wie er diese heilsnotwendige Größe bekommt. Damit ist sein eigenes Tun, seine Verantwortung, seine Freiheit ins Spiel gebracht. Damit ist aber auch ein schwieriges Problem aufgeworfen: Wie verhalten sich in diesem Beziehungsgefüge des gott-menschlichen Verhältnisses göttliche und menschliche Freiheit zueinander? Kann der Mensch aus eigenen Kräften irgendwie etwas zu seinem Heil beitragen, also seine Freiheit und Verantwortung in die Tat umsetzen, oder ist er völlig auf die Initiative Gottes angewiesen? Hinter diesen Fragen zeichnet sich ein schwerwiegendes Dilemma ab: Wenn es ganz auf Gott ankommt, dann ist die menschliche Freiheit bedeutungslos; wenn aber der Mensch Bedeutung im Heilsgeschehen kraft eigenen Tuns hat, wird Gottes Souveränität geschmälert. So bilden sich zwei Ansichten. Die eine schreibt auf ihr Banner *Alles ist Gnade*, die andere *Alles ist des Menschen Freiheit*.

Die Ansichten haben historische Namen. Zum Anwalt der menschlichen Freiheit wird *Pelagius* stilisiert, ein britischer Laienchrist (350/360 – vor 431), der in Rom großes Aufsehen durch seinen asketischen Lebenswandel erregte. Theologisch war er dem östlichen Denken verhaftet. Ohne die Hinfälligkeit des Menschen in Abrede zu stellen, hob er hervor, dass im göttlichen Erziehungsvorgang der Mensch in seiner schöpfungsgegebenen Eigenständigkeit durch Willensanstrengung sein Ziel angehen könne. Gnade ist die Erleuchtung, die Gott etwa in den 10 Geboten oder der Lehre Jesu schenkt. Sie ist also ein von außen kommender Impuls, der bereits in der Erschaffung des Menschen als freies und personales Wesen beginnt.

Der große und nach langen Kämpfen siegreich gebliebene Gegenspieler ist *Augustinus*. Er verkennt das pelagianische Anliegen, hinter dem die ganze östliche Patristik steht, wenn er die Gnade ganz zu einer inneren anthropologischen Gegebenheit macht, dank derer allein und erstlich jemand etwas Gutes tun kann. Die unbegnadete menschliche Freiheit vermag nur das Böse zu tun; sie ist dermaßen nachhaltig beeinträchtigt, dass sie nur unter dem Gnadenwirken wieder zum sittlich Guten befähigt ist. Alles ist also Gnade, die Freiheit in sich ist nichts. Der Mensch in einer durch die Adamssünde verdorbenen und verkehrten Menschheit wird also zum gottgefälligen Menschen erst durch die Initiative eben dieses Gottes und einzig und allein durch sie. Ist sie freilich erfolgt, lebt der Mensch also in und aus der Gnade, kann er auch gute Werke kraft seiner Willensfreiheit vollbringen.

Im Mittelalter herrscht der Augustinismus, nachdem ihn seit dem 5. Jahrhundert eine Reihe von lehramtlichen Stellungnahmen, wenn auch mit Einschränkungen, zur verbindlichen Doktrin erhoben hatte. Im geschichtlichen Teil dieses Buches war die Rede davon, wie stark das Denken der Zeit von der Angst vor der Allmacht Gottes und seinem strafenden Gericht, dessen erste Auswirkungen sich bereits hienieden in Krieg und Krankheit zeigten, bestimmt ist. Wenn die Menschen dann noch hörten, Gott könne grundlos den Sünder in den Himmel erheben, den Heiligen verdammen, wie es der Nominalismus (Wilhelm von Occam: vgl. 3.4) sagte, wird, das verstehen auch wir noch gut, die Frage akut, was der einzelne für sein himmlisches Glück tun könne. Die gnadentheologische Frage verlagert sich auf den Vorgang der Begnadung selber, also auf die Rechtfertigung. Die Menschen klammern sich an die Hoffnung, dass ihnen Gott doch das Heil gewähre, wenn sie nur gute Werke leisteten – auch wenn er dazu nicht verpflichtet sei. So wurde ein ganzes Instrumentarium in der spätmittelalterlichen Kirche bereitgestellt, um den verschlossenen Himmel zu öffnen: Stiftungen, Mess-Stipendien, käufliche Ablässe, Wallfahrten, Buß-Übungen gehören dazu. Aber waren sie schlussendlich hin- und (mengenmäßig) ausreichend? Wenn man sich die unendliche Macht Gottes vergegenwärtigt, war wohl eher Skepsis und damit wiederum Verzweiflung bezüglich des Seelenheiles angebracht. Ein Mann wie Luther litt unendliche Qualen, er sah aber auch den Ausweg (Tafel 10).

Um ihn einschließlich der terminologischen Entfaltung zu verstehen, müssen wir nochmals die Ordo-Vorstellung der Zeit vor Augen halten. Sünde ist die Zerstörung der kosmischen Ordnung, wie Gott sie gewollt hat, und damit Un-Recht. Es kann nur behoben werden, wenn dieses beseitigt, wenn also die Welt wieder gerecht gemacht wird (statt *machen* gebraucht man den Stamm *fertigen* = herstellen; vgl. eine Urkunde ausfertigen = durch Unterschrift einen Schriftsatz zum Dokument machen). Im Strafwesen geschieht das etwa dadurch, dass der Verbrecher zur Sühne für seine Untat hingerichtet wird. Sein Tod bringt die Ordnung wieder ins Lot. Rechtfertigung ist vollzogen. Ähnlich müsste Gott uns Sünder mit dem ewigen Tod in der Hölle bestrafen, um Rechtfertigung zu erreichen. Nur so und nicht durch irgendwelche menschlichen Sühneleistungen kann der Status der Ordnung hergestellt werden. Die entscheidende Entdeckung Luthers bestand nun darin, dass er sich bewusst wurde: Diese Leistungen brauchen wir gar nicht zu erbringen, denn Christus hat durch seine Erlösung am Kreuz ein für alle Male die Gerechtigkeit hergestellt, die verletzt war. Daraus leiten sich die vier »allein« her, die charakteristisch für die lutherische Theologie sind:

- *Christus allein* ist Ursache der Rechtfertigung, nicht menschliche Leistung (»Werke«);
- *die Schrift allein*, deren Kern diese Erkenntnis ist, genügt als Glaubens- und Lebensnorm, andere (wie die Tradition oder das kirchliche Lehramt) erweisen sich als überflüssig;
- *die Gnade allein* rechtfertigt den Menschen;

- *der Glaube allein* von Menschenseite ist als Entgegennahme der Gnade zur Erlangung der Rechtfertigung erforderlich.

Die katholische Seite sah darin eine Frontalattacke nicht bloß auf das Kirchenwesen mit seinen vielfältigen Vermittlungsinstanzen, sondern mehr noch auf den Wert der sittlichen Anstrengungen des Christen. Sie fürchtete, dass aus dem Christentum eine subjektivistische, individualistische und spiritualistische Lebensform gemacht würde. Sie setzte ihre Überzeugung dagegen, dass die Kirche von Gott in den Heilsprozess eingebaut sei, so dass dieser sicherlich *durch Christus,* aber durch Christus *in der Kirche* verlaufe. Das Konzil von Trient versuchte bei aller Anerkennung der lutherischen Grundentdeckung diese wesentlichen Elemente zu wahren und zur Geltung zu bringen. Eine Verständigung wurde nicht erreicht. Beide Seiten erklärten die jeweilige Gegenposition als unchristlich. Erst 1999 wurde die schon gewürdigte Einigung von Augsburg erreicht (Tafel 23).

Tafel 42. – Gnade und Freiheit

Modell	These	Hauptvertreter	Name
Heil = Gnade + Freiheit	Gott und Mensch wirken gleichrangig zusammen	Pelagius	Synergismus
Heil = Gnade gg. Freiheit	Gott allein wirkt, der Mensch ist passiv	Augustinus	Monergismus
Heil = Freiheit in Gnade	Gottes Wirken setzt Menschenwirken frei	Moderne Theologie	Energismus

Auch das in der pelagianisch-augustinischen Kontroverse aufgebrochene Problem hat in der gegenwärtigen Theologie eine Lösung gefunden. Im Blick auf Jesus hat sie erkannt, dass göttliches und menschliches Handeln nicht konkurrieren, sondern in- und miteinander vereint sind. Der Webfehler des alten Streites liegt darin, dass beide als auf gleicher Ebene befindlich angesehen werden. Dann müssen sie einander ausschließen. Sieht man in der Gnade jedoch das personale göttliche Tun, dann findet sie auf geschöpflicher Seite keinen Gegenspieler. Vielmehr ist sie der freisetzende, zur Freiheit ermächtigende Grund des menschlichen Lebens, durch den es zu jener Dialogizität findet, die des Menschen Wesen ausmacht. So ist »alles Gnade«, aber dieses »alles« ist die Freiheit. Auf Tafel 42 werden Problem und Lösung des Gnade-Freiheit-Verhältnisses veranschaulicht.

(5) Die Heiligen
Wenn das Maß der dialogischen Gottverbindung das Kriterium für christlichen Humanismus ist, dann muss sich die Aufmerksamkeit der Christen auf dem Weg zur Vollendung besonders auf die Männer und Frauen richten, denen das in ihrem Leben und unter ihren konkreten Lebensbedingungen dank ihres Stehens in der Gnade vorbildlich gelungen ist. Diese heißen *die Heiligen*. Sie sind die zur Freiheit befreiten Menschen, die Beispiele gelungenen Lebens nach dem Evangelium. Für das Verständnis ihrer Bedeutung ist wichtig zu wissen, dass ursprünglich und »naturhaft« Gott allein entsprechend den Texten der Bibel heilig genannt werden kann. Er ist »dreimal«, d.h. absolut »heilig« (Jes 6,3). Allen Wirklichkeiten, die ansonsten so benannt werden, kommt diese Qualität nur wegen ihrer Anteilhabe an seiner Heiligkeit zu: Orten, Gegenständen – vor allem Personen.

Damit ist von vornherein dem in der Geschichte öfters auftretenden Missverständnis gewehrt, die heiligen Menschen seien aus eigener Vollkommenheit zu derart herausgehobenen Persönlichkeiten geworden und hätten deswegen eine besondere Macht. Weil im ausgehenden Mittelalter erhebliche Verkennungen der gerade geschilderten theologischen Beziehungen grassierten (3.6), standen die Reformatoren im 16. Jahrhundert dem Heiligenkult sehr skeptisch gegenüber; die Katholiken wie die Orthodoxen dagegen kennen und pflegen ihn seit eh und je. Heute bahnt sich in der reformatorischer Theologie ein neuer Zugang zur »Wolke der Zeugen« (Hebr 12,1) an, nachdem katholischerseits im 2.Vatikanischen Konzil die Einordnung der Heiligenverehrung in die Kirchenvorstellung von der »Communio« (vgl. 6.6) vorgenommen worden ist.

Jede Zuwendung zu den Christinnen und Christen, die vorbildlich und in außerordentlicher Weise ein Glaubenszeugnis durch Taten der Gottes- und Nächstenliebe abgegeben haben, zu den Heiligen also, beruht auf der Anerkennung der in der Gnadenlehre festgehaltenen Tatsache, dass sie allein durch Gottes Gnade zu dieser Vollkommenheit gelangt sind. Wer sich mit den Heiligen befasst, der wendet sich daher immer Gott zu; wer sie ehrt, ehrt in ihnen immer Gott. Die Theologen unterscheiden darum als Formen der ehrenden Zuwendung die Gott allein vorbehaltene *Anbetung* (latreutischer

Kult) von der gegenüber den Heiligen möglichen *Verehrung* (doulia)[69]. Diese zeigt sich praktisch in gottesdienstlicher Feier, in Gedenktagen (meist am Jahrtag ihres Todes), in der Benennung von Kirchen, in Wallfahrten zu ihren Gräbern, in der Ehrfurcht, mit der die Überreste ihres Körpers oder Gegenstände aus ihrem persönlichen Besitz (Reliquien) bewahrt werden (vgl. 3.6). Eine theologisch wie frömmigkeitsgeschichtlich bedeutungsvolle Weise der Verehrung ist das Gebet um ihre Fürsprache. Man bittet sie um ihre Gemeinschaft, wenn man die eigenen Sorgen und Nöte Gott vorträgt. Das Vertrauen auf ihren Beistand gründet sich auf den Glauben, dass Christus alle seine Nachfolgerinnen und Nachfolger, indem er sie mit sich verbindet, auch untereinander zusammenschließt. Die Verehrung der Heiligen wird auch in der römisch-katholischen Kirche nicht als entscheidend für das Heil angesehen. Es gibt nur wenige kirchenamtliche Verlautbarungen zum Thema *Heilige*; sehr oft warnen sie vor Missbräuchen und heben den Nutzen, nicht die Notwendigkeit des Heiligenkultes hervor[70].

In der römisch-katholischen Kirche bedarf die Verehrung eines hervorgehobenen Christen der besonderen Erlaubnis durch die Kirchenleitung, die durch die *Kanonisation* (Aufnahme in das Verzeichnis oder den Kanon der Heiligen) erfolgt. Der erste Schritt besteht in der formellen Seligsprechung, aufgrund derer die betreffende Person in einer bestimmten Ortskirche, einem Land oder einer Ordensgemeinschaft verehrt werden darf. Sie setzt ein förmliches Verfahren voraus, das nach dem Muster eines Strafprozesses aufgebaut ist. In einem zweiten Schritt (der aber nicht notwendig auf den ersten folgt), welcher ähnlich ist, kann dann dem Papst das Urteil vorgelegt werden: Diese Person verdient die Aufnahme in jenen Kanon. Folgt der Papst dem Vorschlag, spricht er sie heilig: Sie kann dann in der ganzen Kirche verehrt werden.

Innerhalb der Heiligen hat eine herausragende Rolle von Anfang an *Maria, die Mutter Jesu*, gespielt. Bereits in den Evangelien erfährt sie eine besondere Beachtung, die sich weniger in der Quantität als in der Qualität der Texte manifestiert. Vor allem Lukas stellt sie deutlich dar als einen Menschen, der allein aus Glauben die reiche Gnade Gottes empfängt und durch sie allein den einzigen Erlöser Christus der Welt schenkt; das geschieht in der Erzählung von der Verkündigung der Geburt Jesu durch den Engel Gabriel (Lk 1,26-38). Maria ist damit auch gezeichnet als Ur- und Vorbild der Kirche, wie sie Lukas in der Apostelgeschichte als Gemeinschaft der Glaubenden versteht. Von der Theologiegeschichte her kann man also sagen: Den Kern und Stern christlichen Glaubensverständnisses, den Luther abstrakt in der Rechtfertigungslehre herausgestellt hat, haben die Katholiken und desgleichen die orthodoxen Christen in der Marienlehre und Marienverehrung seit eh und je personal-konkret sich zu eigen gemacht (vgl. Tafel 21). In der Folgezeit haben sich an der Gestalt der Mutter des Herrn unter verschiedenen Aspekten für die Christen auch noch andere Glaubensinhalte verdeutlicht, sodass sie vielen zur Meisterin christlicher Lebensschulung geworden ist. Die damit verbundenen Auswüchse (vgl. 3.6) waren die Ursache für die lange Zeit beträchtliche, heute einer umfassenderen Reflexion gewichenen Abneigung der Christen aus dem reformatorischen Erbe gegen die Marien-Theologie und den Marienkult. Stets ist aber Maria auch ein Symbol echten Christentums gewesen. So zeigt sie sich in der Betrachtung der südamerikamerikanischen Befreiungstheologien als Vorkämpferin gegen Ausbeutung und Unterdrückung (Vgl. das »Magnificat«, den Gesang Marias bei Lk 1,46-55). In der feministische Bewegung steht ihr Name für die heilsgeschichtliche Bedeutung der Frauen überhaupt – sie wird zur Vertreterin der Menschheit, deren Schicksal einmal nach Gottes Wahl ganz in der Hand einer weiblichen Person gelegen hat.

In der Theologie wurde die Bedeutung Marias in vier Sätzen ausgeschrieben, die allesamt nichts anderes sind als Verdeutlichungen jenes Geschehens aus Gnade und Glaube, das historisch in der Wahl zur Mutter des Messias und deren Annahme bestanden hat. Tafel 43 gibt eine tabellarische Übersicht über die Mariendogmen mit den wichtigsten Informationen.

6.6 Die Realisierung der göttlichen Freiheit: Kirche und Sakramente

In diesem Abschnitt geht es um die Vergesellschaftungsform der Menschen, die sich aus Gnaden im Glauben zur Nachfolge Jesu Christi entschlossen haben. Sie heißt im Neuen Testament *ekklesia*. Davon leitet sich auch Ekklesiologie als Bezeichnung der theologisch-wissenschaftlichen Reflexion über die Kirche ab. Mit *ekklesia* war einst die Volksversammlung der griechischen Stadtstaaten (von ek-kalein »herausrufen«) gemeint. Er ging über das lateinische ecclesia in die romanischen Sprachen ein (ital. *chiesa*, frz. *église*, span. *iglesia*). Die germanischen Idiome dagegen bildeten vom griechischen Adjektiv *kyriakós* (»dem Herrn zugehörig«) *Kirche, church* (engl.), *kyrka* (schwed.), *kirke* (norweg., dän.), *kirkja* (isländ.). Das Neue Testament kennt daneben noch rund 80 andere Bezeichnungen für die gleiche Realität. Die bedeutungsgeschichtlich herausragenden sind »Volk Gottes«, »Leib Christi«, »Tempel des

Tafel 43 – Die Glaubensaussagen über Maria

Glaubenssatz	Bezeugung	Glaubensgut für	Inhalt	Abzweckung
Gottesmutterschaft	Konzil v. Ephesus 431	alle christlichen Kirchen	Maria gebiert einen Menschen, der in Personeinheit mit der 2.göttlichen Person steht	Sicherung der Gottheit und Menschheit in Jesus
Jungfrauschaft	Taufbekenntnisse ab 3.Jh.; Konzil v. Konstantinopel 553	alle christlichen Kirchen	Reales Zeichen des gottgeschenkten Heils	Hinweis auf die Herkunft Jesu von Gott, die sich an Ostern erwiesen hatte
Unbefleckte Empfängnis	Pius IX. 1854	nur römisch-kath. Kirche*	Zeichen für den Vorrang der Gnade	Lobpreis der erwählenden Liebe Gottes
Aufnahme in den Himmel	Pius XII. 1950	nur römisch-kath.Kirche*	Erweis der Treue Gottes in seiner Erwählung	Lobpreis der Treue der Liebe Gottes

* Die Orthodoxie anerkennt den Inhalt, nicht aber die Qualität des Satzes als verbindliches Dogma

Heiligen Geistes«. Durch ihre Bezugsetzung auf die trinitarischen Personen weisen sie die Kirche als Bild (Ikone) des dreieinen Gottes aus, die seine heiligende und heilschaffende Liebe in der Welt durch deren Verwirklichung abbilden soll. Andere wichtige biblische Namen sind »Bau« und »Ackerfeld« Gottes, »Herde«, »Freundesgemeinschaft«. Sie alle sind Bildworte.

Eine umfassende und alle Aspekte erschließende Definition von Kirche aber gibt es weder hier noch später in der Theologiegeschichte. Das rührt von einer Schwierigkeit, die sachlich schon angeklungen ist. Ganz ohne Zweifel ist die Kirche als *Vergesellschaftungsform* eine Gruppierung, die den soziologischen Gesetzmäßigkeiten prinzipiell genau so verpflichtet ist wie ein Staat oder ein Verein – mit Verfassung, Autoritäten, Entscheidungsgremien usw. Theologisch spricht man von der *Sichtbarkeit* der Kirche. Sofern sie aber die Vergesellschaftungsform von Menschen ist, die sich der geistlichen *Nachfolge des himmlischen Christus* verpflichtet fühlen, übersteigt sie diesen Bereich – für sie gelten darüber hinaus und erstrangig glaubensbestimmte Normen, die aus dem Bereich des Mysteriums abzuleiten sind. Zur Sichtbarkeit kommt die Dimension der *Unsichtbarkeit*. Damit ist eine Problematik geboren, die die Christen allezeit umgetrieben hat und die ebenfalls den großen Spaltungen zugrunde liegt: Wie verhalten sich die beiden Aspekte der Kirche zueinander? Am stärksten für den Pol *Sichtbarkeit* hat sich die römisch-katholische Ausprägung der Religion entschieden. Lange Zeit verglichen ihre Theologen die Kirche mit einer »vollkommenen Gesellschaft« (*societas perfecta*) gleich dem Staatswesen. Anders als bei diesem, aber mit Ausschließlichkeitsanspruch, ist ihre Ordnungsaufgabe die Heilsvermittlung: Die päpstlich verfasste Kirche erscheint als alleinseligmachend (Tafel 15). Das entschiedenste Plädoyer für den Gegenpol der *Unsichtbarkeit* kommt aus der reformatorischen Bewegung. Heilsentscheidend ist das vierfache geistliche »allein« (6.5 (4)) so dass die soziologische Gemeinschaft allenfalls von ordnungspolitischem Interesse ist. Die radikalsten Konsequenzen zogen freikirchlich-pietistische Kreise. 1531 schrieb S. Franck[71]:

»Ich glaube, dass die äußerlich sichtbare Kirche, einschließlich all ihrer Gaben und Sakramente, aufgrund des Zusammenbruchs und der Verwüstung durch den Antichrist unmittelbar nach dem Tod der Apostel, in den Himmel auffuhr und im Geist und in der Wahrheit verborgen ist. Ich bin gewiss, dass seit eintausendvierhundert Jahren keine versammelte Kirche und kein Sakrament existierte«.

Eine Mittelposition hält die Orthodoxie. Kirche hat hier eine liturgisch-sakramentale Wurzel. Die Heilsgemeinde erwächst aus der Eucharistie, die am Ort gefeiert wird (was überstiegenem Zentralismus wehrt) von allen Glaubenden (die daher ungeachtet aller Unterschiede gleichen Ranges sind). Christus ist der Kirche gegenwärtig im Ortsbischof bzw. seinem priesterlichen Stellvertreter. In der Sichtbarkeit der ekklesialen Strukturen erlebt der orthodoxe Christ die Liebe des dreifaltigen Gottes.

Die im Selbstverständnis des Christentums angelegte Spannung hat weitreichende Konsequenzen für die Binnen- wie Außenbeziehungen der Konfessionen. Nur auf zwei davon sei eingegangen. Für das Innenleben bestehen sie u.a. in der Bedeutung, die das *Recht* innerhalb einer Kirche besitzt [72]. Je bedeutungsvoller die Außenseite ist, das sichtbare Element, um so juridischer ist sie, eine um so entscheidendere Rolle spielt das kanonische Recht. Demzufolge hat es seine höchste Entfaltung und Geltung in der katholischen Kirche. Es liegt heute im »Codex des Kanonischen Rechtes« (*Codex Iuris Canonici* = *CIC*) von 1983 vor, der 1752 Canones für die lateinische Kirche zählt, und im »Codex der Rechtssätze der Orientalischen Kirchen« (*Codex Canonum Ecclesiarum Orientalium* = *CCEO*) von 1990 für die mit Rom unierten Ostkirchen. Dazu kommen die nur bestimmte Ortskirchen verpflichtenden Erlasse von Partikularsynoden, Bischofskonferenzen und Einzelbischöfen sowie die Konkordate (s.u.) und liturgischen Regelungen.

Im reformatorischen Christentum hat die Gesetzgebung die Aufgabe eines Ordnungssystems zur Aufrechterhaltung und Regulierung funktionierenden kirchlichen Lebens. Die Kirchenverfassungen und Kirchengesetze auf landeskirchlicher Ebene beschäftigen sich vor allem mit dienstrechtlichen und organisatorischen Fragestellungen. Die Kirchen des Ostens haben als erste Rechtsquellen im wesentlichen die Erlasse der alten Ökumenischen Konzilien mit rund 740 Canones sowie die Edikte der (oströmischen) Kaiser in kirchlichen Angelegenheiten.

Als Beispiel für die Konsequenzen der Spannung von Sichtbarkeit und Unsichtbarkeit der Kirche in den Außenrelationen kann das *Kirche-Staat-Verhältnis* dienen. Unabhängig von der theologischen Unterfütterung stellen sich die Kirchen als in der Regel straff organisierte Großgruppen innerhalb des staatlichen Gemeinwesens dar. Gewöhnlich haben sie auch einen erheblichen Einfluss auf Anschauung und Verhalten ihrer Mitglieder. Keine Regierung kann an diesem Faktum ungerührt vorübergehen. Um seinen Aufgaben zu obliegen, muss der Staat bestimmte Moralvorstellungen, Wertsysteme, Grundnormen des Zusammenlebens haben und durchzusetzen bestrebt sein. Da die Kirchen aus ihrer Christusgefolgschaft ebenfalls bestimmte Normgefüge für verbindlich zu erklären haben (vgl. 7), kommt es zwangsläufig zu freundlichen oder feindlichen Berührungen der beiden Systeme. Manchmal arten sie zu Übernahmeversuchen der einen oder der anderen Größe aus (vgl. 3.2). Für die Kirchen waren immer zwei Prinzipien von Vorrang: Sie mussten sich vor den Umarmungen des Staates schützen, um ihre Unabhängigkeit zu bewahren, und sie mussten sich die Freiheit der Ämterbesetzung vorbehalten. Das Evangelium verpflichtet sie ferner zur unerschrockenen Anwaltschaft der Menschenrechte einschließlich der Rechte der Religionsfreiheit und des Lebens der Ungeborenen wie der Sterbenden und ebenso zur Instanz der Freiheitswahrung gegenüber staatlichem Totalitarismus. Die konkreten Impulse der Kirchen auf den Staat gehen zum einen von der Lehrverkündigung aus, zum anderen schlagen sie sich nieder in staatskirchlichen Vereinbarungen, die in der Bundesrepublik Deutschland in *Konkordaten* (Verträgen zwischen Heiligem Stuhl, also der Katholischen Kirche, und Staat bzw. Ländern) und *Kirchenverträgen* (kirchlicher Partner sind evangelische Landeskirchen u.ä.) bestehen. Ungeachtet der formalen Trennung von Staat und Kirche genießen die Kirchen eine rechtlich stark gesicherte Position. Im Augenblick sind vor allem auf katholischer Seite einzelne Bestrebungen zu registrieren, die Verbindungen zugunsten einer vollkommenen Selbständigkeit beider Größen zu kappen.

Zur Spannung zwischen Außen- und Innenseite der Kirche tritt eine weitere, die gleichfalls konkrete Folgen hat. Sie ergibt sich aus der Frage, in welcher Weise Jesus Christus die Lebensgrundlage seiner Gemeinde ist. »Wo zwei oder drei in meinem Namen versammelt sind, da bin ich mitten unter ihnen«, hatte er gesagt (Mt 18,20) – aber wie ist das zu denken? Man hat unter Rückgriff auf die theologische Tradition drei Antworten entwickelt. Sie entsprechen zwar den konfessionellen Akzentsetzungen, stellen aber keine Alternativen dar.

(1) *Christus ist sakramental gegenwärtig in der Kirche*. Diese Konzeption führt in die Ekklesiologie den Begriff *Sakrament* ein, der uns weiter unten noch ausführlich beschäftigen wird: Diese Antwort geht auf die beiden Jesuitentheologen Karl Rahner und Otto Semmelroth zurück.

Unter Sakrament versteht die christliche Theologie ein materielles Element (Ebene der Welt = Immanenz) mit der Befähigung, für eine immaterielle Wirklichkeit (Ebene der Transzendenz) als Zeichen zu dienen, welches dem Empfänger genau diese Wirklichkeit erfahrbar werden lässt (Ebene der Transparenz). Es ist, kurz formuliert, *die Transparenz der Transzendenz in der Immanenz*. Bei der Taufe z.B. dient Wasser in Verbindung mit der Spendeformel »Ich taufe dich im Namen des Vaters und des Sohnes und des Heiligen Geistes« (*Immanenz*) dazu, die Vergebung der Sünden, die Mitgliedschaft in der Kirche, die Gemeinschaft mit dem heilschenkenden Gott (*Transzendenz*) für den Getauften echte und erfahrbare geistliche Wirklichkeit werden zu lassen (*Transparenz*).

Die christologische Untersuchung zeigt, dass Jesus als wahrer Mensch in der Personeinheit mit Gott genau alle diese Momente aufweist, die ein Sakrament konstituieren: Seine Menschheit ist die Immanenzebene, auf der die göttliche Transzendenz in der Welt erfahrbar und wirksam wird. Man kann ihn als *Ursakrament* qualifizieren. Weil aber das Christusheil durch die Kirche gegenwärtig gewirkt wird, hat auch sie eine solche sakramentale Beschaffenheit: Sie ist die Mt 18,20 angesprochene Transparenz des Christusheiles. Die Theologie hat sich daher berechtigt gesehen, die Kirche als *Ganzsakrament* zu bezeichnen: In ihren Lebensvollzügen, unter denen die gleich zu besprechenden (sieben) Sakramente eine hervorragende Rolle haben, wird die Ganzheit des Heils entfaltet und den einzelnen Gliedern vermittelt. Dieses Denken hat das 2.Vatikanische Konzil aufgenommen. Gleich zu Beginn der Dogmatischen Konstitution »Lumen gentium« über die Kirche nennt es diese in Nr. 1 »in Christus gleichsam das Sakrament, das heißt Zeichen und Werkzeug für die innigste Vereinigung mit Gott wie für die Einheit der ganzen Menschheit«.

(2) *Christus ist gegenwärtig im Wort.* Entspricht die Hervorhebung des Sakramentalen dem katholischen Denken, so konzentriert sich die protestantische Theologie auf diese zweite Vorstellung. Weil der rechtfertigende Glaube aus dem Hören des Bibelwortes und seiner Auslegung entspringt, erfüllt die Kirche ihre Aufgabe in der Geschichte immer und nur dann, wo sie den einzigen Gnadenmittler Christus im Wort gegenwärtig werden lässt. Am deutlichsten hat das vielleicht Calvin ausgesprochen, übrigens unter Hinweis auf Mt 18,20[73]:

»Denn überall, wo wir wahrnehmen, dass Gottes Wort lauter gepredigt und gehört wird und die Sakramente nach der Einsetzung Christi verwaltet werden, lässt sich auf keine Weise zweifeln, dass wir eine Kirche Gottes vor uns haben. Denn die Verheißung des Herrn kann nicht trügen: ›Wo zwei oder drei versammelt sind in meinem Namen, da bin ich mitten unter ihnen‹ … Wo die Predigt des Evangeliums mit Ehrfurcht vernommen wird und die Sakramente nicht vernachlässigt werden, da wird für diese Zeit untrüglich und unzweifelhaft die Erscheinung der Kirche sichtbar«.

Später trat das sakramentale Moment in den reformatorischen Kirchen weitgehend in den Hintergrund zugunsten der Predigt, wie handgreiflich die Skizze einer lutherischen Gemeindekirche (Tafel 20) zeigt: Die Kanzel nimmt die beherrschende Stellung über dem kleinen Altar in der Architektur ein.

(3) *Christus ist gegenwärtig durch den Heiligen Geist.* Während die westliche Theologie stets mehr auf die Christusbezogenheit der Kirche fixiert war, blieb im christlichen Osten gegenwärtig, dass nach den alten Glaubensbekenntnissen (vgl. Tafel 1) diese als Werk der dritten göttlichen Person dargestellt wird. Die Lateiner übersahen das nicht ganz, doch ordneten sie katholisch den Geist vorwiegend der institutionellen Seite (Sakramente, Amtsträger als qualifizierte Instrumente des Geistes), evangelisch dem Wortgeschehen zu. Die Griechen insistierten dagegen auf der gegenüber Christus eigenständigen Beziehung des Pneumas zur Kirche: Er schafft seit Pfingsten etwas Neues im Vergleich zum Wirken der zweiten göttlichen Person. In einer Pfingstpredigt beschreibt es der Kirchenlehrer Johannes Chrysostomos[74]:

»Heute aber endlich sind wir zur Höhe der Güter gekommen, gelangt zur Urheimat der Feste. ... Was nun, sage mir, wird nicht vor allem unser ganzes Heil durch den Heiligen Geist zuteil? Durch Ihn werden wir der Knechtschaft entrissen, zur Freiheit berufen, zur Kindschaft geführt und gewissermaßen neu geschaffen ... Durch den Heiligen Geist sehen wir die Chöre der Priester, haben wir die Ordnungen der Lehrer. Von dieser Quelle strömen die Gaben der Offenbarungen und die Gaben der Heilungen und alles übrige, was die Kirche Gottes gewöhnlich schmückt«.

Die Ekklesiologie hat Ende des 20. Jahrhunderts in neuer Weise über diese pneumatische Perspektive nachgedacht. Sie wurde besonders von katholischen Theologen wie Y. Congar als wesentliche Ergänzung der abendländischen Betrachtung über die Kirche angemahnt, von der die dringend nötigen Anstöße für eine binnenkatholische Erneuerung und eine ökumenische Verständigung erwartet werden können. Bei beiden Problemfeldern steht das dialektische Verhältnis von Innen- und Außendimension der Kirche zur Debatte. Deren Christusbezogenheit hatte zwei Schieflagen erlitten: Die Kirche war *nur* mehr (griech. *monos*) von ihm her verstanden worden unter Ausblendung des Heiligen Geistes, die Ekklesiologie infolgedessen *christomonistisch* geworden; gegen die Ausgewogenheit des Dogmas von Chalkedon war Christus vornehmlich als triumphierender Gott gesehen, die Außengestalt der Kirche daher als *hierarchisch-triumphalistisch* wahrgenommen worden. Als Modell diente die Vorstellung von der Kirche als Leib Christi. Bei Paulus stand sie für die gegenseitige Bezogenheit und Unersetzlichkeit aller Glieder, im Mittelalter wird sie vom Haupt her konzipiert (3.2):

Dieses ist natürlich eigentlich Christus, aber weil er zur Rechten Gottes thront, hat er auf Erden den Papst als seinen sichtbaren Stellvertreter (*vicarius Christi*) installiert. Wie (nach damaliger Physiologie) alle Lebensströme vom Kopf, so gehen in der Kirche alle Vitalimpulse vom Papst über die Bischöfe zu den Laien aus. In der Figur der Pyramide kann man dieses Kirchen-Bild gut zeichnen (Tafel 49).

Bezieht man die pneumatologische Perspektive in die Analyse ein, so ergibt sich eine ganz anderes Bild: ein Netz von Kirchen. Die Kirche wird verstanden als *communio*. Das war die Leitvorstellung des ersten Jahrtausends (2.5). Dieses lateinische Wort hat mehrere Bedeutungen, die alle in unterschiedlicher Weise auf die Glaubensgemeinschaft zutreffen. Der Grundsinn ist *Teilhabe*. Damit ist zunächst die Teilhabe an der Eucharistie (»Kommunion« in der Kurzbezeichnung noch heute) und an den anderen Heilsgaben, die durch den Heiligen Geist dem Einzelnen in der *Gemeinschaft* – zweiter Wortsinn – geschenkt wird, sofern nach den Aussagen der Trinitätstheologie der Geist den Christen die Liebe Gottes mitteilt. Diese *Mitteilung* heißt lateinisch *communicatio*. Solche Heilsgaben sind alle Wege und Weisen, durch die der Plan Gottes mit seiner Kirche verwirklicht wird. Besonders bedeutsam sind die Charismen als Gaben zur Auferbauung der Kirche. Zu ihnen gehören die Ämter (s.u.), die Befähigung zum Lehren, Heilen, Trösten usw.; man kann jedoch keinen umfassenden Katalog aufstellen, so vielfältig sind sie. Da die Christinnen und Christen auch als Gemeinschaft in der konkreten Geschichte leben, haben diese Gnadengaben auch immer eine geschichtliche und das bedeutet: eine änderungsfähige Gestalt.

So ist die Kirche am Ort, lebendig erhalten durch die Eucharistie, die sie vollzieht und an deren Kraft sie Anteil erhält, die Grundgestalt von Kirche. In und aus den Ortskirchen zusammen ergibt sich dann die Vollgestalt der universalen Kirche. Diese hat also sowohl eine sie als Heilsgemeinde begründende vertikale Gestalt (Verbindung zu Gott durch den Hl. Geist) wie eine ebenso wichtige horizontale Gestalt (Gemeinschaft der Ortskirchen). Unter diesem Aspekt müssen innerkirchlich in jeder Konfession die hierarchischen durch synodale Strukturen ergänzt werden, zwischen den Konfessionen die Unterschiede auf ihre Kommunikationsfähigkeit zu den anderen Kirchentümern befragt und gegebenenfalls ertragen werden; nach außen hin kann ein erfolgversprechender Dialog begonnen werden zwischen den Religionen ebenso wie mit den nichtreligiösen Weltanschauungen.

Tafel 44 – Zwei Kirchenmodelle

nach W. Beinert (Hg.), Kirchenbildere – Kirchenvisionen. Variationen über eine Wirklichkeit, Regensburg 1995, 90, 119.

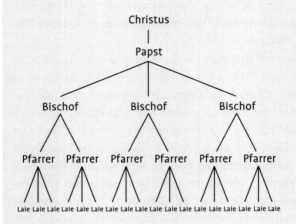

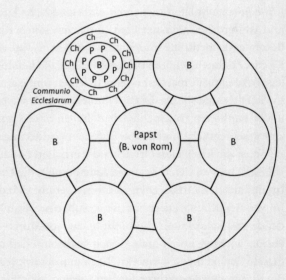

Kirche in Jesus Christus durch den Hl. Geist
(großer Kreis)

Ortskirchen
(Kleine Kreise)
B=Bischof P=Presbyter Ch=Charismen

232   6. GLAUBEN

Mit diesen Strukturfragen aber wird nochmals die Frage nach dem Wesen der Kirche Jesu Christi akut. Zwar kann man keine befriedigende, alle Aspekte umfassende Kurzdefinition aufstellen, wohl aber hat man es seit alters mit klärenden Beschreibungen versucht. Am gelungensten ist immer noch die Vierzahl von Attributen, mit denen die Kirche bereits im Großen Glaubensbekenntnis versehen wird: Als Gegenstand des Glaubens an den Heiligen Geist ist sie die *eine, heilige, katholische* und *apostolische* Kirche. Was wird damit gemeint?

(1) *Einheit*: Damit ist zuerst die Einzigkeit der Kirche gemeint. Es gibt nach dem Willen Gottes nur *einen ordentlichen Weg* zum Heil, der als Kirchen-Glied zu gehen ist. Schon Bischof Cyprian von Karthago war 251 überzeugt: »Wer die Kirche nicht zur Mutter hat, kann nicht Gott zum Vater haben«[75]. In der verkirchlichten Welt des Mittelalters interpretierte man: Also ist die Kirche alleinseligmachend; außerhalb ihrer existiert kein Heil. Genau heißt das: Wer nicht in der vom Papst geleiteten Gemeinschaft steht, wird auf ewig verdammt. Heute versteht man *Kirche* nicht mehr als Personalprinzip, mittels dessen über Personenschicksale etwas ausgesagt werden kann, sondern als Sachprinzip: Die Kirche ist der Sauerteig, der die Welt durchwalten, d.h. die Pläne Gottes realisieren soll.

Einheit meint zweitens die innere Einheit der Kirche. Offenkundig ist, dass diese nicht gegeben ist, wo sich mehrere Gemeinschaften als Kirche Christi verstehen. Wenn aber die Einheit eine *Wesens*eigenschaft ist, dann folgte aus dieser Feststellung, dass heute Kirche nicht mehr existiert. Die Theologen haben verschiedene Auswege ersonnen, um sie nicht machen zu müssen. Katholische Kreise haben vor dem 2.Vatikanischen Konzil erklärt, es gebe die eine Kirche, diese sei identisch mit der römisch-katholischen, weshalb alle anderen nur »Sekten« seien. Lutherische Gelehrte leiteten aus der Unterscheidung von sichtbarer und unsichtbarer Kirche ab, dass die eine Kirche nur mit der selbstverständlich existierenden unsichtbaren Kirche identisch sei. Reformierte Theologen verlegten die Einheit der Kirche in die Vollendung am Ende der Welt. Anglikanische Theologen liebten das Bild eines Baumes mit einem einzigen Stamm (der einen Kirche) und vielen Ästen (den Konfessionen). Das nach dem genannten Konzil geführte intensive ökumenische Gespräch machte hingegen deutlich, dass bereits im Neuen Testament die Kirche an den verschiedenen Orten und unter den unterschiedlichen kulturellen Kontexten erhebliche Differenzierungen erkennen lässt, die nach damaligem Verständnis mitnichten deren Einheit beeinträchtigten. Einheit ist schon dem Begriffsinhalt nach nicht Einförmigkeit und Einerleiheit; von ihr kann sinnvoll erst die Rede sein, wenn es auch Vielfalt gibt. So zeigt sich heute als erfolgverheißendes Modell der kirchlichen Einheit das Konzept der »*versöhnten Verschiedenheit*«: Die Konfessionen können sich als Ortskirchen innerhalb der Universalkirche verstehen, wenn die von ihnen gelebte und bezeugte Christlichkeit nicht grundsätzlich und radikal der in anderen Gemeinschaften gelebten und bezeugten Christlichkeit widerspricht. Aufgabe des ökumenischen Gespräches ist es zu untersuchen, ob dies der Fall ist.

(2) *Heiligkeit*: Mehr noch als die Aussage von der *einen* steht die Behauptung von der *heiligen Kirche* in eklatantem Widerspruch mit der Erfahrung der ganzen Kirchengeschichte. Wieder haben die Theologen (dieses Mal ohne nennenswerte konfessionelle Differenzen) sich um Ausgleich zur Theorie bemüht. Sektiererische Bewegungen wie in der Alten Kirche die Donatisten versuchen, die empirische Makellosigkeit der Kirche dadurch zu wahren, dass sie alle Sünder kurzerhand ausschließen wollten. Beliebt ist der Versuch, zwischen der Heiligkeit der Kirche und der Sündigkeit der Glieder zu unterscheiden – aber weil alle Sünder sind, gäbe das eine gliederlose Kirche. Augustinus und Thomas retteten sich in die Endzeit: Erst dann werde die Kirche heilig sein. Der Fehler aller dieser Rettungsversuche besteht darin, dass Heiligkeit als ethische Vollkommenheit missverstanden und nicht im biblischen Horizont als Qualität Gottes gesehen wird (vgl. 6.5). Der Kirche kommt sie in abgeleitetem Sinn und nur in diesem Sinn deswegen zu, weil sie von Gott in den Dienst genommen wird als Sakrament für die Einheit der Menschen mit ihm und der Menschen untereinander. Daraus lebt sie und ist sie heilig; die moralische Vollkommenheit der Glieder ist zwar nochmals ein Zeichen dieser Sendung, doch diese ist nicht wesentlich davon abhängig.

(3) *Katholizität*: Erstmals bezeichnete Bischof Ignatius von Antiochien um 110 die Kirche als *katholisch* [76], um ihre Fülle, Integrität und Vollkommenheit aufgrund ihrer Zugehörigkeit zu Christus zu umschreiben. Sie ist die Gemeinschaft, die das ganze Heil Gottes der gesamten Schöpfung vermittelt. In der Entfaltung dieser Grundbedeutung nahm das Wort dann ziemlich viele Bedeutungen an, so *weltweit, überzeitlich, allen Rassen und Klassen offen, rechtgläubig*. Von der letzten Kennzeichnung wurde es schon zu Zeiten Augustins zur Abgrenzung gegen häretische Gemeinschaften (in seinem Fall die Donatisten) verwendet und endlich zur Konfessionsbe-

zeichnung für die mit dem römischen Papst verbundene christliche Kirche. Deren exakter Name lautet eigentlich: »römisch-katholisch«. Manchmal dient *katholisch* auch als Umschreibung eines Konfessionstypus, der das institutionelle Moment hervorhebt wie die römische und die orthodoxen Kirchen. In der Gegenwart haben die Theologen die ursprüngliche Bedeutung herausgearbeitet. Katholizität kennzeichnet die wesensgemäße Offenheit und Aufgeschlossenheit der Kirche, aufgrund derer sie allen Bekundungen des Heiligen Geistes in den Völkern, Kulturen, Philosophien, ethischen Wertvorstellungen, Lebenswelten der Menschheit nachzuspüren und sie in ihrer artgemäßen Eigengestalt zu integrieren berufen ist.

(4) *Apostolizität*: Mit diesem Wort wird die Ursprungsbezogenheit und die Ursprungstreue der Kirche bezeichnet. Da wir hinter die schriftlichen Zeugnisse der Apostel nicht zurückgehen können, sind sie die historischen Quellen allen kirchlichen Lebens, der kirchlichen Glaubenslehre und der kirchlichen Grundverfassung. Theologisch gründet die Sonderstellung der Apostel in der Sendung durch den Auferstandenen (2.1., 2.4). Während hinsichtlich der beiden ersten Elemente Übereinstimmung in der Christenheit herrscht, bestehen erhebliche Differenzen bezüglich der Verfassung (Tafeln 7 und 8). Sie werden gewöhnlich unter dem Stichwort *Ämterfrage* debattiert.

Unter einem (kirchlichen) Amt versteht man eine offizielle, mit bestimmten Aufgaben und Verpflichtungen versehene Position innerhalb der (kirchlichen) Gemeinschaft. Kennzeichen sind Dauerstellung, Anerkennung durch die Kirche (z.B. durch einen Titel), finanzielle Absicherung, geordnete Bestellung (Ordination), Autorität und Würde. In neutestamentlicher Zeit existieren mehrere Verfassungsformen, doch spätestens in der zweiten Hälfte des 2. Jahrhunderts kristallisiert sich eine Dreistufigkeit (»Ämtertrias«) mit den Graden Bischof (Episkopat) – Priester (Presbyterat) – Diakon (Diakonat) heraus, die bis zur Stunde in den meisten christlichen Kirchen bewahrt geblieben ist (2.5). Unter den Bischöfen nimmt nach römisch-katholischem Verständnis der römische Bischof oder Papst eine Sonderstellung ein, die als Primat charakterisiert wird. Die Bestellung ins Amt oder Ordination wird von Orthodoxen, Katholiken, Anglikanern und Altkatholiken als Weihe-Sakrament bezeichnet, das lebenslang verpflichtet. Mit der Ordination erhalten die Kandidaten über den weihenden Bischof die Einbeziehung in die apostolische Sukzession, durch die sie in die offizielle Sendungs-Nachfolge (lat. *successio* »Nachfolge«) der Erstzeugen gestellt werden. Die Bestellung hängt von einer Reihe von Zulassungsbedingungen ab, unter denen in der Diskussion stehen Ehelosigkeit und Frauenausschluss. Ehelosigkeit (Zölibat) ist in den orthodoxen Kirchen Voraussetzung für das Bischofsamt, in der römisch-katholischen Kirche des lateinischen Ritus auch für den Presbyterat. Dabei handelt es sich um eine reine Disziplinaranweisung, die nicht wesentlich zum Amt gehört. Nur Männer können ein Weiheamt erhalten in der orthodoxen und der römisch-katholischen Glaubensgemeinschaft. Nach der amtlichen Auffassung dieser Kirchen ist die Frauenordination aus dogmatischen Gründen nicht zulässig. Die anderen Kirchen und eine Reihe von Theologen der genannten Kirchen bestreiten dies heute jedoch. Der Amtsträger versteht sich als Diener Christi, der vor allem folgende Aufgaben entsprechend seiner Weihestufe erfüllen soll: Verkündigung des Wortes Gottes, Spendung der Sakramente, Gemeindeleitung, Vorsitz in der Liturgie und Fürsorge für die sozial Schwachen.

Die Differenzen zwischen den Konfessionen kreisen um zwei Fragen: Gehören Ämter zur unaufgebbaren Verfassung der Kirche? Wie ist apostolische Sukzession zu verstehen? Alle kommen darin überein, dass die apostolische Sendung aufgrund der Taufe primär allen Christinnen und Christen gegeben ist. In der Rede vom »gemeinsamen Priestertum aller Gläubigen« findet diese Überzeugung ihren Ausdruck. Konsens herrscht weiters darüber, dass die Kirche strukturiert ist, so dass in der Gemeinde nicht jeder alle Aufgaben wahrnehmen kann, also anders gesagt, dass Ämter tatsächlich existieren. Zumindestens gegenwärtig besteht auch Einigkeit, dass die Inhaber ihre Aufgaben nicht dank der Delegation durch die Gemeinde, sondern im Auftrag Jesu Christi ausüben. Dissens besteht allerdings immer noch in der genauen Zuordnung zwischen diesem und den Amtsträgern. Entsprechend ihrer Ekklesiologie neigen die reformatorischen Theologen dazu, Autorität und Gestalt des Amtes als geschichtlich gewachsen und daher als veränderbar und seine Aufgaben wegen der durch den Glauben allein konstituierten Relation Christus – Christen als überholbar anzusehen. Die katholische und die orthodoxen Kirchen hingegen sehen in der Amtsstruktur »göttliches Recht«, das der menschlichen Ausgestaltung fundamental entzogen ist. Sie unterscheiden sich ferner von der reformatorischen Theologie tiefgreifend hinsichtlich des Inhalts des Sukzessionsgedankens. Nach ihnen ist die Amtsnachfolge *formal* zu sehen. Sukzession kommt demnach zustande mittels einer ununterbrochenen, durch Handauflegung weitergegebenen Amtsübertragung von den Aposteln über deren Schüler bis zum heutigen Bischof. Wer also in dieser Kette nicht steht, ist kein gültiger Amtsträger. Die beiden anderen Aspekte des Sukzessionsgedankens, das apostolische Leben und die apostolische Lehre, treten zurück. Die reformatorische Theologie dagegen legt Amtsnachfolge in Richtung auf eine *materiale* Amtsfolge aus, d.h. auf die sachliche Kontinuität mit den Urzeugen durch Übereinstimmung in Lebensführung und Glauben.

Wie kam es zum Dissens? Der Grund liegt in der fatalen Situation, in der sich die Reformatoren im Deutschland des 16. Jahrhunderts sahen. Sie waren an und für sich bereit, an der formalen Sukzession festzuhalten, aber kein einziger Bischof schloss sich der neuen Lehre an. Eine bischöfliche Handauflegung für die neuen Prediger war also unmöglich. Luther besann sich nun darauf, dass der damaligen bis auf die Kirchenväter reichenden Theologie zufolge zwischen Bischof und Presbyter ein Unterschied nicht des Weihegrades, sondern lediglich der Amtsvollmacht (Jurisdiktion) bestand. Damit aber konnten auch Priester die Priesterweihe erteilen, wenngleich dies kirchenrechtlich nicht (ohne weiteres) gestattet war. Ein Ausweg schien sich zu zeigen. Die Reformatoren beschritten ihn in der Meinung, damit keinesfalls die Sukzession, sondern schlimmstenfalls kanonistische Vorschriften aufzugeben. Das Konzil von Trient bestand dagegen darauf, dass »aufgrund göttlicher Anordnung« ein wesentlicher Unterschied zwischen beiden Stufen existiert.

Da nach römisch-katholischer und auch orthodoxer Auffassung ein reformatorischer Amtsträger außerhalb der Sukzession steht, kann er auch jene sakramentalen Handlungen nicht gültig vollziehen, zu denen diese vonnöten ist; vor allem vermag er nicht gültig Eucharistie zu feiern. Deshalb lehnen beide Kirchen die Abendmahlsgemeinschaft (Interkommunion) und in Folge eine rechtsgültige Vereinigung mit den Kirchen aus der Reformation ab. In der amtlichen katholischen Terminologie wird ihnen sogar die Bezeichnung »Kirchen« versagt; man spricht von »kirchlichen Gemeinschaften«. Die Ämterproblematik ist sicher das derzeit hinderlichste Moment auf dem Weg zur vollen ökumenischen Verständigung.

Kaum weniger dornig ist ein Konsens über das Papsttum, zumal hier die römische Auffassung von keiner anderen christlichen Gemeinschaft akzeptiert wird. Allerdings kann man derzeit auch nicht mehr von einem absoluten Dissens sprechen. Auch die nicht römisch-katholischen Kirchen akzeptieren mehr und mehr als neutestamentliches Datum die Existenz eines Petrusamtes oder Petrusdienstes, d.h. einer zuerst vom historischen Petrus wahrgenommenen, aber zur kirchlichen Verfassung gehörenden Funktion, die für die Einheit der Kirche in der Wahrheit bevollmächtigt sorgen soll. Sie sind allerdings nicht bereit, einen absoluten Jurisdiktionsvorrang sowie die (unter bestimmten Bedingungen gegebene) Irrtumslosigkeit bei Lehraussagen (*Infallibilität oder Unfehlbarkeit des Papstes*) zu akzeptieren, und zwar weder in dogmatischer noch in praktischer Perspektive.

Die Katholiken begründen die überragende Stellung des Papstes mit der Feststellung des Neuen Testamentes, dass die Kirche »Säule und Fundament der Wahrheit« kraft göttlicher Verheißung sein soll (1 Tim 3,15). Sie ist nur dann erfüllbar, argumentieren sie, wenn es eine Letztinstanz gibt, die im unheilbaren Konfliktfall über Wahrheit und Irrtum in christlichen Glaubensaussagen (Kurzwort: *Glaube*) und bei Aussagen über die Lebensverwirklichung im Geist Christi (Kurzwort: *Sitte*) entscheiden kann. Diese ist konkret nach Christi Willen in der Gestalt des Petrus und in den römischen Bischöfen, die seine Nachfolger zu sein beanspruchen, zu sehen. Sie können diesem Auftrag nur unter Voraussetzung oberster und von außen unbeschränkter Disziplinar- und Lehrvollmacht gerecht werden. Zugleich ist aber auch gesagt, dass von innen her eine wesentliche Begrenzung statthat. Der Papst ist strikt an die Glaubensquellen und die übrigen Bezeugungsinstanzen des Glaubens gebunden (vgl. 2,1-3) Er ist nicht Herr, sondern Organ der christlichen Lehre. Seit dem Mittelalter rechnet die katholische Theologie mit der Möglichkeit, dass der Papst vom Glauben abfällt, d.h. seinem Amt nicht entspricht. Er kann rechtens stets nur den Glauben der ganzen Kirche verkünden, erläutern und genauer formulieren, nicht aber neue Wahrheiten proklamieren. Nach den Absichten des 1.Vatikanischen Konzils, das diese Vorrechte des Papstes dogmatisch festgelegt hat, sollte er sie nur in Ausnahmefällen beanspruchen, wenn die Kirche anders nicht zur Klärung ihrer Probleme gelangt. Ein Katholik, der eine vom Papst definierte Wahrheit glaubend annimmt, glaubt in keinem Fall dem Papst in sich, da dieser Glauben nicht stiften kann und seine Definition nicht wahr ist, weil er sie erlässt, sondern er glaubt, weil die päpstliche Definition in sich wahr ist (was der definierende Papst feststellt): Die einzige Instanz des Glaubens ist die göttliche Offenbarung für den Katholiken wie für alle Christen auch.

Tafel 45. – Die sieben Sakramente der römisch-katholischen Kirche

Sakrament	Wirkung	Spender	Empfänger
Taufe	Grundsakrament, Vergebung aller Sünden einschl. Erbschuld, Eingliederung in die Kirche, Gnade der Gotteskindschaft	Jeder, der sich die Absicht der Kirche zu eigen macht	Jeder Nichtgetaufte (bei Erwachsenen ist Glaube Voraussetzung)
Firmung	Vollendung der Taufe durch engeren Einbezug in die Kirche und ihre Sendung durch das Geistwirken	Bischof, bevollmächtigte Priester	Jeder Getaufte
Eucharistie	Zentralsakrament, Vereinigung mit dem unter Brot und Wein gegenwärtigen Christus, Zeichen der kirchlichen Einheit	Vollzug: Bischof, Priester; Austeilung: Beauftragte Laien	Jeder Getaufte im Gnadenstand
Buße	Versöhnung des Sünders mit Gott und der Kirche, Sündenvergebung	Bischof, Priester	Der getaufte reuige Sünder
Kranken-salbung	Vereinigung mit Christus und Kirche zur ganzmenschlichen Aufrichtung und Rettung, ggf. Sündenvergebung	Bischof, Priester	Getaufter ernstlich erkrankter oder altersschwacher Mensch
Weihe	Befähigung zum bevollmächtigten Amtsträger. Stufen: Episkopat, Presbyterat, Diakonat	Bischof	Getaufter Mann
Ehe	Erhebung der Verbindung von Mann und Frau in die Gnadenordnung	Die Ehepartner gegenseitig	Ehepartner

6.6 REALISIERUNG DER GÖTTLICHEN FREIHEIT: KIRCHE UND SAKRAMENTE

Die Frage nach dem *Wesen* der Kirche kann nicht abgelöst werden von der Erkundung ihrer Wesens*vollzüge*. Diese sind, wie oben schon gesagt wurde, die Verkündigung des Wortes Gottes und die Spendung jener Einzel-Sakramente, die die Entfaltung ihrer sakramentalen Grundexistenz sind. Die erste Aufgabe wirft theologisch keine besonderen Probleme auf: Die Proklamation des Evangeliums geschieht vornehmlich in der Predigt in den Gottesdiensten und in der (auslegenden) Schriftlesung, aber ebenso in der Katechese (Religionsunterricht), der Jugend- und Erwachsenenbildung, den Katechismen, Lehrbüchern und sonstigen medialen Weisen der Glaubensweitergabe, zu denen in wachsendem Maße auch das Internet gehört. Anders ist es mit dem Dienst der Sakramentenspendung. Die Schwierigkeit liegt anders als in früheren Jahrhunderten nicht mehr in der unterschiedlichen Gewichtung beider Vollzüge in den westlichen Kirchen, die die protestantischen Gemeinschaften als Kirchen des Wortes, die katholische als Kirche der Sakramente erscheinen ließen. Sie bezieht sich auf Einzelfragen, deren augenscheinlichste die nach der Zahl der Sakramente ist. In der orthodoxen und in der römisch-katholischen Kirche kennt man sieben, im Protestantismus nur zwei Sakramente, Taufe und Eucharistie (Abendmahl). Zusätzlich werden in den anderen Kirchen genannt Firmung (im Osten: Myronsalbung), Bußsakrament, Krankensalbung, Weihe- oder Ordo-Sakrament und Ehe. Heute herrscht Übereinstimmung zwischen den Konfessionen, dass dadurch keine schwerwiegenden Unterschiede begründet werden.

Auf der einen Seite haben die fünf zusätzlichen Riten im reformatorischen Christentum ebenfalls eine besondere Bedeutung im Vollzug der kirchlichen Sendung, zum anderen hat auch die katholische Theologie im Mittelalter diese als »Mindersakramente« (*sacramenta minora*) von den beiden ersten »Hauptsakramenten« (*sacramenta maiora*) abgehoben. Schließlich hat sich die Siebenzahl (Septenar) erst spät herausentwickelt aus einer Vielzahl von kirchlichen Vollzügen, die als sakramental betrachtet wurden. Sie muss symbolisch gesehen werden: *Sieben* ist die Summe der Gotteszahl *drei* (Dreifaltigkeit) und der Weltzahl *vier* (Himmelsrichtungen) und damit Signal der Fülle und Vollkommenheit. *Sieben* Sakramente versinnbilden die Ganzheit der göttlichen Heilszuwendung in der Kirche. Wenn die Reformatoren sich auf die beiden erstgenannten beschränkten, dann rührte das von ihrem Schriftprinzip her: Nur von Taufe und Eucharistie lasen sie etwas in der Bibel. Die Katholiken sahen den Rückbezug auf die Glaubensquelle auch schon dann gegeben, wenn sich ein Ritus dem Glauben als Frucht des Geistwirkens in der Geschichte zeigte.

Ein weiterer Kontroverspunkt ist die Frage nach der Wirkung eines Sakramentes. Die Katholiken hoben stets die Unabhängigkeit der Wirkung vom menschlichen Vollzug hervor: Sie kommt durch die ritusgemäße Spendung selbst zustande (*ex opere operato*). Die Protestanten bestanden auf dem Glauben des Empfängers und warfen der Gegenseite ein magisch-automatisches Verständnis der Sakramente vor: Die Wirkung ist nach ihnen nur *ex opere operantis*, durch den Empfängerglauben gegeben. Inzwischen sieht man, dass aus unterschiedlichem Blickwinkel, einmal vom Spender, dann vom Empfänger her argumentiert wurde – in beiden Fällen zutreffend. Die Sakramente sind letztlich Heilsgeschehen, das nur Gott wirken kann, das also auf die sittliche Vollkommenheit des menschlichen Vollzugsorgans (Spender) nicht angewiesen ist; aber es setzt die freie Annahme des Empfängers voraus, da Gott niemanden vergewaltigt.

Der Sache nach sind die Sakramente, wie schon ausgeführt wurde, zusammen mit der Verkündigung des Wortes Gottes gleichsam wie die Finger der Hand Kirche, durch die Gott heilschaffend ins Leben der Glaubenden hineinwirkt. Sie stehen für die wesentlichen Knotenpunkte der menschlichen Existenz bereit. So gehören zusammen Geburt und Taufe, Nahrung und Eucharistie, Erwachsenwerden und Firmung, Schuld und Vergebung im Bußsakrament, Krankheit (mit der Perspektive des Todes) und Krankensalbung, Familiengründung und Ehesakrament. Durch das Ordo-Sakrament endlich wird das Leben der Kirche funktionsfähig gehalten. Die Übersicht auf Tafel 45 bietet einen Einblick in diese einzelnen Heilsriten entsprechend der römisch-katholischen Theologie.

6.7 Vollendete Freiheit: Die Eschatologie

Wenn wir in diesem ungewissen Leben ausdrücken wollen, dass etwas ganz bestimmt sein wird, so qualifizieren wir es als *todsicher*. Weil die Menschen die einzigen Lebewesen sind, die nicht nur, wie Pflanzen oder Tiere auch, *in der Zeit* leben, sondern darüber hinaus *Zeit haben*, also über sie verfügen, sie in ihr Wollen und Streben einbeziehen können, sind sie sich bewusst, dass sie endlich ist. Wir wissen, dass die Maximaldauer eines Menschenlebens um die 130 Jahre liegt – dann geht nichts mehr, jedenfalls nach derzeitigem Kenntnisstand der Biologie. Darüber hinaus ist uns bekannt, dass auch der Planet Erde unausweichlich sterben wird. Nach rund 5 Milliarden Jahren wird die Sonne zu einem so genannten Roten Riesen aufgebläht werden, dessen Grenzen über die Bahnen von Merkur und Venus hinausreichen. Unsere Erde wird dann in der äußeren Atmosphäre der Sonne kreisen. Dann wird zunächst die Erdatmosphäre fortgerissen werden, danach wird der Erdmantel verdampfen. In einem feurigen Todeskampf wird unsere Heimat mit der Sonne untergehen.

Was wir heute mit einiger Exaktheit wissen, haben die Menschen immer schon näherungsweise gewusst, auch wenn sie es in die vorwissenschaftliche Sprache der Mythen und Märchen kleiden mussten. Der Tod des Individuums natürlich gehört seit je zur Erfahrung jedes Menschen – hundertfach erlebt er, dass andere um ihn herum ins Grab sinken. Eigenartigerweise haben in allen Kulturen rund um den Globus die Menschen den Tod niemals als das endgültige und völlige Verlöschen der Existenz angesehen, sondern stets als Übergang oder Verwandlung zu einer neuen Daseinsweise. »Die Mythologien verfügen nicht nur über detaillierte Beschreibungen des Lebens nach dem Tod, sondern häufig über vielschichtige Kartographien, die den Seelen auf ihrer posthumen Reise als Anleitung dienen sollen«[77]. Wie kommen die Menschen zu dieser Ansicht, die allem Augenschein zuwider steht? Die unmittelbare Erfahrung lehrt, dass mit dem Tode alles aus ist – Atem, Leben, Lieben, Denken, Leiblichkeit. Was berechtigt zum Protest dagegen? Ist es vielleicht die Einsicht gerade des alten, also dem Sterben nahen Menschen, dass zwar die Linie der leiblichen Lebensvitalität sich weiter und weiter abwärts neigt, dass aber gleichzeitig die Linie des geistigen Innewerdens dessen, was Leben eigentlich ist, nach oben geht? Der Mensch wird, bei einigermaßen gelingendem Leben, hinfällig, aber weise. Deutet das auf Hoffnung? Die Frage nach dem Tod und dem, was jenseits des Todes ist, war immer eine der wesentlichen Fragen, die der Mensch an die Religion gestellt hat. Man kann möglicherweise sehr gut ohne Gott leben, aber kann man ohne ihn sterben? Was wird aus dem Menschen und seiner Erde, wenn man Gott in die Betrachtung des Todes einbezieht? Dieser Frage kann auch die christliche Religion nicht entkommen. Diese hat sich wie kaum eine andere mit dem, was zuletzt (griech. *eschaton*) kommt, befasst und eine eigene Disziplin darüber errichtet, die *Eschatologie*[78]. Denn sie hatte sich von Anfang an nicht bloß mit der in sich bereits unerhörten These auseinanderzusetzen, dass der Gottmensch am Kreuz gestorben sei, sondern war überhaupt erst entstanden, weil Menschen gegen alle bisherige geschichtliche Erfahrung davon überzeugt waren, dass der tote Gottmensch neuerlich lebe. Mit Paulus wussten die Anhänger des neuen Glaubens: »Wenn aber Christus nicht auferweckt worden ist, dann ist euer Glaube nutzlos, und ihr seid immer noch in euren Sünden«. Gleichzeitig war ihnen das Osterereignis die Garantie dafür, dass alle Menschen in Jesu Todesüberwindung einbezogen würden, sofern Christus nur der »Erste der Entschlafenen« gewesen war. »Da nämlich durch *einen* Menschen der Tod gekommen ist, kommt durch *einen* Menschen auch die Auferstehung der Toten. Denn wie in Adam alle sterben, so werden in Christus alle lebendig gemacht werden« (1 Kor 15,17. 20 f.). Dem Christentum eignete darum von Anfang an eine staunenswerte Hoffnungsdynamik, deren Kraft die Todeslinie mühelos überschritt und auch die Fragen um die Zukunft des Kosmos löste. Nichts von dem, was Gott einmal ins Dasein gerufen hatte, Menschen nicht und nicht Planeten, würde endgültig ins Nichts zerfallen – sterben und vergehen gewisslich, aber aus der alten Existenz würde etwas Neues werden, ein neuer Himmel und eine neue Erde. Das letzte Buch der Bibel, die Offenbarung des Johannes, schildert in mystischen Farben diese unerahnte Welt; des Johannes erster Brief umreißt als Objekt unserer Anschauung, dass wir Gott sehen werden, wie er ist (1 Joh 3, 2). Erst hier zeigte sich in ganzer Klarheit und Eindeutigkeit, inwiefern das Christentum wahrhaftig die Religion befreiter Freiheit ist. Ihre Botschaft verheißt dem Menschen und seiner Welt die Überwindung der versklavendsten und niederdrückendsten Macht überhaupt, der Macht des allgewaltigen Todes: Er verliert genau dieses Prädikat. Mit dem Wegfall seiner Macht verfallen auch alle übrigen freiheitsfeindlichen Mächte (für Paulus zusammengefasst in den Begriffen *Sünde* und *Gesetz*):

»Wenn sich aber dieses Vergängliche mit Unvergänglichkeit bekleidet und dieses Sterbliche mit Unsterblichkeit, dann erfüllt sich das Wort der Schrift: Verschlungen ist der Tod vom Sieg. Tod, wo ist dein Sieg? Tod, wo ist dein Stachel? Der Stachel des Todes aber ist die Sünde, die Kraft der Sünde aber ist das Gesetz. Gott aber sei Dank, der uns den Sieg geschenkt hat durch Jesus Christus, unseren Herrn. Daher, geliebte Brüder, seid standhaft und unerschütterlich, nehmt immer eifriger am Werk des Herrn teil, und denkt daran, dass im Herrn euere Mühe nicht vergeblich ist« (1 Kor 15,54-58).

Innerhalb dieses gewaltigen Rahmens christlicher Eschatologie ist erheblicher Raum für sehr viele Fragen und Probleme. Was geschieht im Tod? Was ist das Los des Leibes? Was passiert mit den Bösen? Gibt es eine ausgleichende Gerechtigkeit nach dem Tod, da sie vorher meist nicht zu finden ist? Was ist der Himmel? Diese und noch viel mehr Anfragen machen sich von den ersten Generationen an geltend. Die christliche Theologie hatte, wie wir sahen, zunächst einmal alle Hände voll damit zu tun, die unterscheidend christliche Frage zu lösen, wer Jesus ist, was Erlösung heißt und welche Konsequenzen das für den Gottesglauben hatte. In der Auseinandersetzung mit der griechischen Philosophie war sie gezwungen, subtile Denkanstrengungen zu unternehmen, um das christliche Dogma plausibel zu machen. Es gab wenig Veranlassung für sie, sich mit gleicher geistiger Intensität den anderen Regionen des Glaubens zuzuwenden wie z.b. der Schöpfungslehre, der Anthropologie und auch der Eschatologie. Hier gab es erhebliche Berührungspunkte mit der antiken Umwelt. Wo das nicht so war, griffen die Christen korrigierend ein, etwa durch die Präzisierung des Subjektes, das nach dem Tod fortlebt – nicht nur die Seele, auch das Fleisch (vgl. 6.5 (2)). Sofern nun für die »Lehre von den letzten Dingen« erhebliche Vorentscheidungen in Schöpfungslehre und Anthropologie von der Sache her fallen, konnte diese nicht entwickelter als jene sein. Doch ein weiterer Umstand hemmte sie noch erheblich mehr. »Was wir sein werden, ist noch nicht offenbar geworden«, hatte Johannes (1 Joh 3, 2) schon das Dilemma jeglicher Rede vom Todesjenseits umschrieben: Kein Mensch hat die mindeste Realerfahrung davon, auch jene nicht, die das immer wieder einmal behaupten[79]. Wenn man dennoch davon sprechen will oder muss, kann das nur in Bildern geschehen, die die Existenzialerlebnisse in die unerlebte Wirklichkeit transzendieren. Wo man sich nur ganz selten satt essen darf, ist ein Mahl (Steigerung: Hochzeitsmahl) der Inbegriff der Seligkeit; wo oft Feuer wüten, werden sie zum Beispiel der Qual schlechthin. So ist es von farbiger Plausibilität, wenn der Himmel als Schlemmerei, die Hölle als Feuerort vorgestellt wird. Wie es nicht selten bei der Verwendung einer Bildersprache passiert, rücken unversehens die Vergleiche an die Stelle der Wirklichkeit – Himmel *ist* plötzlich ein Mahl, die Hölle *ist* ein echtes Feuer. Als die scharfe Sonde des aufklärerischen Rationalismus die Eschatologie untersuchte, erschien sie als abergläubisches Gebilde, als hinterweltlicher Spuk, dem möglichst schnell zu entrinnen angesagt war. So ist schwierig geworden, zu vermitteln, was die theologische Ausfaltung der Grundbotschaft vom neuen Himmel und der neuen Erde für den zum ewigen Leben bestimmten Menschen wirklich meint. In der Folge soll dies trotzdem für jene Inhalte geschehen, die die Individualeschatologie, also die Lehre von den »letzten Dingen« des *Men-*

schen (nicht des Kosmos) vermitteln will. Es handelt sich um den Tod, das »Gericht«, die Lehre von der Verwerfung (Hölle), vom Reinigungsort (Fegfeuer) und von der ewigen Seligkeit (Himmel).

(1) *Der Tod*
Mit der ersten Zellteilung nach der Vereinigung von Samenzelle und Ei beginnen Lebensäußerungen des menschlichen Organismus, die, wenn nicht früher aus anderen Gründen (Krankheit, Unfall), aufgrund der biologischen Gesetzmäßigkeiten unwiderruflich dann aufhören, wenn die Kraft der Zellen zur Teilung erlischt. Die Gesamtheit aller spontanen Lebensäußerungen endet spätestens dann unumkehrbar. Der Vorgang, der aus welchen Gründen immer, dazu führt, heißt Sterben, das Ergebnis nennen wir Tod. Dieser ist nach derzeitiger Erkenntnis also sowohl unvermeidbar – wir *müssen* ihn erleiden – wie auch vollständig – *ich* muss sterben, nicht nur etwas *von* mir. Aus diesem Grund, dem vollkommenen Tod des Individuums, erklärt die christliche Theologie, dass mit diesem Geschehen insofern alles aus ist, als neue Möglichkeiten der Lebensgestaltung im bisherigen Sinn nicht mehr möglich sind. Der Tod ist, so heißt es in ihrer Sprache, das Ende des Pilgerstandes (*status viatoris*). Wenn einer stirbt, liegt sein Leben abgeschlossen und unveränderbar in der Geschichte vor.

Der Ernst des Todes und der Ernst des Lebens ist der innerste Beweggrund, dass Christentum nicht vereinbar ist mit dem Gedanken der Reinkarnation, also der Vorstellung, dass das Individuum eine neue Existenz auf dieser Erde durch Neu- oder Wiedergeburt führen könne, um so allmählich zur Vollkommenheit zu gelangen. Wäre dem so, wäre das Leben hier und jetzt im Grunde nicht mehr als ein Theaterspiel, ein quälendes »Als ob« in entsetzlicher Absurdität.

(2) *Das Gericht*
Im Alltagsverständnis meint dieses Wort die Strafjustiz, sofern sie ein Vergehen abschließend bewertet (schuldig oder nicht) und durch angemessene Strafe (Gefängnis, Geld) des Täters sühnen lässt. Auch viele Christen stellen sich das göttliche Gericht nach diesem Muster vor. Beim Tod des einzelnen wie am Jüngsten Tag, so legen es vom Neuen Testament an (Mt 25) über ungezählte künstlerische Darstellungen die Unterweisungen und Predigten dar, sitzt Gott der Vater (oder Christus) auf einem Thron, um das Indivi-

duum (beim Gericht unmittelbar nach dem Tod) oder die Sünder insgesamt (am Ende der Zeiten zum zweiten Mal beim Weltgericht) wie ein Strafrichter abzuurteilen. Entkleidet man den Gerichtsgedanken jedoch von den verhüllenden Bildern, zeigt sich eine etwas andere Gestalt. Man muss sich, wie beim Thema Rechtfertigung (oben 6.5 (4)), an den ursprünglichen Bedeutungsgehalt erinnern: Ge-*Richt* ist das Ereignis nicht des *Hin*-Richtens (als Vernichtung des Delinquenten im extremen Fall), sondern des *Her*-Richtens als *Wieder-in-Ordnung-Bringen*, als *Rechtmachen*. Was zerstört oder kaputt gemacht worden ist (durch menschliche Willkür), das wird *zu Recht* gerückt – und genau dies ist bereits die Strafe für die, welche an dem Missstand schuld geworden sind. Es erweist sich ihnen und der Menschheit, dass nicht die Bösen, die Gewalttätigen, die Machtbesessenen, die Ungerechten die wahre Herrschaft haben, sondern dass Gott mit den Kleinen, den Armen, den Lebensgeminderten, den »Underdogs« ist und dass sein Glanz sie nun beseelt. Was sie taten, war *Un*-Recht, kein Recht also; und dieses hat keinen Bestand – ihr Tun also war vergebens, ihr Leben leer.

Die Frage, *wann* das und *wie oft* diese Zu-Recht-Richtung geschieht, in einem doppelten Akt nach dem Sterben und am Ende der Zeiten oder in einem einzigen Geschehen, ist falsch gestellt. Viele Missverständnisse und Denkprobleme die todesjenseitigen Dinge betreffend, auch dieses, entstehen dadurch, dass wir unversehens den Zeitindex in sie hineintragen. Da aber die Zeit durch den Raum bestimmt wird, in dem wir leben – wir messen sie gewöhnlich nach der Sonnenbahn -, fällt am Lebensende mit dem Raum die Zeit weg. Richtig wird die Lebens-Zeit eines Menschen mit Geburts- und Sterbetag gekennzeichnet. Nach diesem gibt es für sie keine Zeit mehr ähnlich wie es für (den daher ewig genannten) Gott keine Zeit gibt. So können die Lebenden sagen, das Ende der Erde ereigne sich in rund 5 Milliarden Jahren – die Toten im Leben danach nicht mehr. Sie sind in eine Daseinsform eingetreten, die von Gott her einschließlich alles dessen, was sie und die Menschheit getan und unterlassen haben, bereits gerichtet ist. Ihr Tod ist das Gericht.

(3) *Verwerfung*
Kann dieses Gericht (oder muss es nicht sogar um der Gerechtigkeit Gottes willen) so ausgehen, dass am Ende jener Inbegriff aller Schrecken und Qualen steht, den wir *Hölle* heißen? An dieser Frage scheiden sich heute, aber nicht erst seit heute, die Geister. Müssen nicht, sagen die einen mit einer ganzen Armee von Eideshelfern zur Seite, ein Mensch wie jener Inquisitor bei Dostojewski und seine realen Gesinnungsgenossen (es genügt, an das

20. Jahrhundert zu denken) zur Hölle fahren, weil anders ihren Opfern Genugtuung nicht widerfahren kann? Kann denn, halten die anderen, unterstützt von namhaften Theologen aller Jahrhunderte, Gott wirklich die Liebe sein und die Opfertat Christi letztlich Erfolg gehabt haben, wenn nur ein einziges Wesen für immer und ewig da existieren sollte? Drängt die Lehre der Christen nicht doch mit innerer Konsequenz zu jenem Zustand der »Allversöhnung« (griech. *Apokatastasis*), den seit Origenes (der dafür der kirchlichen Zensur verfiel) wieder und wieder christliche Denker forderten?

Versucht man, was nicht eben leicht ist, emotionslos den Sachstand zu erörtern, klären sich die Dinge erheblich. Zwei Vorstellungen sind von vornherein abzuweisen. Hölle ist keine Alternative zu Himmel, wie es die gängige Verbindung *Himmel und Hölle in Bewegung setzen* (und ähnliche) suggeriert. Ein fürsorglicher Stadtplaner sieht von vornherein Kirche und Kerker in einer neuen Siedlung vor – Gott hat nicht Himmel und Hölle von Anfang an konstruiert. Das folgt bereits aus unseren Überlegungen zum göttlichen Gericht, welches wir nicht als äußeres Verfahren, sondern als innere Gestaltung, als Erhellung der Selbsterkenntnis ausgemacht haben. Ferner ist die Vorstellung abzuweisen, die Hölle sei ganz sicher »bevölkert«. Das haben zwar viele Christen gemeint, auch ganz große wie Augustinus, aber die Lehraussagen der Kirche haben diese Ansicht niemals auch nur entfernt bestätigt. Warum aber halten auch sie unbeirrt an deren Existenz fest?

So schrecklich und frappierend es auch klingt: Die Hölle ist die innere Konsequenz der Liebe Gottes und der Freiheit der Menschen. Beide wären hinfällig, sobald man Hölle leugnete. Zum Wesen jeder, also auch der göttlichen Liebe gehört die Freigabe des Geliebten. Zwingende Liebe nennen wir Vergewaltigung. Man muss sie also ablehnen, muss sich ihr versagen können, wenn sie tatsächlich Liebe von (der göttlichen unendlichen) Person zu (der unvollkommenen menschlichen) Person ist. Wenn sich jemand in vollem Wissen und mit gesammeltem Willen der Zuwendung Gottes verschließt, dann kann ihn in letzter Folgerichtigkeit Gott nicht dazu unwiderstehlich veranlassen. Im gleichen Augenblick entblößte er ihn seines Menschseins; er verriete selber sein eigenes Geschöpf. Das aber kann von Gott nicht gedacht werden. So ist ewige Verwerfung eine reale Möglichkeit, die mit dem gott-menschlichen Dialog gegeben ist; aus dem gleichen Dialog aber ergibt sich die realitätsbesiegende Hoffnung, dass diese letzte und schrecklichste Denkbarkeit nie (als) wirklich gedacht werden muss.

(4) Läuterung

Von ewiger Seligkeit und ewiger Verdammnis ist reichlich in der Bibel die Rede, von einer todesjenseitigen Läuterung an keiner Stelle. Diese Vorstellung hat sich recht eigentlich auch nur in der römisch-katholischen Kirche ausgebildet, während die übrigen eschatologischen Hauptlehren gemeinsames christliches Gut sind.

Maßgebend waren zwei altkirchliche Anschauungen, das Gebet für die Verstorbenen und die Bußpraxis. Wenn man noch zugunsten der Toten betete, setzte das voraus, dass sie noch nicht in der Herrlichkeit Gottes waren, aber auch in der ewigen Verdammnis nicht. Im Bußverfahren wurde dem reuigen Sünder eine Reihe von Bußübungen auferlegt. Starb er vor deren Ableistung, so nahm man an, er bekomme nach dem Tod Gelegenheit zur restlosen Abarbeitung. Im christlichen Osten verstand man dieses Läuterungsgeschehen mehr als einen therapeutisch-medizinalen Vorgang, im Westen als Strafe. Hier wurde die Idee des Purgatorium (lat. *purgare* »reinigen«) oder, deutsch, des *Fegfeuer* ausgefaltet zu einer Art zeitlicher Höllenqual, aus der die Toten aber vorzeitig durch das Gebet, vor allem durch die »Aufopferung« der Messe und durch den Ablass (4.1) befreit werden konnten. Wegen der damit verknüpften Entartungen und weil die Heilige Schrift nicht den geringsten Anhalt dafür bot, wurde die Läuterungs-Lehre von den Reformatoren zurückgewiesen.

Denkt man an die östliche Perspektive und löst man sich von den Überwucherungen der mittelalterlichen Phantasie, bekommt sie aber sehr wohl eine logische Plausibilität. Wir sahen (6.7 (1)): Wenn jemand stirbt, ist sein Leben in einem doppelten Sinn beendet, einmal zeitlich (es hört auf), zum anderen inhaltlich (es ist abgeschlossen). Auferweckung der Toten bedeutet die Verwandlung in eine neue Existenz, deren Wesen die unverstellte Begegnung mit Gott ist. In ihr erscheint das gelebte Leben in seiner hüllenlosen Gestalt. Mit Bedacht zeigen die mittelalterlichen Künstler die Menschen im Purgatorium immer nackt. Was da erscheint, ist aber im Normalfall sehr kläglich. Dem liebenden Gestus Gottes haben sich die meisten Menschen unter kleinlichen und egoistischen Vorwänden zu entziehen gesucht; ihre Antwort im Dialog war gebrochen und halbherzig; ihre Liebe Berechnung oft mehr als Hingabe. Nun aber werden sie des verzehrenden Feuers der dreifaltigen Güte schleierlos gewahr – und das ist wie ein brennender Schmerz, wie eine verzehrende, alle Selbstsucht wegnehmende (»fegende«) Flamme (»Feuer«). So wie im glutheißen Ofen das Gold von der Schlacke befreit wird, löst sich im Angesicht der göttlichen Liebe in einem mühseligen

Akt die von Gott gewollte Individualität des Menschen von den Überformungen und Überlagerungen der Eigenliebe. Das alles muss wiederum vom Index der Zeit gereinigt werden: Diese Läuterung ist kein nach Tag und Jahr zu bemessender Ablauf, sondern vollzieht sich, da nach dem Tod, auch nach der Zeit.

Fromme Katholiken werden nun fragen: Hat jetzt das Gebet für die Verstorbenen noch Sinn? Ganz gewiss, darf man antworten, so man sich nur der theologischen Aspekte bewusst wird. Natürlich können wir nicht anders denn in der Zeit beten, hier und jetzt und morgen. Aber der Adressat unseres Gebetes, Gott also, ist außer jeder Zeitlichkeit; außerhalb der Zeitlichkeit ist aber auch der Gestorbene, wenn er vor Gottes Antlitz steht. So übersteigt wie jedes Beten auch das für die Toten die Zeitgrenze und kommt genau dort an, wo es helfen soll: Bei der außerzeitlichen Begegnung Gottes mit dem Toten. Aus diesem Grund ist es auch sinnvoll, hier und jetzt und morgen zu beten, wie es im »Ave Maria« getan wird: »Bitte für uns Sünder jetzt und in der Stunde unseres Todes« (Tafel 21) – welche im Moment des Betens noch nicht da ist.

(5) *Himmel*
Wer die unzähligen Jenseitsdarstellungen der christlichen abendländischen Kunst betrachtet, wird gewahr, dass ihre Urheber gewöhnlich sehr überzeugend die Pein der Hölle ins Bild gesetzt haben. Ihre Himmelsvisionen wirken dagegen ziemlich blass und blutleer. Wir kennen eben aus eigener Erfahrung die Realität des Schmerzes und des Grauens (»die Hölle von Auschwitz«), aber die des Schönen und Guten ist in der Regel sehr begrenzt. Mehr als sonst sind wir angewiesen auf Bilder und Metaphern – von der Banalität des Schlaraffenlandes bis zur professoralen Langeweile einer ewigen intellektuellen Gottesschau.

Was ist Himmel, was ewige Seligkeit? Man kann eine ganz kurze Antwort geben: Himmel ist dann, wenn Gottes Liebe zu den Geschöpfen an ihr vollendendes Ziel kommt. Himmel ist die restlose Aufrichtung des Gottesreiches der jesuanischen Verkündigung. Himmel ist, mit einem Wort, Fülle der Freiheit. Soll dieses Wort nicht leer bleiben, müssen wir versuchen, die Dimensionen, die es eröffnet, in etwa wenigstens auszuschreiten.

(1) Himmel ist für den Menschen Gewinnung der vollen Identität: Dazu gehört positiv die Bewahrung der eigenen Leiblichkeit. Das bedeutet nicht die Kontinuität des Körpers; der verwest unweigerlich. Aber auch schon zu

Lebzeiten erneuern sich die Zellen unaufhörlich bis zur fast völligen Neuorganisation, ohne dass damit unser Ich sich substantiell änderte. Auferstehung des Leibes meint im Kern die während Verbindung mit der Geschichte, mit der eigenen Biographie, dem real gelebten Leben. Was über diesen Kern hinausgeht, kann nur der unverbindlichen Spekulation überlassen werden. Zur Identitätsgewinnung gehört weiter die Lösung vom Zwang, andere oder anderes als Prothese des Ich verwenden zu müssen. Nicht zuletzt gehört dazu auch die Einbeziehung der ganzen Schöpfung.

(2) Himmel ist Versöhnung: Damit ist nicht nur die Versöhnung mit den Menschen gemeint, mit denen jemand in Unfrieden gelebt hat. Viel wichtiger, weil unsere irdische Existenz gerade als religiöse Menschen so entsetzlich bedrängend, ist die Versöhnung mit dem Handeln Gottes. Der Himmel ist die endgültige Antwort auf die dunkelste Frage der Menschengeschichte, auf die Theodizee-Problematik. Der Sinn geht uns auf und kann nicht wieder entschwinden.

(3) Himmel ist Befreiung von der Kosten-Nutzen-Relation. Zeitlebens sind wir unter dem Zwang der Berechnung, der Planung, des Einsatzes von (nicht immer ehrlichen) Mitteln, des Pokerns um den Erfolg. Nur wenige Momente sind den Menschen gegönnt, in denen sie sich unverkrampft und gelöst der reinen Freude am Dasein schenken können. Was Mephistopheles, der Böse, von Faust sagt, gilt von allen seines Geschlechts:

> »Ihn sättigt keine Lust, ihm gnügt kein Glück,
> So buhlt er fort nach wechselnden Gestalten;
> Den letzten, schlechten, leeren Augenblick
> Der Arme wünscht ihn fest zu halten.
> Der mir so kräftig widerstand,
> Die Zeit wird Herr, der Greis hier liegt im Sand.
> Die Uhr steht still -«[80]

Himmel ist die Nichtung dieser teuflischen Worte. In der Bildersprache wird er darum gern als Fest oder als Hochzeit geschildert. Er ist gefülltes, zeitenthobenes, sich selber genügendes Glück.

(4) Himmel ist Ja zu Gott: Indem einer alles dessen gewahr wird, was wir angedeutet haben, gewinnt er die innere Freiheit, auch die eigene Biographie mit ihren Brüchen und ihrem Versagen, mit den Unschärfen und den Fragmenten anzunehmen und als Gesamtgestalt zu sehen, deren Mängel Gottes

Liebe endgültig heil (also ganz) macht. So ist der Himmel ein Fest des Lobens und des Preisens der Freiheit Gottes aus der Erfahrung der menschlichen Freiheit. Himmel ist, sagen wir mit dem Wort der Dichterin (Tafel 46): »Nur Liebe frei gewordne / Niemals aufgezehrte / Mich überflutend«.

Tafel 46. – Marie Luise Kaschnitz. Ein Leben nach dem Tode.
Quelle: Ges. Werke 5, Kein Zauberspruch, Frankfurt / M 1972, 504. Hier zit. nach P.K.Kurz (Hg.), Wem gehört die Erde. Neue religiöse Gedichte, Mainz 1984, 206 f.

Glauben Sie fragte man mich
An ein Leben nach dem Tode
Und ich antwortete: ja
Aber dann wusste ich
Keine Auskunft zu geben
Wie das aussehen sollte
Dort

Ich wusste nur eines
Keine Hierarchie
Von Heiligen auf goldnen Stühlen
   sitzend
Kein Niedersturz
Verdammter Seelen
Nur

Nur Liebe frei gewordne
Niemals aufgezehrte
Mich überflutend

Kein Schutzmantel starr aus Gold
Mit Edelsteinen besetzt

Ein spinnwebenleichtes Gewand
Ein Hauch

Mir um die Schultern
   Liebkosung schöne Bewegung
Wie einst von tyrrhenischen Wellen
Wie von Worten die hin und her

Wortfetzen
Komm du komm

Schmerzweb mit Tränen besetzt
Berg- und Tal-Fahrt
Und deine Hand
Wieder in meiner

So lagen wir lasest du vor
Schlief ich ein
Wachte auf
Schlief ein
Wache auf
Deine Stimme empfängt mich
Entlässt mich und immer
So fort

Mehr also, fragen die Frager
Erwarten Sie nicht nach dem Tode?
Und ich antworte
Weniger nicht.

7. Handeln

Für viele Menschen verbindet sich mit der Idee Christentum eine meist als rigoros, wenn nicht gleich als lebensfeindlich und heutigem Denken ungleichzeitig erlebte Moral. Seine Anhänger, sind sie überzeugt, haben sich einer weltfremden, lustfeindlichen Gesetzeswelt zu beugen, die von den Kirchenhäuptern unaufhörlich eingeschärft wird. Gewiss bildet kaum die Trinitätslehre einen Grund, der Religion den Rücken zu kehren, sehr oft aber deren Sexualmoral. Hier ist wohl auch der Punkt, um dessentwillen der Titel dieses Buches als provokativ empfunden werden kann. Weht aus den Moralhandbüchern der Christen wirklich der Atem der Freiheit? Kann dann die christliche Lehre diese fördern und schützen? Wie dem auch immer sei, unbestreitbar bestehen Zusammenhänge zwischen Dogmatik und Ethik, zwischen Glauben und Tun. Ihnen ist in diesem Kapitel nachzugehen. Dabei können wir den Bedenken nicht ausweichen, die gerade zu Wort gekommen sind.

Ethisches Handeln ist natürlich kein Eigengut des Christlichen. Immer und überall, in allen Kulturen, Religionen und Weltanschauungen finden wir als oberstes Verhaltensprinzip die formale Maxime, dass das Gute zu tun und das Böse zu meiden sei, oder die »Goldene Regel«, einem andern sei nicht zuzufügen, was einem selber nicht zugefügt werden solle. Betrachtet man die materialen Ausfaltungen, also die einzelnen Weisungen, Ge- und Verbote, die sich daraus ableiten, so merkt man schnell: Sie sind einander im wesentlichen gleich. Der Dekalog, die berühmten 10 Gebote des Alten Testamentes (Ex 20,1-21; Dtn 5,6-22), enthält, das dritte Gebot der Sabbatheiligung momentan einmal ausgenommen, keine einzige Weisung, die spezifisch biblisch ist. Alle finden sich auch in anderen ethischen Systemen. Wenigstens jene, die theistisch sind, also die Existenz eines Gottes voraussetzen, kennen auch Vorschriften über die Gottesverehrung, so dass das dritte Dekaloggebot sachlich ebenfalls einer Allgemeinvorschrift entspricht. Auch das lange als typisch christlich angesehene Gebot der doppelt-einen Liebe zu Gott und den Nächsten findet sich im Alten Testament und in anderen Religionen. Differenzierungen treten erst, aber dann auch regelmäßig auf, wenn die ethischen Weisungen auf unterschiedliche Verhältnisse anzuwenden sind – diese Differenzierungen sind aber nicht durch die Grenze von Christentum und Nichtchristentum bestimmt, sondern von der konkreten Situation und der Antwort auf sie.

In der Antike galt sowohl im griechisch-römischen wie im arabischen Kulturkreis das Verbot der Zinsnahme. Sie wurde als schlimmer denn Zuhälterei angesehen, weil sie dem Verleiher Gewinn ohne Leistung brachte, was als widernatürlich betrachtet wurde. Die Bibel, die Kirchenväter, die mittelalterlichen Konzilien – und der Koran untersagten sie folglich. Als sich aber die Kapitalwirtschaft im 12. Jahrhundert in Europa langsam durchsetzte und damit Geld »fruchtbar« wurde, änderte (endgültig im 15.Jahrhundert) die christliche Theologie ihre Haltung; in der islamischen Welt ist das bis heute nicht geschehen, obschon ähnlich wie im westlichen Spätmittelalter Schleichwege installiert werden, um den Fakten gerecht zu werden.

Ethisches Handeln ist nur denkbar, wenn der Mensch ein (wie eingeschränkt auch immer) freies Wesen ist. Wäre er absolut instinktgeleitet wie ein Tier oder käme ihm keine Rationalität zu, mittels derer er Dinge, Verhältnisse und Handlungen einschließlich ihrer Konsequenzen zu beurteilen vermag, dann könnte von Moral nicht gesprochen werden. Wo immer also unter den Menschen Bewusstsein und Wissen von Freiheit gegeben ist, gibt es auch eine Ethik. Wiederum ist nicht das Christentum, ja nicht einmal religiöse Haltung schlechthin Bedingung von Sittlichkeit.

Gibt es dann überhaupt eine christliche Ethik? Betrachtet man nur die materiale Seite, dann wird man schwerlich die Frage bejahen können. Anders ist es mit der formalen, der begründenden Dimension. Ungeachtet der eben getroffenen Feststellungen ist sie keineswegs nur der ideologische Unterbau eines Gebäudes, das an sich auch auf anderen Fundamenten gleichermaßen errichtet werden könnte, sondern bestimmt gerade jene Sphäre des Sittlichen, in der die Auseinandersetzungen und die Suche nach unmittelbaren Handlungsanweisungen oder Handlungsverhinderungen dringlich für das tägliche Leben werden. Es geht dabei nicht um die letzten Ausführungsbestimmungen, sondern um die Grundlagen dessen, was *hier und jetzt* das Gute, das der Goldenen Regel Entsprechende sei.

Weiter oben war festzuhalten, dass die Idee der Menschenrechte, obwohl sie eigentlich aus der Betrachtung der menschlichen Natur zu erschließen ist, historisch auf dem Boden des Christentums gereift ist (Tafel 31). Gegenwärtig zeigt sich das deutlich im christlich-islamischen Dialog: Die Menschenrechte in der westlichen Gestalt dürften nicht alle für Muslime rezipierbar sein. Besonders das Recht auf Religionsfreiheit widerspricht dem Wortlaut des Korans.

So wird klar, dass der Glaube, dass die Religion, die sich aus dem Evangelium herleiten, in sich entscheidende ethische Vorgaben bergen. Sie resultieren unmittelbar aus der theologischen Anthropologie. Der Mensch erscheint als Gottes Gleichbild und sein Treuhänder in der Welt, er versteht sich als zur Freiheit befreites Individuum, er ist der Liebe Gottes zu allen Menschen verpflichtet und daher auch zur Liebe zu den anderen Menschen, jenen »Nächsten«, die nicht unbedingt die räumlich nächststehenden, wohl aber immer die auf konkrete Hilfe in konkreter Bedürftigkeit angewiesenen Mitmenschen sind, wo immer sie sich befinden. Damit ist von Anfang an jeder Art von Weltflucht der Weg verbaut. Innerster Grund ist die Menschwerdung Gottes, in der er den ganzen Kosmos, seine universale Schöpfung in Liebe angenommen und erlöst hat. Seitdem ist jegliche Form von prinzipieller Ausgrenzung als nicht christlich qualifiziert. Von diesem Verdikt nicht betroffen sind Haltungen der Distanz und der Kritik gegenüber dem Säkularen, solange sie sich als Weisen der christlich motivierten Weltzuwendung verstehen und tatsächlich sind. Selbstverständlich können auch das Böse und die Sünde als solche nicht vom Christen gebilligt werden. Sie sind jedoch zu unterscheiden vom Subjekt dieses Tuns, vom sündigen Menschen: Er steht in der bergenden Liebe Gottes, die die Seinen für ihren Teil realisieren müssen. Freiheit und Bindung gegenüber Welt und Menschen wurzeln also im Letzten in der nun tatsächlich spezifisch mit der christlichen Religion verknüpften und sie als solche grundlegenden Interpretation des Menschenbildes durch die Christologie.

Unter dieser Perspektive werden nachstehend einige Felder der allgemeinen Ethik skizziert. Die spezielle Moral, also die materialen Inhalte der sich daraus ergebenden Normkonkretionen wie Wirtschafts- oder Familienmoral können in dieser Einführung nicht berücksichtigt werden.

7.1 Normfindung

Unter *norma* verstanden die Lateiner ursprünglich das am Bau verwendete *Winkelmaß*. Erst im 19. Jahrhundert nahm das Wort die Bedeutung von *Regel, Vorschrift, Satzung* an, mittels derer die Wünschbarkeit oder Zulässigkeit einer menschlichen Verhaltensweise, einer Ordnungsform oder eines technischen Standards (z.B. der DIN-Formate) bewertet werden konnte. Im Bereich der Ethik verwendete man vorher gewöhnlich Begriffe wie Gebot, Gesetz oder Weisung.

Weil der Mensch nicht absolut trieb- und instinktgeleitet ist, vielmehr sich selber rational steuern kann, bedarf er zu einem gelingenden Leben solcher Regelungen. Hier stellt sich die Frage, woher die Grundsätze genommen werden, aufgrund derer Normen verpflichtend sein sollen oder müssen. Die allgemeine Antwort heißt: Ethische Normen haben ihren Grund in Werten, d.h. in jenen Gegebenheiten, die das menschliche Leben sinnvoll und wichtig machen, die den Rahmen bilden, innerhalb dessen es erfüllt und lebenswert wird. Sie können in der Gesundheit als psychisch-leiblichem Wohlbefinden bestehen oder in der Harmonie von Tönen oder Farben oder Formen als Schönheit – es gibt viele und auf sehr verschiedenen Ebenen angesiedelte Werte. In der Hierarchie stehen gewiss ganz oben die Gegebenheiten, die das Gesamtgeschick, den durchgreifenden Lebenssinn als heilvoll begründen. In diesem Sinn ist der Wert aller Werte und alle anderen begründende Wert Gott selber, genauer unter christlichem Horizont, die dreifaltige Liebe Gottes.

Quelle und tragender Grund aller Normen und Letztbegründung des Ethos ist damit die Liebe, die ihr Maß und ihr Urbild in der Trinität besitzt. Wie wir gesehen haben (vgl. 6.3), ist ihre Liebe nicht Bedürftigkeit, sondern Verströmen und Verschenken aus absolutem Reichtum. Sie ist zuerst im Glauben den Glaubenden selber zuteil geworden als erlösende und befreiende Macht, die das Böse und das Nichtende aufzuheben vermag; dann soll sie von den Glaubenden in der Gemeinschaft der Kirche allen anderen Menschen zuteil werden, vornehmlich denen, die unter welcher Art von Unfreiheit auch immer existieren müssen. Christliche Ethik ist aus dieser Wurzel immer in einem Individual- und Sozialethik, auf den einzelnen gleichgewichtig wie auf die Gemeinschaft bezogen. Das ist freilich in der christlichen Geschichte nicht allezeit verwirklicht worden; das Individuum stand oft im Schatten.

Der Glaube ist freilich nicht für alle Menschen der unmittelbare Beweggrund ihres Handelns. Er kann es auch gar nicht sein, da er selber zuerst einmal der Kenntnis, dann der freien Annahme bedarf. Dennoch finden sich alle Menschen in einem Normengefüge. Dieses ergibt sich aus der Konstitution und den Wesensbedürfnissen des Menschen selber und ist bereits normierend ohne subjektives Wissen um seine Verankerung in Gott. Die christliche Tradition hat, nicht ohne Missverständnisse hervorzurufen, vom »Naturgesetz« gesprochen. Damit sind nicht nach physikalischen, chemischen, biologischen oder sonst naturwissenschaftlich erfassbaren Maßstäben ablaufende starre Vollzüge gemeint, sondern die aus dem Wesen der menschlichen Personalität folgenden Vorgaben. Diese können leiblicher Art sein wie die Regeln der Sexualbegegnung, geistiger Art wie die Forderung nach ausgleichender Gerechtigkeit, sozialer Herkunft wie die Strukturen, die Gemeinschaften regulieren. Weil zum Wesen der menschlichen Personalität die Geschichtlichkeit gehört, unterliegen »naturgesetzliche« Normen dem sich ständig wandelnden kulturellen Kontext.

Die Detailregeln lassen sich als Ergebnis eines logischen Schlusses darstellen. Der Obersatz ist ein göttliches Gebot bzw. eine naturgesetzliche Norm, der Untersatz eine kontextbezogene Konkretion; aus beidem folgt dann das ethische Urteil:

Obersatz: A ist göttliches Gebot (rational erfassbare Norm).
Untersatz: Wenn B geschieht, wird A verletzt.
Urteil: *Also ist B verboten.*

Der Untersatz hängt aber stets von geschichtlichen Randbedingungen ab, die variabel sind. Ändern sie sich in der Tat, wird die Geltungskraft des Untersatzes bis hin zur Ungültigkeit in Frage gestellt. Göttliches Gebot wie auch naturgesetzliche Norm ist die Unverletzlichkeit menschlichen Lebens (A). Nach antiker, vom Mittelalter übernommener Anschauung ist im männlichen Samen der neue Mensch bereits voll und ganz enthalten. Die Bedeutung der Eizelle wurde erst zu Beginn des 19. Jahrhunderts erkannt; bis dahin meinte man, der weibliche Schoß sei zwar notwendig zur Entwicklung des neuen Lebens, aber nur so wie der Ackerboden notwendig für die Entstehung einer Pflanze ist. Jede »Vergeudung« des Samens außerhalb des Schosses ist dann eine Art Abtreibung, Tötung existierenden Lebens (B). Daraus folgt stringent: Neben der Abtreibung sind schwer unmoralisch Empfängnisverhütung, Masturbation und männliche Homosexualität. Spätestens nach Kenntnis der tatsächlichen Vorgänge bei der Zeugung des menschlichen Lebens ist die Bedingung des Untersatzes (»Wenn B geschieht«) nicht mehr ohne weiteres gültig. Damit ist alles Folgende fraglich geworden. Die sexuellen Verbots-Komplexe sind zu überdenken und die Tatbestände gegebenenfalls sittlich neu zu bewerten.

Da wir gegenwärtig in einem weit- und tiefreichenden Umbruch aller Lebensverhältnisse stehen, ist es nicht immer einfach, das sittlich Gute und Richtige zu sehen. Daraus erklärt sich, dass auch im Christentum viele scheinbar unverrückbare Werte der Tradition auf dem Prüfstand stehen, aber auch neue sich Geltung zu verschaffen suchen aufgrund neuer Tatsachen oder Techniken. Die Debatte um Atomkraftwerke oder die Versuche, der Kinderpornographie im Internet Herr zu werden, sind dadurch hervorgerufen. In Zukunft besteht die Gefahr menschlicher Manipulation durch neue Technologien in hohem Maß. Sie können nicht mehr technisch, sondern nur mehr ethisch gebannt werden. Die Weckung entsprechenden Bewusstseins ist eine der wichtigsten Zukunftsaufgaben der Religionen (vgl. 10).

Von den sittlichen Normen sind die Normen des positiven Rechts zu unterscheiden (wie z.b. die Straßenverkehrsordnung), die Sitten und Regeln einer Kultur (z. B. Hochzeits- und Begräbnisbräuche) oder auch die Modevorschriften (»Frackzwang«). Sie sollten ebenfalls ihre innerste Begründung im Ethos haben, können aber in den Einzelheiten unterschiedlichste Gestalt haben. Wegen der Letztbebegründung und in deren Rahmen sind sie zu befolgen. Die Straßenverkehrsordnung schützt Leben und Sicherheit der Verkehrsteilnehmer und ist daher verbindlich. Es ist aber vollkommen gleichgültig, ob der Gesetzgeber Rechtsverkehr oder Linksverkehr anordnet. Die positiven Rechtsnormen decken sich nicht immer mit dem allgemeinen Sittengesetz und erst recht nicht mit religiösen Geboten. So ist in vielen Ländern die Abtreibung bis zu einem bestimmten Schwangerschaftszeitpunkt gemäß dem Strafrecht legal; sie ist es unter christlichen Gesichtspunkten aber deswegen keineswegs ohne weiteres.

7.2 Gewissen

Die Komplexität und verwirrende Vielgestaltigkeit der gegenwärtigen Lebensververhältnisse werfen häufiger und drängender als zu manchen anderen Zeiten für das unter dem Sittengesetz stehende Individuum die Frage auf, wie es denn nun eigentlich in *dieser* Lage, unter *diesen* Bedingungen, angesichts *dieser* möglichen Folgen handeln solle, um gut zu handeln. Offizielle Normen, Autoritäten oder das in der Nazizeit strapazierte »gesunde Volksempfinden« helfen manchmal gerade nicht zur Entscheidung, weil sie dem sicheren Wissensstand, der begründeten Einschätzung, der umfassenderen Erkenntnis des Einzelnen widersprechen und daher als nicht mehr maßgebend erscheinen.

Ein aktuelles Beispiel solcher Meinungsdivergenzen über eine in sich unbezweifelbare ethische Norm ist der Konflikt am Ende der neunziger Jahre des letzten Jahrhunderts um den Verbleib der katholischen Kirche in der staatlich geforderten Schwangerschaftskonfliktsberatung, die laut Gesetz der Bundesrepublik Deutschland durch eine Bescheinigung dokumentiert werden muss. Erst wenn sie vorliegt, darf ein Arzt die zwar unrechtmäßige, doch straffreie Abtreibung vornehmen. Der Streit innerhalb der Deutschen Bischofskonferenz ging um die Frage, ob jener »Schein« eine reine Bestätigung der erfolgten Beratung oder eine faktische Mitwirkung an der Abtreibung im Falle der diesbezüglichen Entscheidung der Schwangeren sei. Diese letzte Ansicht hat sich bekanntlich der Vatikan zu eigen gemacht. Hinter dem Dissens steht eine schwerwiegende ethische Problematik: Sie liegt, das ist mit

Nachdruck festzuhalten, nicht in der Ansicht über die ethische Qualifikation von Abtreibung; alle Beteiligten halten sie für ein schweres Delikt (Sachliche Ausnahmen von dieser Bewertung bleiben hier unberücksichtigt). Vielmehr resultiert sie aus folgendem Zwiespalt: Bleibt die Kirche in der gesetzlichen Beratung (einschließlich Ausstellung des »Scheins«), werden nachweislich viele tausend Leibesfrüchte von den Müttern ausgetragen. Aber sie setzt sich der Zweideutigkeit aus, doch irgendwie an der Abtreibung mitzuwirken in den ebenfalls Tausenden von Fällen, da Mütter sich für die Unterbrechung der Schwangerschaft nach geschehener Beratung mit dem »Schein« entscheiden.

In ungezählt vielen Fällen, von denen der gerade geschilderte nur *ein* sehr bedeutsamer unter anderen ist, stellt sich also die Frage, wie ein Mensch im Konfliktsfall entscheiden soll, um sittlich gut zu bleiben. Die klassische Antwort der christlichen Tradition ist die Lehre vom Gewissen. Das deutsche Wort besteht aus der Vorsilbe *ge-*, die soviel wie *zusammen, mit* bedeutet, und *Wissen*. Es ist eine wörtlich Übersetzung des lateinischen Begriffs *conscientia* (*cum, con* »mit«, *scientia* »Wissen«), der seinerseits eine wiederum getreue Übersetzung von griech. *syneidēsis* (*syn* »mit«, *eidenai* »wissen«) darstellt. Gewissen ist also ein Mit-Wissen zum von außen kommenden Wissen von einer Norm. Es meint einen inneren, im Menschsein des Individuums liegenden Anspruch, der für sein konkretes Handeln verpflichtend ist. Im Alten Testament steht dafür *Herz*: Es geht also um etwas, was in der Wesensmitte des Menschen gelegen ist.

Was Gewissen nach christlichem Verständnis ist, lässt sich an einem Text aus dem Römerbrief des Paulus erschließen. Der Apostel behauptet, dass alle Menschen Sünder und daher erlösungsbedürftig seien. Nun ist Sünde nach jüdischem Verständnis Verstoß gegen das mosaische Gesetz. Wie können dann aber Menschen sündigen, die es überhaupt nicht kennen – und das ist die überwältigende Mehrheit? Die Auskunft des Paulus lautet:

»Wenn Heiden, die das Gesetz nicht haben, von Natur aus das tun, was im Gesetz gefordert ist, so sind sie, die das Gesetz nicht haben, sich selbst Gesetz. Sie zeigen damit, dass ihnen die Forderung des Gesetzes ins Herz geschrieben ist; ihr Gewissen (griech. *syneidēsis*, die lateinische Standardübersetzung »Vulgata« liest *conscientia*) legt Zeugnis davon ab, ihre Gedanken klagen sich gegenseitig an und verteidigen sich – an jenem Tag, an dem Gott, wie ich es in meinem Evangelium verkünde, das, was im Menschen verborgen ist, durch Jesus Christus richten wird« (Röm 2,14-16).

Das Gewissen ist also offensichtlich eine zum Wesen des Menschen gehörende Anlage zum Urteil über Gut und Böse angesichts einer konkreten Situation. Sein Spruch ist heilsbedeutsam und verpflichtend. Das letzte Wort über seine Richtigkeit kommt Gott zu.

In der christlichen Theologie hat mit bleibender Bedeutung bis heute Thomas von Aquin die paulinischen Ansätze systematisch ausgebaut. Er unterscheidet zwischen Gewissens*anlage* (synderēsis) und Gewissens*spruch* (conscientia). Während erstere unfehlbar und absolut verbindlich ist, ist letzterer fehlbar, weil er aufgrund einer Verstandesoperation die Anwendung auf den Einzelfall vornimmt. Ungeachtet dessen ist es christliche Lehre, dass auch dem irrigen Gewissensspruch zu folgen ist. Der von den Deutschen Bischöfen herausgegebene »Katholische Erwachsenen-Katechismus« erklärt sehr gut die Gründe:

»In seiner Verpflichtung, sich zu dem zu entscheiden, was er hier und jetzt als persönlich verbindlich erkannt hat, kann der Mensch nicht irren. ... Einen Irrtum kann es allerdings darüber geben, ob das, was einer als hier und jetzt verpflichtend erkannt hat, der Gesamtwirklichkeit entspricht. Da das Gewissen in der konkreten Situation oft nicht in der Lage ist, sein Urteil immer neu zu überprüfen, ist es richtig, dem jeweiligen Gewissensspruch zu folgen, selbst wenn in der Erkenntnis ein Irrtum vorliegt. Auch der im Gewissen Irrende steht vor Gott. Mehr als das redliche Suchen nach Wahrheit und Einsicht und mehr als ein gewissenhaftes Urteil über das, was hier und jetzt als persönlich verbindlich eingesehen wird, kann nicht erreicht werden. Daher behält auch das unüberwindbar irrende Gewissen seine Würde«[81].

Diese Passage schließt für das sittliche Subjekt die Pflicht zur *Gewissensbildung* ein. Wie auch sonst bei Urteilen ist der Irrende nicht unmittelbar für seine falsche Aussage verantwortlich (sonst wäre diese eine Lüge), wohl aber ist einer gehalten, entsprechend seinen Anlagen und Möglichkeiten sich so zu informieren und auszubilden, dass das Verfehlen des Wahren und Richtigen wenigstens minimiert wird. Für eine sittliche Entscheidung genügt mithin nicht ein bloßes Gefühl, eine oberflächliche Meinung; zu fordern ist vielmehr eine eingehende Ver-*gewiss*-erung, ein Sichgewissmachen über die Bewertung, die sich dann im Gewissensspruch ausdrückt. Für den Christen gehört auch die christliche Lehre, die Interpretation der Lehrinstanzen, das Urteil kompetenter Glaubenszeugen zu den Elementen, aus denen sich seine Überzeugung formen muss. Sie bilden die (in sich nochmals sehr unterschiedlich zu gewichtenden) Autoritäten, denen er loyal gegenüberzustehen hat. Er wird im Fall der Konfrontation mit der eigenen Ansicht zunächst ihnen größeres Gewicht einräumen und wach und sorgfältig die vorgetragenen Normen und die eigene Ansicht prüfen. Schlussendlich aber muss er dem eigenen Gewissen folgen, auch wenn dessen Spruch gegen die Autorität, und sei es die staatlich oder kirchlich oberste, steht. Dieser darf dann Ungehorsam und Widerstand geleistet werden; notfalls müssen die Christin und der Christ bereit sein, diesen Widerspruch mit (unter Umständen erheblichen) Nachteilen zu bezahlen.

Auf der anderen Seite haben die Autoritäten die genaue Pflicht, die Freiheit der Gewissen zu achten. Es gehört zu den geschichtlich wichtigsten Resultaten aus dem Wirken der christlichen Religion, dass, wenn auch unter großen Schmerzen und mit erheblicher Opposition auch christlicher Autoritäten, die Gewissensfreiheit als grundlegendes und daher auch christlich zu beobachtendes Menschenrecht er- und anerkannt worden ist. Vor allem die Reformation ist zu nennen. Ohne ihren Einfluss ist diese Entwicklung nicht vorstellbar. Die römisch-katholische Kirche hat auf dem 2. Vatikanischen Konzil insbesondere die *Religionsfreiheit* im Gewissensurteil verankert:

»Diese Freiheit besteht darin, dass alle Menschen frei sein müssen von jeglichem Zwang sowohl von seiten Einzelner wie gesellschaftlicher Gruppen, wie jeglicher menschlichen Gewalt, so dass in religiösen Dingen niemand gezwungen wird, gegen sein Gewissen zu handeln, noch daran gehindert wird, privat und öffentlich, als einzelner oder in Verbindung mit anderen – innerhalb der gebührenden Grenzen – nach seinem Gewissen zu handeln. Ferner erklärt das Konzil, das Recht auf religiöse Freiheit sei in Wahrheit auf die Würde der menschlichen Person selbst gegründet, so wie sie durch das geoffenbarte Wort Gottes und durch die Vernunft selbst erkannt wird«[82].

Dass und in welcher offenen Weite die christliche Religion eine freie und befreiende Weltanschauung ist, kommt kaum anders so deutlich zur Ansicht wie in der Gewissens-Lehre. Sie schließt sogar die legitime und heilskonforme Möglichkeit ein, dass ein Mensch sich ihr als falscher Religion versagt oder ihr sogar den Rücken kehrt. Das zurückliegende Jahrhundert hat uns in seltener Brutalität und in erschütternder Quantität vordemonstriert, was Gewissensterror ist und welche verheerenden Folgen er hat. Es ist ein hoffnungsvolles Zeichen, dass sich die Christenheit zunehmend klar wird, dass sie aus ihrem ureigenen Daseinsgrund sich dagegen auflehnen muss – vor allem indem sie selber die Freiheit der eigenen Glieder respektiert. In klassischer Form hat das der katholische Konvertit und spätere Kardinal John Henry Newman in einem Brief an den Herzog von Norfolk ins Wort gebracht (Tafel 47).

Tafel 47. – John Henry Newman, Das Gewissen und der Papst
Quelle: Ausgewählte Werke Bd.IV, hg. v. M.Laros u. W.Becker, Mainz 1959. Polemische Schriften. Abhandlungen zu Fragen der Zeit und der Glaubenslehre. Hier nach Topos Taschenbücher 200, Gott in dieser Zeit. Eine Herausforderung der Theologie, Mainz 1990, 42-49 (in Auszügen).

Es gibt, so scheint es, außergewöhnliche Fälle, in denen das Gewissen mit dem Wort des Papstes in Widerstreit geraten kann und man dem Gewissen trotz jenes Wortes folgen muss. ...
Ich sage also, dass dem höchsten Wesen ein bestimmter Charakter zukommt, den wir, in menschlicher Sprache ausgedrückt, ethisch nennen. Es hat die Attribute der Gerechtigkeit, Wahrhaftigkeit, Weisheit, Heiligkeit, Güte und Barmherzigkeit als ewige Charakteristika seiner Natur, geradezu als Gesetz seines Seins, das mit ihm selbst identisch ist. Später hat das höchste Wesen, als es Schöpfer wurde, dieses Gesetz, das es selbst ist, als Erkenntnis aller seiner vernunftbegabten Geschöpfe eingepflanzt. Das göttliche Gesetz ist also die Regel der sittlichen Wahrheit, das Maß für Recht und Unrecht, eine souveräne, unabänderliche, absolute Autorität im Angesicht der Menschen und Engel. ... Dieses Gesetz wird ›Gewissen‹ genannt, insofern es in die Seelen der einzelnen Menschen aufgenommen ist. Obgleich es beim Eintritt in das intellektuelle Medium eines jeden eine Brechung erleiden kann, wird es dadurch doch nicht so beeinträchtigt, dass es seinen Charakter als göttliches Gesetz verliert, sondern es hat als solches noch das Vorrecht, Gehorsam zu fordern. ... Deshalb ist es niemals erlaubt, gegen das Gewissen zu handeln, wie es das Vierte Lateran-Konzil sagt: ›Quidquid fit contra conscientiam, aedificat ad gehennam‹ (Was gegen das Gewissen geschieht, führt in die Hölle). ...
Spräche der Papst gegen das Gewissen im wahren Sinn des Wortes, dann würde er Selbstmord begehen. Er würde sich den Boden unter den Füßen wegziehen. ... Der Kampf für das Sittengesetz und das Gewissen ist seine raison d'être (Daseinsgrund). ...
Ich füge noch eine Bemerkung hinzu. Wenn ich genötigt wäre, bei den Trinksprüchen nach dem Essen ein Hoch auf die Religion auszubringen (was freilich nicht ganz das Richtige zu sein scheint), dann würde ich trinken – freilich auf den Papst, jedoch zuerst auf das Gewissen und dann erst auf den Papst.

7.3 Verantwortung

Aus der in der dreifaltigen Liebe Gottes verankerten rationalen Liebe als der obersten Norm der Sittlichkeit und dem Primat des Gewissens ergibt sich die ethische Verantwortung des Christen. Sie gründet sowohl im Glauben an den biblischen Gott wie in der gottgegebenen menschlichen Rationalität. So ist sie gleichzeitig die Folge jener Freiheit, zu der die Religion ermächtigt. Das christliche Handeln bestimmt sich nicht mehr, wie in manchen Formen der Naturrechtsethik, aus einer abstrakten Betrachtung des menschlichen »Wesens«, sondern im Dialog sowohl mit den Maximen des Glaubens wie mit den geschichtlichen Ansprüchen, die nicht allein, aber vornehmlich die Humanwissenschaften uns vorlegen. Christliche Ethik ist daher nicht einfach »Gesinnungsethik«, die aus dem Vorliegen der Traditionen, Gesetze und überkommenen Regeln unbeirrt die Vorgaben des Handelns ableitet.

Wessen eine solche Moral fähig ist, sehen wir an den Handlungsträgern des Prozesses Jesu laut Evangelien. Die jüdischen Ankläger berufen sich vor Pilatus, der nicht recht weiß, warum er den Angeklagten verurteilen soll, darauf, dass sie ein Gesetz hätten, nach dem Jesus als Messiasprätendent sterben müsse (Joh 19,7). Der Römer sucht sich dem juristischen Problem durch den Entlastungsritus des Händewaschens zu entziehen: »Ich bin unschuldig am Blut dieses Menschen. Das ist eure Sache« (Mt 27,24). Seine formale Korrektheit ist nichts anderes als Feigheit, die der »Juden« ein bloßer Trick, um sich das Nachdenken über Jesus zu ersparen.

Die alte christliche Moraltheologie suchte die Spannung zwischen Gewissen und Gesetz mittels der Figur der *Epikie* zu lösen (griech. *epikeia* »Billigkeit«). Weil nicht der bloße Wortlaut, sondern die Zielabsicht des Gesetzes maßgeblich ist, muss man aus der Freiheit des Gewissens heraus dann gegen den Buchstaben verstoßen, wenn man nur so den Geist und Zielsinn der Vorschrift wahrt.

Die Christin und der Christ können sich bei ihrem Tun nicht auf die rechte Gesinnung als korrekte Befolgung von Paragraphen und Canones berufen. Die aus der Religion sich ergebende Ethik ist *Verantwortungsethik*. Ihre Handlungsanweisungen leiten sich gewiss auch von den gesetzlichen Regelungen her, die im Normalfall zu befolgen sind, aber darüber hinaus und diese integrierend bestimmen sie sich vom Sinn ethischer Normen überhaupt, d.h. letzten Endes von der Verwirklichung der Gottes- und Nächstenliebe. Um diesen recht zu erfassen, muss gerade im Zweifels- oder Streitfall die gesamte erfassbare Wirklichkeit auf die Materialien befragt werden, die das konkrete Urteil stützen.

Die Folge ist eine Vielfalt der moralischen Überzeugungen und ein erheblicher Pluralismus von Normstandards in der zeitgenössischen Gesellschaft. Beide sind unvermeidlich angesichts der ständig wachsenden

Informationen aus den Wissenschaften, die ihrerseits sehr unterschiedlichen Deutungen unterliegen. Weil der christliche Glaube welthafter Glaube, Glaube an die durch Schöpfung und Inkarnation werthafte empirische Wirklichkeit ist, ist sowohl der Glaube selber wie auch die aus ihm abgeleitete Sittlichkeit eine permanente Suchbewegung. Die dogmatischen und moraltheologischen Deutungen der christlichen Lebenswelt geben ihr gewiss einen festen und verlässlichen Startpunkt, aber von ihm aus haben die Christen in der je gegebenen Existenz zu realisieren, was lebendiger und lebengewährender Glaube fordert und verheißt. Dieser liefert, anders formuliert, den Sinnhorizont, innerhalb dessen der Mensch die offenbaren Widersinnigkeiten und Widersprüchlichkeiten seiner Wirklichkeitserfahrung transparent zu machen instand gesetzt wird auf befreiende Humanität hin. Die sich daraus ableitenden oder abzuleitenden Regulierungen freilich muss er unvertretbar tragen und ungesichert aushalten. Die Handwaschbecken des Pilatus sind nach dem Karfreitag aus dem Verkehr gezogen worden, wenigstens für alle die, die auf der Seite des Angeklagten meinen stehen zu sollen.

An ihre Stelle ist die Notwendigkeit getreten, die »*Unterscheidung der Geister*« (1 Kor 12,10) einzuüben. Ursprünglich bezeichnete man damit das Bestreben der Mönche, die eigenen Erfahrungen religiös zu beurteilen. Seit Ignatius von Loyola versteht man in der christlichen Spiritualität darunter die Kriterien, mittels derer der Wille Gottes in einer nicht eindeutigen (also auch ethisch diffusen) Situation erfahren werden kann. Sie sind in eben jenem Diskurs oder Dialog zu erheben, von dem die Rede war: In Freiheit der Entscheidung untersucht der Mensch rational, welche Erfordernisse sich von seiner Bindung an Gott wie seiner Verhaftung an die Lebenswirklichkeit ergeben, um das Liebesgebot in der gegebenen Konfrontation mit dieser Wirklichkeit zu erfüllen, also dem Heiligen Geist und nicht den bösen Geistern Raum zu geben. Bei dieser Ortung darf er gewiss sich der ihm zugesagten geistlichen Verbindung mit Gott erfreuen, aber zugleich muss er sich, wie Hans Jonas sagt, bewusst sein: »Kein rettender Gott nimmt die Pflicht ab, die seine Stellung in der Ordnung der Dinge ihm auferlegt« [83].

Ein ebenso aktuelles wie dringendes Beispiel für Notwendigkeit wie Schwierigkeit christlicher Verantwortungsethik ist die *Umweltethik*. Die Genesis liefert die Begründung sowohl für den Herrscher- wie für den Hüterauftrag des Menschen hinsichtlich der Kreaturen (Gen 1,26 und 2,15: vgl. 6.4). In einer Zeit (sie ist noch gar nicht lange vergangen!), da die Ressourcen des Planeten Erde unerschöpflich dünkten, konzentrierten sich die christlichen Anstrengungen auf den ersten Teil des Doppelbefehls. Inzwischen bedrohen uns aus der Schöpfung Krisen über Krisen: Umwelt, Energie, Rohstoff, Bevölkerung, Wirtschaft, Wachstum sind Stichworte, die sich heute als »Vorsilben« dem Krisenbegriff andocken, der nicht mehr auf eine begrenzte Zahl von Menschen oder auf bestimmte Regionen der Erde anzuwenden ist. Die ökologische Krise ist ein globales Phänomen. Alle sind von ihr bedroht. Damit ist christlich die höchst nachhaltige Besinnung auf den zweiten Teil der göttlichen Weisung für die Menschen und ihre Welt verlangt. Nun kann aus den überkommenen Handlungsanweisungen der christlichen Ethik kein Umweltkodex linear abgeleitet werden – schon deswegen nicht, weil ihr bisher diese Frage gar nicht gekommen ist, vielleicht gar nicht kommen konnte. Man vermag also kein christliches Öko-Rettungsprogramm zu entwerfen. Sehr wohl aber muss der Christenmensch angeleitet werden, vom Schöpfungsglauben und der daraus abzuleitenden Anthropologie her, die ihn als Treuhänder der Welt qualifiziert, so zu leben, zu handeln, Einfluss auszuüben, dass die Lebensgrundlagen nicht vernichtet oder bleibend gefährdet werden.

Das ist selbstverständlich leicht zu sagen, aber schwer nur zu realisieren. Gewiss kann jeder einzelne zu einem Lebensstil finden, in dem die Umweltbelastungen vermindert und die Umweltgüter wie Wasser, Luft oder Rohstoffe geschont werden; aber auch hier türmen sich noch genug Probleme auf. Wie aber steht es vom christlichen Standpunkt aus mit den Großtechniken der Energiegewinnung? Darf man Atomkraftwerke bauen, oder soll man sie einreißen? Und wenn letzteres, womit ist der daraus folgende Energieausfall zu ersetzen? Eine Gesinnungsethik kann gar keine Antwort geben, die Ethik christlicher Verantwortung keine rasche, aber sie kann zusammen mit allen anderen Menschen guten Willens von den eigenbestimmten Impulsen Lösungswege mit Ernst und Würde suchen.

7.4 Freiheit

Die planetarischen Konflikte, von denen der ökologische nur einer neben den bioethischen, sozialen, ökonomischen und anderen ist, haben in den letzten Jahrzehnten zu einem Prozess des Umdenkens geführt, der noch unabgeschlossen ist und fortgeführt wird. Der Ruf nach Emanzipation, die Forderung nach sittlicher Autonomie haben der bangen Frage Platz gemacht, ob denn der aus Freiheit verantwortliche Mensch den ungeheueren Aufgaben gerecht werden könne, die die Bewältigung jener immensen Problembezirke voraussetzt. Wir erfahren in wachsendem Maße die Begrenztheit menschlicher Souveränität vor den ehernen Zwängen der modernen Gesetzlichkeiten auf allen wichtigen Lebensgebieten. Lassen sie den Menschen überhaupt noch einen Freiraum der Gestaltung, oder gibt es nur mehr ein pragmatisches Funktionieren, vor dem ethische Forderungen nicht greifen?

In diesem Fall wäre es um die Freiheit geschehen, denn moralisches Handeln setzt sie unerlässlich voraus. Wenn Freiheit das Grundanliegen des Christentums ist und es aus dem Impuls der Freiheit lebt, folgte daraus auch das Ende dieser Religion. Auf der anderen Seite aber spüren wir zum anderen Mal, dass nur noch ethische Entscheidungen den Problemstau auflösen können, der unser Jahrhundert zu blockieren droht. Gerade die Debatte um die Kernkraftwerke illustriert das. Sie ist deswegen so schwierig und langwierig, weil inzwischen klar zu sein scheint, dass der Weltenergiebedarf nicht mehr ohne Atomkraft zu decken ist; kostengünstige Alternativen stehen nicht genug zur Verfügung. Die technischen Probleme lassen sich offensichtlich nicht mehr technisch lösen. Bleibt also nur noch der Appell an die Einsicht und damit an die Freiheit der Verbraucher, also praktisch an alle Menschen. Wenn es also eine Lösung gibt, dann ist sie ethischer Natur.

Vom Ansatz der christlichen Schöpfungs- und Erlösungslehre ist dann zu lehren, dass so wie Ethos ohne Freiheit auch Freiheit ohne Liebe nicht zu denken und erst recht nicht zu realisieren ist. Denn wir erfahren uns von den frühen Anfängen unserer Entwicklung an als soziale Wesen. Darin eingeschlossen ist die Einsicht, dass die individuelle Freiheit nicht Willkür oder Beliebigkeit ist, sondern ihre Grenzen an der Freiheit der anderen hat. Wenn alle Menschen ohne Unterschied Gleichbilder und Söhne und Töchter Gottes, Geschwister Jesu Christi und durch den gleichen Heiligen Geist geeint sind, dann gehört zu dieser Würde das Geschenk der erlösten Freiheit, die jeder in sich und an sich besitzt. Die Freiheit des Individuums hat mithin dialogischen Charakter; sie ist bezogen auf die Freiheit der anderen dergestalt, dass sie durch sie mitdefiniert wird. Die Grundhaltung, welche daraus sich ergibt, ist die Liebe. Liebe wird dadurch charakterisiert, dass der Liebende den Geliebten *sein* lässt, also in das eigene Verlangen nach ihm (»sei mein«) die Ehrfurcht vor seiner unverletzlichen Würde integriert. Christliches Freiheitsverständnis ermöglicht, mehr noch: garantiert damit Werte wie Gleichberechtigung, Gleichwertigkeit, Gleichrangigkeit, Gerechtigkeit, Frieden. Erst deren Respektierung ermöglicht Übereinkunft über moralisch verantwortbare Globalentscheidungen zur Bewahrung der Schöpfung wie zur Strukturierung der sozialen Bereiche (Politik, Kultur, Wirtschaft und Gesellschaft) – also aller Bedingungsfelder für das Überleben der Menschheit in der Zukunft.

Für die christliche Anthropologie ist die Freiheit ein Geschenk Gottes. Indem sie dem Menschen aber wirklich zuteil wird, qualifiziert sie ihn in seinem Wesen: Er ist tatsächlich frei. Damit aber ist er auch verantwortlich. Sofern jedoch die Gottbezogenheit der Freiheit bleibt, entlässt Verantwortung ein unausschöpfbares Potential der Hoffnung aus sich. Freiheit ist begnadete Freiheit aus der freien Rechtfertigungstat Christi (vgl. 6.5 [4]). So vermag sie der Christenmensch in Gelassenheit und Fröhlichkeit auch angesichts berghoher Gefährdungen zu leben. Seine Freiheit, so sagt ihm der Glaube, ist ein wichtiges Instrument in der Symphonie der gott-menschlichen Partnerschaft, die zum Finale zu bringen die hohe Kunst Gottes ist.

Alle diese Erwägungen bleiben freilich wenn auch wahre, so doch nur »schöne« Worte, solange sie nicht aus der Formel in die erfahrbare Tat umgesetzt werden. Freiheit wie Liebe lassen sich schlecht dozieren, aber außerordentlich erfolgreich demonstrieren. Die christliche Gemeinschaft, also die real existierenden Kirchen sind dazu berufen. Sie selber müssen gerade als »Sakrament der Einheit mit Gott wie mit der ganzen Menschheit« (84) und in Exekution dieses ihres Wesens Sakrament der Freiheit sein, das ihren eigenen Mitgliedern wie den Außenstehenden die Überlebensmacht christlich verstandener Freiheit im Kontext mit dem Freiheitspotential der anderen großen Religionen plausibel, zugänglich, erfahrbar, tatleitend werden lässt. Im ersten Teil dieser Schrift ließ sich nicht verhehlen, dass sie gerade damit immer ihre Mühe hatten. Zukunft und Lebensmächtigkeit des Christentums und seiner Kirche(n) hängen entscheidend davon ab, ob und in welchem Maße es gelingen wird, dem ihm eigenen Freiheitsanspruch gerecht und so für die Menschheit zum Fanal der göttlichen Freiheit zu werden.

8. Feiern

Die christliche Dogmatik zeigt den dialogischen Charakter des mit begnadeter Freiheit geschaffenen Menschen; in der Ethik wird er als Handlungsanweisung angesprochen aufgrund des doppelt-einen Gebots der Liebe zu Gott und den Menschen. Dabei befasst sich die Moraltheologie vornehmlich mit den weltlich-umweltlich-mitweltlichen Aspekten eines Lebens aus dem christlichen Humanismus heraus. Aufgrund der Gottesherkunft wie der Gottesbezogenheit der Schöpfung in allen ihren Dimensionen münden aber die Analysen der beiden Grunddisziplinen der Glaubensreflexion folgerichtig in der lobenden und preisenden Zuwendung zu eben der dreifaltigen Liebe, der sich alles nicht-göttliche Sein verdankt. Diese Verbindung scheint im Griechischen deutlich auf. Aus dem einen Stamm *dok*(»meinen, angesehen sein, gelten«) leiten sich ab *Dogma*, »Glaubenssatz«, und *Doxa*, »Verherrlichung« Gottes. Glaube ist auch in der Form systematischer Darstellung (Lehre) schon immer Lobgebet, jede Verherrlichung Gottes ist je Ausdruck des reflektierten Glaubens. Seit dem 5. Jahrhundert ist diese Beziehung festgehalten in dem Satz: »Der Maßstab des Betens ist auch der Maßstab für den Glauben« *(lex orandi – lex credendi)* – und dieser Satz ist auch von rückwärts gelesen zutreffend. Damit ist zugleich das Hauptkriterium für den rechten Vollzug des christlichen Gottes-Dienstes in allen seinen Formen erschlossen. Negativ bedeutet das: Er verflacht und wird blutleer, wenn er nur mehr theoriegetragen ist; er wuchert krebsartig, wenn er lediglich von Emotionen geleitet ist.

Weil die Pflicht zum Gottesdienst nach christlichem Verständnis im Wesen des Menschen begründet liegt, ist sein Vollzug stets auch Entfaltung des Humanum.

Die spezifische Seite dieser besonderen Form der Humanität lässt sich durch den Begriff *Feiern* beschreiben. Dieses deutsche Wort wurde sehr früh als Lehnwort aus dem lateinischen *feria(e)* abgeleitet, das seinerseits in Verwandtschaft zu Termini steht wie *festus*, von dem das deutsche »Fest« abstammt und welches ursprünglich »für religiöse Handlungen bestimmte Tage betreffend« bedeutete, und *fanum* mit der Bedeutung »für eine religiöse Feier bestimmte Kultstätte«. Fest, Feier, Ferien – das sind mithin alles Wirklichkeiten, die der Sphäre der Gottesbeziehung angehören.

Diese setzt also den Menschen in seine eigentliche Unabhängigkeit und Freiheit von den Zwängen, denen er sich außerhalb der angeführten Realitäten tagtäglich unterworfen sieht. Feiern kann man nur, wenn man Frei-Zeit hat, wenn man sich Zeit nehmen kann und nicht Zeitsklave ist. Was aber ist das Bedrückende der Zeit-Verhaftetheit (wobei man an einen Kerker sehr wohl denken darf)? Dass man dadurch gehalten wird in der Welt der Kosten-Nutzen-Relationen, der Gewinnmaximierung, der Konkurrenzstrategien, der Allmacht der praktischen Verzweckung. In dem Augenblick, wo man sich davon frei nimmt – der altdeutsche Ausdruck lautet *Urlaub* – kommt man also aus der Unfreiheit in die Freiheit. Die gottesdienstliche Feier in allen ihren Formen ist unter diesem Blickwinkel die herausgehobene, weil den Menschen in seine ursprüngliche Vollkommenheit bringende Form der Freiheit. Sie hat keinen Zweck mehr: Sie produziert nichts, sie dient zu nichts, sie schafft nicht mehr Geld. Aber sie erschließt Sinn: Der Feiernde kommt im Fest zu sich, weil er zu Gott kommt – was nichts anderes bedeutet als dieses: Sein Leben, das im Stress der Zweckwelt in der doppelten Bedeutung des Wortes aufgeht – d.h. voll beansprucht wie aufgebraucht wird –, wird als Wert, sein Dasein als Würdetitel, seine Existenz als fundamentale Güte erfahren.

Aufgrund seiner Dialogizität bedarf das Feiern des Menschen der Gemeinschaft. Das trifft auch für die Feier des Gottesdienstes zu. Er vollzieht sich daher seiner Natur nach zwar auch in der individuellen Zuwendung zu Gott, aber zugleich müssen Weisen gewährleistet sein, die dem Sozialcharakter des Menschen Rechnung tragen. Dazu gehört der Schutz von »heiligen Zeiten« (Sonntage, Feiertage), in denen die gemeinsame Feier aller möglich ist.

In diesem Kapitel, das den zweiten Teil abschließt, werden einige konkrete Weisen dieser Art christlichen Glaubens-Handelns vorgestellt.

8.1 Frömmigkeit

Darunter verstehen wir den Gesamtkomplex aller jener Formen, Weisen und Gestalten, in denen die menschliche Zuwendung zu Gott Gestalt annimmt. Seit einem halben Jahrhundert etwa hat sich dafür auch das aus dem Lateinischen kommende Wort *Spiritualität* durchgesetzt. Wir werden damit auf den eigentlichen Grund der christlichen Gestalt der Gottesverehrung gelenkt: Sie ist gerade als Wesensausdruck des Menschen geschenkte

Freiheit, und der Schenkende ist entsprechend den Einsichten der Gotteslehre der Heilige Geist (lat. *spiritus*):

»Wenn ihr nach dem Fleisch lebt, müsst ihr sterben; wenn ihr aber durch den Geist die (sündigen) Taten des Leibes tötet, werdet ihr leben. Denn alle, die sich vom Geist Gottes leiten lassen, sind Söhne Gottes. Denn ihr habt nicht einen Geist empfangen, der euch zu Sklaven macht, so dass ihr euch immer noch fürchten müsstet, sondern ihr habt den Geist empfangen, der euch zu Söhnen macht, der Geist, in dem wir rufen: Abba, Vater! So bezeugt der Geist selber unserem Geist, dass wir Kinder Gottes sind. Sind wir aber Kinder, dann auch Erben« (Röm 8,12-17).

Zugleich ruft der paulinische Text in Erinnerung, dass unter diesen Auspizien Frömmigkeit oder Spiritualität zur Grundgestalt des Christenmenschen gehört, sofern man nur so Gottes Kind wird, dass sie aber auch je Ausdruck des ganzen Menschen in allen seinen Bezügen und Dimensionen ist. Daraus wiederum ergibt sich, dass Vollzug der Frömmigkeit in tausend Formen und Gestalten geschehen kann, dass er ebenso Sache des Einzelnen wie der Gemeinschaft ist, dass er immer bestimmt sein wird durch die Kontexte jedweder Art, in die einer sich gestellt sieht. Daraus folgt weiter, dass solcher Vollzug von der geistlich-mystischen Beschauung bis zu leiblichem Ausdruck (Knien, Hände erheben, sich zu Boden werfen, Hände auflegen, tanzen, sich bekreuzigen, klatschen, küssen, sich umarmen …) keine Äußerung menschlicher Existenz auslassen und erst recht nicht ausschließen wird. Zu solchen Äußerungen gehört auch die Kunst in allen Disziplinen, das Brauchtum, der Schmuck, das Licht (Kerzen), der Duft (Weihrauch), die Schönheit der Blumen, das Anheimgeben einer Wirklichkeit in Gottes Sphäre in Segnung und Weihe.

Selbstverständlich spielen nach dem Gesagten gerade auf diesem Sektor die konfessionellen Ausprägungen des realen Christentums eine erhebliche Rolle. Bis in die jüngste Vergangenheit dienten Frömmigkeitsgestalten sogar der (feindlichen) Abgrenzung der Denominationen. So hieß es einst: Protestanten bekreuzigen sich nicht und knien nicht nieder, Katholiken brauchen keine Predigt. Die ökumenischen Bemühungen haben solche etwas naiven Identitätsnöte weitgehend abgebaut. Die Christen sehen leichter ein, dass die Vielfalt hier wie anderswo legitime Folge der Katholizität ist, die dem Christlichen wesenseigen ist. So kann und darf die konfessionsspezifische Eigentümlichkeit respektiert und als legitim angesehen, ja als Motor eigenen

Wachsens in der Beziehung zu Gott angeeignet werden. Gerade auf diesem Gebiet manifestiert sich die Freiheit der Christenmenschen.

Der Grundzug der *orthodoxen* Spiritualität ist die starke Verwurzelung in der offiziellen eucharistischen Liturgie. Sie ist sehr biblisch. Große Bedeutung hat, wie schon früher angedeutet (3.6; 6.5 [5]), die Verehrung der Heiligen in den Ikonen. Als Vorbilder christlichen Lebens gelten die Mönche. Charakteristisch für die individuelle Frömmigkeit ist das »Immerwährende« oder »Herzens-Gebet«. Unaufhörlich soll man sagen: »*Herr Jesus Christus, Sohn Gottes, erbarme dich meiner (über mich Sünder)*«, um so mit Lippen, Geist und Herz, mit seiner ganzen Existenz mit dem Erlöser verbunden zu bleiben. Die äußeren Ausdrucksweisen haben hohen Rang – der orthodoxe Christ verbeugt sich tief zur Erde, küsst die Ikonen; die Liturgie hat reiche Riten.

Römisch-katholische Frömmigkeit hat sich immer stark von der Volksreligiosität beeinflussen lassen – nicht immer, wie auch die offiziellen Verlautbarungen zu allen Zeiten erkennen lassen, in jener Balance mit der Dogmatik, von der eingangs die Rede war[85]. Sie ist sehr sinnenhaft und farbenfroh, stark rituell, von einem eher österlichen Impetus bestimmt. Konzentrationspunkte sind die Eucharistie (Messe, Anbetung, Fronleichnamsprozession), der Heiligenkult mit besonderer Akzentsetzung auf Maria, die Sakramentenfeier (Erstkommunion, Firmung).

Die *evangelisch-lutherische* Religiosität dagegen ist inspiriert von der reformatorischen Kritik an der mittelalterlichen Verflachung und an den Auswüchsen der Volksfrömmigkeit. Viele Ausdrucksformen des Christlichen sind darum in den Hintergrund gedrängt bzw. aufgegeben worden. Dafür wird das Wortelement betont: Bibellesung, Lied, Katechismus, persönliches Gebet[86].

8.2 Liturgie

Unter den zahlreichen Ausdrucksgestalten der Spiritualität nimmt die Liturgie einen besonderen Rang ein; sie ist auch die Stelle, an der der Betrachter in der Regel die Feierform einer Kirche wahrnimmt. Das aus dem Griechischen übernommene Wort (*leitourgeia*) bezeichnete in der Profansprache den Dienst, den reiche Bürger für das Gemeinwesen leisteten, indem sie die Kosten für bestimmte Staatsausgaben übernahmen; zu diesen konnten auch die Spesen für den Götterkult mit seinen Feiern und Spielen zählen. Die Septuaginta verwendete die Vokabel, um den Kultdienst der Priester am Jerusalemer Tempel zu bezeichnen. Heute versteht man darunter die Formen und Weisen des offiziellen, durch amtliche Bücher geregelten und vorgeschriebenen Gottesdienstes für eine bestimmte kirchliche Gemeinschaft.

Dazu rechnen die Riten für die Sakramentenspendung und das in den Ostkirchen und in der lateinischen Kirche verbreitete *Stundengebet*. Hier ist die *Liturgia horarum* ein Pflichtgebet für Ordensangehörige und Priester. Es besteht aus mehreren »Tagzeiten« (Ordnung für Diözesanpriester: Matutin und Laudes am Morgen, Mittlere Hore zur Mittagszeit, Vesper am Nachmittag, Komplet als Abendgebet). Seit kurzem erfreuen sich Laudes, Vesper und Komplet auch in den Pfarrgemeinden und bei jungen Leuten zunehmender Beliebtheit. Vor allem aber bezieht sich *Liturgie* auf die Feier des Herrenmahl-Gedächtnisses (Abendmahl, Eucharistie, Messe) – in den Ostkirchen ist das Wort das Synonym schlankweg dafür. Im Folgenden behandeln wir auch nur diese Form.

Ihr Kern ist das nachfeiernde Gedächtnis des Letzten Abendmahles Jesu in der Nacht vor seinem Tod, das die drei Synoptiker und Paulus im 1. Korintherbrief mit erheblichen Abweichungen untereinander berichten[87]. Die Varianten erklären sich daraus, dass die Autoren bereits auf gottesdienstliche Ausformungen und Stilisierungen des historischen Materials zurückgegriffen haben, die sich in ihren Heimatgemeinden oder denen der Adressaten entwickelt hatten. Von Anbeginn zeigt sich mithin ungeachtet der grundlegenden Treue zum Abendmahlsgeschehen des Jahres 30 eine Tendenz zur Entwicklung und Abwandlung von Formen. Sie hat ihren Grund im seelsorglichen oder pastoralen Moment der Gottesdienstfeier: Diese ist eine symbolische Handlung, in der die konkrete Ortsgemeinde das Ostergeheimnis und in ihm die Mitte des Glaubens vollzieht in Erfüllung des Stiftungsbefehls Jesu, das Abendmahl zu seinem Gedächtnis zu begehen. Das kann sie lebendig nur dann tun, wenn sowohl der Kern der Feier gewahrt bleibt als auch der jeweilige kulturelle Kontext der liturgischen Versammlung einbezogen wird. Es entsteht so eine Spannung, die von Zeit zu Zeit ans Licht kommt, wenn eine Liturgiereform ansteht. Die Folgeereignisse des 2. Vatikanischen Konzils brachten in der römisch-katholischen Kirche eine solche; sie war der Anlass der einzigen Abspaltung von der römisch-katholischen Kirche im 20. Jahrhundert[88]. In den östlichen Kirchen dagegen ist die eucharistische Liturgie seit 1000 Jahren nahezu konstant geblieben: Sie gilt als Ausdruck der Unveränderlichkeit Gottes selber. Aber natürlich ist auch sie einmal in einem langen Prozess zur jetzigen Form gediehen.

Auf der einen Seite also besteht eine unverwechselbare Gleichgestalt aller christlichen Abendmahlsliturgien, auf der anderen sind sie erheblich voneinander verschieden. In der gottesdienstlichen Gestalt einer Gemeindefeier begegnen uns im einzelnen:

(1) *Elemente des jüdischen Synagogengottesdienstes:* Aus dieser Tradition stammen alle tragenden Bestandteile des eröffnenden Wortgottesdienstes mit Gebet, Schriftlesungen und Predigt.

(2) *Spezifisch urchristliche Momente:* Zu ihnen gehört natürlich vor allem die Vergegenwärtigung des jesuanischen Abendmahles mit dem Brot- und Kelchritus; dazu gehört aber auch, dass die Feier nicht mehr wie in der jüdischen Liturgie am Sabbat (Samstag), sondern am ersten Wochentag, dem Sonntag als dem Tag der Weltschöpfung und der Auferstehung begangen wird.

(3) *Kulturell bedingte Zusätze:* Am Anfang standen Improvisationen des Liturgievorstehers, dann bilden sich Mustertexte heraus, die von anderen Gemeinden übernommen werden. Dabei spielen die Zentren des kirchlichen Lebens, vor allem die Patriarchatssitze, eine vereinheitlichende, weil maßsetzende Rolle. Endlich wird im Osten die Kaiserstadt Konstantinopel, im Westen der einzige Patriarchatssitz Rom zur liturgischen Norm. Daneben halten sich lange noch einzelne Eigenformen kleinerer Zentren. Manche setzen sich auch in der Großform durch. In der katholischen Messe kann man noch jetzt feststellen, welche Gebetsteile römischen Ursprungs sind und welche aus dem germanischen Kulturraum kommen: In Rom betete man mit erhobenen, im Norden mit gefalteten Händen.

(4) *Konfessionelle Ausgestaltungen:* In jeder christlichen Kirche, wenn man von den spät entstandenen Freikirchen einmal absieht, die oft mehr charismatisch-freigestaltete Kultformen pflegen, ist die Eucharistie die Mitte des Christlichen. Daher verwundert es nicht, dass die jeweiligen konfessionellen Akzentsetzungen sich gerade in deren Feier anschaulich machen. Der mystische Grundzug des Ostens, die Sinnenfreude des katholischen Südens und die gesammelte Strenge des reformatorischen Nordens manifestieren sich ebenso wie die Ikonenverehrung, die sakramentale Komponente und die Betonung der Wortverkündigung entsprechend den Lehraussagen der großen Kirchengemeinschaften.

Eine wesentliche und in der Antike höchst aufsehenerregende Gemeinsamkeit aller Liturgieformen im Christentum ist besonders hervorzuheben. In allen alten Kulten in Orient wie Okzident, bei Juden wie bei Griechen gab es eine rigorose Hierarchisierung. Das Volk durfte stets nur in den Vorraum, in die Vorhöfe, in den Raum vor dem Tempel kommen. Das Innere des Heiligtums war den Priestern vorbehalten;

und nur ganz wenigen Hohenpriestern und diesen nur zu ganz wenigen Gelegenheiten war es verstattet, das Allerheiligste zu betreten. Die Feier des Herrenmahles hingegen war immer allen Gemeindemitgliedern ohne Einschränkungen zugänglich. Das Gotteshaus wird als eine architektonische Einheit verstanden, in der als ganzer das Gedächtnis Christi gefeiert, in der er gegenwärtig wird. Die Gliederung der Kirche freilich lässt das gestufte Gefüge der Gemeinschaft sichtbar werden, am deutlichsten durch die ostkirchliche Ikonostase oder den gotischen Lettner, aber das ändert nichts an der grundsätzlichen Öffnung für alle Christinnen und Christen, für die Sklaven wie die Freien, die Männer wie die Frauen. Der freiheitstiftende Charakter der christlichen Religion hat sich für die Menschen der Antike nicht zuletzt darin gezeigt und die neue Religion anziehend werden lassen. Für uns ist das alles selbstverständlich geworden.

Tafel 48 stellt synoptisch die Schematik der eucharistischen Liturgie der drei großen christlichen Kirchen nebeneinander, wie sie heute gefeiert wird[89]. In der *Ostkirche* ist die gebräuchlichste Form der Liturgie »Die göttliche Liturgie unseres heiligen Vaters Johannes Chrysostomos«. Sie wird hier in ihrem Ablauf dokumentiert. Etwa zehnmal im Jahr wird die etwas abweichende »Göttliche Liturgie unseres heiligen Vaters Basilius« verwendet; daneben gibt es die »Liturgie der vorgeweihten Gaben« an den Wochentagen der Fastenzeit (außer Sonntag). Bei ihr handelt es sich um einen Wortgottesdienst, bei dem die am vorausgehenden Sonntag konsekrierten Gaben ausgeteilt werden. Die römisch-katholische Liturgie ist verbindlich für den deutschen Sprachraum im »Messbuch für die Bistümer des deutschen Sprachgebietes« niedergelegt. Sie stellt eine Reform der seit dem 16. Jahrhundert geltenden auf das Konzil von Trient zurückgehenden Liturgie dar, die das 2. Vatikanische Konzil (1962-1965) angeregt hatte. Am Anfang steht die stadtrömische Gottesdienstfeier der antiken Kirche. Die Reformatoren haben sich bei der Ordnung der Liturgie weitgehend an die überlieferte Form gehalten, diese aber vereinfacht und durch die Betonung des Wortelementes neu akzentuiert. In diesem Buch ist aus den reformatorischen Liturgien die evangelisch-lutherische Ordnung ausgewählt worden, die nach dem »Evangelischen Gesangbuch, Ausgabe für die Evangelisch-Lutherischen Kirchen in Bayern und Thüringen« in der derzeit geltenden Fassung wiedergegeben wird.

Tafel 48. – Strukturschema der eucharistischen Liturgie in großen christlichen Konfessionen

Chrysostomus-Liturgie	Messfeier	Gottesdienst der Gemeinde

Chrysostomus-Liturgie

I. Proskomidie (Rüsthandlungen)
  1. Zurüstung des Liturgen
  2. Zurüstung der Gaben

II. Liturgie der Katechumenen
  1. Eingangssegen
  2. Friedensektenie (Fürbitten)
  3. Antiphonen
     1. Antiphon m. Stillgebet d. Priesters u. Kleiner Ektenie
     2. Antiphon m. Stillgebet, Hymnus »Eingeborener Sohn«, Kleiner Ektenie
     3. Antiphon/Seligpreisungen m. Stillgebet
  4. Kleiner Einzug m.Evangelienbuch
  5. Trishagion, Stillgebete
  6. Schriftlesungen (Prokimenon = Wechselgesang, Epistel, Halleluja, Evangelium)
  7. Inständige Ektenie (Grosses Fürbittgebet, Entlassung der Katechumenen)

Messfeier

I. Eröffnung
  1. Begrüßung
  2. Schuldbekenntnis
  3. (Kyrielitanei)
  4. (Gloria)
  5. Tagesgebet

II. Wortgottesdienst
  1. Erste Lesung
  2. Zwischengesang
  3. (2. Lesung)
  4. Halleluja
  5. Evangelium (m. Predigt)
  6. (Credo)
  7. Gebet der Gläubigen (Fürbitten)

Gottesdienst der Gemeinde

I. Eröffnung und Anrufung
  1. Begrüßung
  2. Eingangslied
  3. Vorbereitungsgebet, Psalm
  4. Kyrie
  5. Gloria
  6. Gebet

II. Verkündigung und Bekenntnis
  1. Lesung (Altes Testament/Epistel)
  2. Lied
  3. Lesung (Epistel/Evangelium)
  4. Glaubensbekenntnis
  5. Lied
  6. Predigttext und Predigt
  7. Dankopfer
  8. Predigtlied

III.Liturgie der Gläubigen
1. Kleine Ektenie, Stillgebete des Priesters
2. Cherubim-Hymnus,
   Großer Einzug m. d. hl. Gaben
3. Großes Bittgebet
4. Opfergebet (still)
5. Friedenskuss
6. Glaubensbekenntnis
7. Anaphora (Hochgebet) m. Präfation,,
   Sanctus, **Einsetzungsworte**, Anamnese,
   Epiklese (Geistherabrufung), Fürbitten
8. Kommunionvorbereitung mit
   Bitt-Ektenie, Vater Unser,
   Gebet m. gebeugtem Haupt
9. Vor der Kommunion
   (Erhebung der Gestalten, Brotbrechung,
   Vermischung der Gestalten,
   Hinzufügung heißen Wassers)
10. Kommunion d. Klerus,
    dann der Gläubigen
11. Danksagung, Entlassung, Segen
12. Küssen d. Kreuzes,
    Empfang des Antidorons
    (unkonsekriertes Brot)

III. Eucharistiefeier
1. Gabenbereitung
2. Gabengebet
3. Euchar. Hochgebet
   m. Sanctus, **Einsetzungsbericht,**
   Doxologie (Lobpreis)
4. Vater Unser
5. Friedensgebet u. -gruß
6. Brotbrechung m. Agnus Dei
7. Kommunion
8. Schlußgebet
9. Segen, Entlassung

III. Abendmahl
1. Gabenbereitung m. Gabengebet
2. Lobgebet m. Sanctus
3. Epiklese
4. **Einsetzungsbericht**
5. Vater Unser
6. Friedensgruß
7. Austellung
8. Danksagunt u. Dankgebet

IV. Sendung und Segen
1. Fürbitten
2. Sendung
3. Segen

8.2 LITURGIE

8.3 Heilige Zeit

Der Mensch steht nicht nur in der Zeit, sondern ihr auch gegenüber. Sein Erdenleben ist eingeschrieben zwischen dem Jahr seiner Geburt und dem seines Todes. Zeit mahnt schon dadurch immer an Transzendenz, an eine über sie selbst hinausreichende Wirklichkeit. In allen Religionen wurde sie denn auch in dieser Dimension gedeutet als Zeit des Heiles, als Zeit der Bedrohung, als heilige oder böse Zeit. Gewöhnlich ist auch die Zeitrechnung (Ära) durch ein Ereignis begründet, das etwas mit dem Göttlichen zu tun hat – der Welterschaffung bei den Juden, Buddhas Todesjahr bei den Buddhisten, der Menschwerdung des Gottessohnes bei den Christen.

Zeit wird in doppelter Weise erlebt. Sie erscheint uns als stete Wiederkehr des Gleichen, als Kreis ohne Anfang und ohne Ende, bestimmt von Rhythmen, die teils von außen kommen (Tag und Nacht), teils von innen (biologische Uhr), teils aus dem Zusammenspiel des Außen mit dem Innen (Menstruationszyklus der Frau). Zum anderen erfahren wir Zeit als gerichtet; sie kann im Bild des Pfeiles versinnbildet werden. Aus der Vergangenheit bildet sich die Gegenwart zur Zukunft. Auch diese beiden Dimensionen der Zeitwahrnehmung haben eine religiöse Komponente. In der Wiederkehr zeigt sich uns die Güte und Treue Gottes, der immer von neuem Wachstum und Ernte schenkt, die verrinnende Dauer erweist sich als Weg zur dereinstigen endlosen Gemeinschaft mit Gott.

Im Christentum haben sich die Perspektiven der Zeit niedergeschlagen im Festkalender der Kirchen. Er ist aus dem Grunddogma gestaltet, dass Gott Mensch geworden ist, uns erlöst hat und alle Zeit bis zum Ende der Welt bei uns bleibt (Mt 28,20). Daraus vermag er beiden Dimensionen gerecht zu werden und sie zu verbinden: Er ist ständige Wiederholung der heiligen Tage im Jahreslauf – immer wieder feiern die Christen Ostern und Pfingsten und Weihnachten; er ist gleicherweise Fortschreiten – die heiligen Tage gelten nicht als einfache Jubiläen vergangener Ereignisse, sondern als Vergegenwärtigung des Festgeheimnisses in das Heute, das in jedem Jahr unter anderen Horizonten steht. Außerdem hat der Festkalender eine eschatologische Komponente, wie sie in der römisch-katholischen Liturgie in dem Ruf der Gemeinde nach der Konsekration der Mahlgestalten in der Messe zum Ausdruck kommt: »Deinen Tod, o Herr, verkünden wir, und deine Auferstehung feiern wir, *bis du kommst in Herrlichkeit*«. Das religiöse Jahr hat, will man es graphisch darstellen, die Form einer Spirale, die bei einer Drehung dem gegebenen Punkt je von anderer Höhe aus sich nähert.

Der Konstruktionspunkt des »Kirchenjahres« ist das Osterereignis (Pascha). Sein feierndes Gedenken wurde an jedem ersten Wochentag (Sonntag) liturgisch wiederholt. Die vielen »Wochen-Ostern« wurden dann noch einmal in einem Jahresfest zusammengefasst, dem Paschafest. Das erste Ökumenische Konzil hat als Datum den ersten Sonntag nach dem Frühlingsvollmond bestimmt. Von ihm aus entwickelten sich wie die Zweige aus einem Baumstamm eine Menge neuer Festtage und Festzeiten. Dem Osterfestkreis fügte sich seit dem 4. Jahrhundert vom Fest der Geburt Jesu aus der Weihnachtsfestkreis an, der gleichfalls wieder eine Reihe anderer heiliger Tage aus sich herausbildete. Bei allen diesen Tagen geht es stets um die bedeutenden Heilsereignisse entsprechend der Heiligen Schrift. Mit dem Heiligenkult entstanden die Fest- und Gedenktage der großen Christinnen und Christen. Eine dritte, etwas problematische Gruppe bilden die Ideenfeste. Darunter versteht die Liturgiewissenschaft solche Feier-Tage, die nicht ein Geschehen, sondern eine dogmatische oder thematische Wahrheit in Erinnerung rufen wollen (Dreifaltigkeitsfest, Fronleichnam, Fest des Kostbaren Blutes, Mutterschaft Marias, Ewigkeitssonntag). Sie weichen von der ursprünglichen Konzeption des liturgischen Kalenders ab und leiden unter einer gewissen Abstraktion auf der einen, der leichten Vermehrbarkeit auf der anderen Seite. Damit soll nicht in Abrede gestellt werden, dass sie in einem bestimmten historischen Kontext eine evangelisatorische Funktion haben können. So erhebt sich gegenwärtig in vielen christlichen Kreisen im Blick auf die ökologische Krise der Ruf nach einem »Fest der Schöpfung«.

Je mehr jemand aus dem Geist des Christentums lebt, um so mehr wird er auch aus und mit dem liturgischen Kalender leben. So haben sich in Perioden eines lebendigen Glaubens um die Festtage viele Bräuche und Gewohnheiten entwickelt, von denen manche durch die Säkularisation verschwunden sind; andere wurden beibehalten, aber werden kaum mehr als christentümlich empfunden: Aus dem Nikolaus wurde in einem Säkularisierungsvorgang der Weihnachtsmann, aus dem Himmelfahrtstag der »Vatertag«. Trotzdem bilden sich auch heute noch neue Traditionen heraus, z.B. das Sternsingen um Dreikönig, das Aufhängen eines »Hungertuches« in der Fastenzeit, die Überführung des Osterlichtes aus der Kirche in die Häuser, das gemeinsame Osterfrühstück. Weil die Tage des Heiles vom ganzen Menschen ganzheitlich erlebt wurden, hat er die liturgischen mit weltlichen Feiern verknüpft – mit Tanz und gutem Essen, mit Spaziergang und Arbeitsruhe. Die Zusammenhänge zwischen Fest und Freiheit waren den schwer schaffenden Menschen einer Zeit, als der Tarifurlaub noch nicht erdacht war, unmittelbares Erlebnis.

Bei der anthropologischen Verwurzelung der christlichen Feste ist es nicht erstaunlich, dass ähnlich wie bei der Liturgie auch auf diesem Sektor die konfessionellen Differenzen einen besonderen Stellenwert bekommen haben. Die Grundstruktur ist überall gleich – Sonntag, Oster- und Weihnachtsfestkreis. Deren Entfaltung aber ist je anders, wobei – auch hier haben wir in der Eucharistiefeier eine Parallele – die wichtigste Grenze die zwischen Osten und Westen ist. Sie fällt schon deswegen auf, weil die Festdaten nicht identisch sind: Der orthodoxe Kalender ist noch an der julianischen Berechnung ausgerichtet. Im Westen hat die Kirchenspaltung des 16. Jahrhunderts den katholischen Kalender nicht wesentlich berührt, was den Ablauf angeht. Natürlich wurden die Heiligentage gestrichen. Ein bezeichnender Unterschied liegt aber in der Umgestaltung der liturgischen Zeit zu einer Zeit des Bibelstudiums und zur Begleitung des bürgerlichen Lebens (Buß- und Bettag) in den reformatorischen Gemeinschaften. Tafel 49 illustriert die Abläufe des Kirchenjahrs in der Orthodoxie, der römisch-katholischen und der evangelisch-lutherischen Kirche[90].

Tafel 49. – Schematische Übersicht über das Kirchenjahr in der orthodoxen, römisch-katholischen und evangelisch-lutherischen Kirche.

a.) Orthodoxie

Das orthodoxe Kirchenjahr gliedert sich in einen *unbeweglichen* und einen *beweglichen* Festzyklus. Die *Indiktion*, der Kirchenjahresbeginn, ist der 01. September. Das *Menaion* (Monatsbuch) ist ein für den unbeweglichen Zyklus notwendiges liturgisches Buch. Das *Triodion* (Drei-Oden-Buch) bezeichnet ebenfalls ein liturgisches Buch, aber auch den davon erfaßten Kirchenjahresabschnitt, die Große Fastenzeit mit Karwoche. Im *Pentekostarion* (Pfingstbuch) steht die Liturgie von Ostern bis zum Sonntag nach Pfingsten; ebenso heißt auch der entsprechende Kirchenjahresabschnitt. *Oktoechos* (Achtton-Buch) bezeichnet u. a. den festlosen Kirchenjahreszyklus vom 1. Sonntag nach Pfingsten bis zum »Sonntag des Zöllners«; er ist den Lesungen entsprechend in Matthäus- und Lukas-Sonntage eingeteilt. * = Entsprechung im römisch-katholischen Kalender.

Der unbewegliche Festzyklus (Menaion)

01.09.	Indiktion (Beginn des Kirchenjahres)
08.09.	Geburt der Gottesmutter*
14.09.	Fest Kreuzerhöhung*
23.09.	Empfängnis Johannes des Vorläufers
08.11.	Synaxis der Erzengel Michael, Gabriel und aller körperlosen Mächte (* 29.09. Erzengel Michael, Gabriel und Raffael)
21.11.	Tempelgang der Gottesmutter (* Gedenktag Unserer Lb. Frau in Jerusalem)
09.12.	Empfängnis Annas (* 08.12. Fest der Unbefleckten Empfängnis Mariens)
20.12.	Vorfeier der Geburt Christi
25.12.	Geburt Christi*
26.12.	Synaxis der Gottesmutter
01.01.	Beschneidung Christi (* Namengebung d. Herrn, Hochfest d. Gottesmutter)
06.01.	Theophanie (* Epiphanie)
02.02	Darstellung Jesu im Tempel*
25.03.	Verkündigung der Gottesmutter (* Verkündigung des Herrn)
24.06.	Geburt Johannes des Täufers*
29.06.	Petrus und Paulus*
06.08.	Verklärung Christi*
15.08.	Entschlafung der Gottesmutter (* Aufnahme Mariens in den Himmel)

Der bewegliche Festzyklus

Triodion

Sonntag des Zöllners und Pharisäers
Sonntag des verlorenen Sohnes
Sonntag der Fleischentsagung
Sonntag der Entsagung der Milchspeisen
1. Fastensonntag (Sonntag der Orthodoxie)
2. Fastensonntag
3. Fastensonntag (Sonntag der Kreuzverehrung)
4. Fastensonntag
Samstag des Akathistos-Hymnus
5. Fastensonntag
Lazarussamstag
Palmsonntag
Karwoche

Pentekostarion

OSTERSONNTAG*
Thomassonntag*
Sonntag der myrontragenden Frauen
Sonntag des Gelähmten
Mittpfingsten (Mittwoch)
Sonntag der Samariterin
Sonntag des Blindgeborenen
Himmelfahrt Christi*
Sonntag der 318 gotttragenden Väter von Nikaia
PFINGSTSONNTAG*
Sonntag aller Heiligen (*01.11. Allerheiligenfest)

Oktoechos

Matthäussonntage
Lukassonntage

b.) Römisch-katholische Kirche

Zu den nachstehend aufgeschlüsselten »geprägten Zeiten" von Weihnachten und Ostern und der allgemeinen Kirchenjahreszeit gehört noch das *Sanctorale* zum liturgischen Zyklus, der Kalender der Heiligen. Unter ihnen spielen die Marienfeste und die Apostelfeste eine besondere Rolle; meist haben sie auch einen höheren liturgischen Rang. Am 2.11. ist der Gedenktag Allerseelen (aller Toten). Neben dem für den ganzen römisch-katholischen Bereich geltenden Römischen Kalender (Generalkalender) existieren Regionalkalender (z. B. für das deutsche Sprachgebiet) und Kalender der einzelnen Diözesen und Ordensgemeinschaften.

Weihnachtsfestkreis

Adventszeit (Vierter Sonntag vor Weihnachten bis 24.12.)
Weihnachten (25.12.)
Oktavtag von Weihnachten, zugleich Hochfest der Gottesmutter, Namengebung des Herrn, Neujahr (01.01.)
Erscheinung des Herrn (Epiphanie, Dreikönigstag) (06.01.)
Fest der Taufe Jesu (Sonntag nach Epiphanie)
  Weihnachtliche Feste außerhalb der Weihnachtszeit:
  Darstellung d. Herrn (02.02.) – Verkündigung d. Herrn (25.03.)

Osterfestkreis

Österliche Bußzeit
  Aschermittwoch: Beginn der Bußzeit (40 Tage vor Ostern)
  5 Fastensonntage – Palmsonntag – Karwoche
OSTERSONNTAG (= 1. Sonntag der Osterzeit)
2.–6. Sonntag der Osterzeit
Christi Himmelfahrt (Donnerstag nach dem 6. Sonntag der Osterzeit)
7. Sonntag der Osterzeit
Pfingsten

Zeit im Jahreskreis

33/34 Sonntage zwischen dem Ende der Weihnachtszeit und dem Sonntag vor Aschermittwoch sowie vom 1. Sonntag nach Pfingsten bis zum Sonntag vor dem 1. Adventssonntag. Besonders hervorgehoben sind in dieser Zeit
  Dreifaltigkeitssonntag (1. Sonntag nach Pfingsten)
  Hochfest des Leibes und Blutes Christi (Fronleichnam)
    (Donnerstag nach dem 2. Sonntag nach Pfingsten)
  Fest des heiligsten Herzens Jesu (Freitag nach dem 3. Sonntag nach Pfingsten)
  Christkönigssonntag (Letzter Sonntag im Jahreskreis)

c.) Evangelisch-lutherische Kirche

Das Schema richtet sich nach dem Evangelischen Gesangbuch für die Landeskirchen in Bayern und Thüringen. Dort werden für jeden Sonn- und Feiertag Wochenspruch, Schriftlesungen sowie Lied und Psalm der Woche angegeben. Damit wird der biblische Akzent der liturgischen Tage besonders hervorgehoben. Liegt der Ostertermin früh, entfallen einige Sonntage nach Epiphanias, liegt er spät, solche nach Trinitatis. * = Entsprechung zum römisch-katholischen Festkalender.

4 Adventssonntage*
Christnacht (24.12.)
Christfest (25.12.)*
Neujahrstag (01.01.)*
Epiphanias (06.01.)*
6 Sonntage nach Epiphanias
3 Sonntage vor der Passionszeit
5 Sonntage der Passionszeit*
Palmsonntag*
Karwoche*
OSTERN*
5 Sonntage nach Ostern*
Christi Himmelfahrt (Donnerstag nach dem 5. Sonntag nach Ostern)*
6. Sonntag nach Ostern*
Pfingsten*
Tag der Heiligen Dreifaltigkeit (Trinitatis)*
23 Sonntage nach Trinitatis
Reformationsfest (31.10.)
24. Sonntag nach Trinitatis
Drittletzter, Vorletzter Sonntag nach Trinitatis
Buß- und Bettag (Mittwoch nach dem Vorletzten Sonntag nach Trinitatis)
Ewigkeitssonntag (Letzter Sonntag des Kirchenjahres)
Gedenktag der Entschlafenen (Totensonntag)

C LEBENS-WERT:
WAS BRINGT DAS CHRISTENTUM?

9. Erfahrung und Glaube

Die Jesus-Bewegung hatte sich im festen Vertrauen auf das Wort des Meisters gebildet, dass nur er Weg, Wahrheit und Leben für die Menschen sei und man nur durch ihn Gott finden könne (Joh 14,6). Im Oster- und Pfingst-Geschehen hatte sie die Verlässlichkeit dieser Zusage erfahren und diese Erfahrung von Generation zu Generation weitergegeben in der Kirche. Das Ansichtigwerden der Religion ist aus diesem Grund nur durch die Betrachtung dieses Sozialgebildes möglich, auch wenn es falsch wäre zu sagen, Christentum und Kirche seien schlankerdings identisch. Das ist schon allein deswegen unmöglich, weil es viele solcher Sozialgebilde mit dem Anspruch gibt, Kirche, *die* Kirche Christi, zu sein, und weil nach jahrhundertelangen Auseinandersetzungen um die Berechtigung dieser Selbsteinschätzung heute alle Konfessionen *einander* zugestehen, wesentliche Elemente des Christlichen bewahrt, und *sich selber* eingestehen, andere verschleudert zu haben. Die vorausgehenden Seiten haben in gedrängter Knappheit Wegmarkierungen und Wahrheitssuche in der Nachfolge Jesu aufzuzeigen unternommen. Am Schluss des Buches bleibt zu fragen, ob und bejahendenfalls welchen Lebenswert die christliche Religion in der Gestalt der christlichen Kirchen für die Zeitgenossen, für Europa, für die Menschheit überhaupt hat, haben kann. Braucht man das Christentum?

Es gibt genügend Hinweise dafür, begründet ein schnelles Nein zu sagen. Man muss keine ausgefeilten Statistiken lesen, man braucht nur einmal am Sonntag in einen ganz normalen christlichen Gottesdienst zu gehen oder junge Leute nach ihrer Meinung zu Kirche und Christentum zu fragen, um dieses Nein zu belegen.

Als sich im Herbst 1999 die Evangelische Kirche in Deutschland in die Diskussion um die Erhaltung des arbeitsfreien Sonntags mit einer Unterschriftenkampagne einschaltete, erntete sie von ihren 27 Millionen Mitgliedern nicht einmal ganz eine halbe Million zustimmende Voten für einen Kernpunkt bisherigen christlichen Lebens- und Glaubensverständnisses. Um die selbe Zeit brachte eine katholische Zeitschrift einen Bericht von »Tagen der Orientierung« für fünfzehn- bis sechszehnjährige Jugendliche in Erfurt über »Kernfragen des Lebens«. Dreizehn von 33 Schülern antworteten auf die Frage, was sie von Gott erwarteten: »Nichts«, die zwanzig anderen ein wenig Not-Hilfe – vielleicht[91]. Nicht nur die christliche Religion, Religion überhaupt hat augenscheinlich keinen Stellen- und Lebenswert mehr für diese jungen Leute. Das sind lediglich Momentaufnahmen, aber sie illustrieren einen Tatbestand, der dutzendfach durch andere Fakten bestätigt werden kann. Die Unattraktivität des Christlichen wird am offenkundigsten durch den erschreckenden Rückgang an Nachwuchskräften in den kirchlichen Berufen – in höchstem Maß besorgniserregend in der römisch-katholischen Kirche, aber auch andere Kirchen sind davon betroffen.

Gleichwohl hat die Medaille eine Kehrseite, die ganz andere Schlüsse aufnötigt. Sekten, Jugend- und Psychoreligionen erfreuen sich eines guten Zulaufs, und zwar vornehmlich in den Gebieten, die religiöser Austrocknung ausgesetzt waren wie die Länder des ehemaligen kommunistischen Machtbereichs. Innerhalb der etablierten Kirchen erstehen Erneuerungs- und Erweckungsbewegungen, die besonders die charismatischen Momente des Christentums in Relief setzen. Während streng theologische Bücher sich nur mühsam auf dem Markt behaupten, finden Werke mit spirituellem Inhalt – im weitesten Sinn genommen – durchaus ihren guten Absatz. Es sollte auch zu denken geben, dass seit Jahrzehnten sich alle Medien intensiv um die Gestalt Jesu bemühen. Jesus-Bücher haben hohe Konjunktur; ihnen gesellen sich viele Jesus-Filme bei. Nach wie vor widmen sich die führenden Zeitungen und Zeitschriften in Deutschland in Leit- und Hintergrundartikeln im Umkreis der hohen Feiertage den christlichen Themen. Nach wie vor ziehen selbst anspruchsvolle theologische Vorträge ausgewiesener Fachleute hunderte von Leuten aus einer Stadt in den Saal, wie die Statistiken der kirchlichen Akademien ausweisen.

Man muss also wohl behutsam sein mit einer Antwort. Die diffuse Situation liegt nämlich in der Sache selber begründet. Das Motiv der Glaubenszustimmung eines Menschen ist primär weder eine Intuition noch eine logische Schlussfolgerung, sei sie induktiv oder deduktiv, sondern die Erfahrung. Das 2. Vatikanische Konzil steht in einer langen Überlieferung, die bis in die Bibel zurückreicht, wenn es als ersten Tradierungsweg des Evangeliums das geistgeleitete Innewerden anführt: »Es wächst das Verständnis der überlieferten Dinge und Worte durch das Nachsinnen und Studium der Gläubigen, die sie in ihren Herzen erwägen (vgl. Lk 2, 19 51), durch innere Einsicht, die aus geistlicher Erfahrung stammt«[92]. Diese aber hat als Erfahrung eine eigentümliche Struktur. Sie ist wie jegliche Erfahrung *unmittelbar* gewonnen aus der *Berührung mit der Wirklichkeit* und setzt damit *Offenheit für diese Wirklichkeit* voraus. Ihre Besonderheit besteht darin, dass sie weder durch das normale Erleben der Lebenswiderfahrnisse im Alltag noch durch eine bewusst an die Wirklichkeit herangetragene Fragestellung wie beim Experiment gewonnen wird, sondern durch eine personale Aufgeschlossenheit für den gesamten Horizont des Seins, in dem jemand sich verwirklicht. Im Gegensatz zu den anderen Erfahrungsarten kann diese »existentielle Erfahrung« weder verifiziert noch falsifiziert, sondern nur mehr bekennend bezeugt werden. Damit aber ist die Frage nach dem Lebenswert des Christentums nicht mehr in erster Linie und ausschließlich von den Empfängern seiner Botschaft, sondern vorrangig vom Sender her zu beantworten. Die philosophische Anthropologie in allen Schulen und Spielarten stimmt darin überein, dass der Mensch für die Transzendenz offen ist. Er ist stets über das Endliche hinaus aufs Unendliche ausgespannt. Die theologische Anthropologie weist nach, dass damit auch die Gottbezogenheit, eine innere Religiosität des Menschen gegeben ist. In klassischer Weise hat sie Augustinus beschrieben:

»Was aber liebe ich, wenn ich dich liebe? Nicht körperliche Wohlgestalt noch zeitliche Anmut, nicht den Glanz des Lichtes, der den Augen so angenehm ist, nicht die lieblichen Melodien des ganzen Reiches der Töne, nicht den Duft von Blumen, Salben und Gewürzen, nicht Manna und Honig, nicht Glieder, die zu freundlicher Umarmung einladen: nicht das liebe ich, wenn ich Gott liebe. Und dennoch liebe ich eine Art von Licht und Klang und Duft und Speise und Umarmung, wenn ich Gott liebe: das Licht, den Klang, den Duft, die Speise, die Umarmung meines inneren Menschen. Dort leuchtet meiner Seele, was kein Raum fasst, dort tönt, was keine Zeit hinwegrafft, dort duftet, was kein Wind verweht, dort schmeckt, was kein Genuss verringert, dort bleibt vereint, was kein Überdruss trennt. Dies ist, was ich liebe, wenn ich meinen Gott liebe«[93].

Die Konkretheit des Christentums besteht nun darin, dass es bezeugt, jene so unbestimmte, anonyme, vage und angefochtene Hinwendung zu Gott werde bestimmt, namhaft, genau und gewiss in der Nachfolge Jesu Christi, die allein schon deswegen den Menschen zur innersten Selbstwerdung befreit. So wie die Dinge historisch liegen, gibt es aber keinen andere Vermittlung zu ihm als über die in der Kirche bewahrte und interpretierte Heilige Schrift. Wir können, so die Ansage der Religion, Gott nur erfahren in

Christus auf Mitteilung hin, eine Mitteilung freilich, die selber wieder auf Erfahrung beruht:

»Was von Anfang an war und was wir gehört haben, was wir mit unseren Augen gesehen, was wir geschaut haben und mit unseren Hände betastet haben, das verkünden wir, vom Wort des Lebens sprechen wir. Denn das Leben ist erschienen: wir haben gesehen und bezeugen und verkünden euch das ewige Leben, das beim Vater war und uns erschienen ist, ... damit auch ihr Gemeinschaft mit uns habt« (1 Joh 1,1-3).

Wenn es also offenbar keinen anderen ordentlichen Zugang zum Kern des Christentums gibt, präzisiert sich unsere Eingangsfrage dahin, ob im real existierenden Christentum, also in der kirchlich verfassten christlichen Religion diese Mitte ihrer selbst zugänglich wird, ob, anders gesagt, das christliche Zeugnis in der Kirche erfahrbar und als Erfahrung der Erkenntnis aufgeschlossen und als Lebenswert personal rezipiert zu werden vermag. Erst wenn das so ist, kann die Kirche gewissermaßen den Schwarzen Peter an das Individuum weiterreichen und es für die Entscheidung für oder gegen die individuelle Nachfolge Christi verantwortlich machen.

Gerechterweise muss man zugestehen, dass das für das real existierende Christentum alles andere als leicht ist. Das erste und sicherlich gravierendste Hindernis liegt darin, dass dieses Christentum aus den realen Christen besteht und immer nur von ihnen bezeugt und in ihnen greifbar wird (vgl. 6.6 über die Heiligkeit der Kirche). Weil sie aber freie Menschen sind und bleiben, bricht sich die Religion unausweichlich in ihrer Individualität, d.h. konkret stets auch in ihrer Schwäche, Bedingtheit, Sündigkeit. *Bernhard Welte* hat vor langem bereits auf das mit dem Wesen jeder Religion verbundene »Unwesen der Religion« hingewiesen, das u.a. daraus entsteht, dass diese »zum Instrument und zugleich zur Verkleidung immanenter Ziele und Strebungen« gemacht und so »in ihren Gestalten instrumentalisiert« werde, etwa durch Macht oder ästhetischen Lustgewinn. Wenn »das endliche Selbsteinwollen des Menschen in den Gestalten der Religion sich verabsolutiert«, entsteht die schrecklichste Form der Instrumentalisierung, der religiöse Fanatismus[94]. Das Christentum in seinen unterschiedlichen Ausgestaltungen ist von keiner Form des Unwesens durch seine Anhänger verschont geblieben und erscheint so selber zwangsläufig als solche Perversion des Religiösen. Die Kirchengeschichte kann wirklich als Kriminalgeschichte gelesen werden, in der Millionen Menschen zu Tode, in die Krankheit, in die Verzweiflung, ins beruflich-wirtschaftliche Aus befördert worden sind (vgl. z.B. Tafel 30). Dieses Unwesen vermag sich dem Betrachter so aufzudrängen, dass er für das Wesen der Religion kein Auge mehr besitzt.

Eine weitere Schwierigkeit besteht darin, dass das Lehrmoment im Christentum eine entscheidende Bedeutung bekommen hat, die mit seiner Entwicklung eng zusammenhängt (2.2-4). Im Lauf von zwei Jahrtausenden, in denen die Religion in unterschiedlichen Kulturräumen etabliert und mit divergierenden Denktraditionen konfrontiert worden ist, hat Christentum eine höchst ausdifferenzierte und komplizierte Theologie hervorgebracht, die bei wechselnden Lebensräumen nicht einmal mehr den engagierten und traditionell gebundenen Mitgliedern der Religion ohne weiteres einleuchtend und unvermittelt zugänglich ist. Wenn dann noch einzelne Lehrstücke aus dem Ganzen isoliert und zu aktuellen *articuli stantis et cadentis ecclesiae*, zu Entscheidungsträgern über die Kirchlichkeit gemacht werden, wie das einmal die Gnadenlehre, ein andermal die Bußauffassung, ein drittes Mal der Gehorsam gegen den Papst war, dann besteht die akute Gefahr, dass die Glaubensvermittlung nur noch Bäume, aber nicht mehr den Wald zu zeigen in der Lage ist, dass mit anderen Worten das Christentum als Ganzes aus dem Blick kommt.

Damit verbunden ist ein anderes Problem. Die Lehre ist auf Sprache, die Lehrdefinition auf Formeln angewiesen. So gewinnt die Sprachregelung eine bedeutende Funktion für die Glaubensgemeinschaft. Es reicht offenbar nicht aus, in sachlicher Übereinstimmung mit ihr zu stehen, sie muss auch verbal sein. In vielen Kirchen ist etwa der Amtsträger gehalten, das Große Glaubensbekenntnis vor der Übernahme seiner Aufgabe zu sprechen. Im allgemeinen aber ist die Lehrfestlegung in der Kirchengeschichte bedingt gewesen durch bestimmte Auseinandersetzungen (die in einer bestimmten Sprachform geführt wurden) in einer ganz bestimmten Epoche und unter ganz bestimmten theologischen und philosophischen Rahmenbedingungen. Später trifft das alles nicht mehr zu, sind die Voraussetzungen ganz anders. Es bedarf dann einer neuen Sprache, um das Ursprüngliche so zu vermitteln, dass es zum Lebenswert der angesprochenen Generation werden kann. Aber besteht dann nicht die Gefahr, dass die einst mühsam austarierte Rechtgläubigkeit verloren geht, weil alle die alten Nuancen unaussprechlich werden? Die Kirchenleitungen haben davor Angst und verlangen regelmäßig von ihren Verkündigern den Spagat, sowohl die alten Formeln wie eine zeitgemäße Sprache zu benutzen[95]. Im Zweifelsfall wird die Formel eingefordert. Das aktuelle und existentielle Moment des Glaubens ist aber dann für viele Zeitgenossen nicht mehr ersichtlich.

Stellt man alle diese und noch jene Hindernisse in Rechnung, die weniger in den Strukturen als in den Personen (z.B. der Liturgen oder Prediger) liegen, bleibt trotzdem die Frage, welchen Lebenswert die christliche Religion haben könnte. Warum, so ließe sich auch formulieren, sollte einer Christ werden oder bleiben? Was »hat« jemand vom Christentum, lautet die Frage in der Sprache des Konsums. Vergangene Zeiten artikulierten sie als Suche nach dem »Wesen des Christentums«, um dessentwillen es verkündet werden müsse.

Von Anfang an haben wir gesehen, dass sich Jesus von Nazaret von allen anderen Religionsgründern u.a. dadurch unterscheidet, dass er keine Religion stiftet mit bestimmten Lehren, Riten, Vollzügen und Heilsrezepten, sondern selber der Inbegriff seiner Verkündigung *ist*. Diese geht auf das Reich Gottes, aber dieses ist in ihm angekommen; er ist, nach dem glücklichen Wort des Origenes, die *autobasileia*, die Realität der Gottesherrschaft selbst. Die einzige Bedingung des Christseins für einen Menschen besteht mithin darin, sich ganz und gar auf die Person des Mannes aus Nazaret einzulassen; alles andere ist gewiss nicht unwichtig, aber sekundär (vgl. 1.4 und 5). So lässt sich sagen: Das Wesen des Christentums ist der wesentliche Christ.

Wann aber ist das einer in der Realität des Lebens? Was muss er glauben als Stern und Kern des Christlichen? Wann steht er in der existentiellen Gemeinschaft mit Jesus dem Christus? Der Mann aus Nazaret ist aufgewachsen in der Religion des von uns Erstes oder Altes Testament genannten Überlieferung, also im biblischen Judentum. Dessen Gottesbild hat eine auch in anderen Religionen bekannte Ambivalenz zwischen der richterlichen und der rettenden Rolle dieses Gottes. Zu Lebzeiten des irdischen Jesus wird erstere wortgewaltig und tatenreich von Johannes dem Täufer verkündigt. Das Einzigartige der jesuanischen Predigt, getragen von seiner ganzen Existenz und durchgehalten in allen Wechselfällen seiner Biographie, liegt darin, dass er ganz und gar auf die eschatologische Güte Gottes gegenüber den Menschen und ihrer Welt setzt. Damit dreht er sozusagen die selbstverständliche religionsgeschichtliche Orientierung um 180 Grad herum: Während die anderen Religionen von der Welt zu Gott kommen, kommt im Christentum Gott zur Welt. Das ist wortwörtlich, aber in doppelter Bedeutung zu verstehen. Für seine Zeitgenossen, doch mit bleibender Wichtigkeit, heißt das erst einmal, dass sich Gott unverdientermaßen und bedingungslos *den Menschen* zuwendet, also *jedem Menschen*, wirklich jedem ungeachtet seiner wie immer auch gearteten Kondition, die Sünde nicht ausgenommen. Dann aber heißt es, schon für die Leute damals, aber mit zunehmender Klarheit für die kommenden Generationen: Gott wendet sich den Menschen so zu, dass zwischen ihm und ihnen nicht die mindeste Distanz gewahrt wird; Gott *wird Mensch*, das Wort *ist Fleisch geworden*. Was das wirklich meint, davon zeugen die Evangelien von der ersten bis zur letzten Zeile, indem sie die theologische Lebensbeschreibung Jesu liefern – von der Zweideutigkeit des Daseinsbeginns bis zur nackten Eindeutigkeit des Gekreuzigten am Ende. Gott verbindet sich dergestalt mit *den* Menschen, dass auch die Schwachen, die Armen, die Unterdrückten, die Leidenden in der Menschheit in seine Liebe aufgenommen, in ihrer Armseligkeit angenommen sind. Der Kreuzweg ist ein Königsweg, nicht ein im Unwegsamen endender Holzweg. Das ist eine unerhörte Botschaft!

In alledem und durch dieses alles nun wird dem Menschen, also jedem Menschen eine unerwartete Richtungsumkehr ermöglicht. Er braucht hinfort nicht mehr zu schauen, wie er Welt, Umwelt und sich selber mit Opfern, Riten, religiösen Praktiken und Glaubensformeln im Lot vor Gottes Übergewicht hält. Nicht dass sie bedeutungs- oder wertlos geworden wären, aber sie gewinnen Wert und Wichtigkeit erst von der Menschlichkeit Gottes her, nicht mehr von der Gottbezogenheit des Menschen. Damit wird das eigentliche Befreiungswerk in Gang gesetzt. Weil die für das Heil notwendige Hinwendung zu Gott von diesem selbst gewirkt wird, kann der Mensch sich selbst und die ganze außerindividuelle Wirklichkeit in ruhiger Gelassenheit annehmen, entwickeln, entfalten und sich bei seinem Lebens-Werk in der Huld des Höchsten wissen. Dieses wird aus der Ebene der Zwecke in die Höhe des Sinnes gehoben. Dieser Sinn, nochmals muss es wiederholt werden, ist so umfassend und reicht so tief in alle Lebensdimensionen hinein, dass noch das Leid und der offenbare Unsinn in der Wurzel gewandelt werden.

In diesen Umwandlungsvorgang ist auch die Ethik einbezogen. An die Stelle umfangreicher und kasuistisch ausgefeilter Regelwerke, wie das jüdische Gesetz zu Lebzeiten Jesu eines war, tritt eine einzige entscheidende Maxime: Die Zuwendung Gottes zu den Menschen soll Richtschnur des menschlichen Handelns gegenüber Gott werden; der Christ seinerseits soll den Menschen zugewandt sein. Die berühmte Schilderung des Endgerichtes nach Mt 25 mutet daher geradezu atheistisch an: Das Heil Gottes findet nicht der, der dauernd auf ihn starrt, sondern der nicht um Gottes, sondern um der Not der Hungernden, Kranken, Obdachlosen, Nackten willen sachentsprechend jene Not wendet – indem er speist und besucht und beherbergt und bekleidet. Christus ist der geringste Bruder.

So kann die Antwort lauten: Der wesentliche Christ ist ein Mensch, der an die radikale Liebe Gottes glaubt und deswegen Gott und die Menschen um ihrer selbst willen in Freiheit und Verantwortung liebt. Alles andere, was zum Christentum und über das Christentum zu sagen ist, bemisst sich von dieser Aussage, entfaltet diese Aussage, grenzt gegenüber anderen Aussagen das Christliche ab. In der Sprache des Matthäus lässt sich sagen: An der Pflicht zur Gottes- und Menschenliebe »hängt das ganze Gesetz samt den Propheten« (Mt 22,40).

Christ sein ist unter dieser Rücksicht eine unendlich einfache und eine höchst widerständliche Lebensweise – einfach, weil man prinzipiell sonst gar nichts wissen, gar nichts tun muss; widerständlich, weil dieses Einfache ganz und gar der Ichbezogenheit des Menschen entgegengesetzt ist, die noch nicht in sich und unter jeder Hinsicht verwerflich ist, weil sie ja auch zu seiner Identitätswahrung gehört. Nach Jesus ist das Kriterium der Nächstenliebe die Eigenliebe: »Liebe deinen Nächsten wie dich selbst« (Lk 10,27). Den Spannungsbogen zu wahren, so dass die Selbstbezogenheit ganz aufgeht in der Bezogenheit auf den geringsten Bruder und darin auf Christus, ist das eigentliche Kreuz des Christen; es konstituiert auch sein heilsentscheidendes Gericht. Um das doppelt-eine Liebesgebot zu erfüllen, bedarf es somit des Einsatzes der vollen Freiheit. Man muss sich erst ganz haben, bevor man sich total verschenken und dabei erwarten kann, sich ganz und gar und darin das Heil zu finden.

Christ sein hat aber, wo das angezielt und verwirklicht wird, eine ungeheure Sprengkraft in sich. Dass die christliche Religion eine so gewaltige geschichtliche Erscheinung geworden ist, die aus dem Kontext der Menschheit nie wieder ganz herausgelöst werden kann; dass sie wie keine andere Religion vielgestaltig und plural geworden ist, so dass sie bislang in allen menschlichen Kulturen Fuß fassen konnte und ständig neue Denominationen aus sich freisetzt; dass sie in sich die Elemente des Mystischen wie des Prophetischen, das Amtliche wie das Charismatische zur spannungsvollen und stets prekären Synthese zu bringen in der Lage ist – alle diese Konstitutiva leiten sich von der fundamentalen Einfachheit seiner Botschaft her.

Das Christentum ist eine wesentlich universale Religion, weil ihre Grundbotschaft eben die universale Liebe Gottes ist, die in der Menschwerdung Christi alle Grenzen sprengt und alle Werte sich integrieren kann, so sie nur mit dem Humanum kompatibel sind. Weil der christliche Gott in der Verkündigung Jesu allen alles ist (vgl. 1 Kor 15,28), können auch der Nachfolger und die Nachfolgerin Christi allen alles werden (vgl. 1 Kor 9,22). Damit aber birgt die Religion trotz aller Tendenzen zu abschließendem Dogmatismus und engem Biblizismus theoretisch unbegrenzte Möglichkeiten in sich. Gewiss ist sie alles andere als eine spiritualistisch auflösbare Beliebigkeit; sie besitzt ihre Identität und hat diese zu wahren durch die Normierung an den Quellen einschließlich ihrer verbindlichen Interpretation – also an Bibel und Dogma. Aber weil sie als Religion Jesu Christi gleichzeitig und gleichermaßen Religion des Geistes ist, der die Christen mit ihm verbindet und sein Leben vermittelt (Joh 14,15-31; 16,13), transzendiert sie je und je alle Gestaltwerdungen, die je epochale Notwendigkeit, aber noch lange nicht universale Unerlässlichkeit beanspruchen können. Das Christentum steht allen menschlichen und menschheitlichen Glaubens- und Lebenserfahrungen offen – auch denen, deren sie noch gar nicht gewahr geworden ist.

Es hat daher eine von außen nicht definierbare und prognostizierbare Kraft zur Läuterung und Kursbegradigung im Blick auf die eigene Geschichte. Ihm kommt eine ebenfalls nicht von vornherein auslotbare und berechnungsfähige Integrationsfähigkeit von Natur aus zu. Wer realistisch ist, rechnet bei der Religion Christi mit Überraschungen.

10. Christentum und Religionen

Die Tatsache, dass der sinnstiftende und sinnerhellende Transzendenzbezug und damit auch dessen Vergewisserung und kultische Verwirklichung in der Religion ein Wesenszug und Wesensvollzug des Menschen ist, verbindet sich mit dem Faktum der zahlreichen Religionen, die augenscheinlich ebenso viele unterschiedliche Orientierungssysteme entwickelt haben. Eine Darstellung der christlichen Religion, die automatisch gehalten ist, das eigentlich und eigentümlich Christliche herauszuarbeiten, kann diesen Umstand nicht nur nicht übersehen, sie muss sich mit ihm eigens auseinandersetzen.

Das ist auch immer geschehen, und immer war der Prozess ziemlich kurz, der der Konkurrenz gemacht worden ist. Zwar taucht in der Patristik ab und an der Gedanke von den »Samen der (Christus-) Wahrheit« (*spermata logika*, wörtlich: »Samen des göttlichen Wortes«) bei den anderen auf, doch im allgemeinen kann man bei den Juden und Heiden nur abscheulichen Irrtum des Denkens, perverse Abläufe des Handelns, dämonische Verzerrungen des Kultes sehen. Weil dieses Urteil nur die Kehrseite der Ansicht war, dass das Christentum, das eigene Wert- und Sinnsystem, absolute gottgegebene und gottverbürgte Wahrheit ist, seine Anhänger also auf Gottes Seite stehen, folgte aus ihm mit innerer Logik die moralische Verteufelung und die realpolitische Verfolgung der Andersdenkenden. Die Christen wähnten sich auf Gottes Seite, verstanden sich als Instrumente im weltgeschichtlichen Kampf gegen Satan, den Bösen und Urheber alles Bösen; alle Mittel der Vernichtung schienen dadurch gerechtfertigt.

Ehe wir in Selbstgerechtigkeit unser Entsetzen bekunden, sollten wir einen Augenblick lang versuchen, die Problemlage zu erkunden, die zu solchen Auswüchsen und Verbrechen geführt hat. Sie kann nicht nur dem »Unwesen« der Religion zugerechnet werden (vgl. 9). Ein anderer Grund gesellt sich diesem wenigstens zu. Jede organisierte Religion versteht sich als in irgendeiner Weise vom Gott (den Göttern) ins Leben gerufenes, von ihm (ihnen) legitimiertes organisches Ganzes der Heilsvermittlung. Sie weiß sich ihm (ihnen) verdankt. In besonderem Maß trifft dies auf die so genannten Offenbarungsreligionen zu, d.h. auf solche, die an ihrem Ursprung eine göttliche Selbstkundgabe erfahren haben. Ihr Anspruch wie auch ihr Lehr- und Lebenssystem hat als oberstes Kriterium stets: »*Gott selber hat gesagt!*« Damit aber wohnt jeder Religion und den Offenbarungsreligionen verstärkt ein Anspruch auf Absolutheit und folglich auf Exklusivität ein. Es kann eigentlich nur einen einzigen Heilsweg, den ihren, geben. Von je ihrer Sicht ist der Plural »Religionen« allenfalls unter soziologischem Aspekt zulässig.

Auch die Christen haben nicht anders gedacht und gehandelt. Als bald nach dem ersten Pfingstfest Petrus und Johannes vor dem Hohen Rat stehen, um sich für die Jesuspredigt zu verantworten, führen sie als entscheidendes Verteidigungsargument an: »Jesus ist der Stein, der von euch Bauleuten verworfen wurde, der aber zum Eckstein geworden ist. Und in keinem anderen ist das Heil zu finden. Denn es ist uns Menschen kein anderer Name unter dem Himmel gegeben, durch den wir gerettet werden sollen« (Apg 4,11 f.).

Diese Überzeugung war in der Geschichte, wie wir sahen, gewiss ein höchst wirkungsvolles Motiv zur Mission, doch ebenso ein Totschlage-Argument, ganz wörtlich dies gemeint. Selbstverständlich ließ es sich wirkungsvoll auch im innerchristlichen Raum einsetzen gegen divergierende theologische Thesen – in Deutschland ist der wesentlich konfessionspolitisch bedingte Dreißigjährige Krieg ein heute noch als schrecklich empfundener Beweis dafür.

Dass heute allenfalls noch fundamentalistische christliche Randgruppen exklusivistisch denken, die offiziellen Vertreter aber einen völligen Sinneswandel vollzogen haben, belegt schlagend der Universalismus und die damit zusammenhängende Offenheit, die im vorausgehenden Abschnitt als charakteristisch christlich aufgewiesen worden sind. Am deutlichsten zeigen sie sich im Dokument »Nostra aetate« des 2. Vatikanischen Konzils über das Verhältnis der Kirche zu den nichtchristlichen Religionen (28.10.1965). Es setzt zum einen bei der fundamentalen Gemeinsamkeit aller Religionssysteme an, »Antwort auf die ungelösten Rätsel des menschlichen Daseins« geben zu wollen, zum anderen macht es ernst mit dem allgemeinen Heilswillen Gottes für das Menschengeschlecht: »Seine Vorsehung, die Bezeugung seiner Güte und seine Heilsratschlüsse erstrecken sich auf alle Menschen, bis die Erwählten vereint sein werden in der Heiligen Stadt, deren Licht die Herrlichkeit Gottes sein wird; werden doch alle Völker in seinem Licht wandeln«[96]. Der »Strahl der Wahrheit« erleuchtet daher alle Menschen[97]. Alle Religionen können folglich als Wertsysteme angesehen werden, denen die christliche Religion aufgeschlossen, dialogbereit und lernfähig zu begegnen hat.

Eine wichtige Frage allerdings muss aus christlichem Selbstverständnis noch beantwortet werden, die das Konzil seinerzeit umgangen hat. Welchen Stellenwert hat innerhalb des Kosmos der Religionen die eigene? So aufmerksam der »Strahl der Wahrheit« wahrzunehmen ist, so unabdingbar muss man bekennen, dass Christus allein Weg, Wahrheit und Leben ist – was das Dokument auch tut. Die sich nun abzeichnende Spannung haben die christlichen Theologen der Gegenwart aufzulösen versucht entweder in Richtung auf einen Inklusivismus oder auf einen Religionenpluralismus. Der erste sieht in den anderen Systemen »anonymes« Christentum, das durch Einbeziehung ins »namhafte« Christentum zu sich selber zu bringen ist. Aber stellt diese These nicht eine unerlaubte und vergewaltigende Vereinnahmung von Menschen dar, die Christen, welchen Ausdrücklichkeitsgrades auch immer, gar nicht sein wollen? Der zweite schaut in den Religionen eine je eigenständige und gültige Antwort auf die menschliche Erfahrung von Transzendenz und Offenbarung. Doch dann ist letzten Endes die eine Religion so gut und so schlecht wie die andere, und es ist nicht einzusehen, warum man Christ werden oder bleiben sollte. Das Ende wäre ein Indifferentismus, der zur Aufgabe jeder Religion führen müsste.

Das Problem ist noch lange nicht ausdiskutiert – und kann auch hier nicht definitiv gelöst werden. Jede Erörterung aber wird zwei wichtige Aspekte berücksichtigen müssen. Erstlich gilt, dass nach aller Religionen Überzeugung der eigentliche Initiator der in ihnen artikulierten Sehnsucht Gott selber ist. Die Menschen suchen Gott, weil Gott sich als Ziel des Menschseins zu erkennen gibt – das ist der Grundtenor des Offenbarungs-Gedankens. Wegen der menschlichen Erkenntnisschwäche kann sich aber Gott nicht, wie er ist, zu sehen geben, sondern nur auf dem Weg, der den Menschen, und das heißt wegen der konstitutiven Geschichtlichkeit der Menschen: diesen hier und jetzt existierenden Menschen, gangbar ist. Wenn es also eine Offenbarung oder eine sonst irgendwie geartete göttliche Initiative gibt, dann besitzt sie notwendig einen kulturalen Index. Reagieren die angesprochenen Menschen auf diese An-Sprache Gottes, dann tun sie das wiederum unabdingbar in ihrem kulturalen Kontext. Weil dieser verschieden sein kann und ist, ist auch die Antwort divergent. Ein Blick auf die faktischen Religionen aber zeigt, dass sie allesamt genau diese unterschiedlichen kultural bedingten Reaktionen auf eine in der entsprechenden Kultur erfahrene Manifestation Gottes sind, dass sie sich vor allem aber auch selber genau so sehen und verstehen. Der Islam beispielsweise besteht nicht nur darauf, dass das Wort Gottes im Koran niedergeschrieben ist, sondern dass zu dieser Niederschrift als integrales Moment die »wunderbare arabische Sprache« gehört. Gott spricht arabisch![98] Das Christentum hat immer auf seiner historischen Verankerung bestanden: »Geboren von Maria, gelitten unter Pontius Pilatus« ist der formale Ausdruck dieser Bedingtheit Jesu. Man sollte in diesem Zusammenhang die Tatsache nicht übersehen, dass ungeachtet aller Expansions- und Missionsversuche gerade der beiden erwähnten Weltreligionen das kulturelle Gefüge der Anfangsphase mehr oder weniger der ihnen eigene Lebensraum geblieben ist[99]. Man muss sich angesichts dieser Gegebenheiten die Frage stellen, ob nicht auch unter der göttlichen Perspektive die jeweilige Religion so etwas wie ein Dialekt Gottes sein könnte, in dem er seine Botschaft in die historische Groß-Situation »Kultur« hineinspricht. So wie alle Sprachen prinzipiell fähig sind, als menschliche Ausdrucksmittel zu dienen, aber einige ausgebildeter, reicher, grammatikalisch präziser sind als andere, so mag man sich auch vorstellen, dass alle Religionen von Gott als Heilswege eröffnet sind, auf denen konkrete Menschen ihr konkretes Glück finden können, dass aber durchaus manche dafür in sich geeigneter sind als andere und dass es vielleicht einen objektiven »Königsweg« der Gottbeziehung gibt. Die Christen werden ihn im Christentum erkennen dürfen.

Der zweite Aspekt hängt mit dem ersten engstens zusammen. Die vorfindlichen Religionen sind alle so stark ihren Kulturkontexten verhaftet, dass jemand, der außerhalb ihrer steht, nur unter Aufbietung größter Anstrengungen das in ihnen ausgebildete Sinnsystem erfassen und sich zu eigen machen kann. Wer Muslim werden will, muss arabisch lernen, wer die christliche Gotteslehre verstehen möchte, hat einen Kurs über mittelplatonische Philosophie zu absolvieren. Die Kulturverflochtenheit der Religionen wird für den einfachen Menschen am schlagendsten in deren Kultformen. Sie sind zugleich deren am unmittelbarsten in der gelebten Religiosität erlebte Ausdrucksgestalten. So können aber auch ob deren Fremdheit Barrieren für den Zugang zur Religion entstehen.

Im japanischen Kulturkreis ist der *Kuss* normalerweise erotisch besetzt. Im westlichen Empfinden ist er lediglich Ausdruck der Zuneigung, die eine erotische Komponente haben kann, aber mitnichten haben muss. Eltern können Kinder, Freunde, einander küssen, man kann aber auch Gegenstände aus Ehrfurcht küssen. In der lateinischen Liturgie der Eucharistie wird u.a. der Altar als Symbol Christi geküsst. Als man den Ritus unverändert nach Japan importierte, erregte das großen Anstoß – der Altarkuss galt als Fetischismus.

So ist zu fragen, ob unbeschadet der Wahrheitsfrage bis zum gegenwärtigen Moment der Geschichte eine tatsächliche Glaubensverkündigung der Religionen, auch des Christentums, überhaupt erfolgt ist oder ob nicht sehr naiv ein Konglomerat von religiösen und kulturellen Elementen als »die« Religion den anderen missionarisch vermittelt worden ist. Zwar mahnen die Theologen aller christlichen Kirchen nachhaltig die Notwendigkeit echter Inkulturation des Evangeliums an, doch tatsächlich sind alle Konfessionen noch weit davon entfernt, mit ihr Ernst zu machen. Ein echter Dialog der

Religionen hat noch kaum begonnen. Welche Resultate er zeitigen würde, geschähe er aus ihren Tiefenwurzeln heraus, weiß darum noch niemand wirklich.

Damit ist kein Freibrief für die Suspension in der Gegenwart ausgestellt. Die religionstheologischen Überlegungen dürfen nicht darüber hinwegtäuschen, dass derzeit die Konjunktur ausgesprochen schlecht ist. Als in einer symbolisch sehr ausdrucksstarken Initiative Papst Johannes Paul II. am 27. Oktober 1986 die Repräsentanten der Weltreligionen zum Friedensgebet nach Assisi einlud, ergab sich sehr schnell, dass man sich auf keinen Text einigen konnte, ja nicht einmal darauf, dass alle beten (das konnten die Buddhisten nicht nachvollziehen). Das Faktum des Treffens in sich andererseits ist nicht minder zeichenstark.

Die Religionen nämlich sind heute geradezu genötigt, sich an einen Tisch zu setzen, sofern sie ihrer Aufgabe *als* Religion gerecht werden wollen. Die meisten der gegenwärtig uns bedrückenden Probleme sind im Wortsinn Menschheitsprobleme. Sie betreffen nicht irgendeine Region des Erdballs, sondern haben globale Ausmasse (vgl. 7.1). Wir werden auch mit wachsender Klarheit gewahr, dass beispielsweise die ökologische Krise oder die Folgen der Informationsüberflutung nicht mehr oder wenigstens nicht mehr allein technisch, sondern nur mehr oder doch entscheidend ethisch bewältigt werden können. Die zukünftige Generalfrage lautet nicht mehr: Was *können* wir machen? Sie heißt: *Dürfen* wir machen, was wir machen können – Gene manipulieren, aktive Sterbehilfe leisten, Regenwälder abholzen … ? Die Weltreligionen aber sind auf dieser Erde die derzeit einzigen Ordnungsgefüge, die – insgesamt und gegenüber der Menschenmehrzahl – ethische Autorität einzusetzen in der Lage sind. Sie leisten das aber angesichts der Globalisierung der Probleme nur unter der Voraussetzung, dass sie untereinander einen Grundkonsens in den ethischen Weisungen erzielen. Dieser Konsens wird in diesem Jahrhundert über-lebenswichtigen Rang bekommen.

Aus der christlichen Perspektive lässt sich erklären, dass er an sich und aus sich heraus unter günstigen Vorzeichen steht. Die Grundbotschaft des Christentums von der Menschenliebe Gottes und der Gott-Menschenliebe der personalen Geschöpfe ist den Grundströmungen der Religionen keineswegs fremd. Sie kennen alle die Forderungen der Toleranz, der Liebe, der Großzügigkeit in der einen oder anderen Gestalt. Das ermächtigt und verpflichtet zumindestens die Christen zum Gespräch. Der Religionendialog ergibt sich aus dem christlichen Auftrag mit Folgerichtigkeit. Die christliche Religion wäre für die kommende Epoche Aufbruchssignal zur Befreiung der Menschheit.

11. Vision Christentum

»Welt ohne Christentum – was wäre anders?«, fragte der Politikwissenschaftler Hans Maier 1999 und antwortete in einem ausgewachsenen Buch[100]. Das ist natürlich eine höchst interessante, aber auch zutiefst unwissenschaftliche Frage. Niemand kann sie sonoren Tones beantworten. Es gibt das Christentum, und wir haben es nun zwei Millenien lang in der Geschichte. »Vision Christentum« – die Überschrift über diesen letzten Abschnitt ist gleichermaßen interessant und wissenschaftlich unseriös. Träume sind gewiss ein Lebenselixier, und ohne große Träume und Schauungen wären viele Ideen nie geboren worden. Aber niemand weiß, ob und wie und unter welchen Perspektiven sie sich möglicherweise realisieren. Heuristisch freilich haben solche Überlegungen sehr wohl ihren Wert, um eine Sache in klares Licht zu stellen. Die Welt, in der die Leserinnen und Leser dieses Buches samt dem Autor leben, ist so, wie sie ist, christlich geformt und befruchtet worden und also ohne diese Wurzel unmöglich zu verstehen. Weil des weiteren Zukunft zu einem ansehnlichen Teil Auszeitigung der Vergangenheit ist, sind Visionen des Kommenden nur geerdet, wenn sie diese so gewordene Gegenwart als Startpunkt nehmen. Fragen wir, alles das im Gedächtnis behaltend, schlicht und einfach: Was hat das Christentum gebracht? Dann wissen wir auch, was man vom Christentum hat – und so liefert uns dieser Blickwinkel eine Art Resümé der voraufgegangenen Seiten.

Die gegenwärtige Situation ist dadurch ausgezeichnet, dass an die Stelle kleinräumiger Gebilde immer umfassendere Einheiten treten – in der globalisierten Ökonomie wie in der Blockbildung der Kontinente. Im Kulturbereich gehen die entscheidenden Impulse immer noch von (einem inzwischen atlantisch orientierten) Europa aus, dessen Ordnungssysteme für die Entwicklung der Welt entscheidende Bedeutung hatten und noch haben, auch wenn die technischen Entwicklungen inzwischen hauptsächlich von Nordamerika ausgehen. Man mag da denken an die Kapitalwirtschaft oder an die Menschenrechte oder an die Universität. Was aber ist Europa? Wer gehört dazu? Wo sind seine Grenzen? Die vor allem seit dem Zusammenbruch des kommunistischen Systems 1989 geführten und noch lange nicht abgeschlossenen Debatten über die Beitrittskandidaten zur Europäischen Gemeinschaft, die zum Anschluss notwendigen Kriterien und die Normen für europäische Identität (Streit um die Türkei-Mitgliedschaft) machen solche Fragen über die traditonell europäisch-atlantischen Völker hinaus zu Schlüsselfragen des neuen Jahrhunderts.

Eine hinreichende Antwort setzt voraus, dass die Rolle des Christentums gewürdigt wird. Was heute unbestritten *Europa* heißt, ist ohne sie nicht denkbar. Das Römerreich war rund ums Mittelmeer zentriert, Europa war nur der Nordteil des gewaltigen Imperiums. Rhein und Donau, durch den Limes verbunden, bildeten lange Zeit einen Riegel gegen die Landmassen Eurasiens, der rund 500 Jahre wirksam sperrte. Die diokletianische Reichsreform Anfang des 4. Jahrhunderts mit der Nord-Süd-Grenze im Balkan legte den Grund für die seitdem politisch wie kulturell nie ganz überwundene Ost-West-Spannung. In Westeuropa entstanden mehrere politische Zentren (Spanien, Gallien, Britannien, Langobardenreich) mit abschottender Tendenz. Ungeachtet aller späteren Einigungsversuche (seit Karl dem Großen) blieb der europäische Kontinent zerrissen und zersplittert, ethnisch wie religiös zergliedert – wieder und wieder durch Kriege an der Entwicklung und Einigung gehindert. Wenn dennoch *Europa* immer mehr war und ist als nur ein geographischer Begriff, dann durch die christliche Religion, die ihrerseits eine außerordentlich vitale Synthese mit den Konstitutiva der Kulturen eingegangen war, mit denen sie in Berührung gekommen war und die sie entsprechend ihrem eigenen Grundgesetz der Universalität dialogisch rezipiert hatte.

Europa ist mithin wesentlich eine Idee. Europäisch ist, zu Europa gehört, was sich aus dieser Synthese speist, was aus ihr lebt, was sie wiederum dialogisch in andere ideographische Räume vermittelt. Im einzelnen besteht sie aus fünf Bestandteilen, die in der christlichen Religion als geschichtlicher Erscheinung integriert worden sind. In der Verkürzung des Schlagwortes lassen sie sich wie folgt benennen:

(1) *Judentum* – Ihm verdankt Europa die Kategorien der Geschichte und des Handelns, also den Aufruf zu dynamischem Denken und zukunftsbedachtem Tun.

(2) *Evangelium* – Die jesuanische Ethik ist universalistisch, die Reich-Gottes-Botschaft setzt auf die Freiwilligkeit der Adressaten und damit auch auf deren kritische Prüfung.

(3) *Griechentum* – Sein Grundgedanke ist die religiöse Verwurzelung des Guten, das daher von keiner Macht, auch nicht der staatlichen, manipuliert

werden darf. Der Staat hat eine ethische Basis, von der er sich nicht lösen darf.

(4) *Römischer Reichsgedanke* – Verantwortung bedarf der Ordnungsstrukturen, die Gesellschaft einer rechtlichen Grundlage.

(5) *Aufklärung* – Der säkulare Staat entwickelt die Menschenrechtsidee zur Basis globalen Zusammenlebens.

Im steten dialektischen Zusammenspiel, anders gesagt: in fortwährender Spannung haben sich daraus eine Reihe von Wertmomenten herausgebildet, auf die die Menschheit insgesamt, nicht nur die Europäer, kaum verzichten kann, will sie nicht in einen Primitivismus zurückfallen, der im Verein mit dem technischen Vernichtungspotential jeden Konflikt zu einem Weltrisiko machen könnte. Die Christinnen und Christen sind in diesem Spiel keineswegs die Zuschauer, erst recht nicht die glücklichen Besitzer, die den anderen gütigst aus ihrem Kapital etwas abgeben. Sie stehen vielmehr selber in der Zerreißprobe, die sich aus der benannten Spannung ergibt. In ihr vermögen sie zu versagen und damit selber die angedeuteten Gefahren heraufzubeschwören oder doch zu vergrößern. In diesem Sinn ist das Christentum eine stete Vision, deren Realisierung bleibende Aufgabe seiner Bekenner ist. Als wesentliche, der Vollständigkeit bare Beiträge der Religion zur Kultur der Menschheit lassen sich, wiederum gedrängt, benennen:

(1) *Erhellung des Menschenbildes*: Weil der Kreuzweg als gültiger Menschenweg anerkannt wird, ist eine uneigennützige Sorge für die Armen und Kranken und daraus erwachsend die Sozialverpflichtung möglich geworden. Weil der Glaube als vernunftgerecht und vernunftmäßig angesehen wird, ist der Weg für eine rationale Lebenssicht eröffnet, aus der die kritische Wissenschaft entsteht. Die Universität ist das Haus aller Disziplinen, die gleichberechtigt nach der Wahrheit suchen. Weil Gott Vater aller Menschen ist, bildet sich das Bewusstsein von der prinzipiellen Gleichwertigkeit und Gleichberechtigung aller Menschen aus, konkretisiert in der Abschaffung der Sklaverei, der Überwindung von Rassismus und Sexismus. Erst unter christlichen Auspizien ist der Gedanke einer »Menschheit« wirkmächtig geworden.

(2) *Klärung des Zeitbegriffs*: Die Idee der Heilsgeschichte überwindet die Vorstellung einer zyklischen Zeit als lebensbestimmend zugunsten einer dynamischen Konzeption. Der Gedanke des Fortschritts kann erst daher abgeleitet werden. Sofern diese fortlaufende und gerichtete Geschichte qua-

lifiziert wird durch den Heilsplan Gottes, wird die Zeit gefüllte, d.h. wertvolle, auszukaufende, zu nutzende, dienstbare Zeit. Sie kann verwendet werden, um zum Lebensziel zu kommen. Gleichermaßen aber setzt diese eschatologische Dimension der Zeit den Menschen in die Freiheit der Verfügung. Weil das Heil Geschenk und nicht Leistungsverdienst ist, kann der Mensch sich Zeit nehmen und Zeit lassen, Feste inszenieren, feiern, Liturgien begehen. Zur Zeit gehört nun die Komponente der Frei-Zeit. Die Gerichtetheit der Zeit birgt schließlich auch den Gedanken des Gerichtes in sich: Tun und Lassen des Menschen als Individuum wie als Kollektiv unterliegen der Verantwortung vor Gott.

(3) *Entlassung der Welt in die Autonomie*: Weil Gott der Schöpfer aller Dinge ist und Christus die ganze Welt erlöst hat, der Heilige Geist sie durchpulst, ist alle irdische Wirklichkeit geheiligt. Das bedeutet zunächst, dass der uralte Unterschied zwischen dem Heiligen und dem Vor-dem-Heiligen (lat. dem *profanum*) entfällt. Weil alles geheiligt ist, ist nichts mehr tabu, sondern der verantworteten Verfügung des Menschen anheimgegeben. Natur ist nicht Gegenstand der Verehrung, sondern der Nutzung: Eichen betet man nicht mehr an, sondern verarbeitet sie. Erst auf dieser Basis kann die Zivilisation, können Technik und Naturwissenschaften ausgebildet werden. Damit wird zugleich die Arbeit aus strafbeladener Mühsal zur Quelle menschlicher Selbstbestimmung und Freiheitsverwirklichung, dank derer Wertschöpfung ermöglicht wird. Auf der anderen Seite zwingt die Heiligkeit der Schöpfung den Menschen zur bedachtsamen Wahrung der Ressourcen und zur Entwicklung der naturalen Möglichkeiten. Die Natur ist auch ein Erkenntnisweg Gottes, auf dem man seine Spuren sieht. Naturdinge lassen sich zu sakramentaler Würde erheben und werden wirkkräftige Mittel und Vermittlungen der Liebe Gottes. Der Beruf als Weise der Weltgestaltung ist, das haben vor allem die Reformatoren im 16. Jahrhundert ausgearbeitet, Berufung, Anruf Gottes an das Individuum, dem durch die Berufsarbeit entsprochen werden soll[101].

(4) *Entideologisierung der Macht*: Der dem Christentum innewohnende Gedanke der Gleichheit in der Freiheit der Kinder Gottes hat Reflexionen und Impulse aus sich herausgesetzt, die in den Ideen der Rechtsgleichheit, der Rechtsstaatlichkeit, der Menschenrechte, des Völkerrechts, der Friedensordnungen, der Formalisierung der Konflikte zur Auswirkung kommen. Oberster Wert in einer Gesellschaft ist die Beförderung dieser Grundsätze,

nicht mehr die selbstzentrierte Macht. Jede Autorität (auch die in der Kirche) wird dadurch radikal auf die Seite der Menschen und in den Dienst der Menschen gesetzt. Der Macht-Haber ist weder Gott noch Dämon, sondern einer, der eben das tun und danach sich verantworten muss, was das lateinische Wort *auctoritas*, von dem *Autorität* abgeleitet ist, eigentlich meint: Er ist Mehrer (*augere* fördern, wachsen lassen) des Wohls, dessen Summe und Überbietung das Heil Gottes ist. Daran bemessen sich christlich Macht und Autorität.

Die Zukunft der christlichen Religion ist angesichts der Verknüpfung der Realisierung der genannten Werte mit dem Überleben der Menschheit wesentlich davon bestimmt, wie weit und wie nachdrücklich es den Christinnen und Christen als einzelnen wie auch den durch sie gebildeten kirchlichen Gemeinschaften gelingen wird, das spezifisch Christliche als das Programm von Freiheit und Humanität in der Welt der Gegenwart zu vermitteln. Der allererste und alle anderen logisch wie psychologisch bestimmende Schritt ist die Plausibilisierung dieses Programms durch Veranschaulichung im Leben des einzelnen wie des christlichen Kollektivs, also der Kirche. Diese vor allem muss als Hort der Freiheit und Hüterin der Menschlichkeit unmittelbar und »handgreiflich« erfahren werden. In einer Welt, in der das demokratische Ideal als Basis friedlichen Zusammenlebens und gedeihlicher Entwicklung erfahren wird, haben kirchliche Zentralismen und Autoritarismen, machtorientierte Hierarchisierungen und Rechtsversagungen keine evangelisierende Wirkung. Sie schrecken ab und entlassen allenfalls in die Freiheit der Bindungslosigkeit, da solche Autorität als desorientierend erfahren wird und man sich ihr entzieht. Die Kirchengemeinschaften sind allerdings nur dann zur wirklichen Dienstbarkeit echter Autorität imstande, wenn sie bereit sind, sich von entsprechenden kulturalen Traditionen der Vergangenheit zu lösen, um der Lebenswelt der Menschen gleichzeitig zu werden. Die biblische Botschaft verlangt nicht die Bewahrung des Alten, sondern des Ursprungs. Dem Ursprung Zukunft geben – das ist kirchliche Aufgabe. Sie ist nur dann in die Tat umsetzbar, wenn sie in der vollen Synchronie zur Gegenwart geschieht. Gerade darin wird auch der Tradition der ihr gebührende Raum gegeben, sofern das Präsens unausweichlich Mündungsgebiet des Präteritums ist.

Zu diesen Binnenaufgaben der einzelnen Gemeinschaften kommen Programmpunkte, die ihr Außenverhalten angehen. Die Minderheitensituation des Christentums dürfte ein langfristig unumkehrbares Faktum sein. Will das Christentum dennoch wirksam wirken, biblisch gesprochen, Sauerteig im Mehl der Welt werden, muss es vorrangig das ökumenische Problem lösen. Man kann zwar in vielen Sprachen, aber nicht mit gespaltener Zunge das Evangelium verkünden. Die inzwischen über ein Jahrhundert währenden Suchbewegungen haben erbracht, dass als Zielvorstellung nicht mehr das Modell der homogen-uniformen Einheit dienen kann. Mehr und mehr stellt sich heraus, dass die Konfessionen grundsätzlich auch legitime Inkulturationen der christlichen Botschaft sind, deren universalistischer Grundzug auch darin sichtbar zu werden vermag. Als solche bergen sie aber desgleichen Einseitigkeiten, Überakzentuierungen und die Versuchung zur Verabsolutierung des eigenen Ansatzes in sich. Sie bedürfen darum der innerchristlichen theologischen Kritik. Erst wo sie nicht gehört wird, mutieren Weisen des Christlichen in die Abwegigkeit der Häresie. Die mühsame Arbeit des Ökumenismus der letzten Jahrzehnte hat klar werden lassen, dass Einheit nur in der akzeptierten Pluralität möglich ist. Das Unterschiedlich-Unterscheidende aber ist dann auch ohne Risikoscheu und Angst als christentümlich anzuerkennen. Mutatis mutandis gilt das Dialogpostulat wie für die Konfessionen des Christentums für das Christentum als Religion in der Begegnung mit den anderen Religionen.

Darüber hinaus leitet der christliche Universalismus zum Gespräch mit allen Menschen guten Willens an. Die Natur- und Humanwissenschaften stoßen in ihren Forschungen auf Wirklichkeitsbereiche, die unsere bisherigen Anschauungen zu erheblichen Revisionen zwingen werden. Die Aufschlüsselung des Erb-Codes legt nahe, dass bisher moralisch bewertetes Verhalten genetisch vorherbestimmt ist. Die Hirnforschung hat, wie schon erwähnt worden ist, entdeckt, dass Moralität einschließlich Schuld- und Verantwortungsbewusstsein offenbar an eine Region des vorderen Stirnhirns gebunden ist. Fällt sie durch Unfall oder Tumor aus, können sie nicht mehr ausgebildet werden. Andererseits stellt sich heraus, dass die physische Hirnentwicklung vom mentalen Training der emotionalen Fähigkeiten abhängt. Positive Erfahrungen wie Liebe, Zuneigung, Geborgenheit schaffen angstfreie Räume und beeinflussen die Hirnentwicklung. Die Frage lässt sich kaum abweisen, ob auch die »Gottfähigkeit« des Menschen, sein Interesse für Religion, Glaube, Kirchlichkeit – für das Göttliche überhaupt in solchen neurophysiologischen Kontexten zu verstehen ist. Wenn diese nicht mehr angesprochen und aktuiert werden, wenn mit anderen Worten die religiöse Erziehung ausfällt, kann Gott dann die menschliche Freiheit noch erreichen und zu Wort kommen? Dieses einzige Beispiel lässt erahnen, welche Neuinterpretationen und Vertiefungen des Glaubensverstehens für die Christinnen und Christen zu erwarten sind. Dazu ist der enge und unbefangene Kontakt mit den Vertretern der entsprechenden wissenschaftliche Disziplinen rigorose Bedingung.

In diesen Jahren ist unter den Christinnen und Christen oft die Rede von der Re- oder Neuevangelisierung. Es ist nicht immer deutlich, was damit gemeint sein soll, noch weniger, wie man sie anzugehen hätte. Immer jedoch handelt es sich um die Absicht, den Bruch zwischen Evangelium und neuzeitlicher Kultur zu beheben. Das freilich ist für beide lebensnotwendig – fürs Evangelium, das so allein seine Universalität bewahrt, für die Kultur, weil sie den Humanismus der Freiheit dringender denn je nötig hat angesichts der einengenden Zwänge der globalen Gesellschaft der nahen Zukunft.

Die christliche Religion tritt in eine neue und unbekannte Epoche ein. Die Wege zu bahnen, ist Aufgabe der Kirchen, die sie repräsentieren. Kirche versteht sich aber vornehmlich als Gemeinde, d.h. als von Gott berufene Gemeinschaft von Individuen, die durch die Taufe ihr zugesellt und mit dem Gottesgeist erfüllt worden sind. So ist die Sache der Kirche die Aufgabe jeder Christin und jedes Christen, sich als geistliche Menschen in dieser Welt und in dieser Zeit zu bewähren. Was aber »Geistlichkeit« bedeutet und wie man sie wahrnehmen kann, hat Paulus präzise umrissen: »*Wo der Geist des Herrn wirkt, da ist Freiheit*« (2 Kor 3,17).

Aus dem Atem der Freiheit, der der Hauch des Heiligen Geistes Jesu Christi ist, leben die Christen – und lebt in den Christen das Christentum.

NACHWORT

Autoren haben oft den Schrecken der ersten Seite geschildert: Was schreibt man alles auf das gähnend leere weiße Blatt? Den Verfasser dieses Buches hat der Horror der letzten Seite gequält: Was alles schreibt man *nicht*, um gleichwohl dem Problem im vorgegebenen Raum und Rahmen gerecht zu werden? Was ist Christentum? Diese (und, manchmal wenigstens, dieser) Frage stellen sich mehr und mehr Menschen, paradoxerweise in dem Augenblick, da sich eben dieses Christentum nach gängiger Meinung in Belanglosigkeit aufzulösen scheint.

Wer nämlich antworten will, gerät schnell in erhebliche Verlegenheit. Er soll ein Phänomen beschreiben, das seit rund zwei Jahrtausenden existiert, wie kaum ein anderes globale Auswirkungen hat, nahezu alle Lebensbereiche in jener westlichen Welt geformt hat, die ihrerseits, ob zu Liebe oder zu Leide, Maß und Norm für den Erdball geworden ist. Er ist gehalten, eine Erscheinung darzustellen, die es so gar nicht gibt, wie sie begrifflich sich darbietet: *Das* Christentum löst sich bei genauerer Betrachtung auf in viele christentümliche Gestalten von Theologie, Frömmigkeit, Philosophie, Kunst, Literatur, Ethik. Das gilt diachron wie synchron. Könnte sich eine Christin oder ein Christ, sagen wir, des 4. oder 13. Jahrhunderts in der Sonntagsliturgie (inklusive Predigt) des 21. wiederfinden? Bedenklicher noch: Kämen Christin und Christ selbst der gleichen Konfession von heute so ohne weiteres in ihrem Christentumsverständnis miteinander klar? Wie soll man bei solcher Lage das Christentum beschreiben? Die Farben verschwimmen.

Es bleibt nur die eine Wahl: Entweder läßt man die Frage auf sich beruhen oder wagt mit dem Mut der Tollkühnheit einige Antwortelemente beizubringen, auf das Wunder bauend, der eine oder die andere aus dem Publikum gewönne diesen oder jene Schimmer von Erkenntnis: Das ist das Christentum! Der Autor hat sich für die zweite Alternative entschieden. *In magnis sat voluisse*, tröstet er sich mit Properz: "Bei großen Dingen reicht der Wille aus". Und es gibt kaum Größeres als das Christentum, meint der Verfasser. Es wird auch die vorliegende lückenhafte Präsentation überstehen. Bald jeder Satz in diesem Werk ist der Deckel über einem Abgrund von Problemen. Zu nahezu jedem Begriff existieren kommentierende Bibliotheken voll kontroverser Meinungen. Der Autor weiß es, aber er hat der gelehrten Versuchung widerstanden, das durch lange Nachweise zu belegen. Anmerkungen und Literaturangaben sind knapp, de Verweis auf das Internet mag manchem schnell weiterhelfen, der umfassendere Belehrung sucht.

Christentum ist ein historisches Ereignis, das eine umfangreiche und komplexe Lehre hervorgebracht hat, um ein Lebens- und Sinnproblem der Freiheit zu entwerfen. Es bildet also eine umfassende Einheit. Sie bedingt, dass alle Dimensionen sich verzahnen. Jede Iuxtaposition ist im Grunde verfälschende Verkürzung. In einem Atemzug gehört alles gesagt. Weil uns das aber versagt ist, sind Antizipationen und Duplikationen nicht ganz zu vermeiden. *Repetitio est mater studiorum,* tröstet der Autor – diesmal die Leserinnen und Leser: "Wiederholung ist des Studierens Kern". So meinten jedenfalls die mittelalterlichen Meister.

Schriftstellerische Tätigkeit nennt das Finanzamtsdeutsch das Verfassen eines Buches – nicht elegant, doch treffend. In der Tat stellt ein Autor auf dem Papier zusammen, was ihm von schier unzählbaren Seiten zugetragen worden ist – von Büchern, Erfahrungen, Widerfahrnissen, Gesprächen. Er hat vielfachen, aber kaum namentlich zu machenden Dank abzustatten. So begnügt er sich mit zwei Namen. Technische Hilfe bei der Erstellung der Internet-Informationen gab stud. rer. nat. Ralf Geretshauser, dem ich dafür verbunden bin. Dass aus diesem Näherungsversuch an das Wesen des Christentums ein präsentabler Band geworden ist, muß Dr. Peter Suchla vom Verlag Herder gut und zur Ehre geschrieben werden.

Pentling, am Fest der Taufe Christi 2000.

WOLFGANG BEINERT

Abkürzungen

Es wird das Abkürzungsverzeichnis des »Lexikons für Theologie und Kirche«, Freiburg-Basel-Wien 1993 verwendet. Biblische Bücher werden zitiert nach Buch (Zu den Siglen Tafel 3), Kapitel und Vers(en):
Apg 11,26 = Apostelgeschichte, Kapitel 11, Vers 26.

Anmerkungen

[1] Zur Chronologie des Lebens Jesu vgl. unten I,1.3.
[2] Text nach K.-H.Ohlig, Christologie I (= tzt D 4/1), Graz-Wien-Köln 1989, Nr.28, S. 44.
[3] Statistiken Tafel 34.
[4] Tafel 1. Das Konzil von Konstantinopel I (381) hat den Text von Nikaia vor allem um den 3.Artikel über den Hl. Geist erweitert. Die vorliegende Form ist in den Akten des Konzils von Chalkedon (451) erhalten geblieben.
[5] R.Guardini, Das Wesen des Christentums: F.Henrich (Hg.), Werke. Romano Guardini. Das Wesen des Christentums – Die menschliche Wirklichkeit des Herrn, Mainz-Paderborn 7 1991, 68.
[6] G.Theissen – A.Merz, Der historische Jesus. Ein Lehrbuch, Göttingen 1996, 323 f.
[7] Daneben heißen in der urchristlichen Literatur auch noch andere Männer und Frauen *Apostel*, welche nicht zum ursprünglichen Zwölferkreis gehören: Paulus, Barnabas, Junia, Andronikus. Zum frühchristlichen Apostelbegriff näher K.Berger, Theologiegeschichte des Urchristentums. Theologie des Neuen Testaments, Tübingen-Basel 1994, 179-188.
[8] Am deutlichsten wird das im »Ehescheidungs-Logion« Jesu: Die Grundform Mk 10,2-9 (absolutes Scheidungsverbot) wird den Gemeindeverhältnissen angeglichen Mt 5,32 und 19,3-9 (Ausnahme: »Unzucht«) sowie 1 Kor 7,15 f. (Ausnahme: Konversion eines Partners zum Christentum).
[9] Die ab hier genannten Formeln bezeichnet man auch als *Bekenntnisschriften*. Es sind amtlich anerkannte und im Sinne der Hl. Schrift auszulegende (daher »normierte Norm« oder *norma normata* im Unterschied zur »normierenden Norm« oder *norma normans non normata* der Bibel) verbindliche Lehraussagen eines christlichen Bekenntnisses (Konfession).
[10] DH 50, vgl. DH 3006.
[11] Adv.haer. III,3,2.
[12] AAS 81 (1989) 105 f.
[13] Eine ausführliche Darstellung H.Reller – M.Kießig – H.Tschoerner (Hgg.), Handbuch Religiöse Gemeinschaften, Gütersloh 4 1993, 31-189.
[14] Konzil von Florenz, Dekret für die Jakobiten von 1442 (DH 1351).
[15] Dekret »Unitatis redintegratio« über den Ökumenismus 4.
[16] A.a.O. 3.
[17] Gleichwohl gibt es in der ganzen Kirchengeschichte wieder und wieder gnostische Strömungen und Richtungen, so z.B. die Manichäer im Altertum, die Bogomilen und Katharer im Mittelalter; gegenwärtig weisen gnostische Züge manche neureligiösen und esoterischen Lehren auf.
[18] Ep. XI,61 (PL 77,1187).
[19] J.Delumeau, Angst im Abendland. Die Geschichte kollektiver Ängste im Europa des 14.-18.Jahrhunderts, Reinbek 1985, Bd. 1 (= rororo 799), 39.
[20] B.Moeller, Geschichte des Christentums in Grundzügen (= UTB 905), Göttingen 6 1996, 143.
[21] J.Sprenger – H.Institoris, Der Hexenhammer (Malleus maleficarum), hg. von J.W. R.Schmidt (= dtv 2162) 3 1985, 97 f. (Zitat 98).
[22] Vgl. die Zusammenstellung der Leib-Allegorien nach dem mittelalterlichen »Bestseller-Autor« Honorius Augustodunensis († nach 1137) in: W.Beinert, Die Kirche – Gottes Heil in der Welt. Die Lehre von der Kirche nach den Schriften des Rupert von Deutz, Honorius Augustodunensis und Gerhoch von Reichersberg. Ein Beitrag zur Ekklesiologie des 12.Jahrhunderts (= BGPhThM – NF 13), Münster 1973, 168 f.

[23] DH 347.
[24] P.Neuner (Hg.), Ekklesiologie I (= tzt D5,), Graz-Wien-Köln 1994, Nr. 79, S.107.
[25] De nugis (ed.James 61).
[26] P.Neuner, a.a.O. (Anm.24) Nr.78, S. 106.
[27] A.Vauchez, Gottes vergessenes Volk. Die Laien im Mittelalter, Freiburg-Basel-Wien 1993.
[28] A.Franzen, Kleine Kirchengeschichte, hg.v. R.Bäumer (= Herderbücherei 1577), Freiburg-Basel-Wien ⁶1998, 204.
[29] Franz von Assisi, Legenden und Laude, hg. v.O.Karrer, Zürich 1945, 72 f.
[30] NR 394.
[31] Johannes Paul II., Enzyklika Fides et Ratio (14. September 1998) (= VAS 135), Bonn 1998.
[32] Augustinus, De vera religione IV,77.
[33] Regel 36.
[34] Allgemeine Erklärung der Menschenrechte vom 10. Dezember 1948: Menschenrechte. Dokumente und Deklarationen, hg. von der Bundeszentrale f.politische Bildung, Bonn 1991, 34.
[35] Vita Ansgarii 36. Zit. nach G.Sauermann, Ansgar – Knecht Gottes: F.Delius u.a. (Hgg.), Die »Pigmenta« des heiligen Ansgar, Kiel-Hamburg 1997, 99.
[36] De orat. 11,2 (GCS Origenes II,322).
[37] Mart. Polycarp. 18,2.
[38] Zum Ganzen ausführlich: A.Angenendt, Heilige und Reliquien. Die Geschichte ihres Kultes vom frühen Christentum bis zur Gegenwart, München 1994. Eine Kurzbiographie der kanonisierten Heiligen und ihrer Attribute und Patronatszuweisungen: O.Wimmer-H.Melzer, Lexikon der Namen und Heiligen, Innsbruck-Wien-München ⁴1982.
[39] Lob der Torheit: Ausgewählte Schriften (ed. Welzig), Darmstadt 1975, Bd.2, 97.
[40] Art.Smalcald. II/2.
[41] Inst. christ. relig. I,12,1.
[42] CA 21 und Apol. 2.
[43] WA Pr. 1, 60 f.
[44] DH 1821-1825.
[45] B.Roeck (Hg.), Deutsche Geschichte in Quellen und Darstellung, Band 4: Gegenreformation und Dreißigjähriger Krieg 1555-1648 (= Reclam UB 17004), Stuttgart 1996, 105-108 in Auszügen; hochdeutsche Fassung: W.Beinert.
[46] In der hebräischen Schrift gibt es keine Vokalzeichen. Die Konsonantenfolgen können daher verschieden gelesen werden. Zwischen 500 und 950 erarbeiteten jüdische Gelehrte, die *Mas(s)oreten*, zur Vereindeutigung diakritische Zeichen.
[47] P.Knauer (Hg.), Ignatius von Loyola: Geistliche Übungen und erläuternde Texte, Leipzig 1978, 149.
[48] Regel 11: a.a.O. 151.
[49] Regel 18, a.a.O. 154.
[50] Vgl. K. Schatz, Vaticanum I 1869-1870, Band I: Vor der Eröffnung, Paderborn u.a. 1992,263.
[51] Verfassung des Ökumenischen Rates: W.A.Visser t'Hooft, Neu-Delhi 1961. Dokumentarbericht über die Dritte Vollversammlung des Ökumenischen Rates der Kirchen, Stuttgart 1967, 457.
[52] Zahlreiche Belege bei N.Ebertz, Erosion der Gnadenanstalt? Zum Wandel der Sozialgestalt der Kirche, Frankfurt a.M. 1998.
[53] Nr.96.
[54] FAZ vom 29.10.1999, S.10: »Keine Einheit von oben«.
[55] H.-W.Gensichen, Art. Missionsgeschichte: EKL 3,450.
[56] B.Harenberg (Hg.), Aktuell 2000. 30 000 aktuelle Daten zu den Themen unserer Zeit, 16.Jahrg.,Dortmund 1999, 565. 592. 664.
[57] Zit. nach G.Minois, Die Hölle, Zur Geschichte einer Fiktion (=dtv 4679), München 1994, 352. – Unter *Limbus* verstanden die mittelalterlichen Theologen den jenseitigen Aufenthaltsort für die vorchristlichen Heiden und die tauflos gestorbenen Kinder christlicher Eltern.
[58] Fundstellen: »Mirari vos« DH 2730-2732; Syllabus DH 2901-2980; »Lamentabili« DH 3401-3466; »Pascendi dominici gregis« DH 3475-3500.
[59] Vom Sinn der Kirche, Mainz 1923, 11.
[60] Goethe, Faust I, 2557-2564. Vgl. dazu A.Schöne, Faust-Kommentare, Frankfurt a.M. ⁴1999, 287 f.
[61] Vor allem in den Büchern V und XV des gewaltigen Werkes »De Trinitate«.

⁶² Wenn Gott bis heute durchgehend als »Vater« bezeichnet wird, verbindet sich *theologisch* damit keine sexuelle Dimension in Gott und daher auch keine Assoziation mit einer Geschlechterhierarchie. *Psychologisch* ist diese Abstinenz allerdings oft nicht durchgehalten worden. Die Feministische Theologie im ausgehenden 20.Jahrhundert hat aufmerksam gemacht, dass schon in der Bibel nicht selten weibliche Züge mit Gott in Bezug gebracht werden. Er erscheint als gebärende oder stillende Frau, als Adlermutter oder Henne, als Geliebte oder Haushälterin (V.Mollenkott, Gott eine Frau? Vergessene Gottesbilder der Bibel, München 1985). Im katholischen Messbuch für den deutschen Sprachraum wurde 1993 ein »Hochgebet für Messen für besondere Anliegen« zugelassen, dessen Variante IV (»Jesus, der Bruder aller«) in der Präfation sagt: Jesu Leben und Botschaft »lehren uns, dass du für deine Kinder sorgst wie ein guter Vater und eine liebende Mutter« (Kleinausgabe, Solothurn u.a. 1995, 39. 40).
⁶³ III 403 A.
⁶⁴ Gen 1,1-2,24. Hier Gen 1,1-4 zit.nach der Übersetzung von M.Buber und F.Rosenzweig. In engem Zusammenhang mit den genannten Kapiteln steht der » Sündenfallbericht« Gen 3.
⁶⁵ Dogmatische Konstitution »Dei Verbum« über die göttliche Offenbarung 11.
⁶⁶ Schon seit dem 17.Jahrhundert hat man beobachtet, dass biologische Systeme ganz bestimmten Anforderungen genügen müssen, die tatsächlich von der Natur erfüllt worden sind. Im 20.Jahrhundert stellte sich durch weitere Beobachtungen heraus, dass geringfügige Änderungen der entscheidenden Parameter menschliches Leben unmöglich gemacht hätten. Dieses stand wenigstens von unserem Beobachtungsstandpunkt immer schon im Fadenkreuz der Naturgesetze. Man nennt diese Feststellung »anthropisches Prinzip«. Es existiert in mehreren Varianten.
⁶⁷ Welt und Person. Versuche zur christlichen Lehre vom Menschen, Mainz-Paderborn ⁶1988, 121 f.
⁶⁸ Das gemeingermanische Adjektiv *heil* bedeutet *gesund, unversehrt, ganz, vollständig*. Vgl. engl. *whole* oder griech. *holos* »ganz« (auch enthalten in *kat-holisch*).

⁶⁹ Wegen der unten zu besprechenden Sonderstellung Marias bezeichnet man den ihr entsprechenden Kult als *Hyperdulia* (*hyper* griech. »über = Mehrwert besitzend«).
⁷⁰ Vor allem das »Dekret über die Anrufung, die Verehrung und die Reliquien der Heiligen« des Konzils von Trient (563): DH 1821-1825.
⁷¹ Brief an Johannes Campanus: B.Becker, Fragment van Francks latijnse brief an Campanus in: NAK 46 (964/65), 197-205. Hier zit. nach A.E.McGrath, Der Weg der christlichen Theologie. Eine Einführung, München 1997,482.
⁷² Bezeichnenderweise sind es Kanonisten im 14.Jahrhundert, die die ersten Gesamt- darstellungen der Ekklesiologie verfassen.
⁷³ Inst.rel.christ. IV,1.9-10. Hier zit.nach A.E.McGrath, a.a.O. (Anm.71) – Ähnlich auch Confessio Augustana VII.
⁷⁴ De Sancta Pentecoste II: PG 50,463 f.
⁷⁵ De unit.Eccl. 5.
⁷⁶ Ep. ad Smyrn. 8,2. – Ursprünglich ist die Adverbialverbindung *kath' holou*, aus der das Adjektiv *katholikos* gebildet wird. Im profanen Griechisch ist »katholische« Geschichte = Universalgeschichte (Gegensatz: Partikulargeschichte)
⁷⁷ C. v. Barloewen, Der lange Schlaf: Der Tod als universelles Phänomen der Weltkulturen und Weltreligionen: (Hg.), Der Tod in den Weltkulturen und Weltreligionen, München 1996, 10.
⁷⁸ Davon zu unterscheiden ist die *Apokalyptik*, ein Denken, das in vielen Formen zu allen Zeiten begegnet. Den gegenwärtigen Spielarten ist gemeinsam, dass sie das baldige Weltende mit der Wiederkunft Christi erwarten, gestützt auf obskuren Berechnungen aus biblisch-apokryph-kabbalistischen Zahlenangaben. Die Geschehnisse der Zeit werden negativ gedeutet.
⁷⁹ Es gibt sehr viele Berichte klinisch toter und dann reanimierter Personen, die unabhängig voneinander, aber miteinander konvergierend von seltsamen Erlebnissen während ihrer Ohnmacht erzählen (Lichterlebnisse, blitzartiger Lebensüberblick, Farbenschau u.ä.). Dabei ist zu bedenken, dass sie zwar todesnah, aber nicht tot gewesen sind,

also vom Zustand danach nichts berichten können. Zudem wissen wir, dass der Körper in Extremsituationen so genannte Endorphine ausschüttet, die ähnliche Wirkungen wie Rauschgift haben – und die Erzählungen Süchtiger sind denen klinisch Toter ähnlich.

[80] Faust II, 5.Akt, VV. 11587-11593.
[81] Bd.2: Leben aus dem Glauben, Bonn Freiburg u.a. 1995, 131.
[82] DH 2. Die Grenzen sind gegeben durch die Freiheitsentscheidungen der anderen Personen.
[83] H.Jonas, Rückschau und Vorschau am Ende des Jahrhunderts, Frankfurt a.M. 1993, 41.
[84] Kirchenkonstitution »Lumen gentium« 1.
[85] Katechismus der katholischen Kirche Nr. 1676 und 1679.
[86] Vgl. Evangelischer Erwachsenen-Katechismus 1239-1290.
[87] Mt 26,20-29; Mk 14,17-25; Lk 22,14-23; 1 Kor 11,23-25.
[88] Die Abspaltung, die mit dem Namen des Erzbischofs Marcel Lefebvre verbunden ist. Vgl. 4.1.
[89] Ausführlich hat N.Beer das Abendmahlsverständnis der Mitgliedskirchen der Arbeitsgemeinschaft Christlicher Kirchen in Nordrhein-Westfalen (ACK-NRW) verglichen: N.Beer (Hg.), Christliche Kirchen feiern das Abendmahl. Eine vergleichende Darstellung, Kevelaer-Bielefeld 1993.
[90] Vorlagen waren die offiziellen liturgischen Bücher der genannten Kirchen.
[91] Angenommen, es gibt Gott…: Christ in der Gegenwart Nr.50/1999, 411 f.
[92] Offenbarungskonstitution »Dei Verbum« 8.
[93] Conf. 10,6.
[94] Grundfragen der Religion, Leipzig 1981, 229-239; die Zitate 233. 235.
[95] Kongregation f.d.Klerus, Der Priester, Lehrer des Wortes, Diener der Sakramente und Leiter der Gemeinde für das dritte christliche Jahrtausend (19.März 1999) (VAS 139,1): »Bei der Realisierung der Evangelisierungsarbeit darf auch nicht vergessen werden, dass manche Begriffe und Worte, mit denen sie traditionsgemäß durchgeführt wurde, für den größten Teil der modernen Kulturen nahezu unverständlich geworden sind. … Deshalb muss die Neu-Evangelisierung … imstande sein, auch heutzutage geeignete Ausdrucksweisen zu finden …, ohne deshalb auf die … feststehenden und bereits angenommenen Formulierungen des Glaubens zu verzichten«.
[96] Dekret über das Verhältnis zu den nichtchristlichen Religionen »Nostra aetate« 2. Der Text ist (in den Anmerkungen) biblisch stark abgesichert.
[97] A.a.O.
[98] Koran, Sure 12,2; 20,113; 26,195; 39,28 u.ö.
[99] Im topographischen Sinn gilt das fürs Christentum jedoch nicht: Es ist zweimal aus seiner Urheimat Palästina vertrieben worden: Zum ersten Mal durch die jüdischen Landsleute, was zur Entwurzelung der römischen Religion führte und dem Christentum die geistige Wahlheimat der griechisch-römischen Kultur bescherte, das zweite Mal durch die Expansion des Islam.
[100] H.Maier, Welt ohne Christentum – was wäre anders? (Herder Spektrum 4721), Freiburg 1999.
[101] In der Antike ist die Grundhaltung des freien Mannes das *otium* »(Muße«), das neg-otium (Verneinung: »Geschäft, Arbeit«) ist Sache der Sklaven. Noch im Mittelhochdeutschen ist *arebeit* identisch mit »Mühsal«, »Not« (vgl. den Anfang des *Nibelungenliedes*, das von *grozer arebeit* der Nibelungen erzählt). Erst unter christlichem Einfluss setzt sich der Gedanke durch, dass jeder von Gott berufen sei; dabei ist die »eigentliche« Berufung bis an den Beginn der Neuzeit die geistliche Berufung.

Auswahlbibliografie

* = Nachschlagewerke, Handbücher
** = Quellenwerke, Textsammlungen

W.Albers, Kirche, Staat, Politik, Stuttgart u.a. ²1998.
C.Andresen, Handbuch der Dogmen- und Theologiegeschichte, 3 Bde., Göttingen ²1998.
A.Angenendt, Geschichte der Religiosiät im Mittelalter, Darmstadt 1997.

P.Antes, Mach's wie Gott, werde Mensch. Das Christentum, Düsseldorf 1999.

H.Barth – O.H.Steck, Exegese des Alten Testaments. Leitfaden der Methodik, Neukirchen [14]1999.

* J.B.Bauer – M.Hutter (Hgg.), Lexikon der christlichen Antike, Stuttgart 1999.
* W.Beinert (Hg.), Texte zur Theologie, Sektion Dogmatik, 10 Bde., Graz-Wien-Köln 1989 ff. (Abkürzung: tzt).
* W.Beinert (Hg.), Glaubenszugänge. Lehrbuch der kath. Dogmatik, 3 Bde., Paderborn u.a. 1995.
* W.Beinert (Hg.), Lexikon der katholischen Dogmatik, Freiburg-Basel-Wien [4]1997.

K.Berger, Exegese des Neuen Testaments. Vom Text zur Auslegung, Heidelberg [2]1999.

K.H.Bieritz, Das Kirchenjahr. Feste, Gedenk- und Feiertage in Geschichte und Gegenwart, München [3]1998.

E.Biser, Einweisung ins Christentum, Düsseldorf 1997.

E.Biser – F.Hahn – M.Langer (Hgg.), Der Glaube der Christen, 2 Bde., München – Stuttgart 1999.

N.Brox u.a., Evangelisch-katholischer Kommentar zum Neuen Testament, Einsiedeln 1980 ff.

** N.Brox u.a. (Hgg.), Fontes christiani. Zweisprachige Ausgabe christlicher Quellentexte aus Altertum und Mittelalter, Freiburg-Basel-Wien 1990 ff.

S.N. Bulgakov, Die Orthodoxie. Die Lehre der orthodoxen Kirche, Trier 1996.

H.Chadwick – G.R.Evans (Hgg.), Das Christentum, Augsburg 1998.

** H.Denzinger – P.Hünermann (Hgg.), Enchiridion Symbolorum, definitionum, et declarationum de rebus fidei et morum – Kompendium der Glaubensbekenntnisse und kirchlichen Lehrentscheidungen. Lateinisch-Deutsch, Freiburg-Basel-Wien [37]1991 (Abk.: DH).

H.Deuser, Kleine Einführung in die Systematische Theologie (= Reclam UB 9731), Stuttgart 1999.

* Deutsche Bischofskonferenz, Katholischer Erwachsenen-Katechismus, 2 Bde., Bonn 1985. 1995.

* H.Drobner, Lehrbuch der Patrologie, Freiburg-Basel-Wien 1994.

H.Frieling, Der Weg des ökumenischen Gedankens. Eine Ökumenekunde, Göttingen 1992.

H.Frieling – E.Geldbach – R.Thöle, Konfessionskunde. Orientierung im Zeichen der Ökumene (= Grundkurs Theologie 5,2), Stuttgart 1999.

* Evangelisches Kirchenlexikon. Internationale theologische Enzyklopädie, 5 Bde., Göttingen 1976-1997.

M.Faßnacht u.a., Theologisches Grundseminar. Informationen – Erfahrungen – Praxisbezüge, 2 Bde., Kevelaer 1999.

H.Fastenrath, Theologie und Philosophie, Stuttgart 1999.

K.Chr.Felmy, Die Orthodoxe Theologie der Gegenwart. Eine Einführung, Darmstadt 1990.

D.F.Ford, Theologen der Gegenwart. Eine Einführung in die christliche Theologie des 20.Jahrhunderts, Paderborn u.a. 1993.

K.S.Frank, Geschichte des christlichen Mönchtums, Darmstadt [5]1996.

A.Franzen, Kleine Kirchengeschichte, Freiburg-Basel-Wien [6]1998.

* M.L.Goecke-Seischab – J.Ohlemacher, Kirchen erkunden – Kirchen erschließen. Ein Handbuch mit über 300 Sachzeichnungen und Übersichtstafeln sowie einer Einführung in die Kirchenpädagogik, Lahr-Kevelaer 1998.

J.Gnilka, Jesus von Nazaret. Botschaft und Geschichte, Freiburg-Basel-Wien [2]2000.

M.Greschat, Gestalten der Kirchengeschichte, 12 Bde., Stuttgart 1981-1986.

B.Hägglund, Geschichte der Theologie, Gütersloh [3]1997.

* W.Härle – H.Wagner, Theologenlexikon. Von den Kirchenvätern bis zur Gegenwart, München [2]1994.

H.H.Harms (Hg.), Die Kirchen der Welt, 20 Bde., Stuttgart-Frankfurt/M 1959-1986.

H.-P.Hasenfratz, Das Christentum. Eine kleine »Problemgeschichte«, Zürich 1992.

F.Heiler, Die Religionen der Menschheit. Hg. K.Goldammer, Stuttgart [6]1999.

* A.Hertz (Hg.), Handbuch der christlichen Ethik, 3 Bde.,Freiburg-Basel-Wien 1993.

* H.Jedin u.a. (Hgg.), Atlas zur Kirchengeschichte, Freiburg-Basel-Wien ²1987.
* H.Jetter u.a. (Hgg.), Evangelischer Erwachsenenkatechismus, Gütersloh ⁵1989.
* Katechismus der katholischen Kirche, München 1993.
* E.Kirschbaum – W.Braunfels (Hgg.), Lexikon der christlichen Ikonographie. 8 Bde., Freiburg-Basel-Wien 1990.
* R.Kottje – B.Moeller (Hgg.), Ökumenische Kirchengeschichte, 3 Bde., I: ⁵1989, II/III: ⁴1988 f.
* H.Krüger (Hg.), Ökumenelexikon,. Kirchen, Religionen, Bewegungen, Frankfurt/ M, ²1987.

H.Küng, Christ sein, München 1974 (Taschenbuch: 1993).

H.Küng, Das Christentum. Wesen und Geschichte, München 1994.

* Lexikon für Theologie und Kirche, 12 Bde., Freiburg-Basel-Wien ³1994 ff.

A.E. McGrath, Der Weg der christlichen Theologie. Eine Einführung, München 1997.

J.-M.Mayeur u.a. (Hgg.), Die Geschichte des Christentums. Religion – Politik – Kultur, Freiburg-Basel-Wien 1991 ff.

** H.Meyer u.a., Dokumente wachsender Übereinstimmung. Sämtliche Berichte und Konsenstexte interkonfessioneller Gespräche auf Weltebene, 2 Bde., Paderborn-Frankfurt/M 1983. 1992.

J.A.-Möhler-Institut (Hgg.), Kleine Konfessionskunde, Paderborn ³1999.

B.Moeller, Geschichte des Christentums in Grundzügen, Göttingen ⁶1996.

P.Neuner, Ökumenische Theologie. Die Suche nach der Einheit der christlichen Kirchen, Darmstadt 1997.

K.Nowak, Das Christentum. Geschichte, Glaube, Ethik, München 1997.

** H.A.Oberman u.a. (Hgg.), Kirchen- und Theologiegeschichte in Quellen, 4 Bde., Neukirchen 1977-1980.

* K.Onasch, Lexikon der Liturgie und Kunst der Ostkirche unter Berücksichtigung der Alten Kirche, Berlin-München ²1993.

* W.Pannenberg, Systematische Theologie, 3 Bde., Göttingen 1988-1993.

* H.G.Pöhlmann, Abriss der Dogmatik. Ein Kompendium, Gütersloh ⁵1990.
* H.G.Pöhlmann, Unser Glaube. Die Bekenntnisschriften der evangelisch-lutherischen Kirche, Gütersloh ³1991.
* H.Reller u.a. (Hgg.), Handbuch Religiöse Gemeinschaften. Freikirchen, Sondergemeinschaften, Sekten, Weltanschauungen, Missionierende Religionen des Ostens, Neureligionen, Psychoreligionen, Gütersloh ⁴1993.

L.Strohm, 2000 Jahre Christentum. Eine Religion verändert die Welt, Stuttgart München 1999.

G.Theissen – A. Merz, Der historische Jesus. Göttingen 1996.

* Theologische Realenzyklopädie, Berlin 1976 ff.
* H.J.Urban – H.Wagner (Hg.), Handbuch der Ökumenik, 3 Bde., Paderborn 1985-1987.

H.Verweyen, Botschaft eines Toten? Den Glauben rational verantworten, Regensburg 1997.

Tafeln

1   Das gemeinchristliche Glaubensbekenntnis des zweiten Ökumenischen Konzils von Konstantinopel (381) – Symbol von Nikaia und Konstantinopel   10
2   Chronologische Übersicht über die Kirche in der Spätantike   36
3   Der Bibelkanon   39
4   Wichtige Glaubensformeln der christlichen Kirchen   42
5   Dreißig bedeutende christliche Theologen in chronologischer Folge   47
6   Die Ökumenischen Konzilien   52
7   Strukturtypen christlicher Kirchen   54
8   Übersicht über die gegenwärtige Organisation der großen christl. Kirchen   56
9   Die größeren christlichen Kirchen und Konfessionen heute   60
10   Martin Luther: Der reformatorische Durchbruch   62
11   Die wichtigsten Freikirchen   65
12   Brief an Diognet 5 f.   70

13 Chronologische Übersicht über die mittelalterliche Kirche   77
14 Innozenz VIII., Bulle »Summis desiderantes affectibus« über das Hexenwesen (1484)   83
15 Papst Gregor VII., Dictatus Papae   89
16 Gratian († um 1150): Es gibt zwei Arten von Christen   94
17 Franz von Assisi, Von der Kraft der Tugenden   96
18 Anselm von Canterbury, Das wissenschaftliche Programm der Theologie   103
19 Die Summa theologiae des Thomas von Aquin: Einteilung, Gliederung, Aufbau der Artikel   106
20 Der christliche Kirchenbau (Auswahl)   115
21 Das Rosenkranzgebet   124
22 Chronologische Übersicht über die Kirche in der Neuzeit   128
23 Die gemeinsame Erklärung zur Rechtfertigung von 1999 (Auszug: Schlussparagraph des Dokumentes)   136
24 Johannes XXIII:, Ansprache »Gaudet Mater Ecclesia« zur Eröffnung des Zweiten Vatikanischen Konzils   142
25 Zweites Vatikanisches Konzil: Leitbegriff Kirche   143
26 Bartolomé de Las Casas, Ganz kurzer Bericht über die Zerstörung Westindiens, Über die Insel Espanola (1552)   149
27 Bartolomé de Las Casas, Geschichte Westindiens, (zwischen 1527 und 1561) III,79   151
28 Die Verschiebung der Proportionen in der Christenheit zwischen 1900 und 2000   153
29 Immanuel Kant, Beantwortung der Frage: Was ist Aufklärung? (1784)   157
30 Die fundamentalistische Geschichtstheologie   161
31 Die biblische Grundlegung der allgemeinen Menschenrechte   163
32 Judenemanzipation und Kirche   165
33 Katholische Kirche und Evolutionstheorie im 20.Jahrhundert   169
34 Das Christentum in der Gegenwart: Statistische Angaben   175
1.) Die Weltbevölkerung nach Religionszugehörigkeit – 2.) Die Verteilung der Christen in den (Sub-)Kontinenten – 3.) Konfessionelle Aufteilung im Christentum
35 Die Evangelische Kirche in Deutschland nach ihrer Wiedervereinigung im Jahr 1992   175
36 Die Diözesen in der Bundesrepublik Deutschland   177
37 Die theologischen Dimensionen des Glaubensbegriffs   180
38 Wer war Jesus Christus? Die Antwort des Konzils von Chalkedon   186
39 Aus dem Glaubensbuch der belgischen Bischöfe: Erkennen wir im Heiligen Geist die Zeichen der Zeit   191
40 Das Verhältnis von Dreiheit und Einheit in Gott   197
41 Die Schöpfung in der Vision der hl. Hildegard von Bingen   205
42 Gnade und Freiheit   221
43 Die Glaubensaussagen über Maria   225
44 Zwei Kirchenmodelle   232
45 Die sieben Sakramente der römisch-katholischen Kirche   239
461 Marie Luise Kaschnitz, Ein Leben nach dem Tode   251
47 John Henry Newman, Das Gewissen und der Papst   261
48 Strukturschema der eucharistischen Liturgie in großen christlichen Konfessionen   274
49 Schematische Übersicht über das Kirchenjahr in der orthodoxen, römisch-katholischen und evangelisch-lutherischen Kirche   279

Internet-Informationen

Allgemeine theologische Informationsangebote

http://www.unibamberg./de– ba1dt1/home. html
   Subsidia quaedam theologica. Universität Bamberg. Theol. Fakultät, Dogmatik I: Quellen, Bibliographien.
http://www.uni-heidelberg.de/institut/fakI/bib-fachinfos/index.html
   Zugriff auf Enzyklopädien, Lexika, Bibliographien, Dissertationen, Rezensionen, Fachbibliographien.
http://www.iclnet.org/pub/resources/christian-resources.html
   Guide to Christian Resources on the Internet: Umfangreiche Bibliographie.
http://www.bakerbooks.com/ccc/appc-main.html
   Christian Internet Directory: Viele links zu anderen Gebieten; wird nicht mehr updated.
http://ccel.wheaton.edu/: –
   Christian Classics Ethereal Library: Umfangreiche Sammlung christlicher Texte (englisch).
http://www.muenster.de/-angergun
   Textsammlung zu theologischen und kirchlichen Themen.

Spezielle Informationen zu theologischen Einzelgebieten

http://www.ibjc.de
   Infobase Jesus Christus: Informationen über die Hl.Schrift und das Christentum.
http://www.erlangen.netsurf.de/giolda/index.htm – Bibelkommentare.
http.//www.heiligenlexikon.de
   Kurzportraits von Heiligen und Orden, Informationen über Religionen und christliche Konfessionen.
http://www.stjosef.at/konzil/
   Die Dokumente des 2.Vatikanischen Konzils (deutsch) mit Volltextsuche.

Informationen über christliche Kirchen

http://www.ekd.de
   Informationen über die Evangelische Kirche in Deutschland.
http://www.kath.de
   Informationen über die Römisch-Katholische Kirche in Deutschland.
http://www.orthodox.de
   Informationen über die Orthodoxen Kirchen.
http://www.roka.germany.net
   Informationen über die russisch-orthodoxe Kirche in Deutschland.
http://www.alt-katholisch.de
   Informationen über das deutsche Bistum der Altkatholischen Kirche.

Aktuelle Informationen über Kirchen und Christentum

http://www.epd.de – Homepage des Evangelischen Presse-Dienstes.
http://www.kna.de – Homepage der Katholischen Nachrichten Agentur.

Register

Abendländisches Schisma 91
Abendmahlsliturgie 271-275
Ablass 61, 63, 79, 131, 220
Abtreibung 173, 256, 257, 258
Adaptation 152
Adenauer, K. 15f., 173
aggiornamento 52, 142
Agnostizismus 194, 203
Albigenser 42, 81, 95, 97
Albrecht v. Brandenburg 120
Alexander VI. 148
Alleinseligmachende Kirche 66
Altenstetter, D. 127, 129
Altes Testament ↗Erstes Testament
Altkatholische Kirche 64, 128, 175, 235
Altlutheraner 175
Altoriental. Kirchen 59, 175
Amt 92, 99, 190, 235-238
Analogie 194
Anastasius (Kaiser) 86
Anbetung 222
Androgenes 22
Andronikus 306
Angenendt, A. 307
Anglikanische Gemeinschaft 61, 63f., 175, 235
Angst 78f., 160
Anonymes Christentum 293
Anselm v. Canterbury 48, 79, 102f.
Ansgar 118f., 147
Anthropisches Prinzip 308
Anthropologie 207-224, 253, 264, 266, 299
Antimodernismus 170f.
Antimodernisteneid 128, 171
Antisemitismus 164

Antonius (Mönchsvater) 36, 72
Apokalyptik 21, 308
Apokatastasis 247
Apokryphen 15, 20, 38
Apophthegmata Patrum 73
Apostel 31, 53, 95, 306
Apostelkonvent 51, 67
Apostolische Sukzession 50, 55, 56, 235-237
Apostolizität 40, 235
Arianer 76, 183
Aristoteles 104f., 110, 200
Aristotelismus 104-106
Arius 183
Armenier 52, 59
Armutsbewegungen 95, 97f.
Asmussen, H. 133
Assyrer 59
Atheismus 193, 194, 203
Athanasius 38, 47, 72, 183
Äthiopier 59, 146
Auferstehung d. Toten 211, 242f., 249
Aufklärung 109, 130, 154-165, 299
Augsburger Religionsfrieden 70, 129
Augsburgische Konfession 42, 126, 128
Augustinus v. England 36, 75
Augustinus v. Hippo 36, 47, 75, 108, 111, 154, 215, 219, 234, 285, 307
Augustus 22
Autodafé 82
Autokephalie 57
Autonomie 300

»Babylonische Gefangenschaft« 77, 91
Bach, J. S. 110, 116
Balthasar, H. U. v. 49
Baptisten 64, 175
Barbara 121
Barloewen, C. v. 308
Barmer Theol. Erklärung 42, 128, 133
Barnabas 306

Barth, K. 49, 116, 133
Basilika 113-115
Basilius 47, 73, 108, 273
Basiliusregel 73
Bayle, P. 154, 158
Becker, B. 308
Beer, N. 309
Beinert, W. 307
Bekenner 119
Bekenntnisschriften 134, 306
Bellarmino, R. 49
Benedikt XIV. 129
Benedikt v. Nursia 73
Benediktusregel 73
Berchmans, J. 121
Berger, K. 306
Bergpredigt 27
Bernhard v. Chartres 108
Bernhard v. Clairvaux 48, 103
Beruf 132
Bettelorden 74, 101, 147
Bezeugungsinstanzen 109, 238
Bibel ↗Heilige Schrift
Bilderstürmer ↗Ikonoklasten
Bilderverehrung 52, 111
Bischof 50, 51, 56, 132, 140, 235
Bischofskollegium 50, 53
Bischofskonferenz 56
Bismarck, O. v. 140
Bogomilen 306
Böhme, J. 133
Bonaventura 108
Bonhoeffer, D. 165
Bonifatius 77
Bonifaz VIII. 77, 90f., 95, 101, 167
Book of Common Prayer 42
Brauchtum 269, 277
Brevier 134
Buber, M. 308
Buddhismus 58, 175
Bultmann, R. 49
Bußsakrament 131, 239
Byzanz 59, 147

Cäcilia 121
Calvin, J. 48, 61, 125f., 131, 229
Camaldulenser 74
Charismen 55, 86, 190, 231
Chateaubriand, R. de 171
Chlodwig, 36, 76
Chorgebet 132
Christenverfolgung 69, 146
Christliche Gesellschaftslehre 45, 170
Christologie 52, 157, 181-187
Christophorus 121
Cluny 74, 77, 88
Codex Iuris Canonici 100, 128
communio 85, 144, 222, 231
Concilium Germanicum 80
Confessio Agustana ↗Augsburgische Konfession
Confutatio 128
Congar, Y. 49, 230
Corday, Ch. 166
Cosmas 121
Cobon, P. 154
creatio continua 203

Damian 121
Dämonologie 79
Dänisch-Hallesche Mission 150
Darwin, Ch. 128, 168
David 21
Decius 69
Decretum Gratiani 77, 93, 94
Deismus 193
Dekalog 252
Dekan 57
Delumeau, J. 78, 306
Delius, F. 307
Demokratie 100
Descartes, R. 156
Deutsche Bischofskonferenz 169, 257
Deutsche Christen 133
Diakon 55, 57, 235

Dialog 16, 105, 154, 268, 295f.
Dibelius, O. 172
Dichtung 46
Dictatus Papae 77, 89
Diego v. Osma 96
Diognet 64 f., 71
Dionysius Exiguus 22
Disciples 65
Dogma 41, 158, 267
Dogmatik 45, 179, 252, 267
Döllinger, J. v. 139
Dominikaner 96, 98, 101
Dominikus Guzman 96
Dominikus v. Preußen 123
Domkapitel 56
Donatisten 234
Dostojewski, F. 212, 246
Doxa 267
Dreifaltigkeit↗Trinität
Dualismus 79, 95, 161, 211
Duns Scotus 108

Ebertz, N. 307
Ehe 117f.
Ehesakrament 239
Ehescheidung 27, 40, 306
Einheit 8, 51, 58-66, 85, 144, 233f., 237
EKD 128, 283
Ekklesiologie 224-238, 308
Empfängnisverhütung 256
Entkirchlichung 145
Ephräm 47
Epikie 262
Erasmus von Rotterdam 125
Erbsünde 169, 215f.
Eremiten 72
Erfahrung 283-291
Erlösung 190, 217, 265
Erstes Testament 20, 39, 288
Erweckungsbewegungen 284
Eschatologie 241-251
Essener 18
Ethelbert v. Kent 75
Ethik 25-27, 132, 179, 252-266, 267
Eucharistie 32, 139, 270-275

Europa-Gedanke 297-301
Europäische Menschenrechtskonvention 162
Eutyches 184f.
Evangelienharmonie 40
Evangelische Räte 74
Evangelischer Namenskalender 126
Evangelisierung 173, 303
Evangelium 14f.
Evolutionstheorie 168f., 202
Exegese 45, 160
Exkommunikation 32, 91

»Faith and Order« 128, 141
Familie 118
Faschismus 172
Fegfeuer ↗Läuterung
Feier 267f.
Feminismus 224
Filioque 11, 59, 198
Film 116
Firmung 239
Flavius Josephus 14
Franck, S. 226
Franz von Assisi 96-98, 120, 121, 307
Franzen, A. 95, 307
Franziskaner 97, 98f., 101, 108
Französische Revolution 128, 138, 164, 166f.
Franz Xavier 148
Frauenordination 145, 235f.
Freiheit 27-29, 88, 94, 101, 102, 106, 109, 118, 130, 131, 132, 138, 162f., 174, 187, 191, 201, 203, 204, 206, 207-224, 252, 253f., 262, 264-266, 268, 270, 278, 296, 300f., 303
Freikirchen 64f., 272
Freud, S. 168
Friedrich II. (Kaiser) 52
Frömmigkeit 8, 268-270
Fundamentalismus 82, 159-161, 171

Galen, A. v. 165
Galilei, G. 167
Gallikanische Artikel 128
Gebet f. Tote 248f.
Gegenreformation 134, 140
Gelasius I. 86
Gemeinde 236
Gemeinsames Priestertum 100, 236
Generalvikar 56
Gensichen, H.-W. 307
Gerhardt, P. 133
Gericht 245f., 289
Germanen 75-79, 146
Gerson, J. 106
Geschichte 105
Geschichtlichkeit 162, 294
Geschlechterproblem 81, 117f., 200, 210, 273, 308
Gewissen 131, 257-261
Gewissensfreiheit 170, 260f., 262
Glauben 41, 43, 52, 53, 102, 126, 139, 156, 158, 179-181, 193, 221, 238, 252, 263, 267, 283-291
Glaubensbekenntnis 10f., 36, 41, 42, 50, 59f., 183, 188, 287
Glaubensformeln 42, 289
Glaubensregel 41
Glaubenssinn 8, 44, 51, 109
Gnadenlehre 134, 207-224
Gnosis 46, 50, 68f., 95, 132, 186, 306
Goldene Regel 252, 253
Goethe, J. W. v. 308
Gott Vater/Mutter 308
Gottebenbildlichkeit 80, 117, 208-210, 253, 265
Gottesbeweise 103, 193-195
Gottesdienst 267f.
Gottesfrage 116
Gottesherrschaft 22, 23-25, 37, 190
Gotteslehre 105, 192-201, 308
Gratian 77, 93, 94, 99, 102
Gregor d. Gr. 36, 71, 75, 76, 147

Gregor VII. (Hildebrand) 77, 88f., 92, 93
Gregor IX. 90
Gregor XVI. 164, 169, 170
Gregor v. Nazianz 47
Gregor v. Nyssa 47
Gregorianischer Choral 114
Griechen 52, 298
Guardini, R. 172, 306
Guillaume de Nogaret 91

Händel, G. F. 116
Harenberg, B. 307
Häretiker 26, 302
Hasmonäer 17f.
Hegel, G. F. W. 171f.
Hegesippus 36, 50
Heidelberger Katechismus 42
Heil 217f., 220, 277, 308
Heilige 118-121, 125f., 131f., 208, 222f.
Heiligengruppen 122
Heiliger Geist 52, 100, 183, 188-191, 230f., 263, 303
Heilige Schrift 37, 43, 53, 105, 125, 133, 135, 140, 158, 163, 202, 220, 248, 277
Heiliges Jahr 129
Heiliges Römisches Reich 81, 87
Heiligsprechung 223
Heilsarmee 65, 175
Heiltum 120
Heinrich III. 88
Heinrich IV. (Dt. Kaiser) 77, 89
Heinrich IV. (Frz. König) 154
Heinrich VIII. (Kg. v. England) 63
Hellenismus 67
Henrich, F. 306
Heterodoxie 15, 70
Herodes 17
Hexen 70, 81, 82, 174
Hildegard v. Bingen 177, 205, 206

Himmel 245, 249-251
Hinduismus 150
Historisch-kritische Methode 158
Hobbes, Th. 157
Hoffnung 207, 243, 266
Hölle 154, 158, 246f.
Holocaust 165, 216
Homosexualität 118, 256
Honorius Augustodunensis 30
Humanismus 187, 267
Hyperdulia 308
Hypostatische Union 184f.

Ignatius v. Antiochien 36, 234
Ignatius v. Loyola 128, 137f.
Ikone 112f., 272
Ikonoklasten 111, 126
Individualismus 155
Inerranz 38
Infallibilität
  ↗Unfehlbarkeit
Inkulturation 152
Innozenz III. 95, 96, 97f.
Innozenz VIII. 83
Inquisition 81, 82, 138
Inspiration 38, 133
Institoris, H. 82, 306
Interkommunion 237
Investiturstreit 52, 88f., 90, 101, 130
Irenäus v. Lyon 47, 50, 68, 218
Islam 9, 40, 58, 75, 147, 150, 166, 175, 253, 294

Jakobiten 52, 306
Jakobus 120
Jansen, C. 155
Jansenismus 155
Jesuiten 74, 128, 137f., 152
Jesuitenstaat 152
Jesus von Nazaret 7, 8, 13-35, 58, 111, 158, 181-187, 210, 288
– Auferstehung 33-35
– Letztes Abendmahl 31f.
– Symbolhandlungen 31
– Wunder 29f.

Johannes (Evangelist) 13, 15
Johannes XXII. 108
Johannes XXIII. 129, 141f., 144
Johannes Campanus 308
Johannes Chrysostomus 47, 230, 273
Johannes d. Täufer 18, 288
Johannes v. Kreuz 155
Johannes Paul I. 129
Johannes Paul II. 50, 92, 101, 102, 129, 144, 164, 169, 170, 296, 307
Jonas, H. 309
Josef 22
Judas Galilaios 25
Judenemanzipation 165
Judentum 40, 81, 83f., 175, 298
Jünger Jesu 30
Jungfräulichkeit 119
Junia 306
Jurisdiktionsprimat 139
Justinus 47

Kain u. Abel 215
Kaiserkult 69
Kaisertum 80, 86f., 94
Kanon d. Hl. Schrift 14, 19, 36, 37-40, 41, 43
Kanonikerorden 74
Kanonistik 93, 102, 308
Kant, I. 103, 156f., 159
Kaplan 56
Kappadokier (Theologen) 47, 189
Kardinal 56
Karl d. Gr. 59, 77, 82, 87, 298
Karl V. 152
Kartäuser 74
Kaschnitz, M. L. 251
Katechismus d. Kath. Kirche 169, 309
Katharer 42, 56, 95f., 306
Katharina v. Aragon 63
Katholikentag 128
Katholizität 234f., 269, 309

Kepler, J. 168
Ketteler, W. E. v. 170
Ketzer 81, 91, 95, 96f., 98, 176
Kierkegaard, S. 49
Kießig, M. 306
Kirche 8, 36, 42, 45, 50, 53-57, 59, 61-64, 78, 98, 100, 132, 156, 221, 224-238, 255, 266, 283, 286f.
– Attribute 233-235
– Heiligkeit/Sündigkeit 72, 174
– Leitbegriff des Vatikanum II 143
– Sakrament 135, 228f., 234
– Societas perfecta 140, 226
– und Staat 227f.
– Strukturtypen 54
Kirchenbau 112-115
Kirchenbild 85f.
Kirchenjahr 276-281
Kirchenlied 114
Kirchenrat 57
Kirchenrecht 45, 93, 102, 227
Kirchenstaat 92, 140
Kirchensteuerrat 56
Kirchenväter 43, 105, 196, 237
Kirchenverträge 228
Kirchenverwaltung 56
Kirchenvorstand 57
Kirchliche Akademien 284
Klara v. Assisi 98, 121
Klerus 80, 85, 92-101, 114, 132, 166, 168
Kloster 72f., 93, 101, 117
Knauer, P. 307
Kohl, H. 173
Koiné-Griechisch 146
Kolping, A. 170
Kolumbus 148
Kommunismus 172, 297
Konfession 58, 127, 302
Konfessionalisierung 130, 131-145

Konfessionalität 54, 70, 130, 234, 269, 278
Kongregationen 74
Konkordat 133, 228
Konkordienformel 133
Konsens 46
Konsistorium 57
Konstantin 7, 36, 70
Konstantinische Wende 71, 86
Konstantinopel 55, 57, 59, 77, 272
Kontextuelle Theologie 154
Konziliarismus 56, 91
Konzilien (Ökumenische) 36, 42, 43, 51f., 53, 55, 56f., 76, 92, 227, 253
– Chalkedon 55, 59, 184f., 186f., 230
– Ephesus 184
– Konstanz 77, 91
– Lateran 42
– Nikaia I 7-9, 16, 36, 42, 51, 183, 306
– Trient 43, 99, 126, 128, 134f., 221, 273, 308
– Vatikan I 50, 99, 128, 139f., 144, 238
– Vatikanum II 43, 66, 100, 114, 128, 134f., 141-144, 164, 169, 171, 202, 222, 229, 229, 233, 260, 271, 273, 284, 293
Kopernikus, N. 168
Kopten 59
Koran 13, 294, 309
Kosmologie 202
Krankensalbung 239
Krankheit 116f.
Kreatianismus 202
Kreissynode 57
Kreuzkuppelkirche 114
Kreuzzüge 77, 95
Kultur 111, 154, 294f.
Kunst 46, 111, 112f.
Kurie (römische) 56
Kyrillos 147

Laien 20, 56, 57, 80, 85, 92-101, 168, 231
Laienpredigt 94f., 97
Lamennais, F. de 139
Landesbischof 57
Landeskirchenamt 57
Landessynode 57
Laplace 158
Las Casas, B. de 149-152
Läuterung 248f.
Lefebvre, M. 145
Lehmann, K. 136
Lehramt, kirchl. 46, 50-53, 100, 109, 220
Leib Christi-Theologie 85f., 141, 144, 230, 231, 232
Leibniz 158
Leib-Seele-Problem 208, 211-213
Leo I. (d. Gr.) 139
Leo III. 87
Leo X. 77
Leo XIII. 129, 170
Leuenberger Konkordie 128
Liebe 180f. 198-200, 204, 206, 251, 252f. 255, 262, 265, 290f. 296, 300
»Life and Work« 128, 141
Limbus 308
Literatur 123
Liturgie 141, 179, 236, 267, 270-281, 300
Liturgiewissenschaft 45, 179, 277
Luitgard v. Tondern 120
Locke, J. 157
Logienquelle 14, 37f., 43
Lukas 121
Lull, R. 147
Luther, M. 48, 61f., 77, 89, 99, 120, 125, 126, 127, 130, 131, 132, 135, 220, 236
Lutheraner 175
Lutherische Orthodoxie 133
Lutherischer Weltbund 57, 137

Macht 300f.
McGrath, A. E. 309
Maier, H. 297, 310
Maistre, J. de 139
Malankaren 59
malum morale/physicum 158, 204, 206f.
Manichäer 306
Mann, Th. 116
Manning, H. E. 139
Map, W. 94
Mara bar Serapion 14
Marat, J.-P. 166
Maria 22, 41, 52, 109, 122, 128, 184, 208, 223-225, 294
Marienerscheinungen 123
Marienlegenden 122f.
Marienverehrung 122f., 126, 224
Maria Magdalena 121
Marsilius v. Padua 91
Martin V. 91
Märtyrer 119
Martyrologium 121
Marx, K. 170
Masturbation ↗ Onanie
Mas(s)oreten 307
Materialismus 186
Menahem 21
Melzer, H. 307
Mennoniten 64f. 175
Menschenrechte 100, 117, 162f., 210, 253, 307
Merz, A. 306
Messias 13, 20, 181f.
Methodisten 64, 175
Methodius 147
Michael 121
Minois, G. 308
Mission 66, 146-154, 293, 294
Mitsprache-Gremien (röm.-kath.) 56
Modalismus 183
Moderne 130, 166-173
Modernismus 170f.
Mohammed 36
Möhler, J. A. 49
Moeller, B. 80, 306
Mollenkoff, V. 308

Mönchmedizin 117
Mönchtum 72-75
Monogenismus 169, 215
Moniphysitismus 184
Monotheismus 19, 125, 182f., 192f.
Moraltheologie 45, 179
Mozart, W. A. 116
Musik 116, 123
Mutter Teresa 174
Mysterienreligionen 67f.
Mysterienspiel 116
Mystik 8, 133, 155, 218

Nachfolge Jesu/Christi 26, 29, 41, 74, 98, 113, 145, 179, 210, 216, 224, 226, 283, 286, 291
Nächstenliebe 75, 119, 200, 222, 290
Napoleon 158
Nationalsozialismus 84, 141, 172
Naturwissenschaften 155, 167-169, 202f., 300
Nero 36, 55
Nestorianer 147
Nestorius 184f.
Neues Testament 38, 39
Neuner, P. 307
Neuscholastik 110, 140
Newman, J. H. 49, 100, 261
Newton, I. 168
Nobili, R. de' 148
Nominalismus 220
Normen 254-257
Nouvelle théologie 171
Novalis 171

Ohlig, K.-H. 306
Ökologie 203, 264, 277
Ökumenischer Rat der Kirchen 141, 307
Ökumenismus 9, 66, 141, 145, 154, 302, 306
Onanie 118, 256
Orden 73f., 101
Ordinariat (bischöfl.) 56
Ordination 235

318

REGISTER

Ordo 76-85, 86, 90, 93, 94, 101, 102, 104f., 108f., 114, 116, 119, 122, 129, 131, 166, 220
Orgel 114
Origenes 47, 119, 247, 288
Orthodoxie (Rechtgläubigkeit) 8, 15, 152
Orthopraxie 152
Ortskirche 75, 85, 144, 154, 223, 227, 231, 234
Ostern 33-35, 37, 277
Ostkirchen 54, 57, 59-61, 175, 198, 218, 222, 226, 230, 235, 248, 270, 271, 273-275, 279f.
Otto I. 87

Pannenberg, W. 136
Pantheismus 194
Papst 50, 52, 55, 56, 80, 87, 90f., 94f., 98, 100, 108, 132, 223, 231, 235, 237f., 261
Paraquay 152
Passionsspiel 116
Pastoralrat 56
Patriarchat 55, 59, 85
Patronat 121
Patrozinium 121f.
Paul III. 137
Paul IV. 138
Paul VI. 128, 129, 144
Paulus 28, 36, 47, 55, 67, 84, 85, 120, 215, 258f., 271, 306
Pelagius 219
Person 183f., 197, 212, 255
Petrus 31, 35, 36, 55, 79f., 87, 120, 238, 292
Petrus Abaelard(us) 102
Petrus Lombardus 48
Petrusamt (s. a. Papst) 237
Pfarrei 56, 57
Pfarrer 53, 56
Pfarrgemeinderat 56
Pfingsten 35f., 37
Pfingstler 65, 175
Pharisäer 17f.
Philipp IV. (le Bel) 91
Pietisten 65, 156

Pippin III. 87
Pius V. 84
Pius IX. 170
Pius X. 129, 169, 170
Pius XI. 129, 129, 140
Pius XII. 121, 128, 129, 141, 150, 169, 171
Platon 200, 211
Platonismus 68, 78, 104
Plinius d. J. 14, 114
Pluralismus 58
Pneumatologie 188-191
Polygenismus 215
Polykarp 120
Polytheismus 18, 193
Pontius Pilatus 11, 220, 262, 263, 294
Postmoderne 172
Prälat 57, 87
Presbyter 57
Presbyterium 57
Priester 55, 235, 237
Priesterehe 88
Priesterrat 56
Priestertum aller Gläubigen 57
Primat 65, 80, 91, 145
Propaganda Fide 152
Properz 304
Prophetismus 191
Protestantismus 131, 135, 140, 147, 172
Pseudepigraphie 38
Pseudo-Dionysius 48, 194

Quäker 65, 156, 175
Quietismus 155
Qumrân 18, 31

Rahner, K. 49
Rationalismus 110, 171
Rechtfertigung 62f., 129, 131f., 134-137, 208, 217-222, 246, 266
Rechtsvorstellungen 117f., 227
Reformation 61, 74, 123, 125f., 127, 132, 138, 158
Reformatoren 51, 52, 92, 126, 131, 237, 300

Reformierte 175
Reformierter Weltbund 57
Reichsdeputationshauptschluss 128, 166
Reichskirchen-System 87f.
Reinkens 139
Religion(en) 59, 154, 158f., 207, 231, 291-296
Religionsfreiheit 164, 253, 260
Reliquien 120f., 223
Reller, H. 306
Renaissance 131
Rendtorff, T. 145
Ricci, M. 148
Rimbert 118
Ritenstreit 150
Ritterorden 74
Roeck, B. 307
Romantik 139, 140, 171
Römischer Katechismus 134
Römisch-katholische Kirche 54, 56, 65f.
Rosenkranz 123-125
Rosenzweig, F. 308
Rousseau, J. J. 159
Russland 147

Sabbatgebot 17, 19, 25, 26, 66
Sadduzäer 17f.
Sakramente 41, 79, 132, 134, 228, 239-241
Säkularisation 128, 130, 138
Saramago, J. 116
Satan 78, 292
Satisfaktionstheorie 79
Sauermann, G. 307
»Säulen«-Apostel 53
Schatz, K. 307
Sch^{e}ma Jisrael 19
Schisma 139
Schleiermacher, F. 49, 171
Schmalkaldische Artikel 42
Schmidt, J. W. R. 306
Scholastik 101-110, 133, 156
Schöne, A. 307

319

Schönheit 110-118
Schöpfung 159, 169, 186f.,
  201-207, 264
Schöpfungserzählungen
  201f.
Schrift und Tradition 43
Schutz, R. 74
Schwangerschaftskonflikt-
  beratung 257f.
Schwenckfeldt, K. 130
Seelsorgerat 56
Senestrey, J. v. 139
Septuaginta 37
Sexualität 26, 68, 186, 214f.,
  252, 255
Simon (Sklave) 21
Simonie 88
Sitte(nlehre) 238
Solidaritätsprinzip 170
Spee, F. v. 83
Speisevorschriften 19
Spener, Ph. J. 156
Spiritualismus 130, 186
Spiritualität
  ↗Frömmigkeit
Sprachregelung 287
Sprenger, J. 82, 306
Staat 69, 71, 80, 81, 94,
  227f.
Stephan II. 87
Stephanus (Diakon) 66
Stiftungsrat 56
Stoa 68, 78
Stundengebet 271
Subsidiaritätsprinzip 170
Sühne 79
Sueton 14
Summepiskopat 132
Sünde 131, 208, 213-217,
  249
Superintendent 57
Suprematsakte 128
Syllabus 128
Symbole 112
Synode 51, 57
Synoptiker 15, 23

Tacitus 14
Taizé 74, 126
Talleyrand 166

Tanner, A. 83
Taufe 21, 32, 74, 141, 239
Tauler 127
Teresa v. Avila 155
Tertullian 47, 50, 92
Theismus 193
Theissen, G. 306
Theodizee 158f., 204, 250
Theodosius 71
Theologie 44-46, 51, 101-
  110, 140, 159, 180, 207
Theologie der Befreiung
  152, 224
Theologische Disziplinen
  45
Thomas v. Aquin 48, 77,
  105-107, 259
Thomismus 168
Tiberius 7
Tod 242-245
Toleranz 162, 164
Tora 13, 19, 20, 26
Tradition 40-44, 51, 155,
  159f., 164, 168, 203, 256
Trinität 52, 112, 157,
  192-201, 255
Tschoerner, H. 306
Typikon 73

Übel 158
Umweltethik 263f.
Una-Sancta-Bewegung 141
Unfehlbarkeit 51, 128, 139,
  237f.
Unionen 61
Universalisierung 130,
  145-154
Universalität 8
Universität 104, 108, 159
Unterscheidung der Geister
  263
Ursula 121

Vauchez, A. 307
VELKD 57
Verantwortung 262-264
Verehrung (doulia) 223
Verfassung der Kirche
  53-57
Vergöttlichung 218

Vernunft 8, 44, 102, 155,
  209
Verzweiflung 246f.
Vielfalt 59, 85
Vikar 56
Visser t'Hooft, W. A. 307
Vita apostolica 95
Volk Gottes 92, 100, 114
Voltaire 158
Vorsehung 206

Wahrheit 179f., 191, 237,
  238, 293, 295
Waldenser 56, 95, 98
Waldes, P. 95
Wallfahrt 79, 120, 220, 223
Watt, J. 169
Weihesakrament 235, 239
Welte, B. 286
Weltverhältnis 254, 300
Werte 255, 293
Weyer, W. 83
Wichern, J. H. 170
Wiederverheiratung 25, 27
Wilfried v. York 80
Wilhelm v. Burgund 88
Wilhelm v. Occam 48, 92,
  109, 220
Willibrord 80
Wimmer, O. 307
Wissen 156
Wissenschaften 104
Wladimir (Großfürst) 147
Wormser Konkordat 89

Zeichen der Zeit 190f.
Zeit 241f. 246, 250, 268,
  276-282, 299f.
Zeloten 18
Zentralbau 113-115
Zentralismus 8, 56
Zisterzienser 74
Zölibat 93, 235
Zweinaturenlehre 184-186
Zwingli, U. 61, 131